THE

經濟學百科

BOOK

# DK

# 經濟學百科

奈爾·傑斯坦尼〔Niall Kishtainy〕　等著

譚英　何小敏　　譯

周立基　　審訂

商務印書館

Original Title: *The Economics Book*
Copyright ©2012 Dorling Kindersley Limited, London
A Penguin Random House Company

本書中文繁體版由 DK 授權出版。
本書譯文由電子工業出版社授權使用。


**經濟學百科**

作　　者： 奈爾・傑斯坦尼 (Niall Kishtainy)　喬治・亞伯 (George Abbot)　約翰・范登 (John Farndon)
　　　　　弗蘭克・肯尼迪 (Frank Kennedy)　詹姆士・梅德韋 (James Medway)
　　　　　克里斯托弗・華萊士 (Christopher Wallace)　馬庫斯・韋斯 (Marcus Weeks)
譯　　者： 譚　英　何小敏
審　　訂： 周立基
責任編輯： 張宇程
出　　版： 商務印書館 (香港) 有限公司
　　　　　香港筲箕灣耀興道 3 號東滙廣場 8 樓
　　　　　http://www.commercialpress.com.hk
發　　行： 香港聯合書刊物流有限公司
　　　　　香港新界大埔汀麗路 36 號中華商務印刷大廈 3 字樓
印　　刷： 利奧紙品有限公司
　　　　　香港九龍九龍灣宏開道 16 號德福大廈 9 樓
版　　次： 2024 年 7 月第 1 版第 3 次印刷
　　　　　© 2017 商務印書館 (香港) 有限公司
　　　　　ISBN 978 962 07 5708 2
　　　　　Published in Hong Kong
　　　　　版權所有　不得翻印

A WORLD OF IDEAS:
SEE ALL THERE IS TO KNOW
www.dk.com

# 作者簡介

**奈爾‧傑斯坦尼（Niall Kishtainy）**

現任教於倫敦政治經濟學院，專門研究經濟歷史及發展。他曾任職於世界銀行及聯合國非洲經濟委員會。他是本書的顧問編輯。

**喬治‧亞伯（George Abbot）**

英國經濟學家。2012年曾協助美國總統奧巴馬的連任選舉活動。他之前於英國具影響力的智庫指南針（Compass）工作，致力於撰寫策略性文件，包括 *Plan B: A New Economy for a New Society*。

**約翰‧范登（John Farndon）**

居於英國倫敦的作家，曾撰寫多本現代議題及思想史的著作，包括關於中國和印度冒升經濟的概論。

**弗蘭克‧肯尼迪（Frank Kennedy）**

於倫敦城的投資銀行界工作了25年，現任高級投資分析員及投資總監，帶領一個歐洲團隊為金融機構出謀獻策。他於倫敦政治經濟學院畢業，修讀經濟史。

**詹姆士‧梅德韋（James Medway）**

英國經濟學家，現於獨立的英國智庫新經濟學組織（New Economics Foundation）工作。他也曾任英國財政部的政策顧問。

**克里斯托弗‧華萊士（Christopher Wallace）**

英國名校科爾切斯特皇家文法中學（Colchester Royal Grammar School）經濟系主任，任教經濟學超過25年。

**馬庫斯‧韋斯（Marcus Weeks）**

作家及音樂家。哲學系畢業，從事寫作前曾執教鞭。曾協助出版多本藝術及科普著作。

# 目　錄

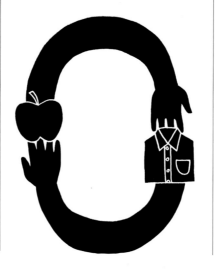

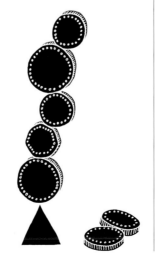

# INTRODUCTION

引 言

有人認為，經濟學既複雜又神秘，它與日常生活幾乎沒有關係，因此，沒人會說自己懂經濟學。世人普遍認為，只有商業、金融以及政府方面的專業人士才精通經濟學。然而，人們越來越意識到經濟學對我們的經濟收入和健康生活的重要影響，此外，人們對於經濟還有自己獨特的見解，尤其是對日益增長的生活開支、稅收，以及政府開支等方面頗有微言。他們的觀點有時來自媒體的報導，有時，人們也會在餐桌或工作場所討論這些話題。從某種意義上說，我們都對經濟學感興趣。我們用來論述對某一事件看法的論點，經濟學家同樣會引用。因此，多懂一些經濟學理論，有助我們理解那些在生活中發揮重要作用的經濟原則。

經濟學中，希望、信心與科學的狂妄、對尊重的渴望並存。

——美籍加拿大經濟學家，約翰·肯尼斯·加爾布雷斯(1908–2006)

## 新聞中的經濟學

當今的世界陷入了明顯的經濟混亂，在這種環境下，了解一些經濟學的知識顯得尤為重要。經濟新聞不僅是在報紙中開闢一個專欄，或者出現在電視新聞中的某一部分，它們甚至會經常出現在各大媒體的頭條。早在 1997 年，美國共和黨政治活動策略家羅伯特·蒂特 (Robert Teeter) 就意識到它的重要地位。他認為，「電視對政治的報導越來越少，對選舉的報導也越來越少，因為推動一個國家發展的是經濟學和經濟新聞，而不是政治。」

然而，當我們看到越來越嚴重的失業率、通脹、股市危機以及貿易赤字等字眼的時候，我們又懂得多少？當我們不得不削減開支，或者要繳納更多稅費的時候，我們知道其中的緣由嗎？當那些熱衷於挑戰風險的銀行和大公司影響我們生活的時候，我們知道為甚麼他們的影響那麼大，為甚麼他們能夠出現並長期存在嗎？經濟學原理就能夠解答這些問題。

## 管理學研究

經濟學不僅重要，還是一門嚴肅的學科，而人們通常會帶着懷疑的眼光來看待這門影響我們生活的各方面的學科。由於經濟學涉及大量的數據、圖表以及公式，所以人們普遍認為這是一門枯燥乏味的學術性學科。19 世紀蘇格蘭的歷史學家托馬斯·卡萊爾 (Thomas Carlyle) 將經濟學描述為一門「沉悶、空洞、低賤、惱人」的「乏味學科」。另一個對經濟學的常見誤解則是，經濟學「都是關於錢的」，儘管這或多或少有一些道理，但絕不是對經濟學的正確理解。

那麼，經濟學到底是甚麼呢？經濟學 (Economics) 一詞來源於希臘語 *Oikonomia*，意思是「家務管理」。後來，它的含義逐漸擴展到

研究我們對資源的管理，即商品及服務的生產和交易。毋庸置疑，生產商品和提供服務的歷史與文明史一樣悠久，但是，對這一過程在現實世界中的運作機制的研究卻相對較新。經濟學的發展是緩慢的，早在古希臘時期，哲學家和政治學家就開始分析經濟現象，但一直到 18 世紀末才出現第一位真正的經濟學家。

當時的經濟學，由政治哲學的分支演變而來，因此人們稱之為「政治經濟學」。然而，這些理論的研究者迅速意識到，應當把這門學科獨立出來，於是稱它為「經濟科學」。後來，「經濟科學」逐漸被簡稱為「經濟學」。

### 軟科學

經濟學是一門科學嗎？19 世紀的經濟學家認為，經濟學當然是一門科學。卡萊爾也給經濟學貼上科學的標籤，即使他也認為經濟學非常枯燥乏味。許多經濟理論模型都以數學甚至物理學為模型（或許經濟學、物理學和數學都以「學」字結尾，因此經濟學也可以冠上科學的稱號）。經濟學闡述的是指揮經濟運轉的規則，就像科學家根據自然現象發現物理定律一樣。然而，經濟學是人為制定的，與人類的理性或者非理性行為有很大的關係。因此，經濟學與心理學、社會學以及政治學等軟科學有更多的共同點。

英國經濟學家萊昂內爾·羅賓斯（Lionel Robbins）給經濟學下了最好的定義。1932 年，他在《論經

> 經濟學的第一課是資源短缺：沒有甚麼東西可以滿足所有有需要的人。
> 政治學的第一課則是要忽視經濟學的第一課。
>
> —— 美國經濟學家，
> 托馬斯·索維爾（1930–）

濟科學的性質和意義》一書中將經濟學定義為「系統研究各種目的與具有多種用途的稀缺手段之間關係的人類行為科學」，這一寬泛的定義至今仍是經濟學最常用的基本定義。

然而，經濟學和其他科學之間最重要的區別在於，經濟學研究的系統是不確定的。經濟學家不僅要描述和解釋經濟及其運作機制，還要為構建和改善經濟體系提出指導意見。

### 第一位經濟學家

1776 年亞當·斯密（Adam Smith）的《國富論》出版之後，現代經濟學才在 18 世紀作為獨立的學科出現。然而，激發人們對這一學科產生興趣的，不是這位偉大的蘇格蘭思想家和經濟學家的作品，而是隨着工業革命而發生的巨大經濟變化。之前的思想家們在社會範圍內對商品和服務的管理進行評價，認為由此產生的問題屬於道德和政治哲學的範疇。但是，隨着工廠的出現和商品的批量生產，經濟組織關注的範圍越來越廣；所謂的市場

經濟開始了。

斯密對這個新體系的分析，在全面理解的基礎上設立了競爭性市場的標準，奠定了現代經濟學的基礎。斯密認為，市場是由一隻「看不見的手」來進行調控的。他認為，當經濟社會中的每個人都追逐自己的最大利益時，整個社會的利益也就實現了最大化。斯密是一個哲學家，他的書主要討論的是「政治經濟」，他將經濟學延展開來，把政治學、歷史學、哲學以及人類學都涵蓋在內。在斯密之後又出現了一批只關注研究經濟的新經濟思想家，他們以我們所理解的經濟（經濟怎樣運轉以及我們該怎樣管理經濟）為基礎，為不同經濟學流派的產生奠定了基礎。

隨着經濟學的發展，經濟學家開始從不同的角度探討經濟學。一種觀點是將經濟看作一個整體，從國家或者國際的角度來討論，這就是我們現在所說的「宏觀經濟學」。它的主題包括增長與發展、一國財政收支的衡量、國際貿易政策、稅收以及對通脹和失業的調控。

相反，我們現在所說的「微觀經濟學」，則主要討論在經濟範疇內的個人與廠商之間的關係：需求與供應、買方和賣方、市場與競爭等。

### 新的思想流派

經濟學家一般都有與眾不同的觀點，並且有不同的流派。許多經濟學家對現代工業經濟帶來的繁榮持肯定的觀點，提倡不干預、放任自由的政策，允許市場通過競爭

經濟學，歸根結底是對激勵的研究：人們怎樣獲取他們想要的物品，尤其是當大家都想得到同一件物品時。

——美國經濟學家，史蒂文‧萊維特（1967–），斯蒂芬‧都伯納（1963–）

創造財富，促進技術革新；而其他經濟學家則對自由市場持保守的態度，認為這個體系終會瓦解，而國家干預則可以解決這個問題。他們認為，政府在提供某些產品和服務，以及在控制生產者權利等活動中發揮着重要作用。其中，德國哲學家卡爾‧馬克思（Karl Marx）的觀點尤為著名，他認為資本主義經濟有致命的缺陷，最終必將滅亡。

斯密等早期古典經濟學家的觀點也面臨着越來越嚴峻的考驗。到了 19 世紀末期，受過科學教育的經濟學家開始從數學、工程學以及物理學理論的角度來研究經濟學。這些「新古典主義」經濟學家用圖表和公式來描述經濟，並且提出了操縱市場運作的規律及證明規律正確性的方法。

19 世紀末期，經濟學開始打上國家的烙印：隨着大學部門的建立，經濟思想的核心開始拓展，奧地利、英國以及瑞士的各大經濟學學派的觀點出現了明顯的分歧，尤其是在國家干預經濟的程度上，不同學派之間的分歧很大。

到了 20 世紀，由於蘇聯和中國的革命，世界的三分之一都處於共產黨的統治下，他們都實行計劃經濟，而不是具有競爭性的市場經濟，使這些區別更加明顯。而其他國家，則一直在關心市場能否獨自擔起創造社會財富這一使命。歐洲大陸和英國就國家干預程度這一話題爭論不休；1929 年華爾街股災後，美國出現大蕭條，一場經濟思想的戰爭在美國隨之興起。

20 世紀後半葉，經濟思想的中心從歐洲轉向美國。主張不干預、放任自由政策的美國成了世界經濟的主導力量。1991 年蘇聯解體之後，正如斯密曾預言的那樣，自由市場經濟似乎成了通向經濟繁榮的康莊大道。儘管大多數經濟學家都對市場的穩定、高效率以及合理性持信任和支持的態度，但並非所有人都贊成這一看法，仍然有一些經濟學家對此抱有懷疑，新的研究方法也隨之產生。

## 可供選擇的方法

20 世紀末期，新的經濟學領域將心理學和社會學融入經濟理論，除此之外，數學和物理學也有了新的進展，如博弈論和混沌理論。這些理論學家也提出了同樣的警告：資本主義經濟體系有很多缺陷。21 世紀初，經濟危機越來越嚴重和頻繁，更加強化了這一觀點：在資本主義經濟體系裏有一些基礎性的不合理。同時，科學家們總結，我們在經濟方面取得前所未有的繁榮，是以損害環境為代價的，災難性的氣候變化正日漸逼近。

正當歐美着手應付它們面臨可能是史上最嚴重的經濟問題，新的經濟體開始形成，尤其是在東南亞和所謂的「金磚四國」（巴西、俄羅斯、印度以及中國）。經濟中心又一次開始轉移，這毫無疑問將有新的經濟思想產生，以解決如何有效地管理和利用我們稀缺的資源這一問題。

近年一次重大的經濟危機發生在希臘。希臘是經濟學的發源地，也是「經濟學」（Economics）這個詞語的起源地。2012 年，雅典人遊行示威，指出在尋求解決債務危機方法的過程中，同樣起源於希臘的民主將成為犧牲品，民主將不復存在。

世界經濟將怎樣解決當前的問題，我們拭目以待，但是，本書這些經濟學知識，將幫助我們了解經濟是怎樣發展到現在這個局面的，此外，或許我們還可以由此得到啟示，找到走出這個困境的方法。∎

學習經濟學的目的⋯⋯是了解如何避免被經濟學家欺騙。

——英國經濟學家，瓊·羅賓遜
(1903–1983)

# LET TRADING BEGIN
# BEGIN
## 400 BCE—1770 CE

# 讓貿易開始吧

## 公元前 400 年—1770 年

柏拉圖描述了他的**理想國家**，財產為大眾所共有，勞動則實行專門化。

**約前 380 年**

托馬斯·阿奎那認為，只有在沒有巨額利潤以及於買賣中不存在欺騙的前提下，**產品的價格**才是「公正」的。

**1265—1274 年**

**匯票**成了歐洲國家標準的貿易支付工具，商業銀行可以贖回這種匯票。

**約 1400 年**

**國際貿易**公司——英國東印度公司成立，為世界上第一個國際品牌。

**1599 年**

**約前 350 年**

亞里士多德支持**私人財產**，卻反對為個人利益積累財富。

**1397 年**

麥地奇銀行在意大利佛羅倫斯成立，這是最早為推動國際貿易而成立的**金融機構之一**。

**1492 年**

克里斯托弗·哥倫布到達美洲，不久大量黃金流入歐洲，增加了**貨幣供應**。

**約 1630 年**

托馬斯·孟提出**重商主義政策**，把向國外出口商品作為增加國內財富的途徑。

---

隨着古代世界文明的發展，為人類提供貨物和服務的系統也在不斷進化。這些早期的經濟體系自然地演變成為各種各樣的貿易和手工業，生產可供交換的物品。人類開始進行交易，首先是以物換物，後來逐漸用貴金屬硬幣作為交換的媒介，貿易開始變成人們生活的一個重要部分。貨物的買賣持續了幾個世紀之後，人們才開始想到去思考這個系統如何運轉。

古希臘哲學家是最先著書討論這些問題的人，後來，研究這些問題的學問被統稱為「經濟學」。在《理想國》一書中，柏拉圖描述一個理想國家的政治和社會構成，通過由專業的生產者為公眾提供產品，這一理想國將發揮經濟功能。然而，他的學生亞里士多德則認為，私有財產也可以進入市場交易。這些爭論一直持續到現在，仍未達成共識。作為哲學家，柏拉圖和亞里士多德都從道德哲學方面闡述經濟學，認為不應該去分析經濟體系怎樣運作，而應該去思考它應該如何運作。這種方法被認為是規範法——既主觀又關注事情「應該如何」。

由於中世紀的哲學家，如阿奎那等嘗試界定私人財產和市場交易的道德倫理規範，因此這種經濟學的規範方法一直持續多年。阿奎那強調了有關價格的道德問題，認為價格的「公正性」非常重要，商人不得賺取過多的利益。

古代社會的勞動力絕大部分由奴隸構成，而中世紀的歐洲處於封建社會，地方地主保護農民，農民則為地主勞動或服兵役。因此這些哲學家們關於道德問題的爭論顯得有較強的學術性。

### 城邦的興起

隨着歐洲城市（城邦）的發展和國際貿易帶來的經濟繁榮，15世紀的歐洲發生巨大的變化。新興的資產階級與為他們的貿易和遠洋探索之旅提供資金的銀行聯手，取代

荷蘭市場上一次對鬱金香的**投機泡沫**破滅，導致成千上萬投資者破產。

↑

**1637**年

威廉·佩蒂在《貨幣略論》一書中說明了怎樣**衡量經濟**。

↑

**1682**年

格里高利·金編撰了17世紀英國貿易**統計匯總**。

↑

**1697**年

重農主義者弗朗索瓦·魁奈和他的追隨者認為，**土地和農業**是經濟繁榮的唯一來源。

↑

**1756**年

**1668**年

↓

喬賽亞·柴爾德將**自由貿易**描述為既要增加出口，也要增加進口。

**1689**年

↓

約翰·洛克認為，**財富源於勞動**，而非貿易。

**1752**年

↓

大衛·休謨認為公共物資應該由**政府埋單**。

**1758**年

↓

弗朗索瓦·魁奈發表了《經濟表》，第一次分析整體經濟——**宏觀經濟**的運作。

---

了曾在經濟中扮演重要角色的封建地主階級。

　　新的貿易團體代替了小規模的封建經濟，經濟思想的關注點開始轉向如何最有效地控制國與國之間的商品和金錢的交易。這一時期的主流思想是重商主義，它主要涉及貿易平衡——一個國家花在進口貨物上的錢和通過出口貨物賺取的錢之間的差額。出口貨物可以帶來收入，因此被認為是有益的，而進口貨物則由於貨幣外流而被認為是具有破壞性的。為了防止貿易赤字和幫助國內生產商應對國際競爭，重商主義者積極倡導提高進口關稅。隨着貿易增加，貿易活動不再局限於個體商人和他們的支持者。由政府支持的合夥制企業和公司開始對大型的貿易活動進行監管。這些公司又被分成若干「股份」，這樣就可以由多個投資者投資。17世紀末期，購買股份的利潤迅速增長，這就導致了大量股份公司的成立和股票交易的出現。

**新科學**

　　貿易大規模增長，促使人們對經濟產生了新的興趣，並由此促進了經濟學學科的出現。18世紀初開始的啟蒙運動，推崇理性高於一切，用一種科學的方法來看待「政治經濟學」。經濟學家開始嘗試衡量經濟活動並描述經濟體系的運作，而不僅是關注其道德意義。

　　在法國，一羣著名的重農主義思想家分析貨幣流通，並由此產生了第一個宏觀經濟（整體經濟）模型。他們將農業放在中心地位，而不是商業或者金融業。與此同時，英國的政治哲學家則將重心從重商主義的貿易觀點轉移到生產者、消費者以及商品的價值和實用性上。從此，現代經濟學研究的框架體系開始出現。■

# 財產應為私人所有

財產權

童年時代，我們會跟同伴爭搶玩具，由此了解到所有權和個人財產等概念。人們通常認為私有財產是理所當然的，然而，這一觀點也並非必然。私有財產是資本主義的基礎。馬克思認為，資本主義創造的財富，為社會提供了「大量的商品」，這些商品都為個人所擁有，它們可以被用來交易，賺取更大的利潤。同樣，在自由市場裏，企業歸私人所有，並自負盈虧。若不存在私有財產，也就不可能有個人利益——更沒有進入市場的可能，事實上，沒有私有財產就沒有市場存在。

## 財產的分類

「財產」（property）包括各種各樣的東西，物質的、智力的（如專利、文本等）。支持自由市場的經濟學家不會為財產這一領域辯護，即使是奴隸也同樣被看作是有價值的商品。

歷史上，物質財產有三種組織方式。第一種，在信任和尊重的條件下，任何東西都可以共同擁有，每一個人都可以隨心所欲地使用所有的公共物品。我們可以在部落經濟裏找到痕跡。現在，亞馬遜地區的華歐拉尼人（Huaorani）仍然實行這一體制。第二種，財產歸集體所有和使用——共產主義體系的核心。第三種，財產可以為個人所有，人們可以按照自己的意願支配自己的財產。這就是資本主義的核心理念。

現代經濟學家嘗試從實用主義的角度證明，如果不進行資源分配，市場根本無法運作。而早期的思想家則更多地從道德層面來看待

在資本主義國家，保護財產私有制是非常重要的。這棟位於波蘭華沙的房子，是有史以來最安全的屋子，只需輕輕一按按鈕，它就會變成一座鋼鑄立方體。

**參見**：市場與道德 22~23 頁，公共物品和服務的提供 46~47 頁，
馬克思主義經濟學 100~105 頁，經濟學的定義 171 頁。

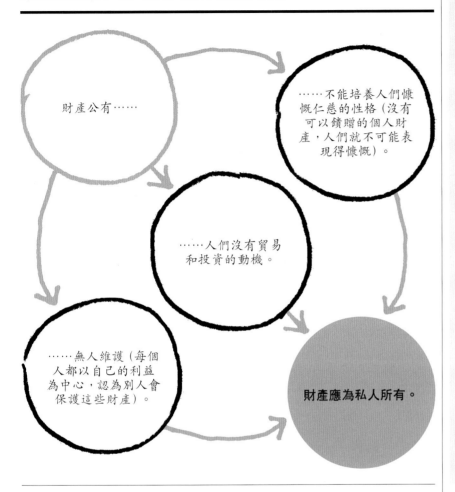

財產公有……

……不能培養人們慷慨仁慈的性格（沒有可以饋贈的個人財產，人們就不可能表現得慷慨）。

……人們沒有貿易和投資的動機。

……無人維護（每個人都以自己的利益為中心，認為別人會保護這些財產）。

**財產應為私人所有。**

## 私有化的程度？

在每一個現代社會，都有集體財產，如街道和公園，其他財產，如車輛等，則為個人所有。財產權，即法定所有權，一般情況下是指個人擁有的對某一特定資源獨一無二的所有權，但這並不是一成不變的。例如，在一個歷史悠久的地區，一棟房子的屋主不能隨意拆掉這所房子，重新修建一座工廠或者高樓，甚至不能改變這棟房屋目前的用途。必要時，世界上每一個國家都可能凌駕於個人權利之上，這可能有各種各樣的原因，比如基礎設施建設的需要，國家安全的需要等。即使是美國這樣一個堅決擁護資本主義的國度，政府也有可能強迫一個業主放棄他的權利。然而，14 世紀的憲法修正案就這一規定作出讓步，規定受影響的業主必須獲得與市場等價的賠償。

個人財產。希臘哲學家亞里士多德認為，「財產應歸個人所有」。他指出，當財產為公眾所有時，沒有人來負責保護財產安全，更沒有人會考慮使這些財產增值的問題。此外，只有當人們手裏有個人財產可以贈送給他人時，他們才可能更加慷慨。

### 財產權

在 17 世紀的歐洲，所有的土地和房屋都歸統治者所有。英國哲學家約翰·洛克則站在個人權利的一方，指出上帝給予我們支配自己身體的權利，同樣允許我們支配自己生產的東西。隨後，德國哲學家伊曼努爾·康德（Immanuel Kant，1724–1804）提出，私有財產是自我的合法表達。

然而，另一位德國哲學家則堅決反對這一觀點。馬克思認為，私有財產這一概念是資本家用來剝奪無產階級的藉口，資本家們借此勞役無產階級，永遠將他們排除在控制所有財富和權力的既得利益羣體之外。■

很明顯，更好的是財產為個人所有，但公眾都可以使用；立法者的使命，就是要塑造人們樂善好施的性格。

——亞里士多德

# 甚麼是公正的價格？

## 市場與道德

### 背景介紹

聚焦
**社會與經濟**

主要人物
**托馬斯·阿奎那（1225-1274）**

此前

**約公元前350年** 亞里士多德在《政治學》一書中談到，所有的物品都應該通過「需求」這個統一的標準來衡量其價值。

**529-534年** 羅馬法庭「費大力氣」保護土地所有者，使他們出售土地的價格不低於公正的價格。

此後

**1544年** 西班牙經濟學家路易斯·薩拉維亞（Luis Saravia de la Calle）認為，價格必須根據對商品的質量和數量的「共同評估」來設定。

**1890年** 阿爾弗雷德·馬歇爾（Alfred Marshall）提出，供求自發決定價格。

**1920年** 路德維希·馮·米塞斯認為，社會主義注定會失敗，因為價格是創造需求的唯一方法。

許多人都知道被小販利用或者「敲竹槓」是甚麼滋味，比如說旅行的時候購買高價冰淇淋。然而，根據目前盛行的經濟理論，敲竹槓是不存在的。任何東西的價格都是市場價格——人們願意支付的價格。市場經濟學家認為，在價格的世界裏，根本沒有所謂道德，價格是供應和需求的自然作用的結果。開高價的商人只是將價格推向了它的極端。如果他們的要價超出了消費者願意支付的價格，買賣就

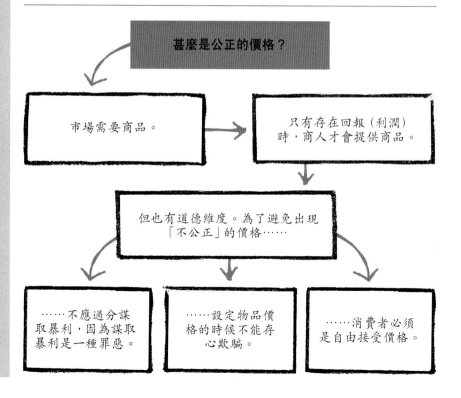

甚麼是公正的價格？

市場需要商品。

只有存在回報（利潤）時，商人才會提供商品。

但也有道德維度。為了避免出現「不公正」的價格……

……不應過分謀取暴利，因為謀取暴利是一種罪惡。

……設定物品價格的時候不能存心欺騙。

……消費者必須是自由接受價格。

參見：財產權 20~21 頁，自由市場經濟學 54~61 頁，供應和需求 108~113 頁，經濟學與傳統 166~167 頁。

會中斷，消費者將不會消費，因此，商人會被迫降價。市場經濟學家認為，市場是確立價格的唯一方式，原因是，任何東西本身都是沒有價值的，即使是黃金也一樣。

## 自由接受的價格

價格應由市場設定這一觀點，與西西里學者阿奎那在《神學大全》中表達的觀點正好相反。這本《神學大全》是最早研究市場的學術著作之一。在阿奎那看來，價格屬於道德範疇。阿奎那認為貪婪是一種致命的罪惡。但同時，他意識到如果商人被剝奪了賺取利潤的權利，商人將不會進行貿易，這樣社會上就沒有市場需要的商品。

阿奎那總結道，賺取暴利是有罪的。商人索取的應該是一個可以賺取到豐厚利潤的「公正的價格」，但不能賺取不合理的暴利。這個「公正的價格」恰好就是消費者們在知情的情況下願意支付的價格。但商販沒有義務讓消費者意識到可能導致未來價格降低的因素，比如短期內碼頭堆積的大量廉價香料。

經濟學家和公眾都在討論銀行家的合理獎金或最低工資的「公正價格」，同樣的，現在價格和道德都屬於熱門話題。反對干預市場的自由市場經濟學家，以及那些僅僅是出於經濟或者道德原因而提倡政府干預的經濟學家，正繼續討論強制約束價格的優點和不足。■

商品的價格不應該超過自身價值。

—— 托馬斯·阿奎那

## 托馬斯·阿奎那

托馬斯·阿奎那（Thomas Aquinas）是中世紀時期最偉大的學者之一。1225 年，阿奎那出生於西西里島阿基諾的一個貴族家庭，5 歲時就開始接受教育。當阿奎那 17 歲時，他決定拋棄世俗的財富，成為一名修道士。他的家人強烈反對，將他關了兩年。然而，他決心已定，最後，他的家人讓步，允許他去巴黎，成為神學家大阿爾伯特（1206－1280）的弟子。阿奎那先後在法國和意大利講學，1272 年，他在意大利那不勒斯成立了大學校（大學的一種形式）。他的許多哲學作品都對世界產生了重大影響，為現代世界鋪平了道路。

**主要作品**

1256－1259 年 《有關真理的爭論》
1261－1263 年 《哲學大全》
1265－1273 年 《神學大全》

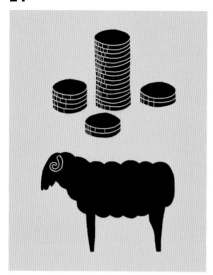

# 有了貨幣，就不需要以物易物了

## 貨幣的功能

### 背景介紹

聚焦
**銀行和金融**

主要事件
**13世紀** 蒙古帝國的忽必烈可汗首次使用不兌現紙幣。

此前
**公元前3000年** 在兩河流域（美索不達米亞），人們用謝克爾作為貨幣單位，即以一定重量的大麥為一個單位，相當於一定價值的金或銀。

**公元前700年** 希臘埃伊納島製造了目前已知最早的硬幣。

此後
**13世紀** 馬可·孛羅將期票從中國帶回歐洲，意大利銀行家開始使用。

**1696年** 蘇格蘭銀行成為第一家發行鈔票的商業機構。

**1971年** 美國總統尼克遜取消了美元與黃金的兌換。

**在**世界上許多地方，越來越多人使用信用卡、電子匯兌、手機晶片等購物，世界越來越快地進入無現金的時代。但是，停止使用現金並不意味着不使用貨幣。貨幣仍然在交易中具有核心作用。

貨幣帶來的負面影響很多——貪婪、犯罪以及戰爭等，這些都廣為人知。貨幣還被當作陪襯，在宗教儀式中作為貢品（尊敬的象徵）。如補償被害者親屬的「血汗錢」，購買新娘所花的「彩禮」或新娘陪嫁的「嫁妝」。有錢意味着個體、家庭或國家擁有地位和權勢。

### 以物易物經濟

如果沒有錢，人們就只能進行以物易物。從某程度來說，我們報恩的時候多進行以物易物。例如，A幫鄰居B照顧小孩，B可能就會主動去幫A修理壞掉的門，以此作為對A的回報。但是，很難想像會有大規模這類個體間的交換。如果你想要一塊麵包，但你只有一輛新車可用於交換，這時候應該怎麼辦呢？以物易物依賴於雙方需求的偶然一致性，即對方手裏恰好有我需

印度阿薩姆邦的蒂瓦部落人在古老節日期間，通過以物易物的方式，購買和出售商品，以此來維護部落之間的和諧與友誼。

要的東西，而我也正好擁有他需要的東西，這樣才能進行以物易物。

而貨幣則可以解決所有的問題。你不需要尋找那個需要你的東西的人，而只需支付貨幣購買你需要的東西；同樣，賣家也只需用貨幣從另一個人那裏購買他需要的東西。貨幣可以轉讓，也可以留在自己手裏——賣方可以持有貨幣，當

參見：金融服務 26~29 頁，貨幣數量論 30~33 頁，價值悖論 63 頁。

他想要購買東西的時候再花錢去購買。許多人認為，如果沒有貨幣，交易將不再靈活，複雜的文明也就不可能形成。貨幣同樣為衡量事物的價值提供了標準。這樣，所有的商品都有了可以用貨幣衡量的價值，我們就可以知道所有商品的價格，並將這些價格進行對比。

### 不同種類的貨幣

貨幣分為商品貨幣和不兌現紙幣兩種。商品貨幣除具有指定價值外，還具有內在價值。比如，當金幣被用作貨幣的時候，它就同時具備這兩種價值。10 世紀在中國使用的不兌現紙幣，則僅是一種代幣，除政府賦予它的價值外，本身並無價值。例如，鈔票就是一種不兌現紙幣，其本身是沒有價值的。

起初，很多國家的紙幣發行量多少，都是以其黃金儲備量為依據的。從理論上說，美國聯儲局發行的美元可以按照票面價值兌換黃金。正如美國財政部希望的那樣，總統尼克遜規定，從 1971 年開始，美元不再兌換黃金。不兌現紙幣的流通，需要人們對國家的經濟穩定有高度的信任，但是，沒有人能夠保證一個國家的經濟一直保持穩定。■

以物易物，人們只能跟需要他手裏商品的人交易。

當你有了貨幣，就不需要以物易物了。

有了貨幣，人們可以從任何人手裏購買商品，只要他們願意與你進行交易。

有了貨幣，賣方可以出售商品給任何想要購買此商品的人。

可以將貨幣儲蓄起來，等待適合的購買時機。

貨幣幫助我們衡量商品的價值。

## 付款

貝殼串珠是由繩子串起來的白色和黑色貝殼珠子，北美洲東部林區部落的人視為寶貝。15 世紀，在歐洲人踏上美洲大陸前，人們在舉行傳統儀式時才使用貝殼串珠。那時候人們互相交換貝殼串珠來記錄協議或者表達敬意。貝殼串珠的價值來自製作技巧以及它在各種儀式中的作用。

當歐洲人到達北美大陸後，他們的先進工具使貝殼生產得以革新，荷蘭殖民者大規模批量生產串珠。不久，他們就使用它來進行貿易，和對錢幣不感興趣但珍視貝殼串珠的當地人做生意。於是，貝殼串珠迅速成為一種在貿易中交換的貨幣。在紐約，8 個白色或 4 個黑色貝殼串珠等於當時 1 個單位荷蘭硬幣。17 世紀 70 年代起，人們逐漸減少使用貝殼串珠，其價值隨之下降。

上圖這個肖尼單肩包上的裝飾就是北美部族曾經使用過的貝殼串珠。這些部落將貝殼串珠作為交易貨幣使用。

# 以錢生錢

## 金融服務

**背景介紹**

聚焦
**銀行和金融**

主要人物
**麥地奇家族（1397-1494）**

此前
**13世紀** 學者譴責高利貸。

此後
**1873年** 英國記者沃爾特·白芝浩（Walter Bagehot）鼓動英格蘭銀行成為銀行系統的最後貸款者。

**1930年** 國際清算銀行在瑞士巴塞爾成立，建立了銀行監管的國際法規。

**1992年** 美國經濟學家海曼·明斯基（Hyman Minsky）出版的《金融不穩定性假說》一書對解釋日後2007-2008年的金融危機非常有幫助。

人類有着悠久的借貸歷史，有證據顯示，在 5,000 年前的美索不達米亞（如今的伊拉克）文明的初期，人類就有「借貸」活動了。直到 14 世紀，現代銀行系統才在意大利北部出現。

「銀行」（Bank）一詞來自於意大利語中的「工作台」（Bench），即銀行家做生意時坐的地方。14 世紀，羅馬教皇的影響和稅收惠及意大利半島，這個半島的地理位置非常有利，恰好位於亞洲、非洲和正在形成的歐洲國家之間，方便各個地區、國家之間在此進行貿易。特別是在威尼斯和佛羅倫斯，財富開

**參見**：上市公司 38 頁，金融工程 262~265 頁，市場不確定性 274~275 頁，金融危機 296~301 頁，銀行擠提 316~321 頁。

始漸漸積累。憑藉制海權，威尼斯成立了相應機構來為海洋航行提供資金，以確保海洋航行的安全。佛羅倫斯則專注於製造業以及與北歐之間的貿易，此外，商人和金融家都聚集在此地的麥地奇銀行。

佛羅倫斯已經成為其他銀行的根據地，比如當時首屈一指的巴爾迪銀行和佩魯齊銀行。除此之外，各種類型的金融機構都集中在這個城市，其中包括靠抵押私人物品向外放債的當舖，也包括經營外國貨幣、接收存款並貸款給地方商人的一些當地小銀行。而喬萬尼·迪比奇·德·麥地奇（Giovanni di Bicci de'Medici）在 1397 年建立的麥地奇銀行則與其他銀行不同。

麥地奇銀行為長途貿易，如羊毛貿易提供資金。它與同期其他銀行的區別體現在三個方面。第一，規模龐大。在它的全盛期，即麥地奇的兒子科西莫經營期間，其在 11 個城市成立了支行，其中包括倫敦、布魯日、日內瓦。第二，網絡分散化。麥地奇銀行支行不是由其僱員來管理，而是由一個掌握一定股份的地方合夥人經營。佛羅倫斯的麥地奇家族掌握着絕對的控股權，監管着整個銀行網絡，也賺取了最多的利潤，持有標誌着該銀行良好聲譽的商標。第三，各大支行從富有的儲戶處吸收了大量存款，增加了可用於貸款的初始資金，也由此擴大了銀行收益。

### 銀行經濟學

促使麥地奇銀行成功的這些因素正好與三個經濟概念相符合，這三個經濟概念與今天的銀行業緊密相關。第一，「規模經濟效益」。對於個體商人來說，簽署一份合法貸款合約代價高昂，而對一家銀行來說，若簽署 1,000 份這樣的合約，每份合約的成本就只是以往的很小一部分。第二，「分散風險」。麥地奇銀行通過地域的分散，來降低不良貸款的風險。此外，小股份合夥人除了分享利潤之外，還要共擔損失，因此，在對外發放貸款的時候，他們必須格外謹慎。也就是說，他們實際上承擔了麥地奇銀行的一部分風險。第三，「資金轉

14 世紀的商業銀行已經開始經營存款和貸款這兩項業務，同時，它還經營貨幣兌換業務，並負責監控偽造或違禁貨幣的流通。

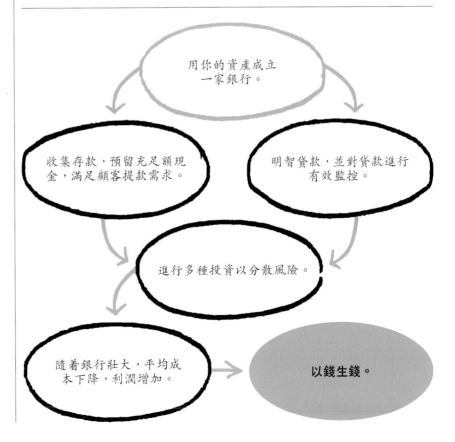

用你的資產成立一家銀行。

收集存款，預留充足額現金，滿足顧客提款需求。

明智貸款，並對貸款進行有效監控。

進行多種投資以分散風險。

隨着銀行壯大，平均成本下降，利潤增加。

以錢生錢。

型」。商人們既有可能存錢，也有可能借錢。有的商人可能需要尋找一個安全地方存放他的資金，同時希望在有需要時能夠迅速提取款項。有的商人則想要貸款，而對於銀行來說，發放貸款要承擔風險，且貸款週期可能會很長。因此，銀行在兩者的需求之間尋求到一個平衡點：「短期借款，長期貸款」。這項舉措既適合存者，也適合貸款者。當然，銀行也能從中獲益，通過把顧客的存款用於放貸（「槓桿」），利用投資者的資金來增加利益，以獲取高額回報。

然而，這一實踐也使得銀行變得更加脆弱，如果許多儲戶同時要求取出他們的存款（「銀行擠提」），那麼由於大量用戶的存款仍然套牢在長期貸款中，銀行只持有一小部分存款用戶的現金，這時候銀行就無法滿足儲戶的取款要求。但這種風險是可以事先計算的，這種體系的優點在於有效地將儲蓄者和貸款人聯結起來。

在 14 世紀的歐洲，為長途貿易

提供資金需要冒很大的風險。長途貿易有時間長和距離遠的問題，因此，它面臨着「基本貿易問題」——當交易達成之後，一方有可能攜貨物或者錢款逃跑。為解決這個問題，人們發明了「匯票」，一種由出票人簽發，要求付款人在見票時或在一定期限內，向收款人或持票人無條件支付一定款項的票據。持票人（賣方）為了籌集資金，可以立刻將該匯票轉售他人。意大利商業銀行非常精通於處理此類匯票，並且以此創造了巨大的國際貨幣市場。

通過購買匯票，銀行就承擔了購買方可能不支付貨款的風險。因此，銀行在購買匯票之前，一定要先了解購買方，盡量降低由此帶來的風險。信息的缺失（稱為「信息不對稱」）會帶來許多問題，所以貸款方必須具有專業的知識和技能。通常來說，最不想還錢的人，最喜歡申請貸款。一旦申請成功，他們就會想方設法不還款。銀行最重要的功能之一就在於懂得如何進行安全有效的貸款，打消貸款者「道德

上圖為一張 1713 年的匯票。這種匯票逐漸發展成現在常見的銀行支票。所有類型的匯票都是一種承諾，承諾在某一日期支付給匯票持有者一定數額的錢。

風險」的念頭。銀行通過這種手段來敦促貸款者按時按量還款，以保護自己的利益。

### 地理集羣

銀行通常都會集中在同一個地方，以實現信息和技能的最大化和最優化。這也可以用來解釋大城市

---

上圖為「次級」貸款人（無法還貸的人）提供房貸，引發了一場銀行收回房產的浪潮，由此導致了 2007–2008 年的金融危機。

## 21 世紀的銀行危機

2007 年開始的全球金融危機敲響了警鐘，使人們重新思考銀行的本質意義。舉債經營是導致這次全球金融危機的主要原因。1900 年，大約四分之三的銀行資產來自儲戶存款。而到了 2007 年，這一比例通常能達到 95%–99%。銀行對未來過於樂觀，大量金融衍生產品賭的是市場走勢會越來越好，而這將令銀行面臨的風險越來越大。

金融危機之後，國家大幅度放鬆對銀行的管控。在漸漸復甦的市場裏，大量金融創意似乎又開始發揮作用，不斷創造利潤。然而，這一切導致了兩種性質惡劣貸款：一是為貧困美國家庭提供房貸；二是一些債券投資者過分依賴信用評級機構。自麥地奇銀行以來，所有的銀行都面臨着信息缺乏、財政激勵以及風險等問題。

> 銀行家就是在晴天借給你雨傘，在雨天時收回的那種人。
>
> ——美國作家，馬克·吐溫
> (1835-1910)

金融區的存在。經濟學家將這種現象稱為「網絡外部效應」，也就是說，當一個銀行集羣區開始形成時，會深化相關的技能和信息，所有的銀行都可以從中獲益。佛羅倫斯就是這樣一個經濟集羣區。此外，以金匠和船舶專家眾多而著稱的倫敦，也是一個經濟集羣區。19世紀初期，在中國的西北內陸，山西省成為了在中國佔據領導地位的金融中心。如今，隨着互聯網的出現和普及，又出現了新的網絡集羣方式。

專業化的優勢使我們明白從儲蓄銀行到按揭銀行再到車貸銀行等各種不同類型銀行存在的原因。銀行的類型也可以反映相關信息問題。例如，19世紀開始出現的互助社會和合作銀行，所有權都屬於自己的客戶。即使處在一個社會變革的時代，它們依然在銀行和顧客間享有越來越好的聲譽。由於這些組織機構的成員們互相監督，經理對當地的情況非常熟悉，因此可以為有需要的顧客提供長期的貸款。在德國等國家，這樣的銀行機構得以發展壯大。荷蘭拉博銀行就是合作銀行的一個典型，此外還有印度的「小額信貸」孟加拉鄉村銀行，該銀行專門經營大量小額貸款業務。

然而，銀行集羣同樣也會導致風險競爭和從眾行為。對於銀行來說，擁有良好的信譽尤其重要，因為銀行還要承擔資產轉換的責任——銀行將存款轉換成為貸款——而相對於存款—債務來說，他們的貸款—資產承擔的風險更大、時間更長，要將貸款轉換為現金將更艱難（流動性不強）。

負面消息很容易引起人們的恐慌。銀行倒閉將會對其他銀行、政府以及社會帶來一系列的連鎖反應。例如，1931年奧地利的聯合信貸銀行倒閉，先後導致德國馬克、英國先令以及美元的銀行擠提，接着，美國發生大規模銀行擠提，令大蕭條更趨惡化。

因此，銀行需要受到嚴格的控制和管理。大多數國家對一個人是否有資格組建一家銀行、他需要掌握多少信息，以及他的經營規模有多大，都有十分嚴格的規定。

## 廣義的金融

銀行是金融行業的最大，卻不是唯一的一部分，整個金融業將有富裕財富的人和急需用錢的人聯結在一起。股票交易通過股票（賦予股票持有者部分公司所有權）、債券（可以用來交易的貸款）或者其他工具將這些需求直接聯結起來。

這些交易要麼發生在一個真實的地點，比如紐約股票交易市場，要麼發生在一個可以通過電話或者計算機進行交易的規範市場，比如國際債券市場。這些由交易產生的集羣使得長期資金投入（如貸款）的流動性更強，它們可以很容易地被出售，兌換成現金。儲蓄可以由此集中起來，降低交易成本並分散風險。公共基金、養老保險基金以及保險公司都是一樣的道理。■

倫敦中世紀街道聚集了各種各樣的銀行。今天，倫敦仍然是世界上最大的外匯交易中心和跨境銀行貸款中心。

# 貨幣導致通脹

## 貨幣數量論

**背景介紹**

聚焦
**宏觀經濟**

主要人物
**讓·博丹**（1530—1596）

此前
**1492年** 哥倫布到達美洲大陸。大量的白銀和黃金開始流入西班牙。

此後
**1752年** 大衛·休謨提出，貨幣供應和物價水平有直接關係。

**1911年** 歐文·費雪(Irving Fisher)用數學公式解釋了貨幣數量論。

**1936年** 約翰·梅納德·凱恩斯認為貨幣流通速度是不穩定的。

**1956年** 米爾頓·佛利民(Milton Friedman) 認為，貨幣數量的變化對人們收入的影響是可以預見的。

**在**16世紀的歐洲，商品價格無緣無故地不斷上漲。有傳言說，當時的統治者採取慣用的伎倆導致貨幣貶值—— 減少硬幣中摻雜的黃金和白銀的量。事實就是如此。然而，法國律師讓·博丹 (Jean Bodin) 認為沒這麼簡單，一定有更驚人的事情正在發生。

1568 年，博丹發表了《答馬萊特魯瓦悖論》一文。法國經濟學家讓·馬萊特魯瓦（？—1578) 認為，價格的通脹只能歸咎於貨幣貶值，而博丹則證明，即使我們只用純銀來衡量商品的價值，價格依然會飛速上漲。他強調，這一切都應當歸咎於富足的白銀和黃金。

參見：貨幣的功能 24~25 頁，凱恩斯乘數 164~165 頁，貨幣主義政策 196~201 頁，通脹與失業 202~203 頁。

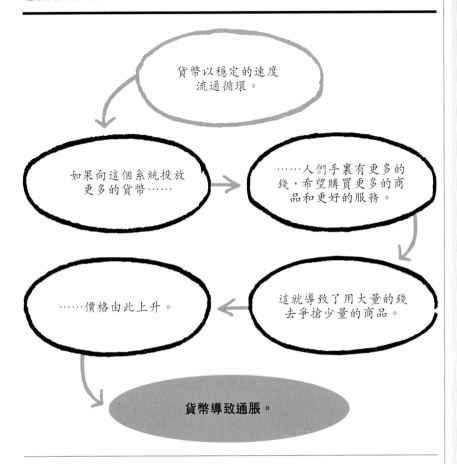

貨幣以穩定的速度流通循環。

如果向這個系統投放更多的貨幣……

……人們手裏有更多的錢，希望購買更多的商品和更好的服務。

……價格由此上升。

這就導致了用大量的錢去爭搶少量的商品。

**貨幣導致通脹。**

## 讓·博丹

讓·博丹是一位裁縫大師的兒子。1530 年，博丹在法國昂熱出生。早年在巴黎讀書，後來就讀於圖盧茲大學（University of Toulouse）。1560 年，博丹在巴黎成為一名王權擁護者。他在學術方面的造詣（精通法律、歷史、政治、哲學、經濟學以及宗教）使得他備受皇室重視。1571 年至 1584 年，博丹擔任偉大的阿朗松公爵的助手。

1576 年，他與弗朗索瓦絲結婚並接任了他姐夫在法國北部拉昂的王室檢察官一職。1589 年國王亨利三世遭到暗殺，宗教內戰爆發。博丹主張要寬容，但是受制於壓力，他不得不在拉昂宣佈支持天主教，直到新教教徒亨利四世平息了這個城市的內戰為止。博丹於 1596 年死於瘟疫，享年 66 歲。

**主要作品**

1566 年 《史學易解》

1568 年 《答馬萊特魯瓦悖論》

1576 年 《國家六論》

---

這些貴金屬從西班牙在美洲的新殖民地流入西班牙國內，並由此流入了整個歐洲。

博丹對鑄幣增長速度的計算準確得驚人。後來的經濟學家發現，整個歐洲商品的價格在 16 世紀翻了兩番，同時，貨幣體系中實際流通的白銀和黃金數量則翻了 3 倍。博丹曾估算過，貴金屬將增加不止 2.5 倍。他還強調了隱藏在通脹背後的其他因素：對奢侈品的需求，因出口和浪費造成的用於銷售的商品不足，貪婪的商人通過壟斷限制商品供應；此外，理所當然還有統治者鑄造的劣質硬幣。

### 貨幣供應

從美洲流入歐洲的黃金和白銀給歐洲大陸帶來了新的影響，市場上流通的貨幣數量會大大影響價格水平。博丹並不是第一個提出這一理論的人。1556 年，一個叫納瓦魯斯的西班牙人也得出了同樣的結論。然而，博丹的文章還討論了貨幣的需求和供應，兩者在經濟中的運作機制，以及貨幣供應失調是如何導致通脹的。他透徹的研究被認為是貨幣數量論的首個重要論述。

這一理論背後的推論大部分以常識為基礎。為甚麼同樣一杯咖啡在經濟發達地區比在欠發達地區更

貴呢？答案是，經濟發達地區的顧客更有錢。認真思考一下，在某個國家，假如我們將人們口袋裏的錢乘以 2，那麼，人們可以用來消費的錢增多了。人們的購買力自然會上升，就會想用這些錢來購買更多商品和享受更多服務。但商品和服務的供應總是有限的，也就是說需求大於供應，價格自然就上升了。

這一系列的思考表明，一個經濟體系裏貨幣數量和價格水平之間存在重要的關係。貨幣數量論表明，貨幣供應量翻倍之後，商品的成交價值也會翻倍（收入或者消費翻倍）。另一種更為極端的說法則是，貨幣供應量翻倍帶來的只是價格的翻倍，而商品或服務的價值並未相應增加。在對商品與服務真實的、相對價值的影響方面，貨幣是中性的。例如，買一台電腦的錢可以買多少件外套。

## 真實價格和名義價格

在博丹之後，許多經濟學家都對他的理論作出了更進一步的發展。他們漸漸意識到，在經濟的真實方面與名義價格之間有着明顯的區別。名義價格僅是貨幣的價格，會隨着通脹的變化而改變。這就是為甚麼經濟學家總是關注真實的價格，而不管名義價格是多少，他們關注的是為了得到某一件物品，你應當相應支付多少其他物品（如外套、電腦或者工作所花的時間）。貨幣數量論的極端情況是，貨幣的供應會影響價格，但對真實經濟變量（如產品產量和失業率）不會產生任何影響。此外，經濟學家還意識到，貨幣本身就是一件人們想要擁有的「商品」，因為貨幣的多少意味着購買力的大小。然而，他們想要的貨幣，並不是名義上的貨幣，而是真正意義上的貨幣——可以購買更多商品的貨幣。

> 如今這個國家擁有金銀數量比前 400 年的總量還多。
> ——讓・博丹

## 費雪方程式

美國經濟學家歐文・費雪（Irving Fisher，1867–1947）運用數學公式 MV=PT 對貨幣數量理論作出了最完整的解釋。這裏，P 表示商品和服務價格的平均水平；T 表示一年內商品和服務的交易總量。因此，PT（價格 × 交易量）就是一年裏的交易價值總量。M 表示一定時期流通中的貨幣數量。但是，由

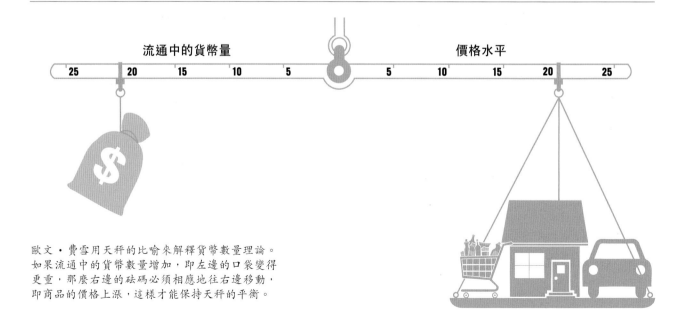

歐文・費雪用天秤的比喻來解釋貨幣數量理論。如果流通中的貨幣數量增加，即左邊的口袋變得更重，那麼右邊的砝碼必須相應地往右邊移動，即商品的價格上漲，這樣才能保持天秤的平衡。

荷蘭繪畫大師彼得・勃魯蓋爾繪製的這幅畫展示了大齋節期間流浪漢與富人交往的場景。15世紀物價飛漲，給窮人帶來無窮的苦難，許多人被迫流浪，多地發生起義。

於 PT 代表的是商品流通總量，而 M 代表的是可以循環利用的貨幣存量，因此這個方程式就需要用某個單位來代表貨幣的循環。這個循環流通就像衣服隨着洗衣機的滾筒而轉動一樣，會導致貨幣隨着經濟的改變而發生變化——這就是 V，代表一定時期單位貨幣的平均週轉次數，也就是貨幣流通速度。

當對這幾個字母之間的關係作出假設時，這個方程式就成了理論。經濟學家有三種假設方式。第一，貨幣流通速度 V，由於我們使用貨幣的方式受到社會制度和習慣等因素的影響，因此，這一變量長期內比較穩定（洗衣機滾筒旋轉的速度是固定的），我們把它視為常數；這是貨幣數量論的關鍵假設。第二，交易數量 T，這一數量只由消費者的需求和生產者的技術決定，兩者一起決定價格的高低。第三，貨幣數量 M，它會發生變化，比如金銀從美洲流入歐洲，使歐洲的金銀數量增多。當貨幣流通速度 V 和交易數量 T 不變時，不難得出，貨幣數量的增加會導致價格上升。

綜上所述，結合名義價格和真實價格的區別，貨幣數量論認為，貨幣對經濟的影響是中性的。

### 挑戰與重述

但是，貨幣真的是中性的嗎？很少有人認為貨幣在短期內是中性的。人們手裏有更多的錢，其最直接的結果就是他們會用這些錢去購買一些貨真價實的商品和服務。凱恩斯認為，長遠來看，貨幣可能是中性的，但是，從短期來看，貨幣會影響真實經濟變量，比如產量和失業率。證據還顯示，貨幣流通速度並不是穩定不變的。在經濟繁榮時期，通脹率高，貨幣流通速度加快，而在經濟衰退時期，通脹率低，貨幣流通速度減緩。

凱恩斯還提出了其他挑戰貨幣數量論的觀點。他指出，貨幣不僅是一種交換媒介，還有價值儲存功能——你可以儲存貨幣，不管你的目的是用來購買商品，還是用作一種應對未來困難的保障，抑或是對未來進行投資。

凱恩斯主義經濟學家認為，這些動機受收入或者交易（費雪方程式中的 PT）的影響更大，而受利率的影響更小。利率的上調會加快貨幣的流通速度。

1956 年，美國經濟學家米爾頓・佛利民為貨幣數量論辯解，他認為個人對實際貨幣餘額的需求由他們所擁有的財富決定。而決定人們需求的，是他們的收入水平。

現在，中央銀行運用電子化的技術印刷鈔票，並用這些「鈔票」來購買政府債券，這就是人們所熟知的量化寬鬆政策。其目的是，防止人們擔憂貨幣供應量減少。到目前為止，這一措施最明顯的效果是，政府債券利率下降。∎

**無論何時何地，通脹都是一種貨幣現象。**

——米爾頓・佛利民

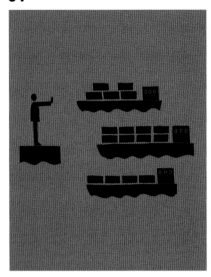

# 使國內經濟免受外國商品之害

## 保護主義與貿易

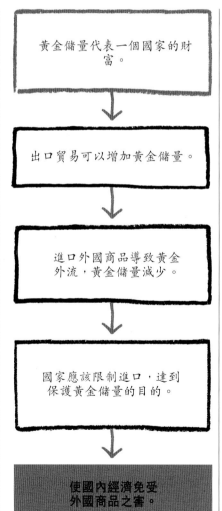

黃金儲量代表一個國家的財富。

↓

出口貿易可以增加黃金儲量。

↓

進口外國商品導致黃金外流，黃金儲量減少。

↓

國家應該限制進口，達到保護黃金儲量的目的。

↓

**使國內經濟免受外國商品之害。**

上半個世紀以來，許多經濟學家都支持自由貿易，認為只有取消對貿易的限制（如關稅），商品和貨幣才能在世界上自由流通，全球市場才能無拘無束地發展。然而，依然有些經濟學家反對自由貿易，他們認為國家之間貿易嚴重不平衡，會對就業和宏觀經濟造成消極的影響。

**重商主義觀點**

從 16 世紀到 18 世紀晚期，歐洲一直處於重商主義時代。對自由貿易利弊的爭論就可以追溯至這一時代。隨着荷蘭和英國海上貿易興起，經濟中心開始從南歐逐漸向北歐轉移。

這一時代同樣也是民族融合開始的時代，我們可以通過一個民族擁有的金銀數量來衡量這個民族的經濟。重商主義者認為，整個世界都在同一個「鍋」裏獲取財富，因此，一個國家的經濟是否繁榮取決於貿易是否「平衡」，是否有貿易順差，也就是說，流入這個國家的黃

**參見：** 比較優勢 80~85 頁，國際貿易與布雷頓森林體系 186~187 頁，市場整合 226~231 頁，依附理論 242~243 頁，全球儲蓄失衡 322~325 頁。

金必須多於流出的黃金。如果大量黃金外流，這個國家的經濟發展就相對緩慢，人們工資下降，就業機會減少，失業率上升。英國一直希望通過限制奢侈消費的法律來減少人民對外國商品的消費。例如，法律規定，只能使用某些布料來製造衣物，這樣就減少了對國外高檔棉織品或者絲織品的需求。

### 馬林斯和孟

傑勒德・德・馬林斯是研究對外貿易的英國專家。他認為應當限制黃金的外流，如果太多黃金外流，英國國內的貨幣就會貶值。

然而，這個世紀最偉大的重商主義理論家托馬斯・孟（Thomas Mun）則認為，在對外貿易中支出了多少財富不是最重要的，重要的是最終收支是否相抵並達到平衡。他主張通過減少本國商品消費來刺激出口，減少進口。然而，他發現，花錢購進商品，再轉手出口到其他國家，賺取差價，最終可以為國家賺取更多的黃金。這種方法不僅可以刺激貿易發展，還可以為航運業創造大量就業機會，促進國家經濟增長。

### 自由貿易協議

18 世紀的亞當・斯密則不贊成這一觀點。在《國富論》一書中，他強調最重要的是所有國家的財富總量，而不是某一個國家擁有多少財富。此外，這口「鍋」也不是恆定不變的，它可以隨着時間發展而變大，當然，這僅限於在國與國之間的貿易不被限制的情況下。斯密認為，如果不限制國家之間開展貿易，整個市場將逐漸發展壯大，並最終惠及所有國家。

上半個世紀，斯密的觀點一直是經濟領域的主流思想，因為大部分西方經濟學家都認為限制國家之間進行貿易阻礙了經濟發展。現在，世界上有許多正規的自由貿易團體，如歐盟、東盟以及北美自由貿易協定等；此外，國際性經濟組織，如世界貿易組織和國際貨幣基金組織等都呼籲各國降低關稅或者取消其他貿易壁壘，允許外國公司進入其國內市場。現在，刻意製造貿易壁壘的國家將會被批評為實施貿易保護主義。

然而，有些經濟學家擔心，過度的全球商業開放會為發展中國家帶來許多不利因素，因為這樣一來，

2010 年，法國巴黎農民駕着卡車示威遊行，抗議進口自由化以後穀物價格大幅度下降。

發展中國家就無法通過貿易保護，扶植本國的新興產業，而英國、美國、日本以及南韓在成為經濟強國之前都曾實施過貿易保護政策。與此同時，中國的貿易政策在很多方面與孟的理論相呼應，如追求大規模貿易順差，建立巨額外匯儲備等。■

### 托馬斯・孟

托馬斯・孟 1571 年出生於一個富裕的倫敦商人家庭。他的父親在他三歲時去世，母親改嫁給英國最大的貿易公司——東印度公司的董事托馬斯・科德爾（Thomas Cordell）。在地中海地區，孟開始以商人的身份經營生意。1615 年，他成為東印度公司的董事。其理論最初是為了支持公司輸出白銀，以此產生轉口貿易。1628 年，公司呼籲英國政府保護本國貿易，與荷蘭競爭，孟特地向參議院陳述了這一事件。1641 年孟去世時，他已積累了大量財富。

**主要作品**

1621 年 《貿易論》
約 1630 年 《英國得自對外貿易的財富》

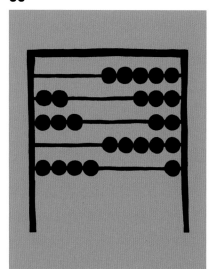

# 經濟是可以量化的

## 財富的衡量

**背景介紹**

聚焦
**經濟方法**

主要人物
**威廉・佩蒂**（1623–1687）

此前
**1620年** 英國科學家培根認為，我們需要一種以事實為依據的科學研究方法。

此後
**1696年** 英國統計學家格里高利・金（Gregory King）發表了關於英國人口統計的調查報告。

**20世紀30年代** 澳洲經濟學家科林・克拉克（Colin Clark）提出了國民生產總值（GNP）的概念。

**1934年** 俄裔美國經濟學家西蒙・庫茲涅茨（Simon Kuznets）發展了現代國民收入核算方法。

**20世紀50年代** 英國經濟學家理查德・斯通（Richard Stone）提出了均衡的復式記賬方法。

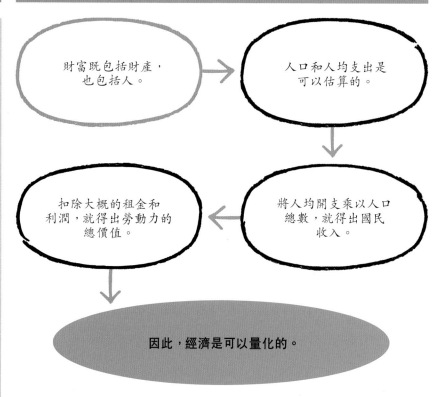

財富既包括財產，也包括人。

人口和人均支出是可以估算的。

將人均開支乘以人口總數，就得出國民收入。

扣除大概的租金和利潤，就得出勞動力的總價值。

**因此，經濟是可以量化的。**

今時今日，我們總是想當然地認為，經濟是可以衡量的，經濟的擴張和收縮都可以被準確地量化。但事實並非總是這樣。衡量經濟這一想法可以追溯至 17 世紀 70 年代以及英國科學家威廉・佩蒂開拓性的研究。他認為，英國可以將科學領域的新式實證方法，應用於金融和政治領域，即運用現實世界的數據，而不是僅依靠邏輯推理來研究經濟和政治。他決定，只用「數字、重量和尺度」來表達他的觀

參見：經濟的循環流通 40~45 頁，測試經濟理論 170 頁，幸福經濟學 216~219 頁，性別與經濟學 310~311 頁。

點。這一方法為經濟學學科的建立奠定了基礎。

在 1671–1672 年發表的《政治算術》一書中，佩蒂使用的是真實的數據，結果顯示，英國比以往任何時候都更加富有，這與人們普遍持有的觀點相反。他的另一個具有開拓性和創新性的舉措是，在計算經濟時，不僅要考慮土地和資金，還要計算勞動力的價值。儘管人們對佩蒂的觀點有爭議，但毋庸置疑的是，他的基本觀點是正確的。他的計算包括人口數量、個人開支、人均工資、租金等。他將這些數據加起來，得出一個國家的總財富量，為整個國家經濟編寫出一份賬目表。

在法國，布阿吉爾貝爾和塞巴斯蒂安（1633–1707）也提出了類似的方法。在英國，格里高利·金分析英國、荷蘭以及法國的人口和經濟之後得出結論，認為任何一個參戰國的經濟都無力將九年戰爭支撐到 1698 年之後。事實上，戰爭確實在 1697 年結束，由此看來，格里高利·金的計算很有可能是正確的。

## 對經濟進步的衡量

數據已經成為經濟學的核心。今天，經濟學家通常會計算國內生產總值（GDP），即一個國家在一段時期（通常一年）內的所有商品和服務交易的貨幣總量。但是，儘管人們已經投入大量精力來制定一個標準的方法，但目前仍然沒有一個權威的方法來計算一個國家的所有經濟賬目。

經濟學家已經開始拓寬衡量財富的方法，發展了一些系統的方法，如真實發展指標（Genuine Progress Indicator，GPI）和快樂星球指數（Happy Planet Index，HPI）。GPI 在計算財富總量的時候考慮到因收入地區差異、犯罪、污染而需要作出的調整，HPI 衡量的是人們是否幸福以及對環境的影響。■

九年戰爭期間的 1692 年，發生了拉烏格海戰。英國統計學家格里高利·金利用統計的數據，計算每個參戰國還可以在戰爭中支撐多久。

### 威廉·佩蒂

威廉·佩蒂，1632 年出生於英國罕布殊爾郡的一個貧窮家庭。他經歷過英國內戰，後來，先後在聯邦政府和復辟王朝謀得高位。年輕的時候，他曾在荷蘭為英國政治哲學學家霍布斯工作。回國後，佩蒂在牛津大學任教，教授解剖學。他篤信新科學，認為大學校園壓抑無趣，因此離開英國去了愛爾蘭，正是在愛爾蘭這個地方，他對整個國家進行了一次大規模的土地調查。

17 世紀 60 年代，威廉回到英國，開始致力於他後來蜚聲世界的經濟學研究。這以後的日子，因工作一直遊走於愛爾蘭和英國之間。他被公認為早期最偉大的政治經濟學家之一。1687年，威廉逝世，享年 64 歲。

**主要作品**

1662 年　《賦稅論》
1671–1672 年　《政治算術》
1682 年　《貨幣略論》

# 讓公司上市交易

## 上市公司

### 背景介紹

聚焦
**市場與廠商**

主要人物
**喬賽亞‧柴爾德（1630–1699）**

此前

**16世紀最初幾年**　在特定地區，政府允許商人進行壟斷貿易。

**1552–1571年**　為方便股東買賣股票，比利時安特衛普交易所和英國倫敦交易所相繼成立。

此後

**1680年**　倫敦的股票經紀聚集在喬納森咖啡館，商討股票交易事宜。

**1844年**　英國合股公司法使公司合併更加方便快捷。

**1855年**　限制債務保護了合股公司的投資者，使他們避免在如1720年南海泡沫事件這樣的騙局中遭受損失。

為了募集資金支持遠洋貿易，商船通常會向投資者承諾在貿易結束後分給他們一定的利潤。在16世紀，這樣的利潤頗為豐厚，但也有很大的弊端：這類投資的風險非常高。在利潤兌現之前，資金因被套牢而常年得不到週轉，要解決這個問題，就要想辦法讓別人來分擔風險，因此，股份公司就應運而生了。股份公司的操作原理是，投資者為公司投資，成為股東，享有利潤分紅的權利。

### 東印度公司

1599年，為了發展英國和東印度羣島之間的貿易，一所早期的股份公司成立了，即東印度公司（EIC）。東印度公司有權利進行自由貿易，「重商主義之父」——倫敦商人喬賽亞‧柴爾德（Josiah Child）大力支持這一權利，東印度公司的貿易也因此遍及全球，成為一家國際公司。當柴爾德去世時，這家公司已經有大約3,000名股東，認購的股票超過300萬英鎊，此外，東印度公司還通過發行債券籌集了大約600萬英鎊資金。它的年銷售額也上升到200萬英鎊。

股份有限公司這一概念來自於股份公司，即使公司虧損，股份有限公司的股東虧損的也不過是他們的投資。出售股票是一種很重要的集資方式。儘管有人認為股東售賣股票的權利可能導致短視現象，但股份公司仍然是資本主義的主要操作方式。■

具有高風險、高回報潛力的商船是股份公司的一部分。如上圖所示，在19世紀50年代的孟買，如約翰‧伍德號這樣的輪船，正在運回貨物到國內。

---

**參見**：經濟均衡 118~123頁，公司管治 168~169頁，經濟制度 206~207頁。

# 財富源於土地

## 經濟中的農業

### 背景介紹

聚焦
**增長和發展**

主要人物
**弗朗索瓦・魁奈（1694–1774）**

此前

**1654–1656年** 英國經濟學家威廉・佩蒂（William Petty）在愛爾蘭開展了大規模的土地調查，並計算其對英國軍隊的生產潛力。

此後

**1766年** 亞當・斯密認為，價值大部分源於勞動力，而非土地。

**1879年** 美國經濟學家亨利・喬治（Henry George）認為，土地應當為社會公眾所有，只能對土地徵稅，而不能對生產性的勞動徵稅。

**20世紀50年代** 美國經濟學家西奧多・舒爾茨（Theodore Schultz）的「理性小農」假設為，農業是經濟發展的核心。

最近幾年，人們有時稱銀行家為寄生蟲，專門通過經營別人創造的財富來獲利，而非經營他們自己創造的財富。一位法國農民的兒子弗朗索瓦・魁奈，是18世紀偉大的天才之一，他可能會非常認同這一觀點。

魁奈認為，財富並非來源於金銀，而是來源於生產——農民或者製造商生產製造的產品。他認為，農業是人類通過與自然合作進行生產，可使農民的努力和資源加倍——淨增長，因此特別具有價值。相反，製造業是沒有「生產能力」的，其輸出的價值與投入是相等的。然而，後來的理論家證明，製造業也可以創造純產品（意為從無到有的產品，有增值屬性）。

### 自然秩序

魁奈倡導農業具有重要價值，這對後來的人們產生了很大的影響，直接導致了法國重農思想家學派的形成和發展，他們認為，「自然

**如果我們懂得農業經濟學，我們就能對貧窮有更多的了解。**
—— 美國經濟學家・西奧多・舒爾茨
（1902–1998）

秩序」在經濟中起着最重要的作用。包括西奧多・舒爾茨在內的許多經濟學家都認為，農業發展是貧困國家進步的基礎。2008年，世界銀行的報告表明，農業的進步比其他任何方面的進步都更有助於消除貧困。但今天的經濟學家也認為，一個國家要得到長期的發展，工業、農業、服務業和金融業等的多元發展非常關鍵。∎

**參見**：人口與經濟 68~69頁，勞動價值論 106~107頁，現代經濟萌芽 178~179頁，發展經濟學 188~193頁。

# 貨幣和商品
# 在生產商
# 與消費者之間
# 流通

經濟的循環流通

## 背景介紹

聚焦
**宏觀經濟**

主要人物
**弗朗索瓦・魁奈（1694-1774）**

此前

**1664-1676年** 英國經濟學家威廉・佩蒂（William Petty）介紹了國家收入和支出的概念。

**1755年** 愛爾蘭商人、銀行家理查德・坎蒂隆（Richard Cantillon）的《商業性質概論》首次在法國發表，討論從城市到鄉村的貨幣循環流通。

此後

**1885年** 運用受魁奈啟發而設計的一種模型，馬克思在《資本論》中描述了資金的循環流通。

**20世紀30年代** 俄裔美籍經濟學家西蒙・庫茲涅茨（Simon Kuznets）提出了現代國民收入核算的方法。

上圖為蓬帕杜夫人，她任命魁奈為她在凡爾賽宮的外科醫生。對於魁奈來說，蓬帕杜夫人的生活方式是土地所有者巨額財富的一個縮影。

**在**經濟學中，我們可以從微觀角度去思考，即微觀經濟學；或者也可以從整個經濟系統的角度來思考，即宏觀經濟學。在 18 世紀的法國，一羣被稱為重農主義思想家的人努力想要理解和解釋整個經濟系統。他們的觀點為宏觀經濟學奠定了基礎。

### 重農學派

「重農主義」（physiocracy）這個詞源於古希臘語，意思是「自然的

主宰」。重農學派認為，一個國家的財富源於大自然，尤其是農業。國王路易十五的情婦——蓬帕杜夫人的外科醫生魁奈，就是重農學派的代表。人們認為，魁奈發表的複雜經濟模型，與人體血液循環模型非常相似。

當時，重商主義佔據了經濟思想的主導地位。重商主義者認為，國家應該像商人一樣，發展商業，吸收黃金，通過稅收、補助、調控以及壟斷特權來積極對經濟實施干預。而重農主義者的觀點則恰好相反，他們認為，經濟可以自我調節，只需要政府保護經濟免受外界不良影響就行。他們贊成自由貿易、低稅收、安全財產權利以及低政府債

務。重商主義者認為，財富來源於金銀珠寶，魁奈和他的追隨者們則認為財富源於現代經濟學家所説的「真正的」經濟，即真正生產商品和提供服務的經濟部門。他們相信，農業是這些部門中最具有生產性的部門。

法國地主布阿吉爾貝爾對重農主義思想家的思想產生了早期的影響。他認為農業應該優先於製造業，消費品比黃金更有價值。他説，人們消費越多，流入這個系統的錢就越多，這樣，消費就成了拉動經濟的驅動力。他還認為，從經濟的角度來看，窮人掌握一筆錢比富人掌握等量的錢更具有意義，因為窮人會把這筆錢用於消費，從而拉動經濟的發展，而富人則不會。貨幣的循環流通是最重要的。

### 經濟表

1758-1767 年，魁奈對《經濟表》一書進行了幾次修訂。在該書中，魁奈用一個圖表呈現了重農主義的流通體系。這個圖表用交叉連接的各種線條闡述了貨幣與商品在地主、農民以及工匠這三個社會羣體之間的流通循環。這裏的商品指的是農民與工匠生產的農產品與工業產品。儘管魁奈用玉米作為農產品的例子，但他認為，農產品指的是人們通過土地獲得的一切，因此也包括礦產品。

想要更好地理解魁奈的模型，就需要看一個例子。假如這三個羣體各自都有 200 萬英鎊的啟動資金。地主不生產任何東西，他們將

參見：財富的衡量 36~37 頁，經濟中的農業 39 頁，自由市場經濟學 54~61 頁，馬克思主義經濟學 100~105 頁，經濟均衡 118~123 頁，凱恩斯乘數 164~165 頁。

這 200 萬全部花在購買農產品和工業產品上，並將這些產品全部消費掉。此外，他們從農民那裏獲得 200 萬英鎊的租金（農民是唯一可以產生盈餘的羣體，所以他們可以支付這筆資金），因此又回到了剛開始的狀態，即手裏有 200 萬英鎊的資金。農民是最具有生產潛力的羣體。他們利用這 200 萬英鎊的初始資金，生產出價值 500 萬英鎊的農產品，這遠遠超過他們自己能夠消費的數量。這價值 500 萬英鎊的產品，有 100 萬的產品賣給地主，以供他們消費；再賣 200 萬的產品給工匠，一半作為原材料，用來加工製造出新的產品，另一半供他們消費。剩下的 200 萬，用來滿足自己未來一年的消費。就生產量而言，他們也回到了原點。但是，他們通

地主向農民收租，再從農民和工匠處購買產品。

農民用這部分資金向其他農民和工匠購買產品。

工匠用這部分資金向農民和其他工匠購買產品。

然後，這些工匠和農民用這部分資金向更多的其他農民和工匠購買產品。

多層次的買賣活動持續活躍地進行着。

**貨幣和商品在生產商與消費者之間流通。**

魁奈的經濟表反映了農民、地主和工匠間財富的交錯流動。它首次嘗試解釋國民經濟的運作機制。

過銷售農產品獲得了 300 萬英鎊，其中 200 萬用於支付地租，另外 100 萬用於購買工匠生產的商品（如工具、農業器械等）。

魁奈認為，任何不靠土地進行生產的農民與地主都是「沒有生產能力」的，因為在他看來，他們不能創造純產品。在這個例子中，工匠們使用他們的 200 萬英鎊初始資金加工製造出價值 200 萬英鎊的產品，也遠遠超過他們自己能夠消費的量。這些產品都同樣地出售給農民和地主。但是工匠把所有的收入都用於購買農產品：一半用於自己消費，一半用作原材料。他們消費掉了他們擁有的一切，沒有創造任何純產品。

魁奈的模型比現在的年終業績報表更有價值，因為它可以同時顯示，在這一年裏貨幣和商品是怎樣流通的，並證明了流通的重要性。各羣體進行產品銷售，產生收入，這些收入又被用於購買更多的產品，產生更多收入，於是就出現了

> 讓每年的所有收入都
> 回到市場繼續循環流通吧。
> ——弗朗索瓦·魁奈

「乘數效應」，這與 20 世紀 30 年代英國經濟學家凱恩斯指出的經濟低迷期間，政府支出增加會帶來良性連鎖效應的觀點類似。

### 經濟分析

從魁奈提出的問題以及他的回答，我們都能看到現代經濟學的影子。他是最早嘗試揭示經濟發展規律的人之一。他將經濟分解為幾個組成部分，然後對每個部分之間的關係進行了嚴謹的分析。他的經濟模型包括投入、產出以及不同部分之間的相互依存關係。魁奈認為，這所有的一切都共存於一種均衡狀態之中，這一觀點後來被里昂·瓦爾拉斯 (Léon Walras) 進一步發展，成為現代經濟理論的基礎之一。

由於魁奈量化了經濟規律，《經濟表》可能是第一個實證宏觀經濟的模型。書中的數據都是在對法國經濟體系進行嚴謹調查之後得出的，有着堅實的實證基礎。這項研究也表明，農民依靠農業完全可以創造出至少 100% 的純產品。在這個例子裏，農民已經達到了如下目標：用 200 萬英鎊玉米的初始成本，創造出的價值除去初始成本之外，還有 200 萬英鎊用於支付地租。現代經濟學家利用這些實證結果，思考政策變化對經濟造成的影響。此外，魁奈的經濟表也有類似的功能。他認為，如果農民需要直接或間接支付的賦稅太高，他們就會縮減用於農業技術的資金投入，

這樣一來，農業產出就會下降，無法達到經濟繁榮所需要的產出水平。因此，重農主義思想家認為，只能對農民徵收一種稅，即對土地的租賃價值徵稅。

根據他的實證研究，魁奈提出了大量政策建議，其中包括農業投入、收入分配、禁止囤積貨幣、低賦稅以及自由貿易。他認為資本尤其重要，因為要改良土地，農民們需要更加方便而又實惠地獲得貸款。

### 古典主義觀點

當人們將工業與服務業、私營部門與國營部門進行對比的時候，魁奈關於各種經濟成分是否具有生產性的觀點，在經濟學思想裏反覆出現。從現代視角來看，魁奈只重視農業的發展，無疑是狹隘的，因為在人們現今的觀點中，工業和服務業創造的財富在經濟發展中發揮着舉足輕重的作用。然而，他強調要關注經濟真實的一面，這是經濟學朝着現代經濟思想邁出的重要一步。他為現代國民收入核算作出了巨大貢獻，完善了國家宏觀經濟運營的評估。現代國民收入核算體系，是以收入和支出在經濟系統中的循環流通為基礎的。一個國家所有產品的總價值與該國的總收入是相等的——這是魁奈理論中的一個重要觀點。在 20 世紀，宏觀經濟學

重農學派認為，對農業的投資是保證法國國民財富的關鍵。自由出口是維持消費者對商品的需求和限制商人勢力過分強大的一種方法。

弗朗索瓦・魁奈最先證明了消費者和生產者之間的相互依賴關係。消費者依賴生產者提供商品和服務，而生產者反過來又依靠消費者提供勞動力，並消費生產的產品。

商品和服務

消費者的支出

工資、租金和股息

家庭　　　　　　　　　　　廠商

勞動力

裏的許多分析跟凱恩斯乘數都有很大聯繫。凱恩斯向人們展示了政府的支出可以怎樣拉動消費——「乘數效應」。這與魁奈的收入和支出（對經濟的膨脹和停滯非常敏感）在經濟體系裏循環流通的觀點有明顯關聯。

　　魁奈關於純產品和資本的概念，成了古典經濟學家分析經濟增長的重要方法，這也許才是最重要的一點。典型的古典經濟模型會集中關注生產的三個方面：土地、勞動力和資本。土地所有者收取地租，然後將錢揮霍在奢侈品上；勞動者通過勞動獲得微薄的工資，如果工資上漲的話，他們就生養更多的小孩（勞動力）。然而，企業家們賺取高額利潤，再利用利潤在工業領域進行重複投資，賺取更多的利潤。因此，利潤可以驅使經濟增長，而經濟運營的好壞則取決於各種經濟成分創造的純產品的多少。因此，魁奈的觀點與後來有關經濟增長的思想有着很大的聯繫。此外，他的觀點還激發了馬克思的靈感，使馬克思在 1885 年發表了他自己的《經濟表》。馬克思說，魁奈是「第一個在政治經濟學思考中達到如此高度的天才」。■

**這個方法……大約是政治經濟學領域迄今發表的最接近真理的方法。**

——亞當・斯密

### 弗朗索瓦・魁奈

　　弗朗索瓦・魁奈（François Quesnay）1694 年出生於法國巴黎郊區一個農民家庭，是家中第十三個孩子。17 歲成為一名學徒，開始學習雕刻，之後進入大學，1717 年畢業於外科醫學會，成為外科醫生。

　　他是很有名氣的外科醫生，專門為貴族服務。1749 年，魁奈搬到巴黎附近的凡爾賽皇家宮殿，成為蓬帕杜夫人的私人醫生。1752年，因治癒國王兒子的痘瘡有功，被封為貴族，獲得大筆獎勵，足夠為他的兒子購買一座莊園。

　　魁奈對經濟學的興趣始於 18 世紀 50 年代，1757 年，他與法國重農主義經濟學家馬奎斯・德・米拉波（Marquis de Mirabeau）會面，隨後一起建立重農主義學派。1774 年，魁奈去世。

**主要作品**

1758 年　《經濟表》

1763 年　《農業哲學》（與米拉波合著）

1766 年　《經濟表運算公式的分析》

# 個人從來不會
# 為使用路燈付費

## 公共物品與服務的供應

### 背景介紹

聚焦
**決策**

主要人物
**大衛・休謨**（1711–1776）

此前

**約公元前500年**　在古代雅典，間接稅用來支付城市節慶、寺廟以及城牆修築的費用。偶爾在戰爭時，才會徵收直接稅。

**1421年**　為了保護自己發明的起重設備駁船的知識產權，意大利工程師菲利普・布魯內萊斯基（Filippo Brunelleschi）被授予了第一項專利權。

此後

**1848年**　《共產黨宣言》提倡生產資料歸工人階級集體所有。

**19世紀**　歐洲和美國引入公共街道照明系統。

**1954年**　美國經濟學家保羅・薩繆爾森（Paul Samuelson）提出現代公共物品理論。

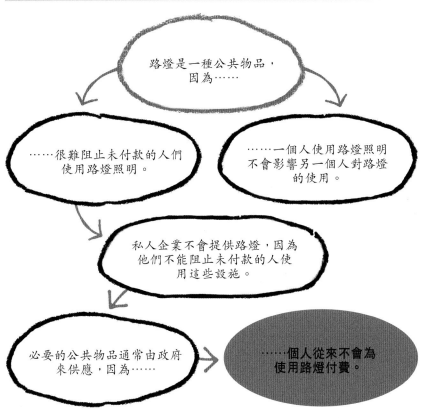

路燈是一種公共物品，因為……

……很難阻止未付款的人們使用路燈照明。

……一個人使用路燈照明不會影響另一個人對路燈的使用。

私人企業不會提供路燈，因為他們不能阻止未付款的人使用這些設施。

必要的公共物品通常由政府來供應，因為……

……個人從來不會為使用路燈付費。

即使是運轉良好的市場經濟也無法避免市場失靈，其中一個重要的例子，就是公共物品（對所有人都免費開放的物品，或者無法避免不付費的人享用該設施）的供應。像國防這樣的公共物品，既不能也無法由私營企業或者個人來提供。這個問題被稱為「搭便車」

參見：自由市場經濟學 54~61 頁，外部成本 137 頁，市場與社會結果 210~213 頁。

燈塔也是一種公共物品，人們完全不能阻止未付費的人享用它，此外，許多人都在同時享用它。他們總是集體供應的。

（消費者免費享受服務、設施），這意味着這一活動中不存在獎勵機制，即供應方無法獲得利潤。然而，公共物品是社會的必需品，需求量大。由於私人市場不能滿足這一要求，公共物品通常都由政府提供，用公民繳納的稅來支付。

18 世紀，哲學家大衛・休謨發現了公共物品供應這一市場失靈現象。在休謨的影響下，自由市場的忠實倡導者亞當・斯密承認，政府的角色就是提供這些個人或者企業無法無償提供的公共物品。

市場上公共物品的供應不足，原因在於公共物品的兩個顯著特點：其一，公共物品具有非排他性，這就意味着沒有辦法阻止沒付費的人使用這些設施；其二，公共物品具有非競爭性，這就意味着一個人對公共物品的使用不會影響到其他人的使用，大家可以同等享用。街道照明是一個典型的例子：我們不可能避免未付費的人使用路燈，同時，任何一個人使用路燈後，其他人同樣可以享受路燈帶來的好處。

隨着 19 世紀工業經濟的發展，各國都不得不着手解決在知識產權等領域的「搭便車」問題。無形的財產，如新知識和新發現等，都有非排他性和非競爭性這兩個屬性，因此，他們就有可能面臨着市場供不應求的風險。這不利於新科技的發展，除非這些新知識和新發現可以得到一定程度的保護。為了解決這個問題，各個國家都制定法律，對新知識和新發明等授予專利和版權，對商品進行商標註冊，以實現對此類知識產權的保護。大多數的經濟學家都認同，政府有責任為公眾提供公共物品，但是至於這份責任應該盡到甚麼程度，則尚無定論。■

如果一個地區的財富掌握在少數人手中，那麼這些佔有財富的人，應當負擔這地區大部分的公共必需品。

—— 大衛・休謨

**大衛・休謨**

作為蘇格蘭啟蒙運動的代表，大衛・休謨是 18 世紀最具影響力的英國哲學家之一。他 1711 年出生在愛丁堡，還在很小的時候，他的才智就展露無遺：12 歲就進入愛丁堡大學，先學習法律，後學習哲學。

1734 年，休謨搬到法國，在那裏開始創作他的主要哲學著作《人性論》。之後，他將大部分精力投入到文學寫作和政治論文中，同時，在這期間，他與年輕的亞當・斯密建立起一段深厚的友誼，斯密也從休謨的作品中得到大量靈感。1763 年，休謨在巴黎擔任外交官，與法國革命哲學家盧梭成為好友。1768 年，他回到愛丁堡定居，直到 1776 年去世，享年 65 歲。

**主要作品**

1739 年　《人性論》
1748 年　《人類理解研究》
1752 年　《政治論》

# THE AGE
# OF REASON
# 1770–1820

# 理性時代
# 1770 年 — 1820 年

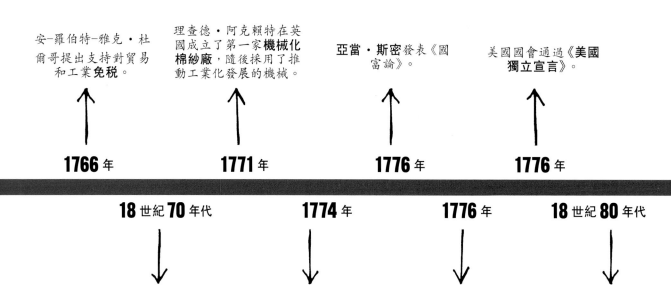

安-羅伯特-雅克·杜爾哥提出支持對貿易和工業**免稅**。

**1766**年

理查德·阿克賴特在英國成立了第一家**機械化棉紗廠**，隨後採用了推動工業化發展的機械。

**1771**年

亞當·斯密發表《國富論》。

**1776**年

美國國會通過《美國獨立宣言》。

**1776**年

**18**世紀**70**年代

大衛·休謨譴責貿易保護主義，認為國家的對外貿易不一定非得是順差。

**1774**年

安-羅伯特-雅克·杜爾哥被任命為法國財政部長，嘗試改革**稅收系統**，向富有的地主徵稅。

**1776**年

瓦特的第一部蒸汽機在英國工廠投入使用，標誌着**工業革命**的開始。

**18**世紀**80**年代

英國首相小威廉·皮特採納了斯密關於**貿易自由化**的提案。

**18**世紀末期，世界各地發生了翻天覆地的政治變革。在這所謂的理性時代，湧現了許多新的科學家，他們的發明促使新科技的出現，改變了商品的生產方式。與此同時，政治哲學家在法國和北美洲發動革命，對新舊大陸都產生了深遠的影響。在經濟學領域，新的科學方法顛覆了古老的重商主義的觀念，人們不再認為通過保護貿易和依賴出口能促進經濟發展並保護國家的財富。1815年，拿破崙戰爭結束，以英國為代表的歐洲開始了史無前例的大規模工業革命。這個迅速崛起的經濟新世界急需新的科學方法。

### 理性經濟人

面對新的挑戰，蘇格蘭經濟學家亞當·斯密作出的回應最成功。受英國啟蒙思想家約翰·洛克和大衛·休謨等人的影響，斯密最初把這個問題看作一個道德哲學問題。然而，1776年，他在著名的《國富論》一書中，分析市場經濟的運作，以及市場經濟如何影響人的經濟福利，中心論點就是「理性經濟人」概念。斯密認為，個人總是理性地、從個人利益角度出發作出經濟決定，而不是從整個社會的利益出發。在一個自由的競爭性社會中，「看不見的手」在引導着經濟的發展，人們從自身利益出發作出

理性的決定能實現社會利益的最大化。這是對自由市場經濟的第一次詳細論述，斯密認為，這種方式能夠保證經濟的自由和繁榮。人們普遍認為這是經濟學發展道路上的里程碑。斯密提出的經濟學方法，通常被稱為「古典經濟學」。他描繪的競爭性市場，本質上就是我們今天所熟知的資本主義。然而，《國富論》遠遠不止是對整個經濟或者是「宏觀經濟學」的一個描述，它還討論了勞動分工、分工為經濟增長帶來的好處，以及在衡量商品價值時應該考慮的因素等話題。斯密的作品剛發表，英國的工業革命就開始了。在工業革命期間，充滿活力的

巴黎發生攻佔**巴士底監獄**事件，成為法國革命的導火線。

埃德蒙·伯克對國家參與工資和價格監管進行批判。

讓-巴蒂斯特·薩伊提出「**薩伊市場定律**」：經濟中永遠不會出現需求不足或商品供過於求的現象。

讓-查爾斯·西斯蒙第描述了**經濟週期**以及經濟長期增長和短期起伏之間的關係。

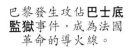

**1789** 年

**1795** 年

**1803** 年

**1819** 年

**1791** 年

**1798** 年

**1817** 年

**1819** 年

英國哲學家傑里米·邊沁提出**功利主義**理論，目標是「最大多數人的最大幸福」。

托馬斯·馬爾薩斯就人口增長超過資源的危險及其後果發出警告。

大衛·李嘉圖為 19 世紀**古典經濟學**奠定了基礎，提倡自由貿易和專業化分工。

美國遭遇了**第一次大型金融危機**，隨後經濟保持了一段時期的持續增長。

新技術和科技創新加速了經濟的增長和繁榮。在此背景下，斯密獲得一大羣人的忠實擁護，他們迫切想知道市場的運作機制，以及如何最充分地利用市場獲利。斯密的作品具有深遠的影響，他提出了許多在工業化社會背景下管理經濟應該重視的問題。此外，他還特別強調了資本主義國家中政府的地位，認為政府只能擁有有限的權力。

### 保護主義的終結

在斯密的眾多追隨者中，英國政治經濟學家李嘉圖是最有影響力的人物之一。李嘉圖是自由貿易的忠實擁護者，他向人們展示了，國家可以通過自由貿易獲取更大的利益，即使是那些生產力嚴重低下的國家也不例外，這樣，他將保護主義送入了墳墓。此外，他對政府通過政府支出和借貸來促進經濟發展的做法持懷疑的態度。斯密的另一位繼承者，是英國牧師和學者托馬斯·馬爾薩斯 (Thomas Malthus)。他最廣為人知的觀點是對人口過快增長，而資源無法滿足人口需求將造成的結果的悲觀預測。此外，法國重農學派也贊成斯密的許多觀點，其中最具有代表性的人物有安-羅伯特-雅克·杜爾哥 (Anne-Robert-Jacques Turgot)、弗朗索瓦·魁奈 (François Quesnay) 以及讓-巴蒂斯特·薩伊 (Jean-Baptiste Say)。魁奈認為應該建立公平的稅收制度，而薩伊則首先描述了市場經濟中供應與需求之間的關係。

當然，並不是所有人都贊成斯密的觀點。19 世紀，社會上掀起了一股反對資本主義經濟中市場絕對自由的思潮，但是工業革命時期古典經濟學家提出的問題，在今天仍然是經濟學的核心。■

# 人是冷血的、理性的計算者

經濟人

## 背景介紹

聚焦
**決策**

主要人物
**亞當・斯密（1723-1790）**

此前

**約公元前350年**　古希臘哲學家亞里士多德認為，人與生俱來的自利傾向是推動經濟發展的主要動力。

**18世紀50年代**　法國經濟學家弗朗索瓦・魁奈提出自利是所有經濟活動背後的驅動力。

此後

**1957年**　美國經濟學家赫伯特・西蒙（Herbert Simon）認為，人們無法獲取和消化所有可得的信息，因此，他們的理性是「有限的」。

**1992年**　美國經濟學家加里・貝克（Gary Becker）因對歧視、犯罪以及人力資本領域理性選擇的研究而獲得諾貝爾獎。

作為個體，我們都是以自我利益為中心的。

↓

我們通過消費商品和服務，以及實現目標來增加自己的幸福感。

↓

通過收集和分析信息，我們會計算採取哪種行動能幫助我們以最低的成本實現目標。

↓

**人是冷血的、理性的計算者。**

大多數經濟模型假設，「人本質上都是理性的，是以自我利益為中心的」，這就是「經濟人」假設。這一概念無論對男女都同樣適用，它假定每個人在作決定之前，都會客觀冷靜地對他們收集到的所有信息進行評價，然後再根據評估結果作出一個能使他們利益最大化的決定。他們最後選擇的方案，能夠以最小成本帶來最大的效用。1776年，斯密在《國富論》中首次闡述了這個概念。

斯密的中心思想是，人與人之間的經濟交往主要受自身利益驅動。他認為，「我們的晚餐並非來自屠宰商、釀酒師和麵包師的恩賜，而是來自他們對自身利益的關切。」產品供應商在決定下一步該如何行動的時候，關心的是怎樣能使他們自己獲得最多的利潤，而不是我們的餐桌上是否有食物或者有甚麼樣的食物。

19世紀，英國哲學家約翰・斯圖亞特・穆勒（John Stuart Mill）發展了斯密的觀點。穆勒認為，人都

參見：自由市場經濟學 54~61 頁，經濟泡沫 98~99 頁，經濟學與傳統 166~167 頁，市場與社會結果 210~213 頁，理性預期 244~247 頁，行為經濟學 266~269 頁。

渴望擁有財富，渴望擁有包括金錢在內的所有好東西。在他看來，人們都想要獲得最大程度的幸福，但同時又希望付出最少的代價。

## 成本和收益

現在，人們一談到「經濟人」，首先想到的往往是理性選擇理論。這個理論認為，人們的所有經濟決策和社會決策都建立在對成本與收益的分析基礎之上。例如，一個想要打劫銀行的罪犯，在作出是否行動的決定之前，會在收益（大量的財富、來自其他罪犯的尊重）和成本（被抓的風險、策劃打劫所花費的精力）之間進行權衡。

經濟學家認為，在仔細權衡實現目標的收益與成本之後所採取的行動是理性的行動。經濟學與目標本身可能沒甚麼關係，並且有些目標在大多數人看來可能是非理性的。例如，對於我們中的大部分人

來說，注射違禁藥物是很危險的。但是，對於運動員來說，要想成為最優秀的運動員，注射違禁藥物也許不失為一個理性的選擇。

有人對「經濟人」這一概念提出質疑，懷疑它是否具有現實意義。他們認為，這一概念並未考慮到一個事實，即我們在作決定的時候，不可能綜合考慮所有的相關因素——這個世界太複雜，我們不可能在每次決策前，都對所有相關的事實進行對照和評估，並計算成本和收益。事實上，我們經常根據以往的經驗、習慣或者經驗法則，迅速地作出決定。

此外，當長期目標和短期目標發生衝突時，這一理論也無法發揮作用。例如，儘管大家都知道漢堡包是不健康的食物，但還是會買來應對一時的飢餓。行為主義經濟學家開始尋找人類行為中與「經濟人」所描述的不一致行為方式。用「經

僧侶們過着禁食和每日祈禱的生活，他們對來世的美好生活充滿期待。不管別人怎麼看待他們想要的生活，在信念的支撐下，他們拋棄了世俗的物質生活，一言一行都非常理性。

濟人」這一概念來解釋個人的行為可能並不完全準確，但是許多經濟學家認為，在分析公司如何獲得最大利益的過程中，它依然發揮着重要作用。■

在貝克看來，父母對孩子的投資，尤其是在教育方面的投資，是經濟資本存量的一項重要來源。

## 家庭經濟學

美國經濟學家加里‧貝克（Gary Becker，1930－）是最早將經濟學應用於社會學領域的經濟學家之一。他認為，與家庭生活相關的決策制定通常需要權衡成本和收益。例如，他將婚姻比作一場交易，研究了經濟特徵如何影響伴侶之間的搭配。貝克總結，家庭成員之間互相幫助並不是出於愛，而是希望得到經濟回

報。他相信人們對小孩進行投資是因為對小孩投資的回報率比傳統的退休儲蓄高。然而，我們不能從法律上要求小孩支持和贍養父母，因此，人們就教育小孩要有罪惡感、責任感，要履行義務和熱愛家人，這能使孩子長大後主動支持和幫助父母。由此，可以認為，國家福利破壞了家庭，它使家庭成員更加獨立，不再像原來一樣互相依賴。

# 無形的手
# 在維持
# 市場秩序

自由市場經濟學

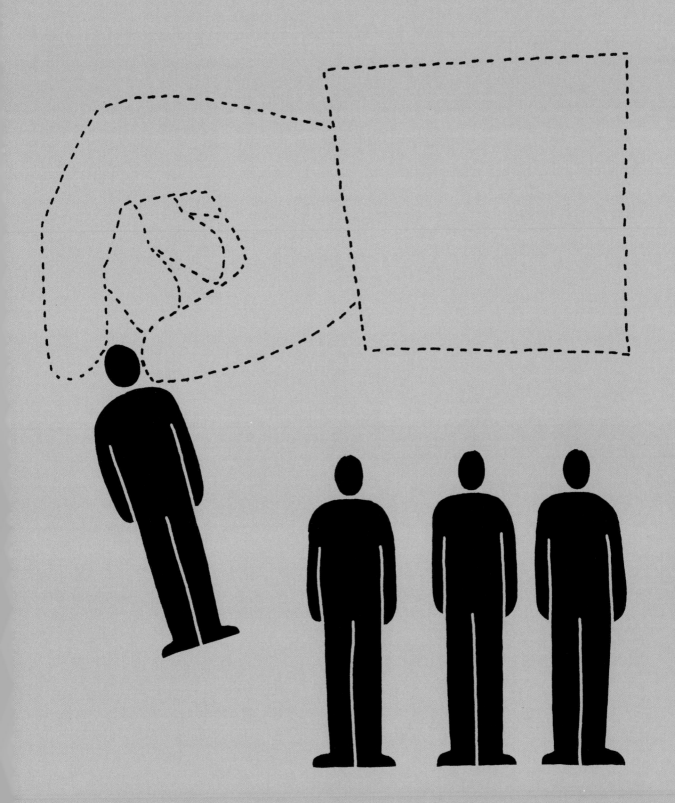

**背景介紹**

聚焦
**市場與廠商**

主要人物
**亞當·斯密**（1723-1790）

此前
**1714年** 荷蘭作家伯納德·曼德維爾（Bernard Mandeville）舉例說明，人們追求自身利益可能會帶來意想不到的後果。

**1755-1756年** 愛爾蘭銀行家理查德·坎蒂隆（Richard Cantillon）描述了「自發秩序」這一概念。

此後
**1874年** 里昂·瓦爾拉斯（Léon Walras）演示了供應和需求如何使市場達到一般均衡狀態。

**1945年** 奧地利經濟學家弗里德里希·海耶克指出，市場經濟會產生高效的市場秩序。

**20世紀50年代** 肯尼斯·阿羅和傑拉德·德布魯對自由市場在甚麼情況下可以帶來最佳的社會成果進行了分析和界定。

蘇格蘭思想家亞當·斯密認為，西方世界在18世紀前發生了巨大的經濟變革，國家從農業社會變成商業社會。中世紀時，城鎮快速發展，各個城鎮之間陸續有公路相通。人們將商品和新鮮的農產品帶到城鎮進行買賣，市場逐漸變成了生活的一部分。科技創新發明了可信賴的、統一的度量單位，散佈在歐洲各地的公國開始統一，形成中央集權的民族國家。人們獲得了新的自由，開始為自己的利益進行商品買賣，而不再是為了君王的利益。

自由個體的行為，怎樣才能催生有序而穩定的市場呢？在這個市場中，人們可以生產、購買和銷售任何他們想要的東西，卻不會造成巨大的浪費或過度的需求。斯密對此感到非常疑惑。沒有任何的指導和規範，這怎麼可能實現呢？1776年，在他的巨著《國富論》中，他回答了這一問題。斯密認為，人自由地爭取利潤的行為，以及對利潤的渴望，都是「由一隻無形的手來調

當人們的行為以個人利益為中心時，也會為整個社會帶來好處，正如以自身利益為中心的蜜蜂能使整個蜂巢繁榮起來一樣。曼德維爾在《蜜蜂的寓言》一書中對此觀點進行了論述。

控並推動實現某種結果的，而這並不是個人的本意」—— 個人的行為無意間服務了更廣大的社會利益。

**自由放任主義**

「自發秩序」這一概念並不新鮮。1714年，荷蘭作家曼德維爾在他的詩歌《蜜蜂的寓言》中提出了這一概念。當一個蜂巢的每隻蜜蜂都瘋狂追逐自身利益時，蜂巢會呈現一派繁榮景象；當所有蜜蜂都開始注重個人品德，不再追求個人利益，而是為整個蜂巢的利益而奮鬥時，整個蜂巢便漸漸蕭條坍塌了。斯密關於個人利益的觀點並無惡意。他認為，人們在交易時有討價

這幅畫描繪了1774年位於倫敦的考文特花園市場。斯密認為，市場是社會公平的關鍵。有了買賣自由後，人們才可以真正享有「天賦自由權」。

參見：經濟人 52~53 頁，勞動分工 66~67 頁，經濟均衡 118~123 頁，競爭性市場 126~129 頁，創造性破壞 148~149 頁，經濟自由主義 172~177 頁，市場與社會結果 210~213 頁。

還價的傾向，為自己謀得更多的利益。在他的觀點中，人是一種社會生物，做事有道德準則約束，在競爭中也會遵守「公平比賽」規則。

斯密認為，政府不應干預商業活動。他的這一觀點得到其他蘇格蘭思想家的擁護，其中包括哲學家大衛・休謨。早期的一位法國作家布阿吉爾貝爾使用了「勿干預自然」（法語為：*laisse faire la nature*）一詞，意思是「勿干預經濟」。在經濟學中，"laissez-faire" 被用來提倡弱化政府權力。在斯密看來，政府的職責是保護商業、促進商業公平以及提供某些私人市場不會提供的「公共物品」，如公共道路，這些職能對經濟發展確實非常重要。

斯密的見解本質上是積極樂觀的。英國哲學家托馬斯・霍布斯曾經認為，沒有強大的權力機構，人類生活將會非常「可怕、野蠻以及粗暴無禮」。英國經濟學家托馬斯・馬爾薩斯對市場進行觀察之後預測，財富的增加將直接導致大規模饑荒。斯密之後，馬克思又預測，市場將發生重大變革。然而，斯密卻認為社會具有完善的功能，整個經濟是一個成功的系統，是一部運轉良好的機器。在他厚達五卷的作品中，只提到一次市場這雙「看不見的手」，但是我們總能感覺到它的存在。斯密對他的「完全自由」體系進行了描述，闡述了這一體系將如何發揮積極的作用。第一，這個體系供應人們需要的商品。如果人們

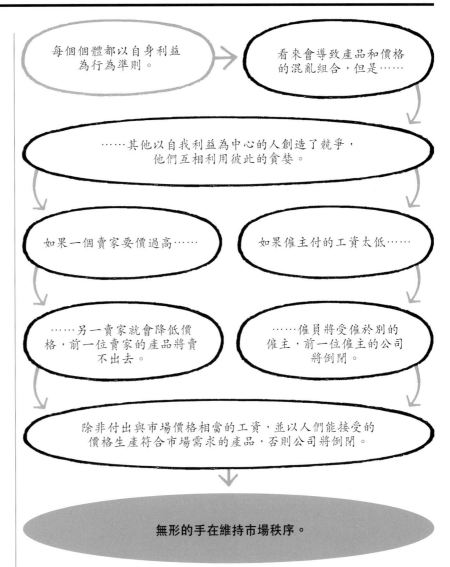

每個個體都以自身利益為行為準則。

看來會導致產品和價格的混亂組合，但是……

……其他以自我利益為中心的人創造了競爭，他們互相利用彼此的貪婪。

如果一個賣家要價過高……

如果雇主付的工資太低……

……另一賣家就會降低價格，前一位賣家的產品將賣不出去。

……雇員將受雇於別的雇主，前一位雇主的公司將倒閉。

除非付出與市場價格相當的工資，並以人們能接受的價格生產符合市場需求的產品，否則公司將倒閉。

**無形的手在維持市場秩序。**

對產品的需求超過了供應，那麼消費者之間會互相競爭，導致價格上升，這樣就為生產者提供了盈利的機會，而生產者之間又互相競爭，為市場供應更多的產品。

事實證明這一論點經受了時間的考驗。1945 年，奧地利經濟學家

弗里德里希・海耶克在他一篇名為《知識在社會中的運用》的論文中，展示了價格怎樣對個體的地方知識和需求作出反應，價格的變化又會導致市場中對產品的需求量和供應量發生變化。海耶克認為，中央計劃者不可能有效地收集如此分散的

信息。人們認為，東歐共產主義失敗就是因為中央計劃無法提供足夠的商品。有人開始批評斯密的第一種觀點，比如市場可能只提供富人需要的商品而忽視了窮人的需求。同時，市場也會滿足不良需求——市場會縱容藥物上癮和肥胖。

### 公平價格

第二，斯密認為，市場體系會自動形成「公平的」價格。他認為，所有的商品都有一個反映製作成本的自然價格。生產佔用的土地應當獲得其自然租金，資本理應獲得自然利潤，而勞動力應當獲得自然工資。市場價格和回報率在不同時代其自然水平可能不同，比如在物資匱乏的時代，獲利機會增加，商品價格上升，然而，一旦市場上有許多新的廠商進入，價格就會回到其自然水平。如果市場上對某廠商產

斯密說，勞動者、地主和資金（被投入馬和犁的資金）一起運作，推動經濟體系的前進和發展。

品的需求大幅下降，那麼價格和工資也會跟着下降，但是隨着其他行業的新公司出現，為吸引員工，市場上員工的工資水平又會上升。因此斯密認為，從長遠來看，「市場」和「自然」率將相等，現代經濟學家將此稱為均衡。

要保證價格的公平，就必須有競爭。資本主義體系下出現的壟斷要求政府對對外貿易加以控制，斯密批判這種壟斷現象。他認為，當一種商品只有一家公司供應時，這家公司就可以將此產品的價格永久地控制在自然價格水平以上。相反，如果有20家廠商出售同一種產品，這時候的市場將比只有兩家廠商同時出售這種產品更具競爭性。在斯密看來，有效的競爭和低市場進入門檻仍然是很有必要的，因為這種情況下價格將更低。約瑟夫・熊彼德 (Joseph Schumpeter) 對此持有異議，認為即使在沒有競爭的情況下，科技創新也可以降低價格，當發明家們願意以低價格提供高質

> 消費是所有生產的唯一目的和歸宿。
>
> ——亞當・斯密

量產品的時候，這些公司就將在這場創造性破壞中被掃出門外。然而，儘管確實有些經濟學家對此仍存有異議，但斯密的這些觀點仍然為後來主流經濟學家提出的有關競爭的觀點奠定了基礎。

### 公平的收入

斯密還指出，市場經濟提供應每個人的收入是公平的，人們可以用這些收入在一個可持續的「循環流動」中購買商品。在這個「循環流

動」中，人們的工資通過購買商品又回流到經濟體系內，最後又被當作工資發給工人，如此循環往復。投入生產設備中的資金增強了勞動力的生產能力，這就意味着僱主可以付給員工更高的工資。如果僱主有這個經濟能力的話，為了與其他僱主競爭優質勞動力，他們會樂意支付更高的工資。

談到資金，斯密認為，將一筆資金投入生產而獲得預期利潤值和利息大致相等。這是因為，僱主之間互相競爭，貸入資金，投資於可獲利的機會。隨着時間的推移，任何領域的利潤率都會下降，因為資本積累和可獲利的機會都用盡了。同時，隨着收入的增加，更多的土地被佔用，房租也會隨之漸漸上漲。

斯密的一大突破，是他意識到土地、勞動力和資本之間的相互依存關係。他注意到，工人和地主都傾向於將他們的收入用來消費掉，而僱主則比較節儉，會將他們的積蓄用來投資。他認為，工資率並不一致，它隨着「技能、靈敏性、判斷」水平的不同而變化；此外，勞動可以分為兩類：生產性勞動（農業和手工業生產）和「非生產性勞動」（為支持主要工作而提供所需的服務）。斯密或多或少預見了今天市場體系中一些最不公平的現象。

### 經濟增長

斯密認為，「看不見的手」自身就可以刺激和促進經濟增長。經濟增長來源於兩個方面。一是，由勞動力分工帶來的生產效率的提高。經濟學家將其稱為「斯密式增長」。

許多原因可以使市場需求發生變化。當需求變化時，市場通過調節供應量來對此作出回應。這兩件事情是同時發生的，因此，一個鼓勵為了自我利益競爭的市場不需要有一雙手來引導，也不需要一個計劃。

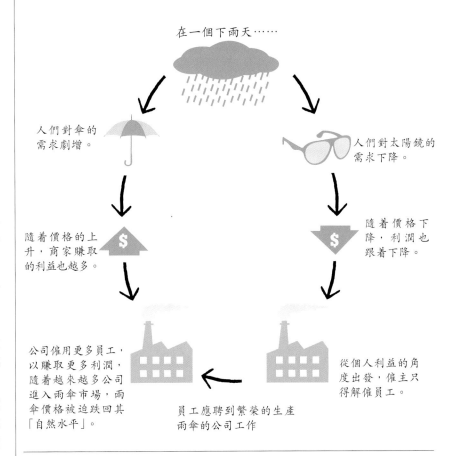

在一個下雨天……

人們對傘的需求劇增。

人們對太陽鏡的需求下降。

隨着價格的上升，商家賺取的利益也越多。

隨着價格下降，利潤也跟着下降。

公司僱用更多員工，以賺取更多利潤，隨着越來越多公司進入雨傘市場，雨傘價格被迫跌回其「自然水平」。

員工應聘到繁榮的生產雨傘的公司工作

從個人利益的角度出發，僱主只得解僱員工。

隨着生產和消費的產品越來越多，經濟和市場都在不斷地增長和發展，而市場的發展又促進了工作的專門化。

經濟增長的第二個動力，是儲蓄和賺錢機會驅使下的資本積累。斯密認為，商業失敗、用以維系固定股本的資源短缺、不完善的貨幣制度（紙幣增長速度超過黃金增長速度）以及非生產性勞動比重過高，都有可能阻礙經濟增長。他認為資本在農業領域產出能力最高，其次

我們的晚餐並非來自屠宰商、釀酒師和麵包師的恩賜，而是來自他們對自身利益的關切。

——亞當·斯密

是製造業，再次是貿易或者交通運輸業。最終，經濟會持續增長，直到達到一種富裕、穩定的狀態。在這裏，亞當·斯密低估了約瑟夫·熊彼得曾描述過的技術和創新的力量。

### 古典主義遺產

斯密的體系是綜合性的。它考慮到了小的細節（微觀經濟）和大的圖景（宏觀經濟）。它從短期和長期兩方面分析經濟，此外，它的分析既是靜態的（貿易的狀態）又是動態的（經濟的發展）。它細緻地關注了勞動階層，將企業家如農民和工廠主跟勞動力供應者區分開來。從本質上說，它為專注於研究生產力各個基本要素（資本、勞動力、土地以及利潤）的「古典」經濟學奠定了基本框架。後來的自由市場理論在研究一般均衡理論時則採取了一種不同的、「新古典主義」的形式，希

> 再沒有比一個政府向另一個政府學習怎樣從人民身上榨取錢財更「藝術」的事了。
>
> —— 亞當·斯密

望解答整個經濟體系中價格如何才可以達到穩定均衡狀態這一問題。里昂·瓦爾拉斯和維爾弗雷多·帕累托（Vilfredo Pareto）等經濟學家運用數學方法，重新構建了斯密關於「看不見的手有益於社會」這一理論。肯尼斯·阿羅和德布魯向人們

演示了自由市場中看不見的手是如何做到這一點，但同時，他們也表明，實現這一目標對社會經濟條件的要求非常嚴格，而這些條件在現實社會中幾乎不存在。

然而，事情並未到此為止。第二次世界大戰之後，自由放任主義政策進入冬眠狀態。然而，從20世紀70年代開始，提倡政府干預經濟的凱恩斯主義政策失敗，自由放任主義政策強勢復甦。關於這一時期經濟發展的情況，我們可以在米爾頓·佛利民和奧地利學派，尤其是海耶克的作品中找到答案。海耶克對政府干預經濟所能起的作用表示懷疑，他認為通過解放市場可以促進社會的進步和發展。凱恩斯主義者也意識到市場的力量，認為要使市場自身運轉達到最佳效果，需要政府助市場一臂之力。

20世紀60至70年代，在理性和理性預期的基礎上，人們開始大規模推崇自由市場法則。例如，公共選擇理論將政府刻畫成一羣利己主義者，只尋求自身的最大利益，而不考慮社會的整體利益（「尋租」）。新古典主義宏觀經濟學借用了斯密的猜想，認為市場自身會解決這些問題，此外，他們還補充，人們可以預見任何政府行為產生的作用，並能理解經濟體系如何運轉，因此，國家的經濟干預將不會起到任何作用。即便如此，今天大部分經濟學家依然相信，單靠市場

左圖是印度喀拉拉邦自由市場，斯密提出的自由市場的所有特徵都可以在這種本土市場裏找到，它展示了商品的供應和價格隨著需求的變化而進行調整的自然方法。

## 亞當・斯密

亞當・斯密是現代經濟學的創始人。1723 年，他出生在蘇格蘭克科迪。在他出生前六個月，他的父親就去世了。斯密是一個有些遁世的、心不在焉的學者，14 歲的時候，他進入格拉斯哥大學，之後在牛津大學繼續深造，六年之後回到蘇格蘭，在格拉斯哥大學擔任邏輯學教授。1750 年，他與哲學家大衛・休謨相識並結為知己。

1764 年，斯密從格拉斯哥大學辭職，去法國遊學，成為蘇格蘭貴族布克萊（Buccleuch）公爵的家庭教師。斯密在法國結識了一些重農學派經濟學家和哲學家伏爾泰。此後，他開始了長達十年的創作，撰寫了著名的《國富論》。之後，他擔任關稅部長。斯密於 1790 去世，享年 67 歲。

### 主要作品

| | |
|---|---|
| 1759 年 | 《道德情操論》 |
| 1762 年 | 《法學講座》 |
| 1776 年 | 《國富論》 |

自身不會取得成功。他們將注意力集中到信息不對稱問題——各市場參與者手中的信息各不相同。喬治・阿克洛夫（George Akerlof）在的《檸檬市場》一書中提到了信息不對稱問題。行為主義經濟學家則對整個理性假設提出質疑，並認為是人的非理性導致了市場的失敗。

當我們從某個抽象、哲學的角度來思考人類社會時，它就像是一部巨大的機器。

—— 亞當・斯密

斯密沒有預見到目前的自由市場形式可能會引發的不公平問題。在股票交易市場和貨幣市場中，「公平」這一概念變得幾乎無關緊要。

自由放任主義經濟學將經濟學家按照政治立場分成兩派。右派贊成自由放任主義，左派則支持凱恩斯主義的市場干預。今天，這仍然是經濟學爭論的一個熱點。

2007—2008 年的經濟危機更激化了這場經久不息的爭論。自由市場經濟的擁護者通過商業週期證明自己正確，而凱恩斯主義者們則指出了市場的失靈。美國經濟學家魯里埃爾・魯比尼（Nouriel Roubini，1959—）預計到了這一次經濟危機。他所說的「幾十年的自由市場原教旨主義為經濟崩潰奠定了基礎」，指的就是那些歪曲斯密觀點的人。■

# 最後一名工人的產量比第一名工人少

## 邊際收益遞減

### 背景介紹

聚焦
**市場與廠商**

主要人物
**安−羅伯特−雅克・杜爾哥**
（1721−1781）

此前
**1759年** 法國經濟學家弗朗索瓦・魁奈（François Quesnay）發表了《經濟表》—— 一個論證重農主義經濟學理論的模型。

**18世紀60年代** 法國重農主義經濟學家聖皮埃爾（Guérneau de Saint-Péravy）發表了關於稅收原理的論文，他認為投入產出比是固定不變的。

此後
**1871年** 奧地利經濟學家卡爾・門格爾（Carl Menger）在他的《經濟學原理》一書中指出，邊際成本決定最終價格。

**1956年** 美國經濟學家羅伯特・索洛（Robert Solow）在《對增長理論的貢獻》一書中，運用邊際收益遞減理論來預測國家的經濟增長前景。

**法**國經濟學家杜爾哥是重農學派為數不多的成員之一，他們相信國家的財富來源於農業生產。

杜爾哥對稅收和土地產能非常感興趣，因此提出一套理論，以解釋當勞動力被不斷投入到生產過程中時，每一新增勞動力所能帶來的產出將會發生的變化。另一名重農主義推崇者聖皮埃爾則認為，每一新增勞動力帶來的額外產出是不變的，

泉水因承受向下的壓力而湧出地面，額外的壓力所起的作用越來越小。土壤的肥力就如同這泉水一樣。

—— 安−羅伯特−雅克・杜爾哥

換句話說，每個額外勞動力對產量的貢獻和最後一名勞動力的貢獻相同。但是，1767年杜爾哥指出，在未翻耕過的土地上播種的產能極低。如果翻耕一次，這塊土地的產能就會增加；如果翻耕兩次，其產能就有可能再翻一番。然而，新增勞動力對提高土地產能所起的作用越來越小，到最後完全不能提高土地的產能，因為土壤的肥力已經耗盡。

### 科技的作用

杜爾哥認為，短期生產過程中，在其他條件不變（土地）的前提下，增加某種可變生產要素（工人）的投入，當該要素投入到一定程度後，每增加一單位該要素所增加的產量是遞減的，這就是著名的「邊際收益遞減」理論，這是最重要的現代經濟理論之一，它不僅解釋了為甚麼生產越多產品消耗越大，還闡明了當技術止步不前但人口不斷增長的時候，一個國家很難會變得更加富強。■

**參見**：經濟的循環流通 40~45頁，人口與經濟 68~69頁，經濟增長理論 224~225頁。

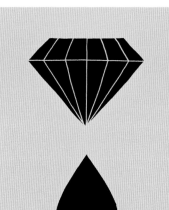

# 為甚麼
# 鑽石比水貴？

價值悖論

## 背景介紹

聚焦
**價值理論**

主要人物
**亞當・斯密（1723－1790）**

此前

**1691年** 英國哲學家約翰・洛克將商品的價值和它的效用（它能提供的滿意度）聯繫起來。

**1737年** 瑞士數學家丹尼爾・伯努利（Daniel Bernoulli）提出了「聖彼得堡悖論」。這個悖論考察玩家怎樣評估涉及概率問題的選擇，運用邊際效用可以解決這個悖論。

此後

**1889年** 奧地利經濟學家龐巴維克（Eugen von Böhm-Bawerk）提出了主觀價值論（商品的價值取決於人的需求，而不是商品本身），這一理論運用了邊際效用的理論。

在1769 年，杜爾哥提到一個問題：在水資源豐富的國家，儘管水是生活的必需品，但沒有人認為水是珍貴資源。七年後，斯密將這一觀點深化，發現儘管世界上再沒有比水更有用的東西，但水的價格卻非常低廉。而就使用價值而言，儘管鑽石幾乎毫無用處，卻經常有人用「大量其他商品來換取鑽石」。換句話說，一種商品的價格與其重要性可能有明顯的矛盾和不一致。

### 邊際效用

要理解這個悖論，我們就必須用到邊際效用這一概念：就是指最後一單位消費品給消費者帶來的滿足程度。1889 年，奧地利經濟學家龐巴維克通過一個農民和五袋小麥的故事解釋這個概念。農民把小麥的使用分成兩類：重要的（如自己食用）和不重要的（如餵鳥）。如果他弄丟了一袋小麥，他只需停止餵鳥就行了。即使這個農民需小麥來養活自己，但他願意為弄丟的那袋小麥支付的價格是很低的，因為它只會帶來一點點的滿足（餵鳥）。

水資源非常充裕，但鑽石卻是稀有的。一塊鑽石具有很高的邊際效用，因此它的價格也比一杯水的價格要高很多。■

鑽石比水更值錢，因為不論你擁有多少鑽石，每一塊鑽石都具有非凡的價值；相反，水的量越多，每單位水的價值卻越低。

---

**參見**：勞動價值論 106~107 頁，效用與滿意度 114~115 頁，機會成本 133 頁。

# 讓稅收
# 公平而有效

## 稅收負擔

**背景介紹**

聚焦
**經濟政策**

主要人物
**安-羅伯特-雅克・杜爾哥（1721-1781）**

此前
**1689-1763年** 耗資巨大的戰爭和低效率的稅收體系（對地主、行會免稅）為法國金融危機和大革命埋下伏筆。

此後
**1817年** 英國經濟學家大衛・李嘉圖（David Ricardo）在他的《政治經濟學及賦稅原理》一書中提出，應當對奢侈品徵稅。

**1927年** 英國數學家弗蘭克・拉姆齊（Frank Ramsay）強調價格彈性的重要性。

**1976年** 經濟學家安東尼・阿特金森（Anthony Atkinson）和約瑟夫・斯蒂格利茨（Joseph Stiglitz）在《稅收結構設計》一書中建議，統一商品稅是值得選擇的方法。

稅收負擔到底應該由誰承擔呢？著名經濟學家杜爾哥（Anne-Robert-Jacques Turgot）在1774-1776年間擔任法國財政部長，因此他對「稅負歸宿」這個問題非常感興趣。「稅負歸宿」並不是簡單的「誰應該納稅」的問題，因為

稅收會對許多方面造成影響，從價格、利潤到消費多少商品、拿多少工資等。而價格、利潤和薪水等的變化又會以驚人的方式影響整個經濟體系。承擔稅負意味着快樂、福利或者金錢的減少；這些影響會從某個人或某個羣體向其他個人和羣

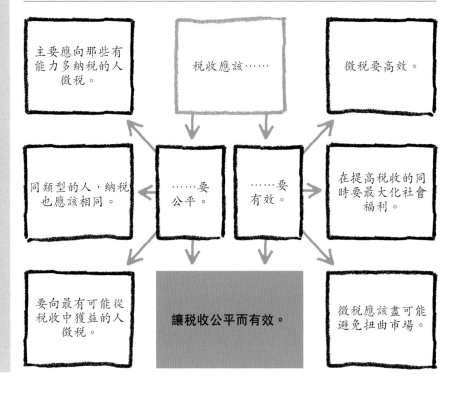

參見：經濟的循環流通 40~45 頁，效率與公平 130~131 頁，外部成本 137 頁，次優理論 220~221 頁，稅收和經濟
激勵 270~271 頁。

體擴散。如果當你正在計劃外出度假的時候，一項新的機票燃油稅實施，使得你要支付的機票價格超過預期，那麼你會因此而不快樂。因為這項新的燃油稅減少了你（消費者）的福利，但航空公司的利益則毫髮無損。

## 誰應該納稅？

杜爾哥認為，稅收干預了自由市場的運作，因此應盡量簡化稅收體系。有權勢的羣體也要納稅，並且稅制的具體實施也同樣非常重要。杜爾哥建議實施單一稅制，對一個國家的淨產品徵稅——去掉折舊貶值部分後的產品和服務的總價值。

杜爾哥的思想受到了認為只有農業（土地）才會產生純產品的早期重農主義學派的影響。他認為其他行業不能產生純產品，因此也沒有能力賦稅——如果對他們強制徵稅的話，他們只會提高產品的價格，

最終納稅的負擔依然落到地主的頭上。由於農民將大部分的純產品都用於向地主支付地租，而地主本身不生產任何東西，因此，杜爾哥認為，應該對地主徵收的地租徵稅。

後來，經濟學家對最優稅收制度中公平和效率的原則進行了修訂。公平包含如下概念：有能力賦稅的人應該多賦稅，同一類型的人的賦稅也相同，從政府開支中獲益的人（如使用新建大橋的人）應該賦稅。效率則不僅意味着收稅的高效率，還意味着在提高稅收的同時，要盡可能地增加社會福利。經濟學家認為，效率意味着盡量不干預市場，尤其是要避免打擊人們工作和投資的熱情。

## 完善的稅收制度

過去的幾十年間，稅收制度將公平和效率結合起來，變得越來越複雜。例如，「完全市場」理論認為，商品稅應該是統一的，只應對

1776 年杜爾哥的賦稅改革指向了凡爾賽宮的貴族。他建議不應再對這些貴族免稅，這些貴族於是合力把他解僱了。

「最終產品」（用來賣給終端消費者的產品）徵稅；入息稅應該與能力掛鈎而不是工資；應該最小化對公司利潤和資本收益的徵稅。另一方面，對「市場失靈」的分析則認為有必要對不受歡迎的產品（如污染）徵稅，這有利於提高人們的福利。

總之，在考慮到國家收入和政治可接受度的前提下，稅收政策已經朝着這些理論方向邁步。■

## 安-羅伯特-雅克·杜爾哥

1727 年出生在法國巴黎的杜爾哥本應成為牧師，但 1751 年他獲得一筆遺產，使他可以去追求熱愛的行政事業。到 18 世紀 60 年代晚期，他已經和重農學派思想家成為好朋友，然後，他與斯密相識。1761 年到 1774 年期間，杜爾哥擔任利摩日地方行政長官一職。1774 年，路易十六繼位，杜爾哥成為法國財政部長，開始着手改革，鼓勵發展自由貿易。1776 年，他廢除行會，撤銷強制勞動力免費修

建公路的政策，新擬定一項道路建設稅。路易十六不贊成此做法，革除杜爾哥的公職。儘管後來有人認為他的改革本可阻止法國大革命爆發，但改革仍然夭折。1781 年，杜爾哥去世，享年 54 歲。

**主要作品**

1763 年 《稅收概論》

1766 年 《關於財富的形成和分配的考察》

1776 年 《六法令》

# 分工生產大頭針可以提高生產效率

## 勞動分工

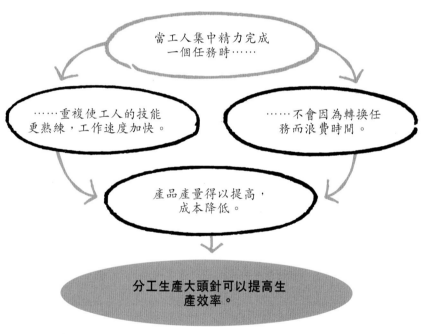

當工人集中精力完成一個任務時……

……重複使工人的技能更熟練，工作速度加快。

……不會因為轉換任務而浪費時間。

產品產量得以提高，成本降低。

**分工生產大頭針可以提高生產效率。**

無論甚麼時候，當一羣人一起工作時，總是會首先進行分工，把任務分配給每一個人。偉大的經濟學家斯密將這一分工現象作為經濟學的中心思想。在具有非凡影響力的著作《國富論》一書的開始，斯密就闡述了一個人完全承擔生產某一產品的所有工序和幾個人分工完成生產這一產品之間的區別。1776 年，在撰寫這部作品的時候，斯密注意到，如果一個人完成生產大頭針的所有工序，那麼，他可能「一天也生產不出一顆大頭針」。但是，如果把這些工序分配給幾個人一起完成，每一個人專門從事一道工序，那麼，一天可以生

參見：比較優勢 80~85 頁，規模經濟 132 頁，現代經濟萌芽 178~179 頁。

圖為一個忙碌的倉庫，其中的分工可以分為搬運工、庫存管理員、經理、會計、分銷專家、IT 工作人員以及卡車司機。

產許多大頭針。斯密總結，勞動分工導致「所有工藝生產行業，一經採用分工制，生產力便相應地提高了」。

### 經濟增長的動力

　　斯密並不是第一個認識到分工的價值的人。大約 2,200 年前，柏拉圖就認為，一個國家需要專業化的人才，如農民、建築師等來供應人們生活所需要的商品。伊斯蘭哲學家穆罕默德・阿爾・加札利（Muhammad Al-Ghazali，1058–1111）注意到，如果考慮製作麵包的每一道工序，以及從在田野裏鋤草到收割小麥，可以發現，一條麵包經過了千百萬人的勞動才最終成型。

　　許多早期的思想家將勞動分工與城市和市場的發展聯繫起來。有人認為，分工促進了城市和市場的發展，而另一些人則認為是日益發展的城市導致了分工的出現。斯密的觀點中，最具開拓性的觀點是：他將分工作為經濟體系的核心，他認為是分工推動了經濟的發展和進步。勞動力和工業的專業化程度越高，市場的發展就越快，投資的回報率就越高。

### 必要之惡

　　馬克思認為，分工確實是有利的。但是它只是一個暫時的、必要之惡。專業化使得工人整天置身於一座機器旁邊，沮喪、抑鬱地重複着同樣的工作。他將勞動分工分為技術分工（如專門從事房屋修建的工作）和社會分工（權力和身份等社會等級制度下出現的現象）。

　　今天，在大部分公司裏，分工已經非常規範。許多大公司將原來由自己員工從事的工作外判給更加便宜的海外員工，分工也開始走向國際化。■

每一次勞動分工的擴展和深化都會為所有參與者帶來好處。

——路德維希・馮・米塞斯

### 全是美國人的工作嗎？

　　在工廠裏工作的人對他們本國的經濟勢力和就業率感到擔心，於是，他們有時會鼓勵消費者購買國產商品。然而，想要分清楚哪些是國產商品、哪些是外國商品，並非一件易事，因為現在分工已經全球化了。例如，蘋果是美國公司，因此消費者可能會認為，如果他們購買 iPhone 的話，就是在為美國的就業作貢獻。而事實並非如此。在生產一部 iPhone 的所有工序裏，只有產品和軟件的設計及其營銷是由美國負責的。

　　每一部 iPhone 都是由中國工人將外殼、屏幕、處理器等零件（南韓、日本、德國以及其他六個國家生產）裝配而成的。此外，每個零件又由全世界的許多專業工作人員生產裝配而成。因此，iPhone 是真正由成千上萬的人生產製造的全球性產品。

中國某裝配線上的工人正在裝配電腦處理器，而電腦處理器的零件由多達九個國家生產。

# 人口增長使我們貧困

## 人口與經濟

**18**世紀，啟蒙思想家常常思考，通過社會和經濟改革來改善社會的可行性。在這一個無限樂觀的時代，英國經濟學家托馬斯・馬爾薩斯卻是一個悲觀主義者。他認為，人口的增長注定會使社會走向貧困，因為在人類性本能驅使下，人口擴張會加劇。然而，根據邊際收益遞減規律，食物的供應必然跟不上人口增長的步伐，最後導致人口數量和食物供應之間越來越不平衡。

然而，在人口增長和食物供應

圖為巴基斯坦地震之後慈善機構向倖存者分發食物的場景。馬爾薩斯反對這類幫助窮人的行為，他認為，這樣只會鼓勵他們生養更多小孩。

之間的不平衡日益加劇的同時，還有一股力量在抵銷這種不平衡。馬爾薩斯認為，食物供應不足會導致人類的疾病和營養不良加劇，這必然會導致死亡率上升，這樣一來，這種不平衡就不至於失去控制。世界範圍內的食物供應不足還意味着人們能夠撫養的孩子數量減少，因此人口的出生率會隨之下降。這樣就可以降低土地的壓力，恢復人們的生活水平。

**馬爾薩斯陷阱**

人口出生率和死亡率的變化，不僅使人類無法阻止大規模的饑荒發生，還使人類無法長期享受高水平的生活。假如說一塊新大陸的發現，意外地促進了經濟發展，這塊意外發現的土地使食物產量增加，每一個人都可以享用更豐裕的食物，人們變得更加健康，死亡率也會下降。更高的生活水平使人們能夠撫養更多小孩，因此人口增長速度加快。食物產量再一次跟不上人口增長的步伐，經濟又恢復到原來的狀態，人們生活水平降低。這種現象被稱為馬爾薩斯陷阱：生活水平的提高總是受到人口增長的限

參見：經濟中的農業 39 頁，邊際收益遞減 62 頁，現代經濟萌芽 178~179 頁，經濟增長理論 224~225 頁。

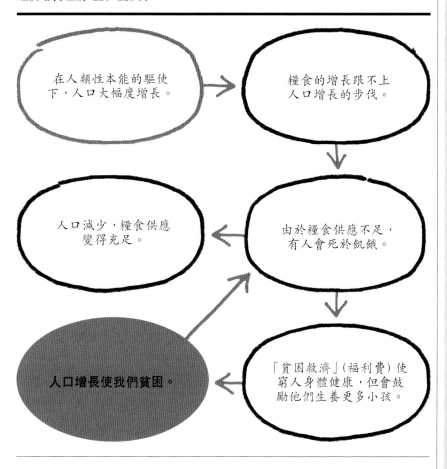

在人類性本能的驅使下，人口大幅度增長。

糧食的增長跟不上人口增長的步伐。

人口減少，糧食供應變得充足。

由於糧食供應不足，有人會死於飢餓。

人口增長使我們貧困。

「貧困救濟」（福利費）使窮人身體健康，但會鼓勵他們生養更多小孩。

## 托馬斯·馬爾薩斯

托馬斯·馬爾薩斯 1766 年出生於英國薩里。他的鄉紳父親從小就對他進行人文主義教育。他的教父是哲學家休謨和盧梭。馬爾薩斯從小長着一張兔唇，還有齶裂，影響他的語言能力。

1788 年，馬爾薩斯被英國國教委以聖職。在這之前，他在劍橋大學求學，他的老師是宗教異教徒威廉·弗雷德（William Frend）。正如他的老師一樣，他從來都不畏懼人們對他的爭議。1789 年，他發表了令他臭名昭著的論文《人口論》。1805 年，東印度公司學院聘任他為教授，任教政治經濟學。這是政治經濟學第一次在大學出現，也使得馬爾薩斯成為第一個學院經濟學家。1834 年，馬爾薩斯因心臟病去世，享年 68 歲。

**主要作品**

1798 年　《人口論》

1815 年　《地租理論》

1820 年　《政治經濟學原理》

制。因此，不論發生了甚麼事情，經濟總是會回到糧食產量只能養活一個穩定數量人口的水平。

馬爾薩斯認為，經濟將會停滯，人類只能勉強維持生計，饑荒和疾病會阻礙人口增長。然而，到 18 世紀，馬爾薩斯的模型便已經無法與當時的經濟狀況相吻合了。馬爾薩斯認為，農民一直使用簡單的工具在土地上勞作。然而，隨着新的科技出現，在一塊同樣大小的土地上，運用同等數量的勞動力可以生產出更多糧食。隨着新的機器和工廠出現，每個工人可以生產出更多商品，生產效率大幅度提高。

技術進步意味着，雖然人口越來越多，但人們依然可以享受更高水平的生活。到 2000 年時，英國的人口已經是馬爾薩斯時代的三倍有多，但是，人們的收入卻比那個時代高了十倍。

馬爾薩斯未曾預料到的是，隨着科技的發展，膨脹的人口和有限的土地不再是一個問題。然而，今天，新的恐懼又來了，人口的過度膨脹對地球環境和資源造成了巨大的壓力，即使是科技也沒有辦法解決這一問題，而這一恐懼，恰好與馬爾薩斯當初的觀點遙相呼應。■

# 商人合謀抬高價格

## 卡特爾與串通

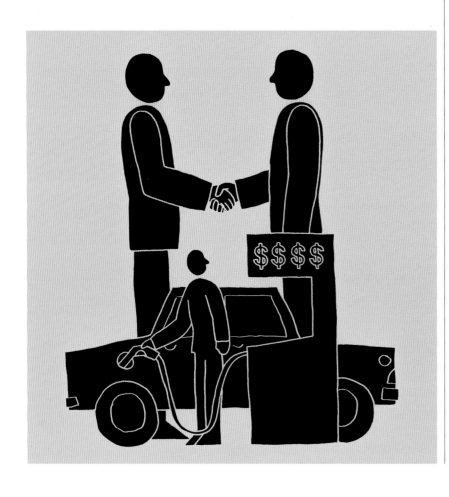

競爭是自由市場有效運作的關鍵。當市場中多個生產商共同存在時，為吸引顧客，廠商之間會相互競爭，而這種競爭會導致產品的產量增加和價格下降。如果市場中某一產品只有一個供應商──壟斷組織，那這個供應商就會限制產品的產量以抬高產品價格。位於完全競爭和壟斷這兩個極端中間的，是寡頭壟斷：幾個（有時候只有兩三個）產品供應商主宰了某一種產品的市場。寡頭壟斷中生產商之間的競爭很明顯有利於消費者；但是，生產商還有另一種選擇，這種選擇可能對他們自己更有利，那就是合

參見：有限競爭的影響 90~91 頁，壟斷 92~97 頁，競爭性市場 126~129 頁，市場與社會結果 210~213 頁，博弈論 234~241 頁。

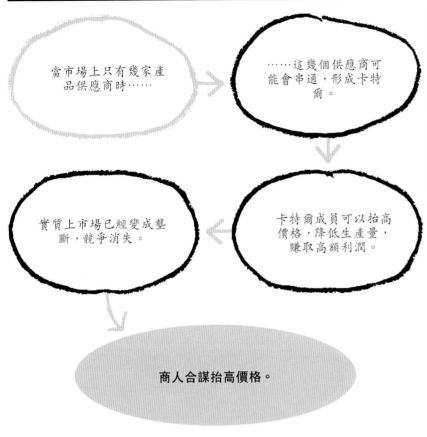

當市場上只有幾家產品供應商時⋯⋯

⋯⋯這幾個供應商可能會串通，形成卡特爾。

卡特爾成員可以抬高價格，降低生產量，賺取高額利潤。

實質上市場已經變成壟斷，競爭消失。

**商人合謀抬高價格。**

2007 年，太平洋維珍航空公司承認與英國航空公司曾經會面六次，討論提高票價的方案，之後，英國航空公司因「串通」被罰款三億多英鎊。

作。如果他們選擇合作，那麼就必須達成一致，不能互相削價，他們可以聯合起來，像一個壟斷組織一樣，為了自己的利益而決定市場中此種產品的數量和價格等因素。

### 卡特爾的形成

廠商之間的這種合作稱為「串通」。「串通」的結果使市場不再能像原來一樣有效地發揮作用。蘇格蘭經濟學家亞當・斯密認識到了自利在自由市場中的重要性，但是他置疑產品供應商的動機，警告人們，「做同一生意的商人很少會聚集起來，即使為了娛樂也不例外，但是，他們很有可能會聯合起來，形成陰謀，與人民大眾的利益作對，想辦法抬高商品的價格」。

早在市場開始形成的時候，生產商之間的合作就已經存在，許多商業領域都有為了共同利益而結成的聯盟。在 19 世紀的美國，人們將這些限制性或壟斷性的行為稱作「托拉斯」，現在，人們通常用「卡特爾」來泛指這種全國性或者國際性的合作。儘管卡特爾這種合作組織是 20 世紀二三十年代德國和美國經濟的典型特徵，但如今這個詞語已經帶有消極的涵義。

20 世紀，美國和歐盟採取了一些法律措施來防止公司之間進行「串通」。但是，生產商之間結成卡特爾依然是市場經濟的一大特點。這種合作可能只是兩家公司之間的一種簡單協議，比如 2011 年聯合利華和寶潔在歐洲串通操縱洗浴產品的價格。這種合作也有可能使他們聯合形成一個國際貿易聯盟，比如國際航空運輸協會（IATA）。該協會最初的功能是設定機票價格，後來，這一舉動被指控為航空公司間的「串通」，但這個協會現在仍然是航空公司的一個代表機構。此外，國與國的政府之間也可以聯結起來形成卡特爾，合作生產某一特定的產品，例如在 1960 年，為了控制石油價格，石油輸出國組織（OPEC）應運而生。

### 卡特爾面臨的挑戰

然而，建立和維持卡特爾並不容易，卡特爾的成員面臨着許多問題，尤其是產品的價格和成員之間的信任問題。卡特爾的成員不僅要

設定產品的價格，還需要達成一致的生產配額，以此來維持產品的價格，當然，除此之外，他們也要就利潤的分成達成一致意見。卡特爾的成員越少，他們之間就越容易達成一致。當只有少數幾家公司提供大部分產品時，卡特爾是最為穩固的串通形式。

卡特爾面臨的第二個問題是，如何確保成員遵守他們之間約定的規則。生產商之所以加入這一「串通」組織，是因為他們受到了高價格所能創造的利潤之誘惑；但是這種自利傾向同樣也是卡特爾的弱點。每一個成員都有可能欺騙其他成員，不按照約定好的生產定額和價格生產產品，而是超量生產或者進行削價銷售。事實上，這就和囚徒困境一樣，兩個囚徒可以都選擇沉默或坦白。如果二人行為一致，都保持沉默或者坦白，那麼他們將被輕判。但是，如果他們中的一個

人坦白他們的罪行，而另一個人保持沉默，那麼坦白的人將被豁免而另一人將被重判。最好的方法是他們都保持沉默（這樣他們將獲得最短的刑期），但是關鍵在於，免罪具有非常大的誘惑：自己一個人坦白，而期待另一個人保持沉默。囚徒困境的策略同樣適用於卡特爾：如果成員之間合作，所有成員獲得的回報將比他們展開競爭獲得的回報更高。但是，對於任何某一個成員來說，違反約定的規則得到的回報才是最高的，當然，其他的成員將因此遭受損失。

實際上，這就是卡特爾組織內部可能會發生的情況，尤其是當每個成員之間的配額不平等時，這種情況就更有可能發生。例如，石油輸出國組織共有 12 個成員國，他們定期會晤，商討石油的產量和價格，但是很少有成員會遵守這些約定。不夠富強的成員國見到可以

獲得額外利潤的機會，就會超量生產石油，在成員國中引起競爭，削弱整個卡特爾的力量。這樣一次小小的欺騙，就足以削弱卡特爾的力量。此外，卡特爾的成員越多，成員就越有可能違反約定的規則。

### 協議的執行

在一個卡特爾組織中，產能最大的成員，通常是大家公認的協議「執行者」。例如，當石油輸出國組織的功能受到安哥拉（安哥拉為了謀取利益超量生產石油）的威脅時，OPEC 最大的成員國沙特阿拉伯就會採取行動，阻止安哥拉背叛其他成員。因為沙特阿拉伯是最大的石油生產國，它的生產成本最低，有能力增加石油產量，它可以將石油價格降低到一定水平以示懲罰，甚至使小國家破產，而它自己所受的影響只不過是短期內利潤稍減而已。然而，大多數時候，由於執行者不願自己的利益受損，因此不會採取行動來阻止成員國作出欺騙行為，卡特爾最終也就瓦解了。正是由於組建和維持卡特爾面臨的這些困難，卡特爾這樣的「共謀」

卡特爾透過變成虛擬的壟斷組織，可以自由定價。如果市場上沒有其他生產商可以為消費者提供一個較低的價格，那現存的開價就可以大幅高於生產成本，並為卡特爾的成員帶來巨大的利潤。

我們不能容忍政府或者工業寡頭通過壟斷或者卡特爾的形式，壓迫我們。
——美國政客亨利 • 阿加德 • 華萊士
（1888–1965）

並沒有斯密預料的那麼多。20世紀 60 年代，美國經濟學家喬治·斯蒂格勒認為，商人之間互相競爭，天生就會彼此猜疑，沒有任何信任可言，這與卡特爾的「串通」相悖。隨着越來越多的公司進入市場，卡特爾形成的可能性也就越小。因此，即使在只有幾個生產商的行業領域（如電子遊戲平台和移動電話），生產商們也傾向互相競爭，而非合作。

然而，市場中確實存在好幾個卡特爾，他們對市場構成了威脅，讓政府認為有干預的必要。消費者反對協議售價，這種公眾壓力推動了 20 世紀「反托拉斯」法案的出台，這樣一來，許多國家的卡特爾就成了非法組織。正如囚徒困境一樣，由於很難證明「串通」行為的存在，許多法律都規定對卡特爾中第一個坦白的成員進行豁免，這就成了卡特爾瓦解的另一誘因。在 2007 年的大西洋維珍航空公司一案中，這一策略取得了巨大成功。由於擔心遭到對大西洋航線協議售價的調查，大西洋維珍航空公司坦白了與英國航空公司之間存在「串通」行

2011 年，荷蘭的移動電話操作員接受了調查，原因是移動電話公司被懷疑有卡特爾行為，其中包括操縱預付費手機移動數據組合的價格。

> 經濟學家有他們的貢獻，但是，我不認為他們應該以反托拉斯法為傲。
> —— 喬治·斯蒂格勒

為，結果，英國航空公司為此支付了巨額罰款。

## 政府許可

一些自由主義經濟學家，如斯蒂格勒對反托拉斯法存在的必要性持懷疑態度。他們認為，既然卡特爾本身就是不穩定的組織，那麼出台這樣的法律完全沒必要。在政府看來，有些形式的合作是必要的，因此，政府對卡特爾的態度並不明確。例如，人們認為 IATA 的價格制定政策是一種「串通」，而 OPEC 卻被認為是一個促進穩定的、積極的貿易集團。在經濟大蕭條時期，為保護本國的一些行業（如石油和鋼鐵業）中存在的卡特爾，一些國家也提出了同樣的論調。當政府規範卡特爾時，生產商之間的合作就可以穩定產品的產量和價格，同時還能保護消費者和小生產商的利益，使整個行業成為充滿競爭力的國際性行業。在 20 世紀二、三十年代的歐洲和美國，這種公共的卡特爾很常見，但是，第二次世界大戰後，這些卡特爾幾乎都消失了。而在日本，卡特爾依然是其經濟的一個特點。■

## 反托拉斯法

人們認為，和壟斷一樣，卡特爾的形成會影響自由市場的正常運轉，威脅整個經濟的良性發展。大多數政府都已經通過反托拉斯法或者競爭法來阻止這樣的「串通」。這種政府干預首先在美國出現。1890 年，美國通過了謝爾曼法，限制洲際貿易或者對外貿易的合約從此失效。1914 年，美國進一步通過了包括克萊頓法在內的一些反托拉斯法律，禁止削價和「凍結」價格以刺激市場競爭。經濟學家懷疑反托拉斯法的作用，事實上，通常情況下反托拉斯法很難真正付諸實施。他們指出，合作並不總是意味着「串通」行為（如協議售價和串通投標）。許多經濟學家認為，許多這種「破壞信任」的法律並不是經濟分析的結果，而是迫於政治壓力而生的產品。

上圖所示為 1906 年一份政治報紙的封面，正在諷刺美國政客尼爾森·奧爾德里奇為抬高美國國內商品價格而設置關稅這一事件。

# 供應
# 創造需求
市場供應過剩

## 背景介紹

聚焦
**宏觀經濟**

主要人物
**讓-巴蒂斯特·薩伊（1767–1832）**

此前
**1820年** 英國經濟學家托馬斯·馬爾薩斯（Thomas Malthus）預測，市場上可能會出現就業不足和生產過剩的現象。

此後
**1936年** 約翰·梅納德·凱恩斯認為，供應不能創造需求——需求不足可能會導致產能下降，最後引起失業。

**1950年** 奧地利經濟學家路德維希·馮·米塞斯認為，凱恩斯否定供應可以創造需求是以經濟學中凱恩斯主義的謬誤為基礎的。

**2010年** 澳洲經濟學家史蒂芬·凱特斯（Steven Kates）把凱恩斯主義經濟學稱為「概念上的疾病」，他認為薩伊定律是正確的。

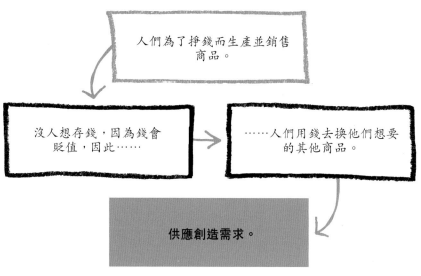

人們為了掙錢而生產並銷售商品。

沒人想存錢，因為錢會貶值，因此……

……人們用錢去換他們想要的其他商品。

供應創造需求。

亞當斯·密在 1776 年創作《國富論》時注意到一個現象：他周圍的商人認為，商業失敗的原因在於資金不足或者生產過剩。斯密通過闡述貨幣在經濟中的重要作用解開了第一個謎題，而第二個謎題，則是後來由法國經濟學家讓—巴蒂斯特·薩伊解開的。薩伊 1803 年發表的《政治經濟學概論》主要闡述了生產過剩並不可能。薩伊認為，當一件產品被生產出來後，它就為別的產品創造了市場。例如，一個裁縫會把他銷售襯衫的錢用來向烘焙師購買麵包，或者向釀酒師購買啤酒。薩伊認為，沒有人想存錢，因此，市場中供應的商品的總價值和顧客需要的商品的總價值應該相等。現在人們常用的「薩伊定律」就是「供應創造需求」。事實上，薩伊從來沒有用過這個表達，這一

**參見：**自由市場經濟學 54~61 頁，經濟均衡 118~123 頁，經濟蕭條與失業 154~161 頁。

表達可能是 1921 年美國經濟學家弗雷德·泰勒（Fred Taylor）在他的《經濟學原理》一書中創造的詞語。

在薩伊看來，這一觀點是非常重要的，因為如果供應產生等量的需求的話，經濟之中就沒有所謂生產過剩了。當然，廠商有可能會誤解市場對某一產品的需求而過度生產，但是，正如奧地利出生的美國經濟學家路德維希·馮·米塞斯後來所說，「這個笨拙的企業家」不久就會因為經濟損失而被逐出市場；與此同時，未利用的資源將被重新分配到利潤更加豐厚的其他經濟領域中。實際上，市場上根本就不可能會出現生產過剩的情況，因為人類的需求遠遠大於自己的生產能力。

薩伊定律成了古典經濟學家和凱恩斯主義經濟學家之間爭論的焦點。古典主義經濟學家（如薩伊）認為，產品的生產或者供應是經濟發展中最重要的因素；而凱恩斯主義經濟學家則認為，只有需求增加才能推動經濟增長。

### 為甚麼要存錢？

凱恩斯在 1936 年發表的《就業通論》一書中，以貨幣在經濟中的作用為中心攻擊薩伊定律。薩伊認為，所有賺來的錢都會用於購買其他商品。換句話說，經濟的運轉是以以物易物系統為基礎的。但是，凱恩斯卻認為，有時候人們會出於其他原因存錢，而不是將所有收入都用來購買其他商品。例如，他們可能會想將收入的一部分存起來。如果這些存款沒有借給其他人（如通過銀行），也沒有用於投資（可能是作為經營生意的資本），那麼這部分貨幣就已經退出了流通領域。因為只要人們手中持有貨幣，對商品的需求最終會低於所生產商品的總價值。凱恩斯認為這種「負需求」，也稱為「需求不足」，將會導致大規模的失業。

薩伊定律則認為，失業只會在一些行業裏短暫地出現。然而考慮到 20 世紀 30 年代大蕭條期間可怕的經濟狀態，凱恩斯的看法似乎更有說服力。■

薩伊認為，供應與需求通過以物易物的形式實現。我們用所掙的錢交換我們想要的商品。圖為一個印加市場上，人們用鮮肉交換蔬菜。

## 讓–巴蒂斯特·薩伊

讓–巴蒂斯特·薩伊於 1767 年出生在法國里昂，父親是紡織品商人，信奉新教。18 歲時，薩伊搬到英格蘭，跟隨一個商人做了兩年學徒；之後，他回到巴黎在一家保險公司工作。他贊成 1789 年的法國大革命，因為它結束了對修金諾教派教徒的迫害，此外，這次革命還革除了封建經濟，為商業提供更多發展空間。

1794 年，薩伊成為一本政治雜誌的編輯，他在這一雜誌中積極倡導斯密的觀點。1799 年，薩伊受邀加入法國政府，但是拿破崙反對他的一些觀點，因此，薩伊的作品在 1814 年以前一直都被禁止發表和傳播。在這期間，他成立了一家棉紡織工廠。後來，他在巴黎教授經濟學。1832 年，薩伊因中風去世，享年 66 歲。

**主要作品**

1803 年 《政治經濟學概論》
1815 年 《英格蘭和英國人》
1828 年 《實用政治經濟學全教程》

# 先借貸，再徵稅

借貸與債務

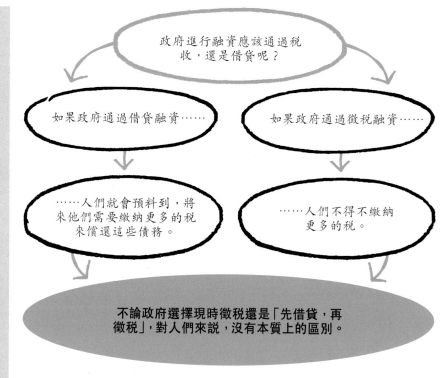

政府進行融資應該通過稅收，還是借貸呢？

如果政府通過借貸融資……

如果政府通過徵稅融資……

……人們就會預料到，將來他們需要繳納更多的稅來償還這些債務。

……人們不得不繳納更多的稅。

**不論政府選擇現時徵稅還是「先借貸，再徵稅」，對人們來說，沒有本質上的區別。**

**政**府應該通過稅收或借貸來籌集資金嗎？英國經濟學家大衛·李嘉圖在勞民傷財的拿破崙戰爭（1803–1815）期間第一次詳細討論了這個問題。李嘉圖在1817年發表的作品《政治經濟學及賦稅原理》中談到，融資的方法是無關緊要的。納稅人應該意識到，政府發行債券意味着納稅人將來需要納更多的稅。無論徵稅還是借貸，人們最終都必須納稅。如果人們意識到這一點，就會把一部分財富積蓄起來，用

**參見：**經濟人 52~53 頁，稅收負擔 64~65 頁，凱恩斯乘數 164~165 頁，貨幣主義政策 196~201 頁，為消費而儲蓄 204~205 頁，理性預期 244~247 頁。

於支付未來需要繳納的額外賦稅，這樣，人們實際可支配的財富數量與現在的納稅情況並無任何變化。李嘉圖認為，不論政府是決定徵稅還是發行債券，人們應該理解政府的預算約束，並繼續以相同的方式消費，因為無論政府採取哪種方式，他們需要繳納的稅費都是等量的。這就是著名的李嘉圖等價定理。

假如一個家庭裏父親熱愛賭博，但他只能向兩個兒子要錢去賭博。父親告訴兒子們，這個月他們不用給他錢，因為他已經向他的朋友 Alex 借到錢了。小兒子 Tom 很開心地把這個月多出來的錢花掉了。但長子 James 比較聰明，他知道下個月要連本帶利地把 Alex 的債務還掉，到時候他的父親就會問他要錢。因此，James 把額外的錢存起來，留着下個月給他的父親。James 意識到，無論他父親向他要錢還是向別人借錢，他自己的財富總量並沒有發生任何變化，因此，他不會改變他今天的消費方式。

李嘉圖闡述的僅是理論，並沒有說明等價定理在現實世界中也是顯而易見的。他認為，普通人會和例子中的 Tom 一樣，誤以為自己的財富增加了，於是將手中的餘錢花掉。然而，一些現代經濟學家認為，大部分人會和長子 James 一樣，對此事非常清楚，不會因錯覺而改變消費方式。

### 現代的辯論

1974 年美國經濟學家羅伯特·巴羅（1944-）在他的一篇文章中再次提到了這個話題，分析了人們在甚麼情況下將不考慮稅收或者借貸而照常消費。一種假設認為，人是理性、深謀遠慮的決策者。他們明白即使現在將那筆餘錢花了，將來仍然會通過賦稅的方式補上。然而，事實並非如此。要實現這一點，借款和貸款利率必須相同，且不存在交易成本。

另一個問題在於，人的生命是有限的。如果人們只關心自己的利益，那麼，他們就不會關心自己死後的賦稅問題。然而，巴羅認為，父母總是會關心子女，為他們留下一筆遺產，一部分原因在於子女可以用這筆遺產來支付父母死後需要繳納的稅款。這樣，個體就把他們死後的賦稅問題也納入了決策時需要考慮的因素。

### 政府開支

李嘉圖的等價定理又被稱為債務中性理論，由於現代政府的高消費、高借貸和高稅收的特點，這一定理在今天非常熱門。新古典主義經濟學家用李嘉圖的觀點來反對凱恩斯主義政策──為拉動需求、促進經濟增長而增加政府開支。他們宣稱，如果人們知道政府開支的目的是為了拉動經濟、防止經濟蕭條，他們就應該會預料到，未來政府將會徵收更多的稅，因此，他們不會盲目地看待經濟體系內增加的貨幣數量。然而，現實世界的證據，不論是贊成還是反對這一觀點的，都不具備說服力。■

2011 年，希臘政府為避免破產而被迫大量借貸。緊接着的民間動亂清楚地表明，政府借貸和徵稅必須有節制。

## 新古典主義宏觀經濟學

20 世紀 70 年代初期，美國經濟學家巴羅（Robert Barro）、盧卡斯（Robert Lucas）和薩金特（Thomas Sargent）建立了新古典主義宏觀經濟學學派。這一學派的主要信條和原則就是理性預期假設和市場出清（即供求相等）──價格會自發調整以適應一種新的均衡。新古典主義理論學家認為，這一理論也適用於勞動市場：勞動的供應（找工作的人數）和需求（職位數量）互相作用而確定工資水平。根據這一觀點，任何能夠接受這一「現行工資」的人都可以找到工作。因此，所有失業都是自願失業。理性預期認為，人們在作決策的時候，既會考慮過去，也會考慮將來，因此，無論政府選擇借貸還是徵稅，人們都不會被政府蒙騙。

# 宏觀經濟是個搖搖

## 繁榮與蕭條

**背景介紹**

聚焦
**宏觀經濟**

主要人物
**讓-查爾斯·西斯蒙第**
（1772-1842）

此前

**1776年** 亞當·斯密認為，市場本身的力量可以促使經濟達到均衡狀態。

**1803年** 讓-巴蒂斯特·薩伊（Jean-Baptiste Say）認為，市場會自發地使供應和需求達到平衡狀態。

**1817年** 威爾斯社會改革家羅伯特·歐文（Robert Owen）認為，生產過剩和消費不足是經濟低迷的原因。

此後

**19世紀20年代** 法國經濟學家查爾斯·迪諾耶爾（Charles Dunoyer）認為，經濟具有週期性。

**1936年** 約翰·梅納德·凱恩斯力勸政府增加開支以避免經濟波動。

經濟週期指的是經濟在高速增長（即經濟繁榮）與經濟下滑或經濟停滯之間的交替轉換。人們通常將這種經濟現象稱為經濟繁榮與蕭條的交替循環。瑞士歷史學家讓-查爾斯·西斯蒙第首先發現了經濟危機的週期性現象，但是，真正揭示經濟週期循環模式的是後來的法國經濟學家查爾斯·迪諾耶爾（Charles Dunoyer，1786-1862）。西斯蒙第挑戰了斯密、薩伊以及李嘉圖的「市場知道得最清楚」的觀點。他們認為，如果順其自然，任由市場發展，市場就會很快、很

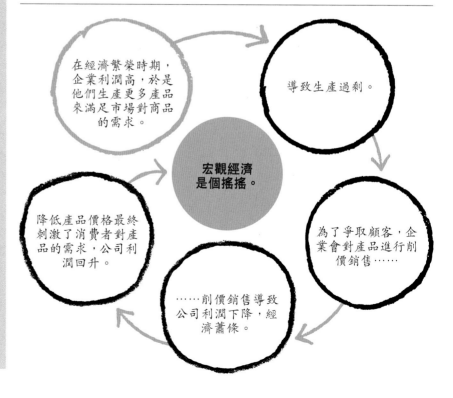

在經濟繁榮時期，企業利潤高，於是他們生產更多產品來滿足市場對商品的需求。

導致生產過剩。

**宏觀經濟是個搖搖。**

為了爭取顧客，企業會對產品進行削價銷售……

……削價銷售導致公司利潤下降，經濟蕭條。

降低產品價格最終刺激了消費者對產品的需求，公司利潤回升。

參見：自由市場經濟學 54~61 頁，凱恩斯乘數 164~165 頁，金融危機 296~301 頁，住房與經濟週期 330~331 頁。

人們對經濟過度樂觀的時候通常會修建摩天大樓，這是經濟過熱的一個可靠標誌。通常情況下，當摩天大樓修建完成的時候，經濟已經崩潰了。

容易地實現經濟均衡，促進充分就業。而西斯蒙第則認為，經濟均衡最終必定會實現，但在實現之前，市場將會經歷一番「可怕的掙扎」。

1819 年，西斯蒙第發表了作品《新政治經濟學概論》，在此之前，經濟學家要麼忽視短期的經濟繁榮或經濟蕭條，要麼就認為這些都是外部因素（如戰爭）引起的。西斯蒙第認為，短期的經濟發展是市場力量，即生產過剩和消費不足互相作用的自然結果，而生產過剩和消費不足都是經濟繁榮時期增長不均衡所導致的。

## 推動經濟繁榮

隨着經濟發展，工廠生意興隆，工人們可以提出加薪要求，更多的工資可以購買更多的商品，經濟也就隨之繁榮起來了。為了滿足市場中的消費者對商品日益增長的需求，公司勢必進行擴張，僱用更多的勞動力來生產更多的商品。然後，新僱用的工人又可以用他們的工資去消費商品，此舉能促進經濟持續繁榮。

西斯蒙第認為，競爭意味着市場中所有的公司都會擴大商品的生產，直到市場中該產品的供應大於需求。這時候，為了吸引顧客，公司會進行削價銷售，商品利潤降低，工人的工資也隨之減少，公司隨即進行裁員，換句話說，當經濟不景氣時，接踵而至的就是經濟崩潰。一旦商品價格下降到可以刺激需求，且企業信譽開始恢復的時候，企業情況就會好轉，另一輪經濟週期隨之開始。

1825 年英國的金融危機證實了經濟週期的存在。這次股市崩盤是有記錄以來僅由內部經濟事件引起的危機之一。當時一位騙子為了吸引投資虛構了一個名叫 Poyais 的國家，這些投機性投資促成了這次金融危機，其影響波及全世界。

西斯蒙第反對斯密的自由放任主張，他認為要調控財富的增長和避免週期性的金融危機，政府有必要對市場進行干預。

經濟週期的發現使經濟學家開始用一種新的方法去分析和研究經濟，尋找避免經濟崩潰和不景氣的方法。凱恩斯在西斯蒙第和迪諾耶爾的基礎上提出了他自己的理論，這一理論後來成為 20 世紀經濟學領域的支柱理論之一。∎

## 牛市和熊市

隨着整個經濟的發展與緊縮，市場也隨之起起落落。我們將價格持續上漲期間的市場稱為牛市；反之，價格持續下降期間的市場則稱為熊市。通常，我們將這些名稱應用到股份、債券或者房地產等資產上。例如，行情看漲時的牛市通常發生在經濟繁榮時期。投資者看好經濟前景，大量購進公司股票，這就刺激和促進了資產升值。當經濟低迷時，整個經濟狀況反轉，行情看跌，投資者開始拋售資產。20世紀 90 年代的美國股市正處於牛市，整個商業機構一片繁榮。而 20 世紀 30 年代經濟大蕭條時期，美國股市則完全處於熊市狀態。

**全球性的競爭，或者追求以低價生產大量產品的努力……一直是一個危險的體系。**

——讓-查爾斯·西斯蒙第

# 貿易
# 對所有人
# 都有利

比較優勢

## 背景介紹

聚焦
**全球經濟**

主要人物
**大衛·李嘉圖（1772-1823）**

此前

**公元前433年** 雅典人對麥加拉學派強制進行貿易制裁，這是最早記錄的貿易戰爭之一。

**1549年** 英國政治家約翰·海爾斯（John Hales）認為，自由貿易會妨礙國家發展，當時的人們普遍接受了這個觀點。

此後

**1965年** 美國經濟學家曼瑟爾·奧爾森（Mancur Olson）向人們證明，政府傾向於回應集體的訴求，而不怎麼理會個別人士的訴求。

**1967年** 瑞典經濟學家貝蒂爾·奧林（Bertil Ohlin）和伊萊·赫克歇爾（Eli Heckscher）深化了李嘉圖的貿易理論，驗證了比較優勢如何隨着時間的變化而發生改變。

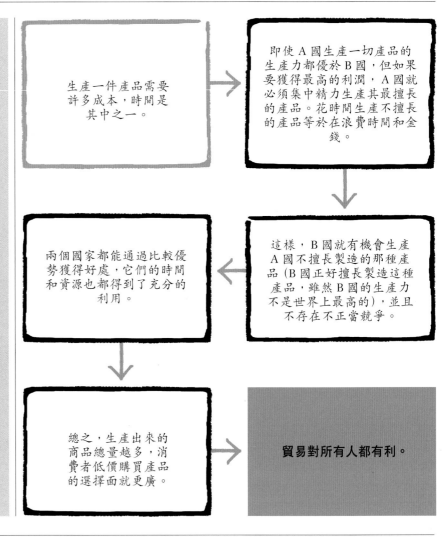

生產一件產品需要許多成本，時間是其中之一。

即使 A 國生產一切產品的生產力都優於 B 國，但如果要獲得最高的利潤，A 國就必須集中精力生產其最擅長的產品。花時間生產不擅長的產品等於在浪費時間和金錢。

這樣，B 國就有機會生產 A 國不擅長製造的那種產品（B 國正好擅長製造這種產品，雖然 B 國的生產力不是世界上最高的），並且不存在不正當競爭。

兩個國家都能通過比較優勢獲得好處，它們的時間和資源也都得到了充分的利用。

總之，生產出來的商品總量越多，消費者低價購買產品的選擇面就更廣。

**貿易對所有人都有利。**

18 世紀著名英國經濟學家大衛·李嘉圖的觀點，很明顯受到了他所身處的世界和他的個人生活的影響。他住在英國倫敦，在他生活的那個時代，重商主義是經濟領域的主導思想。重商主義認為，應該嚴格限制國際貿易。因此，政府實施了大量增加出口，減少進口的貿易政策，試圖通過貿易順差（流入黃金）使國家富強起來。在英格蘭，這一政策可以追溯至伊利莎白時期。李嘉圖認為，從長遠來看，這種貿易保護主義政策有可能會阻礙國家經濟的發展。

**早期的貿易保護**

李嘉圖對英國引入的稅法《穀物法》尤其擔憂。在拿破崙戰爭（1803-1825）期間，英國無法從歐洲進口小麥，因此，英國國內小麥的價格大幅度上升，許多地主也相應增加種植穀物。然而，1812 年，隨着戰爭暫時結束，小麥的價格下降了。於是，掌控着議會的地主們在拿破崙戰爭結束時通過了這項《穀物法》，目的是限制外國小麥進口，為穀物設置一個「最低價格」。這項法律保護了農民的利益，但是，它也導致窮人買不起昂貴的麵包。而這一時期，退伍的士兵和海員都找不到工作，處於失業狀態，沒有生活來源，根本無法養活自己及家人。

儘管李嘉圖也是一個富有的地主，但他依然強烈反對《穀物法》。

**參見**：保護主義與貿易 34~35 頁；市場整合 226~231 頁；依附理論 242~243 頁；匯率與貨幣 250~255 頁，
亞洲老虎經濟體 282~287 頁；貿易與地理 312 頁。

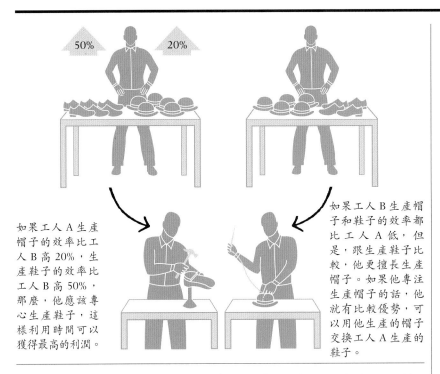

如果工人 A 生產帽子的效率比工人 B 高 20%，生產鞋子的效率比工人 B 高 50%，那麼，他應該專心生產鞋子，這樣利用時間可以獲得最高的利潤。

如果工人 B 生產帽子和鞋子的效率都比工人 A 低，但是，跟生產鞋子比較，他更擅長生產帽子。如果他專注生產帽子的話，他就有比較優勢，可以用他生產的帽子交換工人 A 生產的鞋子。

他認為，這項法律不僅不會使英國富強，反而會加劇英國的貧困。他還由此提出了一套理論，這套理論後來成為支持國際自由貿易的主要支撐理論。

## 比較優勢

亞當·斯密指出，葡萄牙和英國氣候不同，這意味着他們可以通過貿易惠及彼此。一個葡萄牙工人生產的酒比一個英國工人生產的酒多，而一個英國工人生產的羊毛又比一個葡萄牙工人生產的羊毛多。任何一個人或國家能夠利用一個單位的資源生產出更多的產品，則這個人或國家就擁有了「絕對優勢」。斯密認為，英國和葡萄牙可以生產它們最擅長生產的產品，然後再進行貿易，這樣兩個國家都可以獲得最高的利潤。李嘉圖的貢獻在於，

他拓展了斯密的思想，考核了當一個國家在兩個產品上都擁有絕對優勢時，通過專門生產自己擅長的某一產品並進行貿易是否能夠獲得最大利潤。如果一個國家與另一個國家相比既可以生產更多的酒，又可以生產更多的羊毛，那麼是否還需要進行貿易呢？

要解決這個問題，需要考慮以下問題：當工人 A 比工人 B 更擅長生產帽子和鞋子時，他應該如何分配時間呢？是兩種產品同時生產還是專注於生產一種產品，然後再與 B 進行貿易呢（如左圖）？假如 A 生產帽子的效率比 B 高 20%，但是生產鞋子的效率比 B 高 50%，如果 A 只生產鞋子（他真正擅長的），而稍微遜色的工人 B 則生產帽子（他最擅長的），那麼兩個人都可以獲益。

這種說法背後的邏輯是產品的相對成本，即生產該產品所花費的時間或者浪費掉的時間。因為最優秀的工人 A 非常擅長生產鞋子，所以他用來生產帽子的成本就太高

如右圖所示，1819 年，八萬羣眾在英國曼徹斯特的大街上遊行示威，反對通過限制進口來保持小麥高價的《穀物法》。最終，示威活動遭到殘酷鎮壓。

由於從中國進口的輪胎越來越多，2009年，美國強制實施了貿易限制。這導致了中美雙方的貿易爭執全面升級，外交關係惡化。

了，因為在這些時間裏他少生產了許多雙鞋子。儘管絕對地說，稍差的工人 B 生產鞋子和帽子的效率都比工人 A 低一些，但是他生產帽子的相對成本比工人 A 的相對成本更低，因為他為生產一頂帽子而少生產的鞋子數量比工人 A 少。因此，稍差一些的工人 B 在生產帽子方面具有「比較優勢」，而更優秀的工人 A 在生產鞋子方面具有「比較優勢」。當一個國家專門生產具有比較優勢的產品時，就能生產出更多的產品，並通過貿易使兩個國家都能享用更加便宜的產品。

比較優勢理論解決了斯密強調的一個悖論——儘管一個國家不擅長生產某一產品（所謂的「絕對劣勢」），但它仍然可以通過出口這一產品獲利。

### 20 世紀優勢

到底是甚麼決定了比較優勢呢？瑞典經濟學家貝蒂爾・奧林（Bertil Ohlin）和伊萊・赫克歇爾（Eli Heckscher）揭開了謎底。在他們看來，比較優勢源於一個國家資本和勞動力的相對豐富程度。資本雄厚的國家在資金密集型產品（如機械產品）方面具有比較優勢，而勞動力豐富的國家則在勞動密集型產品（如農業產品）方面具有比較優勢。因此，每個國家一般都傾向出口它們擁有比較優勢的產品；資本雄厚的國家（如美國）最有可能出口工業產品。奧林和赫克歇爾的分析帶出了另一個預測：貿易不僅能減少不同國家商品價格的差異，還可以縮小不同國家工人薪資水平的差距——在勞動力豐富的國家，勞動密集型產業的專業化會促進工人工資率的提高；另一方面，在資本充裕的國家也一樣，勞動力的價格也會上升。因此，儘管短期內整體水平都在上升，但最終既會有贏家也會有輸家，最後，人們有可能會反對進行對外貿易。

## 大衛・李嘉圖

出生於 1772 年的大衛・李嘉圖被認為是世界上最偉大的經濟學家之一。他隨父母從荷蘭搬到英國。14 歲時，他就開始為任職股票經紀的父親工作。21 歲時，李嘉圖與貴格會信徒普利西亞・威爾金森私奔。由於宗教信仰不同，雙方的家庭都與他們斷絕了關係，因此，李嘉圖自己創立了一家股票經紀公司。在 1815 年的滑鐵盧戰爭中，李嘉圖認為法國會輸，於是購買了英國政府的債券，大賺了一筆。他與那個時代著名的經濟學家都有往來，其中包括托馬斯・馬爾薩斯和約翰・斯圖亞特・穆勒。1819 年，李嘉圖從股票交易所退休，成了一名議會議員。1823 年，李嘉圖因耳朵突發感染去世，遺產價值以今日計超過 12 億美元。

**主要作品**

1810 年　《高價黃金》

1814 年　《論穀物低價的影響》

1817 年　《政治經濟學及賦稅原理》

> 一個國家貨幣減少，另一個國家貨幣增加，不僅會導致一種商品的價格發生變化，也會令所有商品的價格發生變化。
>
> ——大衛·李嘉圖

現今和李嘉圖的時代一樣，貿易保護主義的呼聲非常強烈。2009年，中國控告美國「猖獗的貿易保護主義」，因為美國對從中國進口的汽車輪胎強加重稅。2004年到2008年，美國從中國進口的輪胎由1,400萬條上升到4,600萬條，導致美國不得不減少輪胎產量，許多工廠關閉，大量工人失業。迫於這一壓力，美國決定增加從中國進口的輪胎的關稅。然而，美國之前也曾因中國補貼國內的輪胎產業而控告過中國，因此，兩國之間的氣氛變得越來越緊張。對此，中國的回應是報復性地增加對從美國進口的汽車和家禽的關稅。關稅影響到經濟發展。然而，美國對從中國進口的輪胎加稅這一貿易保護主義行為並未給它帶來任何好處，相反，美國輪胎產業獲得的好處都被這一行為的不良影響抵銷：輪胎價格上漲，美國汽車造價上升了，而競爭力也隨之下降，因此，美國汽車的銷售量降低。中國的報復還破壞了美國的出口工業。一些美國輪胎工人確實保住了自己的工作，但是從更廣泛的經濟角度來看，美國人失去的是更多的就業機會。

## 今天的保護主義

儘管人們都知道其危害，為甚麼政治家們還是要強制頒佈可能會破壞整個經濟的政策呢？美國經濟學家奧爾森對這一問題提出了解釋。他指出，那些反對關稅的人——一小部分大型的國內生產商及其工人——受到了廉價進口產品對他們帶來的直接不良影響。然而，增加關稅之後，一大批潛在的消費者將要支付更高的價格；而那些相關行業領域內的工人，則有可能因為連鎖反應丟掉工作，而這些人並未集中在某一行業，而是分散在經濟領域的各個角落裏，但這些影響都是潛在的，容易被人們忽視。

## 當代貿易

今天，大部分經濟學家都贊同李嘉圖的貿易思想，在他們看來，正是李嘉圖的貿易思想促進了工業化國家的發展。美國經濟學家大衛·多拉爾（David Dollar）和阿爾特·克拉（Aart Kraay）認為，在過去的幾十年裏，貿易促進了發展中國家的增長，加速了消除貧困的步伐。他們認為，削減關稅的國家經

濟發展更快，貧困率更低。其他經濟學家則提出質疑：貿易是否真的能夠促進國家的經濟發展呢？美國經濟學家約瑟夫·斯蒂格利茨（Joseph Stiglitz）認為，發展中國家存在制度缺陷，經常出現市場失靈的現象，快速貿易自由化可能會讓它們付出沉重的代價。

同樣，李嘉圖的貿易思想和現實之間也存在矛盾。例如，當印度政府取消從印尼進口廉價棕櫚油的關稅後，印度數百萬居民的生活水平提高了，這些正面的影響與李嘉圖的貿易思想是一致的；但是，上百萬靠種花生榨油販賣的農民也因此無法營生，因為人們都轉而購買更廉價的棕櫚油了。按照李嘉圖的構想，種植花生的農民只需要轉行生產其他商品就可以了，但事實上他們卻不能，因為他們的投資無法轉移——加工花生的機器別無用處。

批判李嘉圖的人認為，從長遠來看，自由貿易可能會阻礙貧窮國家的工業化和多元化發展。此外，儘管富有的工業化國家在貿易方面取得了成功，但是，在最初起步的時候，他們也沒有進行自由貿易，也對本國的貿易進行了保護。一個國家怎樣才能建立長期的比較優勢呢？這可能比李嘉圖建立的模型更為複雜。有人認為，歐洲和「亞洲老虎」（或稱「亞洲四小龍」）也是通過貿易保護建立起長期的比較優勢，在對外開放之前，它們的科技已經發展到一定水平。■

中國生產的商品通過大型貨櫃輪船運往西方國家。據估計，一架典型的美國手推車中的商品，有75%都是從亞洲進口到美國的。

# INDUSTRIAL AND ECONOM REVOLUTION 1820–1929

IC
S

# 工業和經濟革命
## 1820 年 — 1929 年

安托萬·古諾介紹了經濟學中**函數和概率**的作用，第一次用圖表方式表達了產品的需求和供應。

約翰·斯圖亞特·穆勒提倡兼顧貿易發展與社會公平，為**自由主義經濟學**奠定了基礎。

**馬克思**發表《資本論》第一卷；在他去世之後，恩格斯發表了這本書的後續內容。

卡爾·門格爾創立了**奧地利學派**，該學派支持自由市場經濟學，反對社會主義思想。

**1838** 年　**1848** 年　**1867** 年　**1871** 年

**1841** 年　**1848** 年　**1871** 年　**1874** 年

查爾斯·麥基在《非同尋常的大眾幻想與羣眾性癲狂》一書中闡述了**經濟泡沫**現象。

馬克思和恩格斯發表《共產黨宣言》。

威廉姆·傑文斯闡述**邊際效用價值**理論，認為商品的價值來自它給消費者帶來的價值。

里昂·瓦爾拉斯認為自由市場是穩定的，為**一般均衡理論**奠定了基礎。

---

**19**世紀初，工業革命的影響已經從英國傳到歐洲，再飄洋過海傳遍了整個北美洲，農業國家由此轉換成為工業國家。這一變化迅速而劇烈，推動經濟結構發生根本性的轉變。人們的關注點從買賣商品的商人向生產商和投資者轉移。經濟領域不僅出現了新的思考方法，資本主義的發展也帶來了新的社會和政治問題。

**扭曲市場**

最值得注意的是，社會變革中出現了新的「統治階級」——工業生產商，此外，生產商品的廠商數量也穩步增長，許多這種廠商的股票都可以在市場上公開交易。這就使市場充滿了競爭，而競爭，也正是以市場為中心的「古典主義」經濟學的核心思想。然而，隨着市場經濟的發展和壯大，新的問題出現了。例如，正如斯密在 1776 年發出的警告一樣，大型的生產商可能會控制市場，形成壟斷或者卡特爾，降低產品產量，使市場產品價格持續上升。儘管一些規章制度可以阻止這樣的行為，然而，在一些市場裏，總共只有幾個生產商，這些生產商很容易找到扭曲市場競爭的方法。斯密曾經假設，就經濟領域而言，人們的行為通常都是理性的。但是，當人們瘋狂地購買某些被哄抬的股票時，問題就出現了。這會導致泡沫經濟——這與以理性行為為基礎的穩定經濟互相矛盾。儘管如此，一些經濟學家如里昂·瓦爾拉斯（Léon Walras）和維爾弗雷多·帕累托（Vilfredo Pareto）認為，市場經濟最終總會達到均衡狀態，反過來，它也會決定產品的產量和價格水平。與他們同一時代的阿爾弗雷德·馬歇爾闡述了供應、需求和價格三者在一個完全競爭體系裏的相互作用。

價格問題是那個時代許多經濟學家都關心的問題，因為在新的資本主義社會裏，價格與生產商和消費者的利益息息相關。上一代的道

羅伯特・吉芬提出了「**吉芬商品**」這一概念，指的是消費量隨價格上升而增加的商品。

社會活動家**韋布夫婦**發表了其代表作《工會主義的歷史》。

維爾弗雷多・帕累托用公式表述了**帕累托效率**，是指資源分配的一種狀態，在此狀態下，若要改善一部分人的境況，就必定會損害其他某些人的利益。

阿瑟・庇古認為廠商應該繳交**污染稅**。

**約瑟夫・熊彼德**認為，企業家是推動工業發展的創新者，他們起着非常重要的作用。

**19** 世紀 **70** 年代　　**1894** 年　　**1906** 年　　**1920** 年　　**1927** 年

**1890** 年　　**1899** 年　　**1914** 年　　**1922** 年

阿爾弗雷德・馬歇爾發表了《經濟學原理》一書，將**新的數學方法**引入經濟學。

索爾斯坦・凡勃倫在著作《有閒階級論》一書中描述了富人們的**炫耀性消費**。

弗里德里希・馮・維塞爾闡述了「**機會成本**」這一概念。「**機會成本**」衡量我們拒絕了的選擇的價值。

路德維希・馮・米塞斯在《社會主義：經濟學與社會學的分析》一書中批判共產主義計劃經濟。

德哲學家起了良好的帶頭作用，他們開始從效用（商品給人帶來的滿意程度）的角度來看待商品的價值，而不是僅看讓原材料增值的勞動力投入。威廉姆・傑文斯（William Jevons）運用數學術語闡述了邊際效用（消費某一額外產品所增加的效用）這個概念。

## 馬克思的價值理論

一些經濟學家仍然相信，商品的價值由生產這件商品時投入的勞動力決定，因為這一理論更多關注為資本家生產商品的勞動者，而不是生產商或者消費者。馬克思認為，從這個角度來看商品的價值不難發現，市場經濟的不平等在於資本家對工人階級的剝削。在《共產黨宣言》和他於《資本論》裏對資本主義的分析中，馬克思支持無產階級革命用社會主義代替資本主義。在他看來，社會主義是經濟發展的下一個階段，在社會主義國家中，生產資料為工人階級所有，最終廢除私人財產。

儘管後來許多國家採納了馬克思的思想，但是，市場經濟依然在其他地方存在。總體來說，經濟學家繼續維護資本主義，認為資本主義是保護財產的最好方式——儘管他們也採取了一些措施減少不公正的現象。繼以供應和需求為中心的數學方法之後，一個新的奧地利經濟學派出現了，他們強調資本主義體系的創造力，反對社會主義思想。

1929 年華爾街股市崩盤之後，自由市場經濟很快就受到猛烈的打擊。然而，新古典主義經濟學家尤其是奧地利學派的理論又重新浮出水面，成為 20 世紀後期西方世界的標準經濟模型，甚至開始代替世界上大部分的共產主義計劃經濟體制。■

# 面對競爭，我應該生產多少產品呢？

有限競爭的影響

## 背景介紹

聚焦
**市場與廠商**

主要人物
**安托萬・奧古斯丁・古諾**
**（1801－1877）**
**約瑟夫・伯特蘭德（1822－1900）**

此前
**1668年** 德國科學家約翰・貝歇爾（Johann Becher）在他的著作《政治論述》中討論了競爭和壟斷的影響。

**1776年** 亞當・斯密闡述完全競爭如何使社會福利達到最大化。

此後
**1883年** 法國數學家約瑟夫・伯特蘭德（Joseph Bertrand）將古諾模型中的策略選擇從數量改為價格。

**1951年** 美國經濟學家約翰・納殊（John Nash）發表了《博弈論中均衡的一般定義》，並將古諾的雙寡頭壟斷作為了第一個例子。

**到**17世紀下半葉時，經濟學家已經開始研究壟斷和完全競爭市場分別會對經濟產生甚麼影響。研究發現，壟斷組織傾向通過限制產量來提高產品價格和利潤。當市場充滿競爭時，價格和成本基本持平，利潤非常低，此外，產品產量通常很高。而法國經濟學家安托萬・古諾則想知道，當市場上只有幾家廠商經營同一類產品時，會是一種怎樣的情況。

## 雙寡頭決鬥

古諾以兩家生產並銷售完全相同的礦泉水的廠商為基礎建立了他的雙寡頭模型。假設這兩家廠商不能通過合作形成卡特爾，其他廠商也不能進入這一行業（因為沒有其

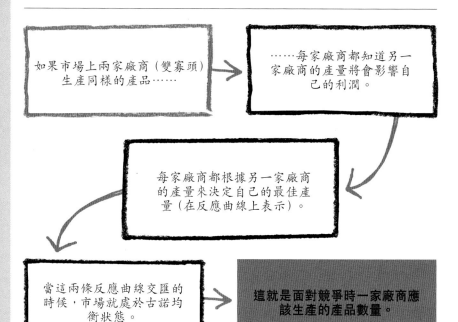

如果市場上兩家廠商（雙寡頭）生產同樣的產品……

……每家廠商都知道另一家廠商的產量將會影響自己的利潤。

每家廠商都根據另一家廠商的產量來決定自己的最佳產量（在反應曲線上表示）。

當這兩條反應曲線交匯的時候，市場就處於古諾均衡狀態。

這就是面對競爭時一家廠商應該生產的產品數量。

參見：卡特爾與串通 70~73 頁，壟斷 92~97 頁，競爭性市場 126~129 頁，博弈論 234~241 頁。

他的天然礦泉），此外，兩家廠商必須同時決定它們要向消費者供應多少瓶礦泉水。

這兩家廠商的礦泉水產量之和就是這一行業的總產量。每家廠商都必須猜測另一家廠商會生產多少礦泉水，再以此為基礎選擇可以使自己獲得最大利潤的產量。如果廠商 A 認為廠商 B 生產的礦泉水為 0，那麼他將會像壟斷組織一樣生產少量的礦泉水，使利潤最大化。相反，如果廠商 A 認為廠商 B 將會生產大量的礦泉水，那麼，廠商 A 可能就不會生產礦泉水，因為如果廠商 A 也大量生產，礦泉水的價格勢必大幅度下降，這樣就不值得生產。古諾用「反應曲線」來表現兩家廠商的決策。兩條反應曲線的交點就是市場的均衡點。在這點上，考慮到另一家廠商的情況，每個廠商賣出的產品產量都可以獲得最高的利潤。這一均衡概念就是著名的博弈論中心理論——納殊均衡理論。博弈論是現代經濟學的分支，主要分析廠商和個體之間的策略互動。

古諾運用數學方法來找出這個均衡，並證明雙寡頭情況下的產量比壟斷組織選擇的產量高，但又低於完全競爭市場下的產量。換句話說，整個社會中幾家廠商同時競爭比只有一家廠商進行壟斷經營更好，但又不如完全競爭。

那麼，如果廠商的數量持續增加，這一行業產品的產量將會怎樣接近完全競爭狀態下的產量呢？為了解答這一問題，古諾對這一模型進行了擴展。後來，法國經濟學家約瑟夫·伯特蘭德 (Joseph Ber-

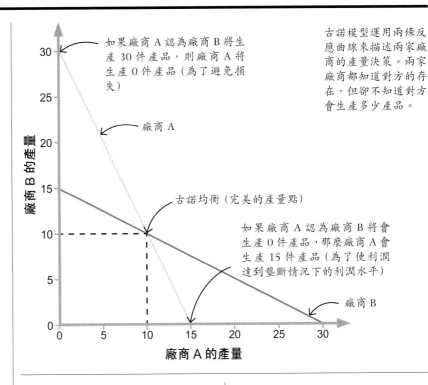

如果廠商 A 認為廠商 B 將生產 30 件產品，則廠商 A 將生產 0 件產品（為了避免損失）

廠商 A

廠商 B 的產量

古諾均衡（完美的產量點）

如果廠商 A 認為廠商 B 將會生產 0 件產品，那麼廠商 A 會生產 15 件產品（為了使利潤達到壟斷情況下的利潤水平）

廠商 B

廠商 A 的產量

古諾模型運用兩條反應曲線來描述兩家廠商的產量決策。兩家廠商都知道對方的存在，但卻不知道對方會生產多少產品。

trand) 進一步發展了古諾模型。他向人們演示，如果廠商以它們想要的價格水平為依據來決定產品產量的話，雙寡頭的均衡點將會與完全競爭下的市場均衡點一致。這是因為，任何設置高價的廠商都會面臨其他廠商的削價競爭，因此這家廠商的產品將失去市場，沒有消費者會購買它的產品。這樣，價格就會達到完全競爭的水平。■

### 安托萬·古諾

安托萬·古諾 1801 年出生於法國，他是一位狂熱的閱讀愛好者。儘管家境相對貧困，古諾卻在這個國家最好的學校學習數學，最後獲得工程學博士學位。在當了一段時間私人教師和拿破崙將軍的秘書後，他成為大學講師，之後升任教授。

古諾患有眼疾，但在完全失明之前，他仍然發表了幾部著作，這些著作都是將數學應用於經濟學領域的開山之作。由於作品中廣泛使用新的數學符號，因此他的作品在他那個時代並未受到廣泛認可。今天，古諾被譽為有先進預言想法的深刻思想家。

**主要作品**

1838 年 《關於財富理論之數學原理的研究》

1863 年 《財富理論原理》

# 沒有競爭，
# 電話費
# 會更貴

壟斷

## 背景介紹

聚焦
**市場與廠商**

主要人物
**約翰·斯圖亞特·穆勒**
（1806–1873）

此前
**約公元前330年** 亞里士多德在
《政治學》一書中闡述了壟斷的影
響。

**1778年** 亞當·斯密在《國富論》
一書中就壟斷的危險發出警告。

**1838年** 法國經濟學家安托萬·
古諾（Antoine Cournot）闡述了
廠商數量減少對產品價格的影響。

此後
**1890年** 阿爾弗雷德·馬歇爾
（Alfred Marshall）建立了壟斷模
型。

**1982年** 美國經濟學家威廉·鮑
莫爾（William Baumol）出版《競
爭市場與行業結構理論》一書，重
新定義競爭的本質。

壟斷指的是某一家廠商控制了
市場（如手機市場）。這家廠
商可能是某一產品或服務的唯一供
應商，也可能在這一市場中佔據支
配地位。在許多國家，如果一個廠
商的市場份額超過 25%，就可以認
為它壟斷了市場。

壟斷會造成商品價格比一般情
況下（許多供應商同時提供這一產
品）更高，這一思想已存在近兩千
年了。早在亞里士多德（前 384–前
322）的時代，他就曾通過希臘哲學
家泰勒斯的故事對壟斷的影響發出
過警告。公眾嘲笑泰勒斯的哲學實
踐，他們認為，哲學是沒用的東西，
不能產生任何經濟效益。為了證明
這些嘲弄他的人是錯誤的，當冬天
橄欖榨汁機價格低廉的時候，泰勒
斯收購了當地所有的橄欖榨汁機。
然後，當夏天人們需要橄欖榨汁機
的時候，他再以高價出售（運用他
所具備的壟斷力量），因此大賺了

一筆。對於泰勒斯來說，只要哲學
家想要變得有錢，他們就可以很有
錢。對於經濟學家來說，這個故事
就是一個警告，警告人們壟斷的潛
在力量不容忽視。

### 市場支配力

1848 年，英國政治科學家約
翰·斯圖亞特·穆勒發表了《政治
經濟學原理》一書，該書集中了經
濟學家有關「缺乏競爭是否會導致
價格上升」這一問題的大部分思想。
人們普遍的看法是，有些行業本身
就傾向發展為壟斷行業。導致這
種趨勢的原因有兩種，一是人為原
因，如政府對進口產品徵收關稅；
另一種是自然原因，即廠商本身發
展壯大的結果。由於 19 世紀末各
行業都需要大量資金，大型的廠商
通過獲取足夠的市場份額，可以為
自身發展提供足夠的資金支持，而
小企業因缺乏資金而被淘汰，因此

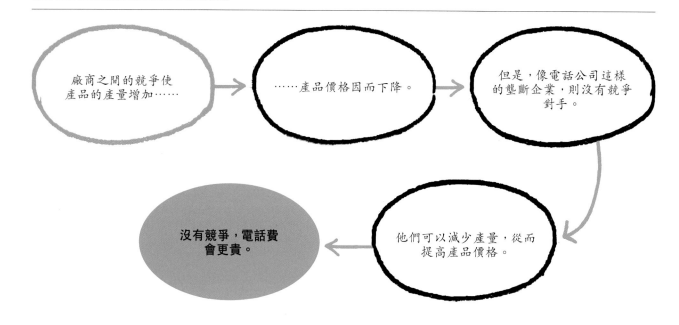

廠商之間的競爭使
產品的產量增加……

……產品價格因而下降。

但是，像電話公司這樣
的壟斷企業，則沒有競爭
對手。

他們可以減少產量，從而
提高產品價格。

**沒有競爭，電話費
會更貴。**

參見：卡特爾與串通 70~73 頁，競爭性市場 126~129 頁，規模經濟 132 頁，創造性破壞 148~149 頁。

大型企業開始支配市場，從而抬高產品的價格。在工業革命期間，煤炭、鐵路和水的供應都表現出集中的趨勢。在採礦行業，土地的所有權掌握在少數幾個人手中。至於鐵路和水的供應，由於基礎設施規模龐大，如果多家廠商同時提供這些服務，誰都無法負擔如此龐大的基礎設施建設費用，因此這些行業往往只有少數幾家供應商。和斯密一樣，穆勒認為，市場的這些特點並非必定會促使壟斷。最有可能的結果就是，幾家廠商串通抬高商品價格。但在這種情況下，消費者同樣需要支付昂貴的費用去購買產品和服務，他們面臨的情況並不比壟斷好多少。

## 壟斷工人

穆勒意識到，不只是商品市場缺乏競爭會抬高價格，勞動力市場也有壟斷。他以金匠為例作出闡述：同等技術水平的金匠，被認為信譽高的金匠（具有高信譽的金匠不多，且很難證明自己具備這一特性）的工資比信譽低的金匠高很多。這樣就為進入這一行業設置了一個很高的門檻，金匠可以為他們的服務制定一個壟斷性的價格。穆勒意識到，並非只有金匠這一勞動力市場才有這一情況，其他行業同樣存在壟斷。他注意到，大部分的工人階級都不能進入技術型的行業，因為技術型的行業要求工人具有多年的教育和培訓而教育和培訓費用不菲，大多數家庭都支付不起，因此，

*在穆勒寫作的時期，鐵路是壟斷行業的典型例子。因為先成立的廠商已經提供了相關線路的服務，新的鐵路線路既昂貴又不實用。*

## 約翰・斯圖亞特・穆勒

約翰・斯圖亞特・穆勒，1806 年出生於英國倫敦，在一個學術世家和殷實家庭長大。他的父親對他要求嚴苛，為了讓穆勒繼承和發展他在哲學方面的研究，從穆勒 3 歲開始，他就讓穆勒在家裏學習難度很高的課程，其中包括希臘語。穆勒在二十幾歲時就出現了精神問題，這無疑與他父親對他的嚴苛培養方式有關。

穆勒是他那個時代最偉大的天才之一，有着雄辯的口才。他敢於為諸如法國大革命和婦女權利這樣的「叛亂」事件發言辯護，他還反對奴隸制。他與哈里特・泰勒（Harriet Taylor）交往了 20 年，為自己的私生活惹上了很多緋聞。哈里特・泰勒為他的寫作帶來了很多靈感。穆勒 1873 年去世，享年 66 歲。

**主要作品**

1848 年　《政治經濟學原理》
1861 年　《功利主義》
1869 年　《女性的屈從地位》

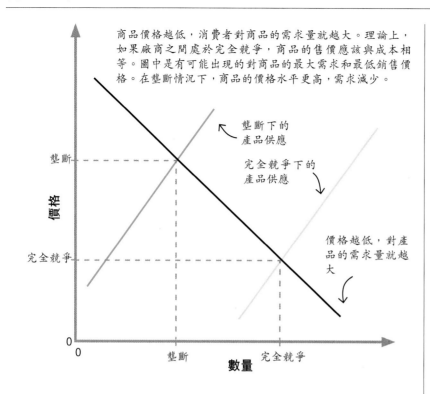

商品價格越低，消費者對商品的需求量就越大。理論上，如果廠商之間處於完全競爭，商品的售價應該與成本相等。圖中是有可能出現的對商品的最大需求和最低銷售價格。在壟斷情況下，商品的價格水平更高，需求減少。

壟斷下的產品供應

完全競爭下的產品供應

價格越低，對產品的需求量就越大

價格

壟斷

完全競爭

數量

壟斷

完全競爭

他們也就無法享受期待的高工資。同樣地，有些歷史學家發現，在中世紀的行會裏，有特權的工匠也一直排斥其他工人參與競爭。

從 19 世紀 90 年代末期開始，英國經濟學家阿爾弗雷德·馬歇爾詳細地分析了壟斷對價格和消費者福利的影響。那麼，壟斷下的高價格和低產出是否導致了社會總福利減少呢？馬歇爾對此非常感興趣。在《經濟學概論》這本書中，他用公式闡述了消費者剩餘這一概念——消費者願意支付的最高價格和實際支付價格之間的差額。假如消費者願意花 50 美分買一個蘋果，但實際上他只花了 20 美分，那麼這次消費中他的消費者剩餘就是 30 美分。在一個有多家廠商的市場中，廠商之間在價格上展開競爭，消費者可以獲得一定的剩餘。購買最後一個蘋果的消費者願意支付的價格和蘋果的實際價格相等，因為賣家沒有別的蘋果可以出售了。壟斷市場中可供銷售的蘋果總量比完全競爭市場中本可以銷售掉的蘋果總量要少，這就是壟斷市場中社會福利減少的原因。從本質上說，這意味着本來有可能產生消費者剩餘的蘋果可供銷售，但是，這些蘋果永遠都不會在市場上出現。

## 壟斷的優勢

壟斷同樣會產生更為複雜的價格和社會福利影響。馬歇爾認為，壟斷者實際上可能為了吸引顧客使用其電話網絡服務而進行削價，例如，人們一旦開始使用某一產品或服務之後，就會一直使用下去，即使其競爭對手（其他廠商）提供的產品或服務質量和目前使用的產品或者服務質量可能一樣好。

有經濟學家指出，壟斷也可能會產生良性的影響。在許多市場中，由壟斷廠商提供產品或服務的總成本，可能比由許多廠商提供該產品或服務的總成本更低，因為壟斷廠商投入廣告宣傳的費用要低許多，可以充分利用規模經濟的好處。由於成本很低，因此儘管壟斷廠商的產品價格較低，但其利潤卻比其他廠商更高。假若是這樣的話，低價格既對消費者有利，又可以拉動經濟增長。

類似的，大廠商可能會為了賺取壟斷利潤，在短期內通過惡性削價將對手逐出市場。經濟學家將這種現象稱為掠奪性定價。從長遠來看，由於市場被壟斷，消費者的利益勢必受損。然而，在 20 世紀五、六十年代，美國經濟學家威廉·鮑

壟斷者使商品長期處於存貨不足的狀態……再以高於自然水平的價格銷售它們的產品。

——亞當·斯密

上圖所示為 20 世紀 40 年代美國電話電報公司（AT&T）的配電盤操作工人。由於公司的規模和主導地位，人們普遍認為 AT&T 是一家自然壟斷企業。

莫爾（William Baumol）宣稱，只要沒有障礙限制廠商進入和退出市場，即使存在壟斷也沒有關係，因為競爭的威脅意味着壟斷廠商設定的價格必須具有競爭力，否則產品的高價將會吸引新的廠商進入，奪走該壟斷廠商的市場份額。正是這個原因，當市場處於壟斷時，商品價格也不一定比多家廠商競爭下的商品價格高。

### 自然壟斷

在馬歇爾那個時代，一種新的思想正逐漸成形：由於單一廠商巨大的成本優勢，有些壟斷是「自然」形成的。許多公共事業都存在自然壟斷，包括電話網絡、天然氣和水。與注入額外氣體所需的費用相比，建立燃氣輸配管網的固定成本無疑

是巨大的。在這一觀點下，許多國家的壟斷公共事業廠商都獲得了認可。即使是這樣，政府還是開始干預這些市場，盡可能排除可能產生的壟斷影響。然而，問題在於，這些自然壟斷企業的固定成本非常高，競爭性的價格會使這些企業無利可圖。解決這個問題的一個辦法是將這些廠商全部國有化，另一個辦法是建立監管機構來限制價格上漲，保護消費者利益，確保這一行業的經濟活力。

主流經濟學家認為，壟斷市場仍然不如完全競爭市場的狀態理想。根據這一觀點，政府推出了反托拉斯政策，幫助市場成為競爭性的市場。這意味着政府將採取措施，限制壟斷廠商濫用市場支配力，其中包括打破壟斷和禁止有可能形成壟斷的廠商的併購。

包括美國經濟學家托馬斯·迪羅倫佐（Thomas DiLorenzo，1954–）在內的現代奧地利學派經濟學家反對這種做法。在他們看來，真正的市場競爭不是均衡狀態下完全具有競爭力的廠商的被動行為，而通常是少數大廠商之間割喉式的競爭。這些廠商可以在價格和非價格方面、廣告和市場方面以及大廠商的創新和新產品開發方面展開競爭。

1998 年，美國醫藥行業對南非政府採取法律訴訟，確定了其對愛滋病藥物的壟斷地位。在這之前，南非政府一直都採購較便宜的、非專利品牌的愛滋病藥物。

> **任何需要投入巨額資本的行業或貿易都會限制行業內的競爭。**
> ——約翰·斯圖亞特·穆勒

除了這個學派的經濟學家之外，奧地利經濟學家約瑟夫·熊彼德也強調市場上潛在的動態壟斷，因為廠商之間為獲得潛在利潤而互相競爭，開發新產品從而壟斷整個市場。經濟學家一致認為，真正的競爭是對消費者有利的競爭。那麼，競爭和壟斷是否相容呢？對於這一問題，人們至今仍然沒有確定的答案。20 世紀初期，德國經濟學家羅伯特·利夫曼（Robert Liefman）認為，「只有一種競爭和壟斷的特殊組合才可以產生最令人滿意的效果」。■

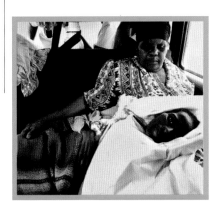

# 羣體導致集體失控

## 經濟泡沫

**1841**年，蘇格蘭記者查爾斯・麥基（Charles Mackay）出版《非同尋常的大眾幻想與羣眾性癲狂》一書，對市場和集體非理性行為進行了經典的分析。此書提到歷史上一些聞名遐邇的瘋狂炒作例子，如17世紀30年代的鬱金香狂潮、1719−1720年約翰・勞（John Law）的密西西比計劃以及1720年的南海泡沫事件。

麥基假設，人們集體性的瘋狂炒作會導致商品價格上漲，上漲後的價格可能遠遠超過商品本身的內在

上圖是亨德里克・珀特為鬱金香狂潮所作的畫（1640）。畫中的鬱金香花神被愛錢如命的醉漢們所駕馭，其他人則不顧一切地追隨這輛馬車和車上的人。

價值。我們把商品價格失控上漲的這種情況稱為經濟泡沫。和真正的泡沫一樣，當出現經濟泡沫時，商品價格雖然上漲，但是經濟卻變得更加脆弱，最後將不可避免地崩潰。

### 鬱金香狂潮

發生在17世紀30年代荷蘭的鬱金香狂潮事件是最早也是最惡名昭著的經濟泡沫之一。在17世紀初期，來自君士坦丁堡的鬱金香在荷蘭和德國富人中開始流行，不久，每個人都喜歡鬱金香，並想得到這種花。鬱金香被視為富人生活品質的標誌，還能體現其主人的教養水平，此外，荷蘭的中產階級還熱衷收集稀有的鬱金香品種。到1636年，人們對鬱金香稀有品種的需求持續膨脹，以至鬱金香的交易都進了阿姆斯特丹的股票交易市場。

許多人也因此而一夜暴富。巨大的利益誘惑着人們，無論是貴族，還是女傭，都湧入了鬱金香市場，想通過鬱金香大撈一筆，在他們看來，鬱金香會永遠暢銷。但是，當富人們不再在花園裏種植鬱金香的時候，鬱金香漸漸失去了吸引

參見：供應與需求 108~113 頁，行為經濟學 266~269 頁，銀行擠提 316~321 頁，全球儲蓄失衡 322~325 頁。

## 21 世紀的經濟泡沫

2000 年 3 月爆發的互聯網泡沫是 21 世紀第一次經濟泡沫。這次經濟泡沫有典型的泡沫特徵：炒作（而不是商品價值的變化）導致價格上升。投資者認為，世界將因為互聯網而永遠發生改變，因此，他們把投資電子商務視為千載難逢的機會。

新的廠商沒有貿易往績，銷售量非常低，幾乎沒有任何利潤，但是，他們仍然吸引成千上萬億美元的資金。人們認為，每個廠商都有可能成為下一個美國在線（AOL）（美國在線的客戶數量曾在兩年內由 20 萬上升至 100 萬，每月新增加用戶達 100 萬之多）。貪婪最終戰勝恐懼，人們對互聯網進行的投資發展到狂熱的地步。在 2000 年 3 月到 2002 年 10 月期間，互聯網股份一共損失了超過 7 萬億美元的市值。

---

有時候，行業中出現特殊情況會導致物價飛漲。

→ 引致股價急速上升。

↓

媒體和非正式聚會中的人們廣泛地討論這一情況。

← 這種不尋常狀態的信息傳入大眾的耳朵。

↓

許多人認為這種狀況會持續，為此而興奮不已。

→ **羣體導致集體失控。**

↓

價格不可能永遠居高不下，當人們的信心被擊毀，市場隨之崩潰。

← 他們購買大量高價股票（或價格超出本身價值的商品）。

---

力，人們這才意識到，這場荒唐的鬧劇不能再繼續下去了。因此，人們大肆拋售鬱金香，鬱金香的價格也因此暴跌。對那些借錢來投資鬱金香的人來説，這是一場災難。

### 經濟泡沫的形成

美國經濟學家彼得·加伯認為，經濟泡沫中炒作者在購買商品時候，完全知道商品價格已經超出了其「基礎價值」，但是他們仍然繼續炒作，因為他們期待價格在崩潰前會繼續上升。但商品價格畢竟不可能永遠上漲，這其中也包括一些荒唐的信念，如「購買鬱金香的人非常愚蠢（至少比我愚蠢），不會預見到價格崩潰」。然而，加伯認為，有時候價格上漲背後有其他原因，如法國女性將佩戴稀有品種的鬱金香視為一種時尚。儘管如此，任何經濟泡沫中的唯一建議依然是：「消費要謹慎。」■

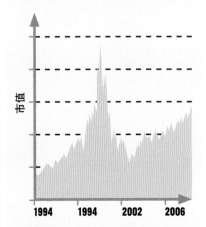

互聯網泡沫在 2000 年達到頂峰。股票價格迅速上漲，世界各地的人在餐桌上討論的都是這個話題，而這就是經濟泡沫即將爆發的可靠預兆。

# 讓統治階級在共產主義革命面前顫抖吧

馬克思主義經濟學

## 背景介紹

聚焦
**經濟體制**

主要人物
**卡爾‧馬克思（1818–1883）**

此前

**1789年** 大革命掃除了法國古老的封建統治和貴族政體。

**1816年** 德國思想家格奧爾格‧黑格爾（Georg Hegel）在他的《邏輯學》一書中闡述了辯證法思想。

**1848年** 在歐洲，不滿現狀的中產階級和工人階級開始發起革命。

此後

**1922年** 列寧按照馬克思主義基本原理建立了蘇聯。

**1949年** 毛澤東建立了中華人民共和國。

**1989年** 柏林圍牆倒塌，標誌着東歐社會主義的瓦解。

**儘**管經濟學的大部分是關於自由市場，但不可忽略的是，在20世紀，多達三分之一的世界都處於共產主義或社會主義統治之下。這些國家實行的是中央集權經濟或者計劃經濟。現代的自由市場經濟已經出現，但政治哲學家仍在尋找一種能夠代替資本主義的社會形態。然而，直到19世紀中期，當馬克思完成批判資本主義的著作時，共產主義才有了系統的經濟論證。

儘管人們普遍都認為馬克思對世界產生了深遠的政治影響，但與其說馬克思是一位政治家，不如說他是一位經濟學家。他認為，社會的經濟組織是社會和政治組織的基礎；因此，經濟推動了社會的變革。馬克思沒有從戰爭或者殖民主義的角度來看待歷史，而是將歷史看作不同經濟體制的發展進程，而這些經濟體制又孕育了新的社會組織形式。

市場出現後，商人也隨之出現；隨着工廠出現，工人階級也出現了。資本主義漸漸代替了封建主義，同樣，共產主義也會漸漸代替資本主義。1848年，馬克思在他的著作《共產黨宣言》中說明，這一切都會通過革命實現。為了解釋這一不可避免的社會變化，他在三卷《資本論》中對資本主義體系及其固有的弱點進行了深刻的分析。

然而，馬克思並沒有絕對地批判資本主義。他認為，資本主義是經濟進程中代替過時的封建主義

1848年6月，巴黎工人起義，反抗政府和人為設置的障礙。這次起義是席捲歐洲失敗的革命浪潮的一部分。革命很快就遭到鎮壓。

（農民被非法禁錮在土地上）和重商主義（當中政府控制國際貿易）所必經的階段。甚至在闡述資本主義如何促進科技創新和工業效率提高的過程中，馬克思一直都心懷崇敬之情。但最後，他認為資本主義只是一個過渡階段，是一種不完美的制度，由於其固有的弱點，資本主義必走向沒落，直到最終被取代。

馬克思的中心思想是，資本主義社會分出了「資產階級」（擁有生產資料的少數人）和「無產階級」（構成勞動力的大部分）兩個階層，而這一分化則是資本主義的典型特徵。

### 剝削工人

隨着現代工業的出現，資產階級成功地成為了統治階級，這是因為他們擁有的生產資料使他們比佔

參見：財產權 20~21 頁，勞動價值論 106~107 頁，集體談判 134~135 頁，中央計劃 142~147 頁，社會市場經濟 222~223 頁，計劃經濟的短缺 232~233 頁。

人口大多數的無產階級具有優勢。工人們為了獲得工資而提供勞動力，生產商品和服務，資產所有者，即工業家和工廠主們，則為了獲取利潤而賣掉這些商品和服務。正如馬克思所說，如果商品的價值基於生產這一商品所需要的勞動力，那麼，資本家應該首先將勞動力的價格和商品的原始成本加起來，然後再加上利潤，這樣來確定商品成品的價格。在資本主義體系中，工人生產創造的價值肯定會大於他們獲得的工資。這樣，資本家們才可以從工人身上獲得剩餘價值 ── 利潤。

為了使利潤最大化，資本家肯定會付給工人最低水平的工資，同時，他們還會引進新的科技來提高生產效率，這通常只能使工人從事一些低等、單調乏味的工作，甚至會造成大量失業。馬克思認為，對工人的剝削是資本主義的一大特

到 19 世紀中期，新的科技和勞動力的專業化使得工業生產更加高效。馬克思認為，其結果就是產生大量被剝削、被疏離的勞動力。

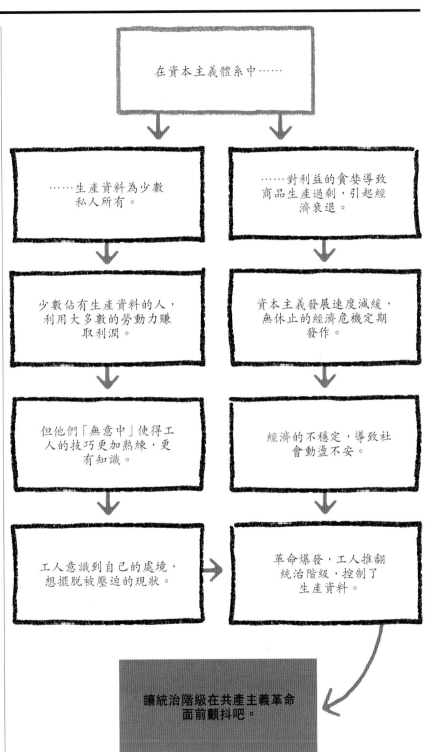

在資本主義體系中……

……生產資料為少數私人所有。

……對利益的貪婪導致商品生產過剩，引起經濟衰退。

少數佔有生產資料的人，利用大多數的勞動力賺取利潤。

資本主義發展速度減緩，無休止的經濟危機定期發作。

但他們「無意中」使得工人的技巧更加熟練，更有知識。

經濟的不穩定，導致社會動盪不安。

工人意識到自己的處境，想擺脫被壓迫的現狀。

革命爆發，工人推翻統治階級，控制了生產資料。

讓統治階級在共產主義革命面前顫抖吧。

無產者失去的只有鎖鏈。在這幅紀念1917年俄國革命的海報中，一個工人象徵性地擺脫了他的壓迫者。俄國革命是在馬克思思想指導下發生的。

點，工人得不到應得的物質報酬。此外，專業化生產使工人脫離了整個生產過程，體會不到工作的滿足感。馬克思認為，這種與生產過程的脫離，必然造成社會的動盪和不安。

### 競爭和壟斷

生產商之間的競爭，是資本主義另一個必不可少的元素。為了在市場中競爭，廠商不僅要降低產品的生產成本，還要削減競爭對手的價格。在這一過程中，有些生產商失敗，走向破產，而另一些生產商則贏得更多的市場份額。正如馬克思所說，這一趨勢使市場中控制生產資料的生產商越來越少，資本集

中在少數資本家手中。從長遠來看，這有可能導致壟斷，而壟斷不僅會剝削工人，還會損害消費者的利益。同時，破產的資產階級和失業的工人也變成了無產階級，無產階級隊伍越來越龐大。

馬克思認為，競爭導致了資本主義體系的另一種失敗：若某一市場中的利潤持續增加，人們就蜂擁進入這一市場，導致生產規模擴大，有些廠商甚至會不顧市場對該產品的需求而盲目擴大生產。生產過剩不僅會導致浪費，還會造成經濟停滯，甚至有可能造成整個經濟下滑。就其本質而言，資本主義是無計劃的，它只受到市場的複雜性控制——供應和需求不平衡必定會造成經濟危機。因此，資本主義經濟的增長不會一帆風順，週期性的經濟危機始終伴隨着這一發展過程，並打斷經濟增長。馬克思認為，這樣的經濟危機將會越來越頻繁，對無產階級造成的負面影響尤其重大。

在馬克思看來，資本主義經濟這些無法克服的弱點必然會導致其最終瓦解。為了解釋這一現象，他借用了德國哲學家黑格爾在辨證過程中解決矛盾的方法：每一種觀點或者事物的狀態（「正題」）中都包含着一個矛盾（「反題」），通過這一矛盾鬥爭，最終形成新的、更有深度的觀念（「合題」）。

馬克思認為，經濟學中固有的矛盾，即不同羣體和階級之間的鬥爭，推動了社會變革。他分析了資本主義社會中資本家剝削無產階級

的現象，並將此作為社會矛盾的例子。在社會矛盾中，正題（資本家）包括自己的反題（被剝削的工人）。對工人的壓迫和疏離與資本主義經濟固有的不穩定性，貫穿了一次又一次經濟危機，最終必定會導致社會的大規模動盪不安。在共產主義取代資本主義的歷史進程（合題）中，要摧毀資本主義，就必須進行無產階級革命。馬克思在《共產黨宣言》的結束語中鼓舞道：「無產者失去的只有鎖鏈，贏得的將是整個世界。全世界的無產者聯合起來吧！」

### 革命

馬克思預言，一旦資產階級被推翻，生產資料就將歸無產階級所有。首先，這就是馬克思所說的「無產階級專政」：經濟權力由大多數人掌握的一種社會主義形態。然而，這僅是為了實現共產主義國家共同所有權而廢除私有財產的第一步。

**資產階級……迫使所有國家採用資產階級的生產方式。**

—— 卡爾・馬克思
弗里德里希・恩格斯

跟他對資本主義詳盡徹底的分析比較起來，除了説明共同所有權是共產主義經濟的基礎和計劃經濟能夠確保供求平衡這兩點之外，馬克思對將要代替資本主義經濟的共產主義經濟的闡述相對較少。考慮到共產主義沒有了資本主義的不公平和不穩定，馬克思認為共產主義就是歷史發展進步的最高點。毋庸置疑，他對資本主義經濟的批判遭到強烈反對。那個時代大部分的經濟學家都將自由市場視為保證經濟增長和繁榮的方式，至少對於某一階層的人來説的確如此。但是，馬克思也不乏支持者，他的支持者主要是一些政治思想家。後來，歷史證明了他對共產主義革命的預言——儘管這些共產主義革命不是發生在他所預言的歐洲和美國，而是一些農業國家，如俄羅斯和中國。

馬克思並沒有親眼看到共產主義國家，如蘇聯和中華人民共和國的成立，他無法想像在這兩個國家

中，他所設想的計劃經濟實際的狀況。今天，只有少數幾個共產主義國家（古巴、中國、老撾、越南以及北韓）依然存在。雖然關於史太林和毛澤東領導下的國家在多大程度上堅持了「馬克思」共產主義的爭論一直存在，但是許多經濟學家都以蘇聯解體和中國經濟的自由化，證明馬克思主義理論有嚴重缺陷。

## 混合經濟

在第二次世界大戰結束後的幾十年裏，西歐國家在共產主義和資本主義中間開闢了「第三條道路」。雖然許多歐盟國家仍然是混合經濟體制，但各國政府的干預和國有化程度各不相同。有些國家，尤其是英國，已經脱離了混合經濟，朝着更加自由的經濟發展，國家的作用更加微乎其微。越來越多的人對共產主義產生懷疑，因為與馬克思那個時代比較起來，現在沒有任何跡象表明資本主義將會坍塌，由此看來，馬克思關於資本主義活力導致經濟危機和革命的理論是錯誤的。

不過，馬克思主義經濟理論並沒有被完全否定，近期的金融危機又促使人們開始重新思考他的理論觀點。日益增加的不平等現象、財富集中於少數大公司、頻繁的經濟危機以及 2008 年的「信貸危機」都被認為是自由市場經濟所致。儘管人們不會極力提倡社會變革甚至是社會主義，但越來越多思想家——並非全部來自政治領域——開始認真考慮馬克思對資本主義的批判。■

1959 年，卡斯特羅領導革命隊伍奪取了古巴政權。這次革命最初是國民革命，但由於卡斯特羅與蘇聯結盟，不久就演變成共產主義革命。

**卡爾·馬克思**

1818 年，馬克思出生於德國普魯士特里爾。父親是一名律師，曾經信奉猶太教，後來轉信基督教。馬克思開始修讀法律，但是後來對哲學產生興趣，並獲得耶拿大學哲學博士學位。1842 年，馬克思搬到科隆，成為記者，但他的社會主義觀點很快讓他被審查。於是，他帶着妻子珍妮逃到法國巴黎，在那裏遇到德國工業家恩格斯，兩人在 1848 年發表《共產黨宣言》。後來，他曾經搬回德國，但是當革命被鎮壓後又去了英國倫敦，並在那兒度過餘生。在倫敦期間，他將全部時間和精力投入到寫作著名的《資本論》一書。儘管恩格斯持續為他提供經濟援助，但 1883 年，馬克思還是在貧困中去世。

**主要作品**

1848 年　《共產黨宣言》（與恩格斯合著）

1858 年　《政治經濟學批判》

1867 年、1885 年、1894 年　《資本論：對政治經濟的批判》

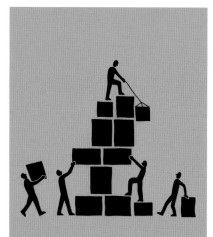

# 產品的價值取決於生產該產品所耗費的勞動

## 勞動價值論

**背景介紹**

聚焦
**價值理論**

主要人物
**卡爾・馬克思（1818-1883）**

此前
**1662年** 英國經濟學家威廉・佩蒂（William Petty）認為，土地是自然免費賜予的禮物，因此，所有資金都是「過去的勞動」。

**1690年** 英國哲學家約翰・洛克（John Locke）認為，工人理應獲得他們的勞動成果。

此後
**1896年** 奧地利經濟學家柏姆・龐巴維克（Eugen von Böhm-Bawerk）出版《卡爾・馬克思及其體系的終結》，總結對馬克思勞動價值論的批判。

**1942年** 激進的美國經濟學家保羅・斯威齊（Paul Sweezy）出版《資本主義發展論》，為馬克思的勞動價值論辯護。

大自然免費為我們提供自然資源。

→ 我們利用自己的勞動和自然資源創造出原材料。

↓

我們利用勞動和機器以及商品生產出新的商品。 ← 我們利用勞動加工原材料創造出機器和商品。

↙

**產品的價值取決於生產該產品所耗費的勞動。**

**勞**動力是確定商品價值的重要因素，這是古希臘的哲學家都知道的。在 17 世紀中期以後的 200 年間，這一觀點一直是經濟思想的中心。在文藝復興時期和工業化社會以前，用一件商品能夠交換多少另一種商品呢？勞動力在這一決策中所起的作用非常簡單。如果編織一張漁網花了工匠一週的時間，那麼，這個工匠肯定不會用這張漁網去交換一個只花了一個早上就做好的木湯勺。然而，隨着 18 世紀現代工業社會形成，這個問題變得越來越複雜。古典主義經濟學家亞當・斯密和大衛・李嘉圖各自發展了一套與勞動力相關的價值理論，但是，馬克思的《資本論》中對勞動價值論的闡述才是最聞名遐邇的。

參見：經濟中的農業 39 頁，價值悖論 63 頁，馬克思主義經濟學 100~105 頁，供應和需求 108~113 頁，效用與滿意度 114~115 頁，機會成本 133 頁，中央計劃 142~147 頁。

> 所有商品的價值，都是通過勞動實現的。
>
> —— 卡爾・馬克思

## 勞動和成本

馬克思認為，生產一件產品耗費的勞動力，與該產品的價值成正比。以下論據可以證明這一理論。如果一次理髮要耗費半小時的勞動，每小時 40 英鎊，那麼，一次理髮的價值就是 20 英鎊。如果理髮的過程中還需要用到剪刀和梳子，而剪刀和梳子的價值為 60 英鎊。每用一次，剪刀和梳子的價值就下降 1 英鎊。那麼，理一次髮的總價值為 21 英鎊。至於工具，剪刀價值 20 英鎊，是因為用價值 12.5 英鎊的原材料鋼鐵鍛造一把剪刀需要花費 45 分鐘的勞動。類似的，可以通過計算用生鐵製造鋼鐵耗費的時間來解釋為甚麼一塊鋼鐵價值 12.5 英鎊。所以，我們可以計算一件產品在生產完成之前各個環節所耗費的勞動力，但最初的原材料 —— 原始的自然資源是大自然免費提供的，是沒有價值的，因此，所有的價值都是由勞動者付出的勞動力創造的。

馬克思指出，這種方法太複雜，以至於不能用來計算任何商品的價值，因此，價值是凝結在商品中「無差別」的勞動力。他還指出，價值由我們生產一件產品耗費的正常勞動力決定。一個低效率的理髮師理一次發可能會花一個小時，但是人們不可能為此就多支付 20 英鎊。馬克思並不否認市場中供應和需求會在短期內影響商品的價值或者價格，但是，他認為從長遠來看，價值體系的基本結構和動態，必然取決於勞動力。■

勞動價值論作為經濟學的主導思想，面對不少基於矛盾問題的質疑：

如果沙堡是由勞動力創造的，那麼，為甚麼沙堡一文不值呢？馬克思的回答是，並非一切由勞動力創造的物品都有價值，因為人們可以將勞動耗費在沒人想要的物品上。

怎樣用創作一件藝術品所耗費的勞動力／時間來衡量藝術品的價值呢？馬克思對這一批判作出辯護：藝術品是個例外，因為它是獨一無二的。因此，無法衡量完成一件藝術品需要的平均時間，也就無法用消耗的勞動力來衡量藝術品的價值。

為甚麼在未投入任何額外勞動的前提下，葡萄酒存儲 10 年後價值會上升了呢？馬克思的答案是：等待葡萄酒成熟的時間自然地生成了額外的勞動力，因此陳年葡萄酒的價值更高。

## 工作中的愉悅

馬克思認為，人天生就希望與他人建立某種聯繫，這種人際關係讓人感到愉悅。在工作中，我們也會表現這種慾望。

當一個人在製作某一產品時，這件產品就反映了他的人格特性。其他人購買這件產品，生產者不僅會因滿足了別人的需求而高興，還會因為自己個性中的「美」得到肯定而感到幸福。馬克思認為，資本主義摧殘了人類這一本性，因為資本主義將勞動者與其生產的產品隔開。勞動者不能控制他們的產出，僅是被僱用來生產，幾乎無須投入任何創造，也不可能消費甚至交易自己生產的產品。在爭取工作的過程中互相孤立，合作的本性便因此丟失。馬克思認為，與工作隔離會使人失去幸福。

# 供求決定價格

## 供應和需求

## 背景介紹

聚焦
**價值理論**

主要人物
**阿爾弗雷德 · 馬歇爾（1842–1924）**

此前

**約1300年** 伊斯蘭學者伊本 · 泰米葉（Ibn Taymiyyah）發表了有關供應和需求影響價格的研究報告。

**1691年** 英國哲學家約翰 · 洛克認為，銷售者和消費者的比例會直接影響商品價格。

**1817年** 英國經濟學家大衛 · 李嘉圖認為，價格主要受產品成本影響。

**1874年** 法國經濟學家里昂 · 瓦爾拉斯（Léon Walras）研究了市場的均衡。

此後

**1936年** 英國經濟學家約翰 · 梅納德 · 凱恩斯確定了經濟範圍內的總需求和總供應。

**供**應和需求是經濟學的兩大基石。市場提供的產品數量和消費者想要購買的慾望相互作用就構成了市場的基礎。

早在中世紀時期，人們就已經開始研究供應和需求的重要性了。蘇格蘭學者鄧斯 · 司各脫（Duns Scotus）意識到，商品的價格對消費者來說必須公平，但是，價格同樣要將生產該產品所耗費的勞動力納入考慮，因此，商品的價格對生產者來說也必須公平。後來的經濟學家研究了產品成本對產品最終價格的影響，而斯密和李嘉圖則將產品的價格與其生產過程中耗費的勞動力聯繫起來。這就是古典的勞動價值論。

19 世紀 60 年代，新的經濟理論開始出現，打着新古典主義的旗幟挑戰古典勞動價值論。這一學派的思想引入了邊際效用理論，認為消費者從購買的產品中獲得或失去的滿足感不僅會影響消費者的需求，也會影響產品的價格。

英國經濟學家阿爾弗雷德 · 馬

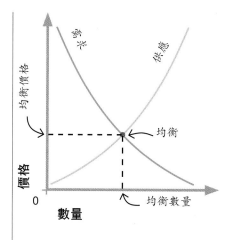

上圖為馬歇爾交叉圖，它展示了供應和需求的關係。供應曲線和需求曲線的交叉點給出均衡價格。

歇爾將對供應的分析和對需求的新古典主義分析結合起來。馬歇爾發現，供應和需求共同決定市場價格。其研究的重要性在於，他闡述了供應和需求在短期市場（如經營易變質商品的市場）和與此相對的長期市場（如黃金市場）中的不同動態。他將數學應用於經濟理論，形成了「馬歇爾交叉圖」：用交叉的

## 阿爾弗雷德 · 馬歇爾

1842 年，阿爾弗雷德 · 馬歇爾出生於英國倫敦。他在克拉珀姆自治市長大，然後獲得獎學金，在劍橋大學修讀數學。之後，他又修讀形而上學，專修倫理學。他的研究使他將經濟學作為實施其道德信念的可行工具。

1868 年，馬歇爾成為講師，講授倫理學課程。他一直對倫理學感興趣，直到 1875 年到美國開始專注研究政治經濟學。1877 年，馬歇爾與學生瑪莉 · 培里（Mary

Paley）結婚，並成為英國布里斯托爾大學校長。1885 年他回到劍橋大學擔任政治經濟學教授，直到 1908 年退休。從 1890 年到 1924 年他去世的這段時期，馬歇爾一直都是英國經濟學領軍人物。

**主要作品**

**1879 年** 《工業經濟學》（與瑪莉 · 培里合著）

**1890 年** 《經濟學原理》

**1919 年** 《工業與貿易》

參見：價值悖論 63 頁，勞動價值論 106~107 頁，經濟均衡 118~123 頁，效用與滿意度 114~115 頁，支出悖論 116~117 頁，需求彈性 124~125 頁，競爭性市場 126~129 頁。

> 市場中某一產品的供應量越大，消費者願意為此產品支付的價格就越低。
>
> ——阿爾弗雷德‧馬歇爾

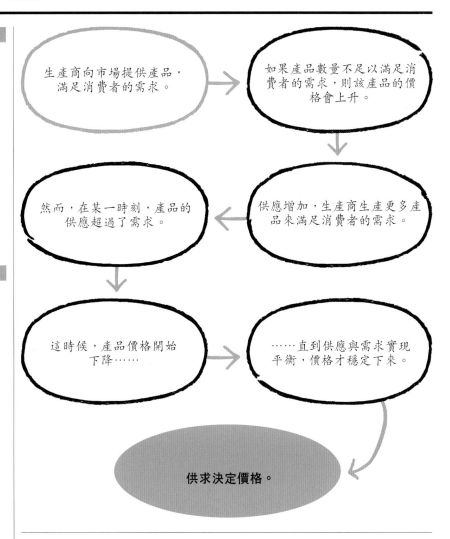

生產商向市場提供產品，滿足消費者的需求。

如果產品數量不足以滿足消費者的需求，則該產品的價格會上升。

然而，在某一時刻，產品的供應超過了需求。

供應增加，生產商生產更多產品來滿足消費者的需求。

這時候，產品價格開始下降……

……直到供應與需求實現平衡，價格才穩定下來。

**供求決定價格。**

曲線來表示需求和供應的圖表。兩條曲線的交叉點所對應的價格，就是使供應（生產商）和需求（消費者）平衡的「均衡」價格。

## 供應法則

單一廠商將要生產的產品產量，是由該產品的市場價格決定的。如果生產某一產品的各種成本（勞動力、原材料、機器以及房產）之和比市場願意支付的價格高，那麼，生產這一產品就無利可圖，其產量就會減少甚至停止生產。相反，如果某一產品的市場價格比其生產成本高很多，廠商則會考慮擴大生產以賺取盡可能多的利潤。這一理論中包含一個假設：廠商對產品的市場價格沒有任何影響，只能接受市場提供的價格。

例如，生產一台電腦的成本總計是 200 英鎊，如果電腦的市場價格低於 200 英鎊的話，電腦就是無利可圖的產品。相反，如果電腦的

市場價格是 1,000 英鎊，廠商就會盡可能多地擴大生產規模，以獲取最大利益。供應曲線（見左頁）可以很清楚地表現供應法則，曲線上的每一個點都代表特定價格下廠商願意銷售多少單位的產品。

此外，固定成本和可變成本之間還有一些區別。上面的例子假設可以在產品單位成本不變的情況下增加產品的產量。然而，事實並非如此。如果電腦工廠每天只能生

產 100 台電腦，而市場需求是每天 110 台電腦，那麼生產者就會考慮，花費額外的成本來興建一家新的工廠是否值得；或者說，生產者還可能會考慮，稍微提高電腦的價格，使消費者對電腦的需求減少到每天 100 台，這種做法是否會更划算。

## 需求的本質

需求法則站在消費者的角度來看待問題。當某一產品的價格上升

時，需求無可避免地降低（一些必需品，如藥物除外）。這是因為有些消費者的經濟能力無法負擔上升的價格，或者是因為他們認為購買其他商品可以獲得更多滿足感。

運用前面曾提到的例子，如果購買一台電腦只需要花費 50 英鎊，那麼，對電腦的需求會很大，因為大部分人都可以支付得起一台電腦。相反，如果一台電腦需要 10,000 英鎊，這時市場對電腦的需求將會非常小，因為只有少數非常富有的人才能夠支付得起。市場對某一產品的需求隨着該產品價格的上升而下降。

為了刺激市場對產品的需求，廠商通常會選擇降價，但這個價格也有一個下限。如果電腦的價格降到 5 英鎊以下，每個人都買得起電腦，但是卻沒有人需要兩三台或者更多的電腦，價格再低也無法繼續刺激人們對電腦的需求。消費者意識到，他們的錢可以用來購買別的產品，因此對電腦的需求就減少了。

> 當消費者願意支付的價格和廠商願意銷售的價格相同時，該產品的產量既不會增加也不會減少，市場達到了均衡狀態。
>
> ——阿爾弗雷德・馬歇爾

價格並不是影響需求的唯一因素。消費者的品位和對產品的態度也會影響需求。如果某一產品變得非常流行，那麼整條需求曲線就會向右移動，每一價格下消費者願意消費的產品數量都增加了。這種情況下，假如供應曲線保持不變，那麼產品的價格就會上升。生產者可以通過廣告等手段來操縱消費者的品位，從而改變需求曲線的形狀和位置。

## 尋找均衡點

消費者總是希望以盡可能低的價格來購買某一商品，同時，生產商也總是希望以盡可能高的價格來銷售某一產品。當價格太高的時候，消費者對該產品失去興趣而不願意購買。相反，如果價格太低，對於生產商來說，繼續生產該產品已經毫無意義，因為已經無利可圖了。因此，必須尋求一個均衡點，使得該均衡價格既能被消費者接受，而產品供應商也能從中獲利。這一均衡點就是供應曲線和需求曲線的交叉點，這一均衡點對應的價格既符合生產者賺取最大利潤的想法，也能滿足消費者節省更多開支的目的。

然而，許多因素使得這些本來較簡單的法則變得複雜起來。除了時間因素之外，市場的位置和規模對於價格來說也是非常關鍵的。產品供應商心儀的售價並非只受到生產成本影響。

例如，在一個以銷售新鮮農產品為主的市場上。農民在進入這一市場前，已經支付了生產這些農產品的所有成本：購買種子、種植農作物和收穫農作物時付出的勞動力、將產品運進市場的運輸費用等。農民知道，如果要有利潤的話，每個蘋果的售價必須是 1.2 英鎊。

一天結束時，水果商不得不扔掉沒賣出去的蘋果。銷售時間的緊迫性是決定易變質產品的銷售價格的主要因素。

可口可樂等產品的生產商可以通過廣告提升產品及品牌形象，以此影響需求。隨着需求上升，產品的價格也可能隨之上漲。

因此，在一天剛開始時，他就會將他的蘋果定價為每個 1.2 英鎊。如果他的蘋果賣得很好，那麼他可能會覺得他可以將價格提高到每個 1.25 英鎊以獲取更多的利潤。這樣一來，蘋果銷量就有可能下降，如果幸運的話，他仍然可以賣光所有的蘋果。但是，如果在這一天結束的時候，他的蘋果還沒有賣完，而賣不掉的蘋果將會腐爛變質，因此，為了避免剩下太多蘋果，他必須將蘋果的價格下調為每個 1.15 英鎊。

在這個例子中，蘋果的生產成本是固定的，而在短時間內賣掉蘋果才是更重要的壓力因素。這個例子對於描述短期市場和長期市場的區別非常有用。農民要根據本年度蘋果的銷售情況來決定下一年他應該種植多少蘋果。這樣，市場最終才會達到均衡。

農民所在的市場還受到距離的限制。只有在一定的方圓內，銷售某一農產品才具有可行性。例如，從海外運輸蘋果的成本會使這些蘋果的價格失去競爭力，因為國內生產的蘋果更加便宜。這就意味着，在一定程度上，農民可以自由地將價格稍微調高一點，因為消費者不可能去別的地方購買該種產品。

與果農面臨的情況相反的是像黃金這樣的全球商品市場。在這種長期市場中，由於黃金可以保值增值，因此黃金持有者沒有銷售黃金的時間壓力。市場越大，市場知識越豐富，該產品就更有可能尋求到其均衡價格。這使得市場價格的任何微小變化都變得非常重要，因為任何變化都有可能引起黃金的銷售和購買狂潮。

儘管這些例子中提到的因素都使市場變得更加複雜，但市場中最基本的原則仍然不變，即產品供應商只會以他們可接受的價格銷售產品，而消費者也只會購買他們認為價格合理的產品。

以上例子中涉及的都是進行實物貿易的市場，但供應和需求在整個經濟推理中都是相關的。例如，這個模型還可以應用到勞動力市場。勞動者提供和銷售自己的勞動力，僱主即消費者，希望購買盡可能廉價的勞動力。同樣，我們也可以用供應和需求體系來分析貨幣市場，其中，利率即價格。

經濟學家將馬歇爾的研究稱為「局部均衡」分析，因為該理論闡述一個單一的市場如何通過供應和需求的力量達到均衡。然而，經濟是由許多相互作用的市場構成的。問題是，這些複雜的市場是怎樣相互作用，最後達到「一般均衡」呢？19 世紀，里昂·瓦爾拉斯就分析了這個複雜的問題。■

**任何商品的價格都會根據買賣雙方的數量比例變化而上下波動……(這一規律)適用於任何用來買賣的商品。**

——約翰·洛克

# 第一塊朱古力比最後一塊更香甜

效用與滿意度

需求量是與價格負相關：價格下降時，需求量上升。

這意味着只有當產品價格下降時消費者才會購買更多產品，因為……

……消費者消費每一額外單位產品所獲得的滿足感都少於前一單位的產品；例如……

……第一塊朱古力比最後一塊更香甜。

亞里士多德最先發現了這個道理：當一件有用的物品數量太多時，該物品就沒有用處了。當我們連續消費某一產品時，該產品給我們帶來的滿足感會越來越少。此觀點在經濟學理論中叫邊際效用遞減規律。邊際是指「邊界」的變化（增加或減少），如多吃一塊朱古力。效用指的是消費某一產品帶來的滿足感或痛苦。英國經濟學家傑文斯在他的《政治經濟學原理》一書中表明，可以通過某種方法來衡量效用，這種方法與市場中可得的商品數量相關。

### 需求曲線

甚麼因素決定商品的價格呢？經濟學家努力地想要解開這個謎題，在這個過程中，邊際效用遞減的概念發揮了越來越重要的作用。假設大家都認為多吃的那一塊朱古力帶給人的效用更低，那麼，只有在價格下降的時候，我們才願意購買額外的朱古力，因為這塊額外的朱古力帶給人的滿足感相對較少，所以，除非它價格更低，否則我們

**參見**：價值悖論 63 頁，勞動價值論 106~107 頁，供應和需求 108~113 頁，風險與不確定性 162~163 頁。

不會購買。因此，需求與應價格呈負相關。此外，需求和供應，共同決定一塊朱古力的均衡價格或者「自然」價格。

邊際效用遞減規律固然重要，但是，仍然有許多著名的例外情況存在，如尋找最後一塊拼圖（最後一塊拼圖帶給人的效用最高）。令人上癮的商品如毒品或者酒也是例外，消費越多，效用（滿足感）越高。此外，邊際效用遞減規律還包含某些假設，如「消費必須是連續的」。一次吃一整盒朱古力比一天內間歇地吃完一整盒朱古力更能證明邊際效用遞減規律的正確性。

## 積極貢獻

邊際效用遞減規律不僅在證明更平等的收入分配可以為社會創造更大的福利中有用，它還有着其他重要的應用價值。如果政府從富人手裏拿走 1 英鎊給一個貧困的人，社會的總效用就增加了。

效用理論已經擴展到其他領域，如研究個人在面臨不確定性和風險時如何作出決定。在這種情況下，他們的決定更多會基於對事物的喜好和對可能發生的不同結果的評估。20 世紀 50 年代，美國數學家倫納德·薩維奇展示了不同的人怎樣作出不同的決定 —— 人們的決定不僅跟商品效用大小有關，還與他們對風險的感受有關：規避風險的人會作出使他們風險最小化的選擇。■

邊際效用遞減規律在需求和供應的負相關關係中尤其明顯。個體擁有的某一產品越多，他願意為每單位該產品支付的價格就越低。

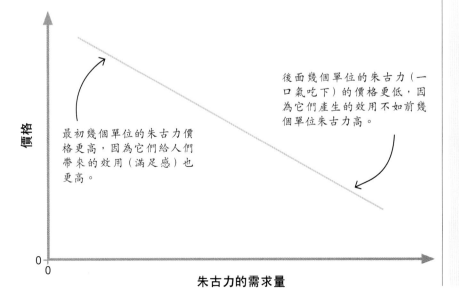

最初幾個單位的朱古力價格更高，因為它們給人們帶來的效用（滿足感）也更高。

後面幾個單位的朱古力（一口氣吃下）的價格更低，因為它們產生的效用不如前幾個單位朱古力高。

**價格**

**朱古力的需求量**

## 威廉姆·傑文斯

1835 年，威廉姆·傑文斯出生在英國利物浦。他的父親是販賣鋼鐵的商人，曾經寫過關於法律和經濟的文章。在他父親的影響下，他對經濟學產生了興趣。1855 年，他父親的公司倒閉，迫於經濟壓力，他不得不中斷了在倫敦大學學院的學業，並到澳洲工作，擔任化驗師。五年後，他回到倫敦大學學院，完成他的學業。

1863 年，傑文斯在曼徹斯特擔任家庭教師，並在那裏與哈里特·泰勒相識並結婚。1876 年，傑文斯舉家搬往倫敦，在倫敦大學學院擔任教授一職。儘管疾病纏身，他仍然是一位著名的多產作家，在經濟學和邏輯學領域頗有成就。他發明了邏輯鋼琴 —— 一種用來分析論點真實性的早期機械計算機。1882 年，他意外溺斃，享年 47 歲。

**主要作品**

1865 年 《煤炭問題》

1871 年 《政治經濟學理論》

1874 年 《科學原理》

# 價格上漲時，有些人反而會買更多

## 支出悖論

在1895年，英國經濟學家馬歇爾論證了供應和需求如何決定商品的價格。在解釋了這些基本規律如「價格越低，需求越大」之後，他繼續尋求一些有趣的特殊案例。馬歇爾認為，在某些情況下，價格的上升可能會造成需求的大幅度增加。他將這一例外的發現歸功於這一時期的著名蘇格蘭經濟學家和統計學家羅伯特·吉芬爵士。現在，需求隨價格上升增加的商品就被稱作吉芬商品。

最初的吉芬商品是麵包，因為麵包是19世紀英國最貧窮人羣的主要食物，相對於奢侈的肉食而言，這種食物質量要低劣一些。貧窮的工人階級們將他們收入的一大部分用於購買麵包來填飽肚子。馬歇爾認為，隨着麵包價格上升，貧窮的人們不得不花更多的錢來購買麵包維持生存——他們別無選擇，肉食太貴了。結果，麵包的價格上漲之後，對麵包的需求也隨之上漲。

**劣質與貧窮**

吉芬商品必須依賴幾個假設才

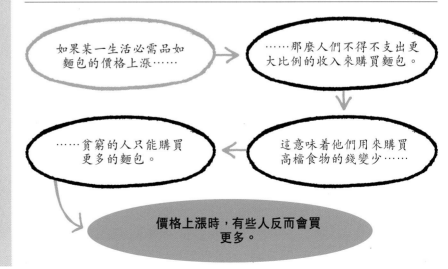

如果某一生活必需品如麵包的價格上漲……

……那麼人們不得不支出更大比例的收入來購買麵包。

這意味着他們用來購買高檔食物的錢變少……

……貧窮的人只能購買更多的麵包。

**價格上漲時，有些人反而會買更多。**

參見：供應和需求 108~113 頁，需求彈性 124~125 頁，炫耀性消費 136 頁。

能成立。首先，該商品必須是劣質的產品，也就是說，當人們的收入增加之後便不再購買如此多這類商品，因為他們有更好的選擇——在這個例子中，肉食就是優於麵包的選擇。其次，消費者必須花費他們收入的大部分來購買此商品。因此，這個例子涉及的必須是社會底層最貧窮的人羣。最後，除了購買此種產品外，別無他選。在麵包這個例子中，再沒有比麵包更便宜的主食了。

假如這些假設都成立，麵包價格的上漲就會產生兩種影響。其一，人們購買麵包的數量減少，因為用於購買每磅麵包的支出給人們帶來的效用比購買其他商品帶來的效用低。這種替代效應使得麵包的供求關係變化而與一般規則無異：對麵包的需求量隨着價格上升而減少。然而，麵包價格上漲同樣還使得人們對其他商品的購買力下降。因為麵包是劣質商品，麵包價格上

漲，人們的實際收入相對降低，因此他們對麵包的需求量增加。吉芬商品如此特別的原因就在於，貧困的人們將收入的大部分用於購買麵包，收入效應的影響巨大，甚至超過了替代效應。因此，當麵包價格上漲之後，人們對麵包的需求反而增加。吉芬商品的另一個例子就是1842−1853 年的愛爾蘭馬鈴薯荒。據說在這一段時間裏，馬鈴薯價格的上漲同樣造成了人們對馬鈴薯的需求增加。

### 難以找尋的證據

馬歇爾遭到了另一名英國經濟學家埃奇沃思（1845−1926）的攻擊。埃奇沃思認為，「與需求基本法則相悖的商品是存在的」這一假設並無根據。理論上，吉芬商品與人們的行為一致——收入效應和替代效應相互作用的結果——這是需求曲線的基礎。但是，儘管吉芬商品可能存在，但這種商品非常

圖為孟加拉一名女孩正在購買大米。2011 年，為了改善貧困居民的食品安全，孟加拉政府對人們賴以生存的主食實施經濟補助。

稀少：其證據都來自於一些特殊例子，而其中一些最著名的例子並不完全可信。但是，經濟學家仍在繼續研究。在 2007 年的一次研究中，哈佛經濟學家羅伯特・詹森和諾蘭・米勒找到了證據，證明中國有吉芬行為——一些貧困家庭對大米的需求隨着價格上升而增加。■

## 凡勃倫商品

圖為中國山西省某汽車展銷場，一輛勞斯萊斯豪華轎車正在展出。經濟學家認為，人們購買豪華轎車，正是因為這些車的高價，可以顯示他們的身份和地位。

凡勃倫商品是以美國經濟學家索爾斯坦・凡勃倫命名的。凡勃倫系統地闡述了「炫耀性消費」理論。這些商品非常奇怪，因為隨着價格上漲，需求也隨之上漲。然而，與劣質的吉芬商品不同，這些商品代表着優越的身份和地位。人們願意高價購買這些商品，不是為了提高生活質素，而是為了炫耀財富。因此，真正

的凡勃倫商品的質量並不會優於低價的同類商品。如果該商品價格大幅下降，使中低等收入人羣也可以購買，那麼，高收入的富人就不會再購買此類商品。

在汽車、手錶以及某些品牌服飾等奢侈品市場中，我們都可以找到大量此類行為。這些商品降價後，短期內銷量會增加，但是，不久其銷量就會下降。

# 穩定的
# 自由市場體系

## 經濟均衡

經濟學家隱約感覺到，在經濟領域內，可能也有像牛頓定律一樣具運算預測性的科學規律。牛頓定律將整個複雜、豐富的物質世界分解成三種簡單而可信的數學關係。那麼，在複雜而又變化多端的經濟市場中，是否有可能存在類似的關係呢？

1881年，英國教授弗朗西斯・埃奇沃思出版《數學心理學》，這是早期關於經濟學的數學作品。埃奇沃思意識到，經濟學處理的也是變量之間的關係，這就意味着可以將這些關係轉化為方程式。埃奇沃思認為，經濟與效用因素有關。換句話説，經濟成果可以用幸福感來衡量。

其他經濟學家同樣對用數學思維來解決經濟問題的想法感到好奇。在德國，經濟學家約翰・馮・杜能（Johann von Thünen）提出了公平薪資和最有效利用土地的公式。在法國，學者里昂・瓦爾拉斯

瓦爾拉斯認為經濟中所有過度需求的總和為零。在只有蘋果和櫻桃的市場中，蘋果供不應求就意味着櫻桃供過於求。

正嘗試為整個經濟學學科建立完整的數學和社會學框架。瓦爾拉斯也因此被公認是「最偉大的經濟學家」。瓦爾拉斯堅信，一定存在着將經濟學發展成為和牛頓的「純自然科學」一樣的「純倫理科學」（描述人類行為）的經濟法則，他也在為實現這一目標而奮鬥。他提出的一般均衡理論可以用來解釋整個經濟中的生產、消費和價格。

## 里昂・瓦爾拉斯

1834年，里昂・瓦爾拉斯（Léon Walras）出生在法國諾曼弟。年輕時，他在巴黎沉迷於放蕩不羈的生活。但是父親告訴他，他人生最重要的目標是要將經濟學變成一門學科。瓦爾拉斯聽從了父親的勸告，但他依然過着放蕩不羈的生活，直到1870年變得一貧如洗，搬到瑞士洛桑，成為經濟學教授。他在此建立了一般均衡理論。

瓦爾拉斯相信，社會組織是經濟學科學領域外的一門「藝術」。他對社會公平有強烈感知，還參加土地國有化運動，支持平均分配土地。1892年，瓦爾拉斯退休，搬到能俯瞰日內瓦湖的克拉倫斯。直到1910年去世，他終日垂釣、潛心思考經濟學。

**主要作品**

1874–1877年 《純粹經濟學要義》
1896年 《社會經濟學研究》
1898年 《實用經濟學研究》

**參見**：經濟的循環流通 40~45 頁，自由市場經濟學 54~61 頁，供應和需求 108~113 頁，效率與公平 130~131 頁，市場與社會結果 210~213 頁，複雜與混亂 278~279 頁。

## 供應和需求

瓦爾拉斯開始時關注的是商品交易的運作：商品的價格、質量以及消費者對商品的需求之間如何相互作用。也就是說，他正在試圖找出，供應和需求如何相互作用達成一致。他認為，商品的價值取決於該商品的稀有性，但是，瓦爾拉斯卻用此來闡述市場對該商品的需求強度。從這一方面來看，瓦爾拉斯和包括埃奇沃思和傑文斯在內的許多同時代的經濟學家不同，因為這些經濟學家都認為，決定商品價值的關鍵因素是商品的效用。

瓦爾拉斯開始構建用來描述供應和需求之間關係的數學模型。通過這些模型，我們可以清楚地看到以下規律：當商品價格上漲時，商品的供應量增加，而對商品的市場需求卻減少了。當需求和供應相等時，市場就處於一種均衡（平衡）狀態，這和牛頓定律中的平衡力有點類似。

## 一般均衡

為了闡述這種均衡，我們先假設現在手機的市場價格為 20 美元。在一個當地市場中，手機商人有 100 部價格為 20 美元的手機。如果有 100 個消費者都願意支付 20 美元來購買這款手機，那麼，這種便宜手機的市場就處於均衡狀態，因為供應和需求剛好達至平衡狀態，不多也不少。為了建立一般均衡理論，瓦爾拉斯繼續將這一想法應用

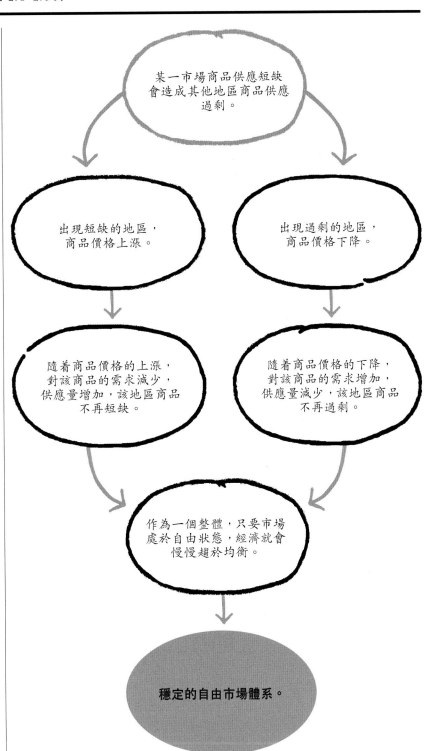

拍賣商在拍賣會上為牛隻競價。瓦爾拉斯假設拍賣師為市場提供完整的信息。他宣佈價格，只有在處於均衡狀態的時候拍賣才會成交。

於整個經濟。假設某一地區市場中的商品處於過剩狀態，那麼，這時候該商品的價格一定「過高」。價格的高低是通過對比判斷出來的，因此，如果一個市場中商品的價格「過高」，那麼，一定有另外一個市場中該商品的價格「過低」，這樣才造成高價市場中該商品的剩餘。

　　瓦爾拉斯為整個經濟創建了一個數學模型，其中包括如椅子、小麥等商品以及資金、勞動力等生產要素。經濟內部各個要素之間互相依存，彼此間存在着內在聯繫。瓦爾拉斯認為，這些要素之間相互依存的關係非常關鍵：價格不會無緣無故地發生變化——只有在供應和需求變化的時候價格才會變化。此外，當價格變化的時候，其他一切也相應地發生了變化。經濟中任何一個微小的變化都會對整個經濟造成影響。例如，假若一個主要石油生產國國內爆發了戰爭。那麼，世界範圍內石油的價格都會上升，這會對政府、廠商和個人都產生深遠的影響——加油站的油價上漲、室內供暖費用增加，甚至昂貴的度假或者商務旅行都可能會被取消。

### 趨向均衡

　　瓦爾拉斯成功地將他的經濟數學模型簡化成幾個由價格和數量構成的方程式。由此，他得出兩條結論。第一，一般均衡狀態從理論上來說是存在的；第二，無論經濟活動從甚麼地方開始，自由市場都會讓它慢慢趨向均衡狀態。因此，自由市場本身是穩定的。

　　瓦爾拉斯通過「探索」（法語：*tâtonnement*）這種方法來演示他得出的結論，指出經濟在探索過程中會慢慢趨向均衡，正如登山者慢慢登上山頂一樣。他假設一個「拍賣商」，消費者和銷售者向這個拍賣商提交他們對某一商品的不同出價或者要價。然後，拍賣商宣佈在每個市場中供應和需求達到一致的那個價格，然後買賣才正式開始。

### 模型的缺陷

　　瓦爾拉斯特意強調，這僅是一個用來協助經濟學家進行研究的數學模型。這個模型不適用於現實世界中的經濟。在他的時代，其他經濟學家都不看重他的研究成果。他們相信，現實世界中的經濟太過於複雜和混亂，不可能達到一種真正的均衡狀態。

　　儘管後來，瓦爾拉斯的學生維爾弗雷多・帕累托從新的角度發展了他的成果，但是，從技能的層次來看，瓦爾拉斯的方程式非常複雜，許多經濟學家都無法理解，這也是他的研究得不到認可的原因之一。20 世紀 30 年代，在瓦爾拉斯去世 20 年之後，出生在匈牙利的傑出美國數學家約翰・馮・諾依曼對他的方程式進行了細緻的研究。馮・諾依曼在瓦爾拉斯的方程式中發現了

　　一旦經濟均衡被打破，它就會自動重建，直到再次回到均衡狀態。

——里昂・瓦爾拉斯

> 每件商品都有自己的價格。這些價格使得所有商品的供應和需求都達到均衡。
>
> ——肯尼斯・阿羅

一個缺陷，即根據這些方程式計算出的結果可能是負數——這意味着銷售者銷售商品給消費者時，還得向消費者支付費用。

然而，瓦爾拉斯的研究成果並未從此銷聲匿跡。20世紀50年代，美國經濟學家肯尼斯・阿羅和麥肯齊（Lionel W. McKenzie）以及法國經濟學家吉拉德・德布魯在研究中又再次討論了瓦爾拉斯的研究成果。德布魯發展和完善了瓦爾拉斯的成果，並建立了一個更簡潔的模型。阿羅和德布魯運用嚴密的數學思維和知識，發現了支持瓦爾拉斯的一般均衡理論成立的條件。

他們發現，假設人們的行為一致，當他們的買賣決定是「理性」時，那經濟中所有市場都可以達至均衡。而行為一致的先決條件，是人們喜好的「可轉移」特性：即若他們喜愛蘋果多於橘子，也喜愛橘子多於葡萄，那他們必定喜愛蘋果多於葡萄。

## 可計算的經濟

20世紀80年代，電腦技術的進步使經濟學家可以計算現實經濟中多個市場之間相互作用的影響。這些可計算的一般均衡模型將瓦爾拉斯經濟因素間的相互依存性應用到一些特殊情況中，分析變化的價格和政府政策所帶來的影響。

可計算的一般均衡模型的優勢在於，大型機構如政府、世界銀行以及國際貨幣基金組織可以利用這個模型來迅速並準確地計算出整個世界經濟狀況以及經濟參數的變化所帶來的影響。

現在，局部均衡分析——將單一市場中使需求和供應達到均衡的因素考慮在內——是經濟學學生首先要學習的內容。瓦爾拉斯對一般均衡的深刻理解仍然對最前沿的經濟理論產生着深刻的影響。對於大部分經濟學家來說，存在均衡以及使經濟回到均衡狀態的力量，仍然是經濟學的基本信念。這些思想可能是主流經濟分析的精髓。■

當市場中某一商品的價格過高時，該商品的供應會有剩餘，即供過於求。這時候，價格會進行調整，消除經濟中商品供應或者需求的過剩，這一過程就是瓦爾拉斯所謂的「探索」過程。

供過於求

需求不足

**價格過高**

需求過剩

供不應求

**價格過低**

供需平衡

**恰當的價格**

# 假如你加薪了，別買麵包，買點魚子醬吧！

需求彈性

## 背景介紹

聚焦
**決策**

主要人物
**厄恩斯特・恩格爾（1821-1896）**

此前
**1817年** 英國政治經濟學家大衛・李嘉圖反對收取地租，因為土地的供應是固定不變的，無法對價格變化作出反應。

**1871年** 奧地利經濟學家卡爾・門格爾（Carl Menger）認為，邊際效用（每一額外單位商品的價值）的減少會影響需求。

此後
**1934年** 英國經濟學家約翰・希克斯（John Hicks）運用彈性的概念來衡量產品之間在多大程度上可相互替代。

**1950年** 阿根廷經濟學家勞爾・普雷維什（Raúl Prebisch）和英籍德國經濟學家漢斯・辛格（Hans Singer）獨立地演示了貿易的好處如何惠及富有的工業國家。

需求「彈性」指需求對其他因素如價格的變化作出的反應。人們一般認為，這概念由英國經濟學家阿爾弗雷德・馬歇爾在 1890 年率先提出，但是早在五年前，德國統計學家恩格爾（Ernst Engel）就在一篇論文中演示了收入變化如何改變需求水平。雖然對這一概念的起源還存在爭議，但是其重要性卻毋庸置疑。需求彈性很快成為經濟分析中被廣泛利用的工具。

馬歇爾是最早正式提出「需求隨着價格上漲而下降」這一觀點的經濟學家之一。再深入思考，就可以很清楚地發現當產品價格發生變化的時候，人們對不同產品（如麵包和魚子醬）的需求怎樣通過量的變化發生改變。馬歇爾發現，當生活必需品如麵包的價格發生變化時，人們對生活必需品的需求幾乎沒有變化，麵包價格的變化不會影響對麵包的需求，這是因為幾乎沒有產品可以替代麵包。相反，當奢侈品價格發生變化時，對奢侈品的需求就會發生明顯變化——這種產品的需求就具有「價格彈性」。馬歇爾意識到，收入一般的人羣對魚子

名牌服裝是一種奢侈品，隨着收入提高，人們用於購置名牌服裝的費用佔收入比例也越來越高，而麵包這類生活必需品的花費佔收入的比例則越來越低。

醬這樣的奢侈品價格的變化比富豪們更為敏感，因為無論奢侈品價格怎麼變化，富豪們想要多少就可以買多少，他們都支付得起。

### 恩格爾定律

厄恩斯特・恩格爾認為，隨着收入增加，人們用於購買食物的支出佔總收入的比重將會降低。人們對食物的需求是「無收入彈性」的，這就是恩格爾定律。恩格爾對比利

**參見：**供應和需求 108~113 頁，效用與滿意度 114~115 頁，支出悖論 116~117 頁，
競爭性市場 126~129 頁。

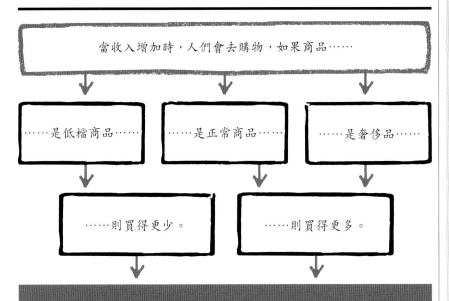

當收入增加時，人們會去購物，如果商品……

……是低檔商品…… | ……是正常商品…… | ……是奢侈品……

……則買得更少。 | ……則買得更多。

**假如你加薪了，別買麵包，買點魚子醬吧！**

時 199 戶居民的預算進行了研究，研究表明，隨着收入增長，對生活必需品如食物的需求增長較慢，對奢侈品如度假的需求增長率和收入的增長率至少是持平的。經濟學家將商品分成了兩類。第一類是正常商品，人們對這些商品的需求隨着收入增長而增長。奢侈品是正常商品的特例，被稱為高檔商品，對奢侈品的需求的增長比收入增長還要快；第二種商品是低檔商品（又稱「次等商品」），人們對這些商品的需求隨着收入增加而減少。

有些商品既包含奢侈品，也包含必需品，如食物中既有魚子醬也有麵包。這就意味着把魚子醬和麵包作為同一種商品看待會對判斷收入增長對食物的影響產生誤導。更複雜的是，有些商品並不總是屬於正常商品或者低檔商品中的某一種，隨着收入水平變化，這些商品的屬性也會變化。假設有額外收入，非常貧窮的人可能會購買更多麵包，而那些高收入的人則可能購買更多魚子醬，而那些更富有的人則會放棄魚子醬而選擇食用金箔。■

**一個家庭的收入越
少，食物支出佔預算的比
重就越大。**
—— 厄恩斯特 • 恩格爾

**厄恩斯特 • 恩格爾**

厄恩斯特 • 恩格爾 1821 年出生於德國德累斯頓。他就讀於法國高等礦業學院採礦專業，在那裏受到家庭預算先驅弗雷德里克 • 勒普萊 (Frédéric Le Play) 的影響。回到德國，恩格爾先後擔任薩克森和普魯士的統計局局長。在普魯士，恩格爾闡述了他享譽盛名的恩格爾定律。

1881 年，恩格爾發表文章攻擊宰相俾斯麥的農業保護主義政策，國家很快就以他的健康問題為由將他「辭退」。恩格爾是德國歷史學派的一員。作為多產作家，他相信必須通過改革政策來改善工人階級的生活。也許，恩格爾最偉大的遺產就是對歐洲各國統計分析機構的創立產生的影響。恩格爾卒於 1896 年，享年 76 歲。

**主要作品**

1857 年　《薩克森的生產與消費》
1883 年　《人的價值》
1895 年　《比利時工人的生活費》

# 廠商是價格接受者，而不是價格制定者

## 競爭性市場

**背景介紹**

聚焦
**市場與廠商**

主要人物
**阿爾弗雷德・馬歇爾（1842−1924）**

此前

**1844年** 法國工程師杜普伊（Jules Dupuit）創造了消費者剩餘這一概念。消費者剩餘是衡量福利的一種方式，通過衡量福利可以評估競爭的影響。

**1861年** 約翰・艾略特・凱爾恩斯（John Elliott Cairnes）闡明穆勒和李嘉圖的競爭理論的邏輯。

此後

**1921年** 弗蘭克・奈特（Frank Knight）提出了完全競爭的概念。

**1948年** 弗里德里希・海耶克在《個人主義與經濟秩序》一書中批評馬歇爾的完全競爭理論。

**18**世紀晚期，亞當・斯密闡述了競爭對廠商設定價格和賺取高於「自然」水平利潤的影響。然而，直到 1890 年馬歇爾發表《經濟學原理》，才第一次有人正式分析這一情況。儘管有人批判說這一思想並不能代表競爭的真正本質，但馬歇爾模型中的思想一直是主流經濟理論的關鍵。

### 完全競爭

為甚麼廠商不能自己設定價格呢？馬歇爾建立了一套模型來解釋這一現象，也就是著名的「完全競

參見：壟斷 92~97 頁，供應和需求 108~113 頁，經濟自由主義 172~177 頁，市場與社會結果 210~213 頁。

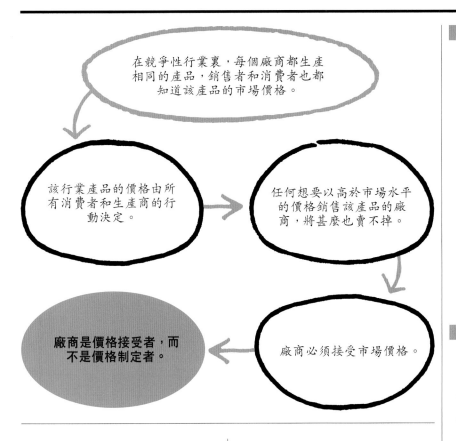

在競爭性行業裏，每個廠商都生產相同的產品，銷售者和消費者也都知道該產品的市場價格。

該行業產品的價格由所有消費者和生產商的行動決定。

任何想要以高於市場水平的價格銷售該產品的廠商，將甚麼也賣不掉。

廠商必須接受市場價格。

廠商是價格接受者，而不是價格制定者。

完全競爭市場……所在的地區有許多銷售者和消費者，他們有敏銳的警覺意識，對彼此的事務都非常熟悉，並且，整個地區的商品價格總是相同的。

——阿爾弗雷德・馬歇爾

爭」模型。事實上，馬歇爾更喜歡稱這一模型為「自由競爭」和「完全市場」模型。

完全競爭模型建立在一系列的假設，這些假設來源於古典主義經濟學家有關市場情況和廠商行為的見解。

首先，馬歇爾假設，在市場中，某一產品的生產者和消費者數量如此之多，以至每個廠商和消費者個體在市場中的作用微乎其微。

第二個假設是，每個廠商銷售的產品都完全相同。

第三個假設是，所有的廠商都可以按照自己的意願自由進出該行業，它們可以很容易地轉移或者獲得生產要素。

### 競爭的作用

外匯交易市場滿足完全競爭的所有條件，可以作為探討完全競爭如何運作的一個例子。全球範圍內，賣出外幣的商戶很多，每家商戶只是市場（如美元市場）微小的一部分。他們向數以百萬計的消費者賣出外幣，而每個消費者（如單個遊客）個體在整個市場中又是微乎其微至可以忽略不計。

其次，各家商戶賣出的美元或者歐元沒有任何區別，因此，遊客並不在意從哪一家商戶購買外幣。

再者，任何人都可以賣出和購買外幣，沒有法律、社會或者技術壁壘的阻礙，任何人都可以自由進入市場。

在完全競爭中，信息也是完全的——所有交易參與者都準確地知道「現行的價格」。購買和賣出外匯的人在任何時候都清楚外幣的價格。此外，每個商戶都對其他商戶的生產成本瞭如指掌。這種透明度意味着消費者不會被欺騙支付較高的價錢，商戶也明白通過甚麼方式可以提供成本最低、質量最好的產品。

最後，關注自身利益的廠商會

追求利潤的最大化，工人尋找報酬最高的工作，投資者尋找最大利潤的市場。在馬歇爾模型的這些假設下，完全競爭市場上的廠商面臨着一些特定的結果。其中最重要的，就是廠商不能控制產品的價格。因為許多廠商都銷售同一種產品，如果其中一家廠商想要以高於其他廠商的價格銷售這種產品，由於消費者對所有廠商的要價都清楚明瞭，因此，沒有人會購買該廠商的高價產品。這樣，市場價格就由所有廠商和消費者的集體互動決定，每個廠商不得不接受這一價格。它們是價格接受者，而不是價格制定者。

### 競爭性銷售

馬歇爾對完全競爭行業的標準表示法（見下圖）闡述了這一概念。例如，在任何時候，小麥都有一個由行業決定的世界統一價格——如每噸 350 英鎊。如圖中虛線所示，每個農場都可以按這個價格銷售掉所有小麥，但是，售價一定不能超過這個價格（因為買家可以去任何其他地方購買小麥）。如果願意的話，農場也可以用低於每噸 350 英鎊的價格銷售小麥，但是這對於農場來說沒有任何好處，因為在完全競爭中，每個農場都只是整個世界市場（全世界農場一共供應 70 億噸小麥）的很小一部分，降低價格，損傷的只是農場自己的利益。農場需要決定的是生產多少小麥才能獲取最大利潤。在這個例子中，為實現利潤最大化，農場需要生產 3,000 噸小麥，每噸可賣 350 英鎊。

在這個例子中，農場小麥的售價遠遠高於其成本價格。以每噸 350 英鎊的價格售出這 3,000 噸小麥，農場可獲得 105 萬英鎊；而農場生產小麥的成本是 45 萬英

鎊（150 英鎊 ×3,000 噸）。用總收入減去總成本得到的就是農場的利潤——此例中農場利潤為 60 萬英鎊。這就是以大衛・李嘉圖為代表的古典經濟學家所描述的「市場價格偏離了自然價格」。然而，在完全競爭市場中，這種高利潤的現象不會長期存在。

### 短期利潤

古典經濟學家如斯密和李嘉圖都意識到完全競爭市場中價格高於成本的結果。市場中利潤水平提高會刺激新廠商進入這一行業。而完全競爭市場中對新廠商的進入沒有任何限制，任何廠商都可以自由進入市場。在這個例子中，不難想像，如果小麥的利潤比大麥高，那麼農民就會停止種植大麥。這樣，市場中小麥的總供應量就增加了，在競爭的壓力下，小麥價格將會下降，因此不久，廠商就只能獲得「正常」利潤了。此時小麥的售價剛好

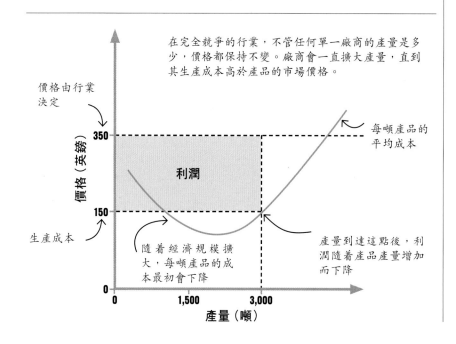

在完全競爭的行業，不管任何單一廠商的產量是多少，價格都保持不變。廠商會一直擴大產量，直到其生產成本高於產品的市場價格。

價格由行業決定

生產成本

利潤

每噸產品的平均成本

隨着經濟規模擴大，每噸產品的成本最初會下降

產量到達這點後，利潤隨着產品產量增加而下降

價格（英鎊）

產量（噸）

能支付其生產成本,超額利潤(圖中的藍色部分)消失。

當完全競爭的這些假設不成立時,廠商在長期內都可以獲得高額利潤。例如,如果對新廠商進入市場加以限制,人為設置一些障礙(如技術性或法律壁壘),超額利潤就不會因為競爭而消失。這種方法最極端的形式就是壟斷。為了獲取高額利潤,壟斷者會減少產量以抬高商品價格,使市場上的產品供不應求。這就解釋了為甚麼對整個社會來說,完全市場比壟斷市場更有益。在壟斷者產量過低的情況下,只有生產更多的產品才能為消費者創造福利。但是,在完全競爭市場中,由於新的廠商會進入市場,產品總量增加,價格隨之下降,超額利潤也就隨之消失。

### 完全競爭的不可能性

馬歇爾的完全競爭模型引發了大量爭議。首先,即使可能,也很

少有行業真正符合模型的假設。事實上,貨幣市場和農業市場都不是完全競爭市場,因為有許多大廠商可以影響產品的價格;此外,政府可以也確實在操縱這些市場。支持完全競爭市場理論的人認為,儘管事實上沒有任何產業可以滿足這些要求,但這個模型代表的是一種理論上的理想市場結構,可以幫助我們理解廠商的行為。

另一種對馬歇爾模型更為根本的批評是,完全競爭沒有實際意義;事實上,在這個模型中根本不存在「競爭」。廠商生產同樣的產品,被動地接受產品的價格,最後只能獲得正常利潤。這與亞當·斯密所闡述的「廠商之間為了提高產品價格,相互競爭,努力生產有特色的高質量的產品,間或引進新的技術來減少產品成本,最終提高利潤」相去甚遠。

整個 20 世紀,經濟學家都圍繞這一點攻擊完全競爭模型。英籍

如上圖所示,商家們通過相互競爭決定小麥等商品的價格。在競爭性市場中,沒有任何一個廠商強大到足以影響商品的價格。

奧地利經濟學家弗里德里希·海耶克認為,競爭是一個動態的發現過程,企業在一個變化莫測的世界裏尋找新的獲利機會,而不是馬歇爾所說的簡單乏味的價格重複。■

---

### 馬歇爾對風險、不確定性和利潤的看法

1921 年,美國經濟學家弗蘭克·奈特出版《風險、不確定性和利潤》一書,分析了不確定性因素對馬歇爾完全競爭模型的影響。奈特將風險定義為一種可以衡量的不確定性因素,如香檳酒瓶爆炸的可能性。事實上,發生爆炸的酒瓶的比例是一個常量,因此,生產商可以將此計入成本或為其購買保險。因此,酒瓶爆炸的風險並不會干擾競爭的均

衡;企業家也不會因為承擔這些可預測風險而獲得額外的利潤。相反,真正的不確定因素是無法衡量的,這種不確定性主要來自對未來不可預見。在奈特看來,企業家清楚未來具有不確定性,但他們承擔了在不確定情況下進行生產的責任,並在此基礎上作出決策。由於未來充滿未知數,因此他們能夠賺取的利潤也是未知數。

# 在不損害他人利益的情況下改善一個人的狀況

## 效率與公平

**背景介紹**

聚焦
**福利經濟學**

主要人物
**維爾弗雷多·帕累托**（1848－1923）

此前
**1776年** 亞當·斯密的《國富論》將個人利益與社會福利聯繫起來。

**1871年** 英國經濟學家威廉姆·傑文斯（William Jevons）認為，商品的價值完全由其效用決定。

**1874年** 法國經濟學家里昂·瓦爾拉斯（Léon Walras）使用方程式來計算經濟的整體平衡。

此後
**1930－1950年** 約翰·希克斯、保羅·薩繆爾森和一些經濟學家將「帕雷托最優」作為福利經濟學的基礎。

**1954年** 美國經濟學家肯尼斯·阿羅和法國經濟學家吉拉德·德布魯運用數學方法展示了自由市場和帕雷托最優之間的聯繫。

**19**世紀，一輩被稱為功利主義者的英國哲學家提出一個新的觀點：個人的效用是可以計算並加總的。意大利經濟學家維爾弗雷多·帕雷托對此持反對意見。他在《政治經濟學手冊》中為社會福利給出了一個較弱的定義，這一定義在現代經濟學中佔據了主導地位。帕累托以「序數效用」論為基礎，即按效用的相對高低排序，而不管效用的絕對值（「基數效用」）。

帕累托認為，每個人都知道自己的偏好，會選擇最適合自己的商品。雖然受到限制，但如果每個人都按照自己的偏好進行選擇的話，社會將很快達到一個在不損害他人

政府想要改善人民的生活……

……但是，無法絕對地（非相對地）衡量個人福利狀況。

一個合理的目標是達到帕累托效率……

……個體之間互相交易以改善自己的福利……

……直到他們互相妥協或者達到均衡，此時不可能在不損害他人利益的情況下改善一個人的狀況。

**參見：**自由市場經濟學 54~61 頁，經濟均衡 118~123 頁，市場與社會結果 210~213 頁。

利益的情況下無法使任何人狀況改善的狀態。這種狀態就是著名的帕累托最優，也稱為帕累托效率。

## 帕累托效率

假設 Jane 和 John 都喜歡吃米飯。如果有一袋大米，把這袋大米任意分給他們，甚至將一袋大米都給其中一人，任何分法都是帕累托效率的狀態，因為從任何一人身上拿走大米都會損害其利益，由此看來，帕累托效率與公平並不相同。

一般情況下，市場中不止一種商品，人們的偏好也各不相同。例如，如果 John 喜歡大米而不喜歡雞肉，而 Jane 喜歡雞肉卻不喜歡大米，如果把所有一切都分給 John，這就是帕累托低效，這時候，將 John 的雞肉分給 Jane，既對 Jane 有益而又不損害 John 的利益。通常，人們的喜好不會有這麼明顯的區別：兩個人都喜歡米飯和雞肉，但是喜歡的程度不一樣。在這種情況下，Jane 和 John 就可以交換一小部分的雞肉和米飯，直到最優的分配出現。

## 我們全都贊成

運用帕累托效率可以減少判斷利益衝突的必要。避免這樣的判斷是實證經濟學（研究經濟現象是甚麼）的標誌，而規範經濟學（研究經濟現象應該是甚麼）則正好相反。帕累托認為，從這個角度來看，自由市場是高效的。斯密認為個人利益和自由市場競爭有利於改善人們的共同利益，而帕累托則將這一觀點形式化。∎

## 維爾弗雷多・帕累托

維爾弗雷多・帕累托 1848 年出生於法國，父親是意大利侯爵，母親是法國人。在帕累托四歲時，他們全家從法國搬到意大利。帕累托在佛羅倫斯上學，之後在都靈求學，並獲得工程學博士學位。作為土木工程的他在工作中漸漸對經濟學和自由貿易產生興趣。1893 年，在他的朋友意大利經濟學家龐塔雷奧尼的推薦下，帕累托繼瓦爾拉斯之位成為瑞士洛桑大學政治經濟學教授。從 45 歲開始在此任職，在這裏，他在政治經濟學領域作出了傑出貢獻，其中，他關於收入分配的理論也是在這一時期形成。帕累托的教學生涯一直持續到 1911 年。他的作品非常豐富，除經濟學外，還涉及社會學、哲學及數學。1923 年，他在日內瓦去世。

**主要作品**

1897 年 《政治經濟學講義》

1906 年 《政治經濟學手冊》

1911 年 《數理經濟學》

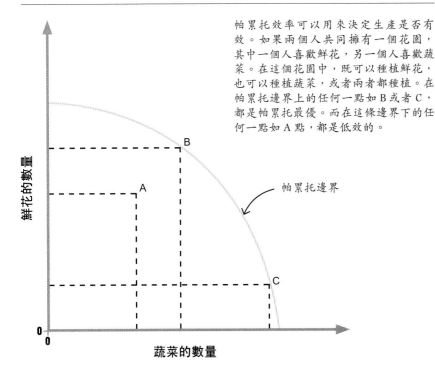

帕累托效率可以用來決定生產是否有效。如果兩個人共同擁有一個花園，其中一個人喜歡鮮花，另一個人喜歡蔬菜。在這個花園中，既可以種植鮮花，也可以種植蔬菜，或者兩者都種植。在帕累托邊界上的任何一點如 B 或者 C，都是帕累托最優。而在這條邊界下的任何一點如 A 點，都是低效的。

鮮花的數量

帕累托邊界

蔬菜的數量

# 工廠規模越大，成本越低

## 規模經濟

從工業革命開始，製造業從小規模作坊轉變為大型的工廠，我們可以清楚地看到，大型廠商的生產成本更低。隨着工廠成長壯大，產品產量增加，工廠引進更多機器設備、勞動力以及原材料，大型廠商的總成本也更高。但是，它可以用更低的單位成本生產更多產品。這種平均成本隨生產規模擴大而降低的現象被稱為規模經濟。

1890 年，英國經濟學家阿爾弗雷德・馬歇爾在《經濟學原理》一書中探討了此現象。他指出，廠商在短期內只能通過增加勞動力數量來提高產量，此外別無他法。由於新增的工人的產量低於先前的工人，單位產品的成本就提高了。但是在長期內，若一家廠商可以將工廠、勞動力以及機械設備的投入都擴大一倍，那麼這家廠商就能從專業化生產中獲益，產品的單位成本也會降低。

20 世紀 60 年代，美國經濟學家阿爾弗雷德・錢德勒（1918－2007）向人們展示了大型廠商在 20 世紀初的崛起，掀起了一場新的工業革命。大型廠商主宰各個行業，他們用更低的成本生產更多產品，將競爭者逐出市場。這些大型廠商通常都「自然壟斷」了其所在行業的生產。■

阿爾弗雷德・錢德勒描繪了美國的大型廠商（如汽車廠商）發展龐大流水作業式生產的過程。

**參見**：邊際收益遞減 62 頁，勞動分工 66~67 頁，壟斷 92~97 頁，競爭性市場 126~129 頁。

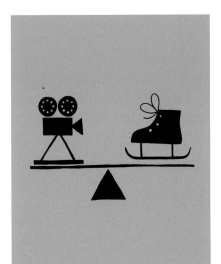

# 看電影的成本是溜冰獲得的快樂

## 機會成本

### 背景介紹

聚焦
**價值理論**

主要人物
**弗里德里希・馮・維塞爾（1851–1926）**

此前
**1817年** 大衛・李嘉圖認為，商品的價格由生產該商品耗費的勞動時間總數決定。

此後
**1920年** 阿爾弗雷德・馬歇爾在《經濟學原理》一書中談到，供應和需求都影響價格。

**1949年** 路德維希・馮・米塞斯（Ludwig von Mises）在《人類行為》中闡述市場中價格如何傳遞重要信息。

**1960年** 意大利經濟學家皮埃羅・斯拉法（Piero Sraffa）在《用商品生產商品》中對用機會成本衡量價值的方式提出質疑。

商品的價值是甚麼因素決定的？19世紀末的經濟學家仍然為此爭論不休。1914年，奧地利經濟學家弗里德里希・馮・維塞爾（Friedrich von Wieser）認為，人們為了得到物品A，會放棄物品B，因此，A的價值就由被放棄掉的B的價值決定。世界上，人的需求是無限的，而資源卻是有限的。他認為，產品的「稀缺性」使人們不得不作出選擇。他在《社會經濟基礎》（1914）一書中將此概念稱為「機會成本」。1935年，英國經濟學家萊昂內爾・羅賓斯認為，當我們選擇一件東西的時候，總是要放棄另一件東西，魚與熊掌不可兼得，這就是人類生活的悲劇。

### 真實成本

以看電影和溜冰為例，看電影的成本並不只是買戲票花的錢，還有因不能去溜冰（下一個最優的活動選擇）而享受不到的快樂。因此，

經濟學使人們意識到，人類的一個永恆特點就是面臨選擇的衝突。

—— 萊昂內爾・羅賓斯

儘管無論選擇看電影還是選擇溜冰都需要花錢，但是，機會成本更大。你不能同時看電影和溜冰。有時候，即使沒有花錢，也會有機會成本。維塞爾認為，產品的最終價格由人們的消費意願決定。而這取決於人們為消費它而願意放棄的東西的價值，而不是生產該產品的成本。■

**參見**：經濟人 52~53頁，勞動價值論 106~107頁，效用與滿意度 114~115頁。

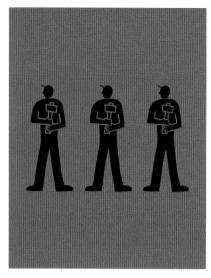

# 工人必須團結起來改變自己的命運

## 集體談判

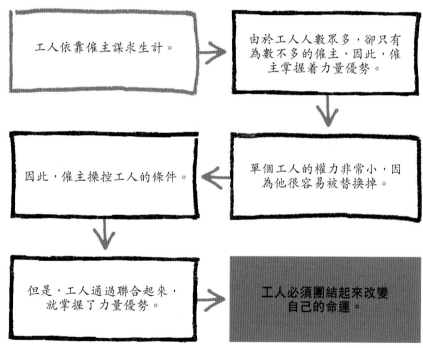

工人依靠僱主謀求生計。

由於工人人數眾多,卻只有為數不多的僱主,因此,僱主掌握着力量優勢。

因此,僱主操控工人的條件。

單個工人的權力非常小,因為他很容易被替換掉。

但是,工人通過聯合起來,就掌握了力量優勢。

工人必須團結起來改變自己的命運。

在1891年,英國社會主義改革家比阿特麗斯·韋布 (Beatrice Webb) 創造了「集體談判」這個詞語,指的是工人為了自身利益團結起來形成工會,跟僱主談判協商工資和工作條件的這一過程。韋布和她的丈夫西德尼·韋布 (Sidney Webb) 參加反對貧困的運動,他們的著作也引起了政府層面的巨大變化。1894年,他們出版《工聯主義史》一書,記錄了在英國工業革命時期,新工廠中工人大量集合而逐漸形成工會的過程。工人們的生活條件非常艱苦,工作時的人身安全

參見：馬克思主義經濟學 100~105 頁，勞動價值論 106~107 頁，經濟蕭條與失業 154~161 頁，社會市場經濟 222~223 頁，黏性工資 303 頁。

> 如果工人們團結起來，派出代表與資方進行談判，爭取整個工人羣體的利益，這時候，工人的位置馬上就逆轉了。
>
> ——韋布夫婦

幾乎無法得到保障，工資一般只能買得起麵包。1799 年和 1800 年通過的《結社法》使工會失去了法律的保護，任何與其他工人聯合起來希望增加人工或降低工時的工人都將被判三個月監禁。1824 年，這一法律被廢除，之後工會數量迅速增加，紡織業內的工會尤其著名。一系列的罷工連續發生，全新限制工會權利和為了集體談判目的而舉行的集會的法律條文再次出現。

19 世紀歐洲工會成員迅速增加。有人認為工會遵循了手工業行會的傳統，其談判的目的是改善工會成員的工作條件；也有人將工會看作改革先鋒，為改善所有勞動者的處境而奮鬥。

## 持續的鬥爭

集體談判得到廣泛採用，因為它不僅有利工人，也有利僱主。它大大簡化了勞資雙方達成一致的過程，因為同樣的協議可以應用於整個行業領域。

然而，從 20 世紀 80 年代開始，工會和集體談判的力量大大減弱。美國經濟學家米爾頓・佛利民（Milton Friedman）認為，工會組織的成員可以獲得更高的工資，這是

2010 年，西班牙馬德里公共部門的工人進行示威，抗議削減職位。今天，在大部分國家，公共部門領域內的工會，依然比私營部門的工會更加強大。

以工作機會為代價的；此外，沒有工會組織的行業的工人工資也因此變得更低。或許是由於這個原因或其他政治原因，政府總是希望通過立法打擊罷工來壓制工會的力量。

生產的全球化同樣將國家內部的工人羣體孤立起來。生產全球化產品的工人，其工作條款通常都與當地的廠商協商決定，而沒有一個全國通用的行業標準。■

## 比阿特麗斯・韋布

比阿特麗斯・韋布 1858 年生於英國格洛斯特郡，其父是一名激進議員。她從小對社會非常感興趣，並對貧困背後的結構問題特別着迷。1891 年，她邂逅了人生伴侶西德尼・韋布，他倆都參加了英國勞工運動。他們系統地闡述了「全國最低」這一概念——最低工資標準和最低生活質量標準，工人的工資和生活質量不得低於這一水平。他們還成立了倫敦經濟學院，創立了《新政治家》雜誌。韋布夫婦為工會運動的形成作出了巨大貢獻，為英國國家健康服務和世界範圍內的福利體系繪製了藍圖。1943 年，韋布去世，享年 85 歲。

### 主要作品

1894 年　《工聯主義史》（與西德尼・韋布合著）

1919 年　《男性和女性的薪酬》

1923 年　《資本主義文明的衰亡》

# 消費是為了引人注目

## 炫耀性消費

**背景介紹**

聚焦
**社會與經濟**

主要人物
**索爾斯坦·凡勃倫（1857-1929）**

此前
**1848年** 英國哲學家約翰·斯圖亞特·穆勒的政治經濟學理論認為，效用（滿意度）是經濟學的中心。

**1890年** 英國經濟學家阿爾弗雷德·馬歇爾將經濟學的研究中心由市場轉向對人的行為研究。

此後
**1940年** 匈牙利經濟學家卡爾·波蘭尼（Karl Polanyi）認為，經濟行為植根於社會和文化。

**2010年** 美國經濟學家內森·佩蒂特（Nathan Pettit）認為，「炫耀性消費」及其導致的債務是2008年全球金融市場動盪的主要原因。

**美**國經濟學家索爾斯坦·凡勃倫首先注意到，人們的經濟行為不僅受到自身利益影響，還會受到恐懼、對地位追求等心理因素影響。凡勃倫在明尼蘇達州的一家挪威農業社區長大，他作為一個局外人觀察了19世紀90年代那些特別富有和自鳴得意的美國人的生活。1899年，凡勃倫出版他具破壞性的批判作品——《有閒階級論》，認為紐約高層社會對生活質量的定義就像原始的部落酋長一樣——過量的休閒和金錢。有錢人不是因為需要而購買商品，而是為了顯示他們的財富和地位。凡勃倫將這一現象描述為「炫耀性消費」。

圖為美國石油大亨約翰·戴維森·洛克菲勒與其兒子的合影。洛克菲勒是第一個財富超過十億的人，也是受到凡勃倫批判的紐約社會的縮影。

### 消費陷阱

現今，「凡勃倫商品」就是奢侈品的代名詞，如保時捷汽車和勞力士手錶。一個人擁有這種商品越多，他就越滿足；擁有得越少，就越不滿足。凡勃倫認為富有的社會可能會遭遇「相對消費陷阱」，即生產將被浪費在這些奢侈品上。因為越來越多人消費這些商品，然而卻不會對整個社會的福利帶來一點好處。有經濟學家認為，信用卡支撐下的浪費型消費，是2008年全球金融危機的原因之一。■

---

**參見：**經濟人 52~53頁，支出悖論 116~117頁，經濟學與傳統 166~167頁，行為經濟學 266~269頁。

# 向排污者收費
## 外部成本

**如**果超市為了節約廢物處理費，將用過的盒子扔到附近的花園，他們就必須將這些垃圾打掃乾淨。但是，當這些污染不會造成明顯破壞，但整個社會卻要為此付出代價時，如工廠排放廢氣造成空氣污染，這種情況下，市場體系可以找到解決辦法嗎？

### 向排污者徵稅

20世紀50年代，經濟學家將這些成本稱作外部成本，因為這些成本不會在商品的市場價格中顯現出來，但是會對第三方造成影響。這就是市場失靈：因為工廠不用承擔其行為真正的社會成本，所以工廠將會排放過量的污染物，由此對社會效益造成更多不良的影響。英國經濟學家庇古（Arthur Pigou）認為，解決這個問題的方法就是向排污者徵稅，也就是所謂的「庇古稅」，其目的是為了確保排污者在決策時將排污的成本納入計算之內，因此，

只有在消費者願意為污染造成的破壞付費時，生產者才能製造污染。政府為減少二氧化碳排放而徵收的煙塵排放稅也體現了這一觀點。許多人還認為，向排污者收費除了對經濟有利之外，從道德層面來看也是明智的，因為它使商業為其造成的污染負責。然而，實施「庇古稅」並不簡單。正如庇古本人所說，準確地評估污染的成本絕非易事。■

一般來說，工業家只對其個人的淨產值感興趣，不會關心整個社會。
——阿瑟‧庇古

**參見**：稅收負擔 64~65頁，市場與社會結果 210~213頁，次優理論 220~221頁，經濟學與環境 306~309頁。

# 新教讓我們變得富有

## 宗教與經濟

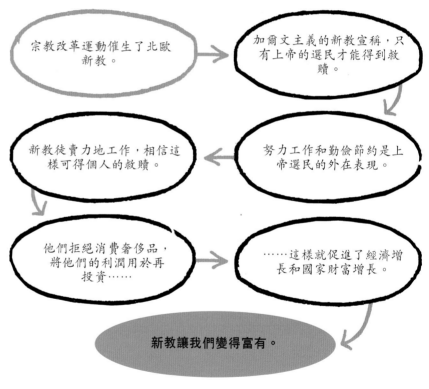

宗教改革運動催生了北歐新教。

加爾文主義的新教宣稱，只有上帝的選民才能得到救贖。

努力工作和勤儉節約是上帝選民的外在表現。

新教徒賣力地工作，相信這樣可得個人的救贖。

他們拒絕消費奢侈品，將他們的利潤用於再投資……

……這樣就促進了經濟增長和國家財富增長。

**新教讓我們變得富有。**

---

**德**國社會學家馬克斯・韋伯對16世紀到19世紀期間不同國家經濟水平的反差非常感興趣。他在《新教倫理與資本主義精神》一書中談到，北歐和美國比南美洲和地中海地區奉行天主教的國家更成功，因為新教徒信仰命運、使命和職業道德。

對於天主教徒來說，一切在未來都將有因果報應：為了得到救贖，一個人必須過體面而正當的生活，多行善事。但是新教尤其是那

參見：經濟人 52~53 頁；經濟學與傳統 166~167 頁，經濟制度 206~207 頁，市場信息與激勵 208~209 頁，社會資本 280 頁。

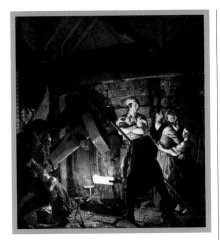

在韋伯看來，村裏的鐵匠在社區裏起着非常重要的作用，因為在神賦予他的職位上，他頻繁地與各種人打交道。

些由加爾文主義演變而來的新教教義卻認為，神的選民是預先選好的，這些選民注定會得到救贖，作為這些選民的一分子，他們必須過品德高尚的生活。他們在世俗生活的行為不會使他們得到救贖，只能表明他們命中注定應該到天堂。《聖經》鼓勵努力工作和勤儉節約的品格，因此，新教徒們的使命就是要使這些品格具體化，證明他們自己是能夠得到救贖的一分子，而其他所有人都應該被罰下地獄。他們的教義禁止購買奢侈品，因此，他們就將所賺的利潤重新投資到生意或者事業中。

### 上帝賦予的天職

天主教徒認為，上帝賦予的唯一天職就是牧師，但是，新教徒則認為，人們可以被上帝召喚到任何一種手工業或者商業行業中去。為上帝服務的信仰鼓舞他們帶着宗教信仰的熱情努力工作，生產更多商品，創造更多財富。

韋伯相信，新教徒的信仰不可避免地促進了資本主義社會的形成，因為這種信仰使人們相信，追逐利潤是奉獻的象徵，而不是貪婪或者野心等具有道德嫌疑的動機。

> 天助自助者。
>
> ——馬克斯·韋伯

這種命運觀念還意味着信徒不必擔心社會的不公平和貧困，因為物質財富是精神財富的一種象徵。

然而，韋伯的觀點受到很多挑戰。16 世紀和 17 世紀歐洲的領導力量和第一個全球超級大國，是信奉天主教的西班牙。我們也可以在日益崛起、從未有過新教甚至基督教的亞洲國家中找到與此觀點相悖的例子。其中，日本是世界第三經濟大國，而中國正高速發展。■

## 馬克斯·韋伯

馬克斯·韋伯是經濟學家，還是現代社會學奠基人之一。1864 年，他出生於德國愛爾福特，在一個富裕、國際化的知識分子家庭長大。父親是外向的公務員，母親是虔誠的加爾文主義新教徒。

韋伯在海德堡和柏林的大學修讀法律。之後，在德國多家大學任教，直到 1897 年父親去世，使他沮喪得放棄教學。第一次世界大戰期間，他從事志願工作，他的政治觀點從此改變，成為批判德國皇帝的著名人物。韋伯在政治體制內得到廣泛尊重。戰爭結束後，他起草寫作《魏瑪共和國憲法》。後來他重執教鞭，1920 年染上西班牙流感去世。

### 主要作品

1904-1905 年 《新教倫理與資本主義精神》

1919 年 《政治家的職業和使命》

1923 年 《一般經濟史》

# 窮人只是不幸罷了，他們並沒有錯

## 貧困問題

### 背景介紹

聚焦
**社會與經濟**

主要人物
**約翰・斯圖亞特・穆勒
（1806–1873）
阿瑪蒂亞・森（1933–）**

此前
**1879年** 美國經濟學家亨利・喬治（Henry George）出版《進步與貧困》，建議徵收土地稅來減緩貧困。

**19世紀90年代** 查爾斯・布思（Charles Booth）和西伯姆・朗特里（Seebohm Rowntree）在英國展開了一次關於貧困的調查。

此後
**1958年** 美國經濟學家約翰・肯尼思・加爾布雷斯（John Kenneth Galbraith）在《豐裕社會》中號召人們關注貧困。

**1973年** 印度經濟學家阿瑪蒂亞・森提出了一種新的貧困指數。

**2012年** 世界銀行將日薪低於一美元定義為極端貧困。

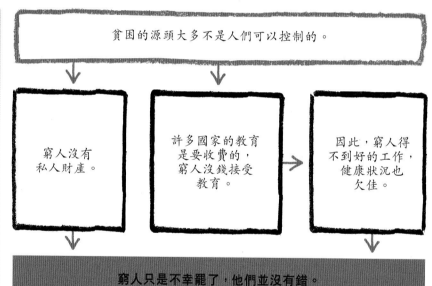

貧困的源頭大多不是人們可以控制的。

窮人沒有私人財產。

許多國家的教育是要收費的，窮人沒錢接受教育。

因此，窮人得不到好的工作，健康狀況也欠佳。

**窮人只是不幸罷了，他們並沒有錯。**

高收入國家的各項經濟支出中，政府支出的比例通常佔30%–50%。這些花費中大約一半都用於「轉移支付」或者福利支出。從歷史角度來看，從20世紀三四十年代開始的這種巨額社會支出相對來說算是一項新的進展。

福利支出由來已久。早在16世紀，英國的《濟貧法》就認為，世界上有三種窮人：值得同情的窮人（老人、小孩和病人），值得幫助的失業窮人（他們想要工作，卻沒有人願意僱用他們），以及不值得同情的窮人（乞丐）。當地人會為前兩種貧困人羣捐助食物和金錢，但是，人們卻把第三種人羣當作罪犯來對待。隨着工業發展，人們對窮人的觀點和看法也發生了改變。到18世紀的時候，許多人都認為，窮人之所以貧窮，完全歸咎於他們自己。

參見：人口與經濟　68~69 頁，發展經濟學　188~193 頁，權利理論　256~257 頁。

圖為 1872 年古斯塔夫・多雷所繪。和大部分歐洲城市一樣，倫敦貧民居住的環境衛生條件也非常差。成人、小孩以及各種害蟲互相爭奪珍貴的居住空間。

英國經濟學家大衛・李嘉圖和托馬斯・馬爾薩斯請求廢除《濟貧法》，他們認為，接濟窮人只會助長不勞而獲，對鼓勵人們工作自食其力所起的作用不大。

儘管大多數人都接受這一觀點，但仍然有人存在不同的看法。1848 年，英國哲學家約翰・斯圖亞特・穆勒提出，經濟學探討的只是生產問題——財富的分配是一種社會選擇。在他有關的政治學作品中，穆勒認為，應當限制政府對經濟的干預。但是，在這件事情上，他卻認為國家（政府）應該介入，幫助那些無法自救的人們，為他們提供謀生所需的教育。

隨着歐洲國家在 19 世紀和 20 世紀選舉權範圍擴大，社會支出不斷增加，人們對重新分配財富的呼聲也越來越強烈。隨着社會福利變得完善，公共健康和教育體系也越來越完善。

## 21 世紀的貧困問題

1800 年以後，歐洲、北美洲以及世界其他地區都出現巨大的財富兩極分化現象。在南亞和撒哈拉以南的非洲，貧困問題長期存在。經濟學家強調，除了對這些貧困人羣的直接經濟援助之外，居民的健康、受教育程度以及交通狀況對於消除貧困都起着非常重要的作用。

印度經濟學家阿瑪蒂亞・森認為，貧困問題就是「能力和功能性活動」——人們可以借此取得成功——受到限制和窒礙。這個觀點對於許多有關貧困線到底是絕對的（滿足基本要求）還是相對的（如平均收入的比例）問題中也很有啟發。■

## 發展目標

2000 年 9 月，來自聯合國的 189 位世界領導人簽訂了 8 項在 2015 年之前要實現的千禧發展目標。這些目標包括：消除極端貧窮和飢餓、普及教育、促進男女平等、降低兒童死亡率、改善產婦保健、對抗疾病（愛滋病、肺結核、瘧疾等）、確保環境的可持續發展能力，和全球合作促進發展。其中一個目標是在 2015 年之前將全球極端貧困人口減半。世界銀行的數據顯示，在對不同國家商品的不同價格進行調整之後，發展中國家日薪低於 1 美元的人口比例從 1990 年的 30.8% 降低至 2008 年的 14%。這一成果應歸功於東南亞國家。然而，日薪 1 美元是令人絕望的生活水平。發展中國家使用的平均「貧困線」是日薪 2 美元。2008 年，發展中國家中有 25 億人口（佔世界總人口的 43%）的收入低於這個水平。

圖為一個男人在巴西福塔雷薩街頭乞討。聯合國資料顯示，現在的窮人面臨着「淒苦可憐毫無尊嚴的生活條件」。聯合國承諾要在 2015 年之前將世界貧困人口減半。

# 社會主義
# 廢除了
# 理性經濟

中央計劃

## 背景介紹

聚焦
**經濟制度**

主要人物
**路德維希·馮·米塞斯**
（1881-1973）

此前
**1867年** 馬克思認為科學社會主義就像一家巨大的工廠一樣條理分明。

**1908年** 意大利經濟學家埃里克·巴羅內（Enrico Barone）認為社會主義可以實現社會的高效率。

此後
**1929年** 美國經濟學家弗雷德·泰勒（Fred Taylor）認為可以利用數學的試錯法來實現社會主義經濟體系下的均衡。

**1934-1935年** 經濟學家萊昂內爾·羅賓斯（Lionel Robbins）和弗里德里希·海耶克指出了社會主義面臨的實際操作問題，例如所需的龐大計算規模和欠缺冒險行為。

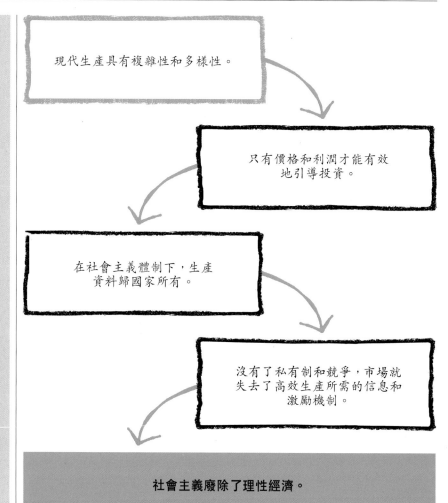

現代生產具有複雜性和多樣性。

只有價格和利潤才能有效地引導投資。

在社會主義體制下，生產資料歸國家所有。

沒有了私有制和競爭，市場就失去了高效生產所需的信息和激勵機制。

**社會主義廢除了理性經濟。**

**在** 1867年，德國哲學家馬克思在《資本論》中闡述了社會主義經濟組織。他認為，在社會主義經濟體中，生產資料（如工廠）歸國家集體所有。競爭是一種浪費。馬克思提出，我們可以像經營工廠那樣管理社會。他相信資本主義必將導致革命。

經濟學家對馬克思的觀點進行了認真的研究。意大利經濟學家維爾弗雷多·帕累托運用數學的方法來闡述自由市場中競爭怎樣導致有效的社會結果，此外，他還提出，社會主義經濟體制同樣可以實現這個目標。他的同胞埃里科·巴羅內在《集體主義國家的生產部門》中進一步闡釋了這一觀點。幾年之後，歐洲捲入了第一次世界大戰，人們認為，可以將第一次世界大戰看作是舊秩序災難性的失敗。1917年的俄國革命為社會主義接管經濟提供了一個範例，而第一次世界大戰的戰敗國——德國、奧地利和匈牙利則見證了社會主義政黨奪取政權的過程。

自由市場經濟學家似乎無法找到反擊社會主義的理論證據。但是，1920年奧地利經濟學家路德維希·馮·米塞斯提出了根本性的反對意見，他認為，社會主義體制下的計劃是不可能的。

**參見**：自由市場經濟學 54~61 頁，馬克思主義經濟學 100~105 頁，經濟自由主義 172~177 頁，市場與社會結果 210~213 頁，社會市場經濟 222~223 頁，計劃經濟的短缺 232~233 頁。

## 用貨幣計算

路德維希・馮・米塞斯在 1920 年的文章〈社會主義國家的經濟計算〉中對社會主義經濟體制發起了挑戰。他認為，現代經濟的生產非常複雜，如果要對經濟進行計劃，必須要有市場價格提供的相應信息，而市場價格則是多個生產者為了各自利益相互競爭而產生的。我們需要通過價格和利潤來判斷市場需求，並引導投資。他的觀點引爆了一場關於資本主義和社會主義孰優孰劣的大辯論，人們稱這場著名的大辯論為「社會主義計算」或者「體系之爭」。

假設要在兩座城市之間修建一條鐵路。應該選擇哪條線路呢？到底有沒有必要修建這條鐵路？要作出決定，就必須將利潤（不同鐵路使用者的交通費用）和成本（包

> 在社會主義體制中，對於任何的經濟變革，既不能提前預測它能否成功，也不能通過回顧來判定它能否成功。一切都只是在黑暗中摸索罷了。
>
> ——路德維希・馮・米塞斯

括勞動時間、鋼鐵、煤、機械設備等）進行對比。在計算的過程中，有必要使用統一的單位——貨幣，而貨幣的價值是以市場價格為基礎的。但是，在社會主義體制中，這些物品的真正貨幣價格已經不存在了——它們的價值由國家設定。路德維希・馮・米塞斯認為，消費品的價格不應該由政府決定。根據消費者的需求，很容易得出我們應該用一塊土地來生產 1,000 升酒還是 500 升汽油。一個人可以很容易地計算出應該花一天時間來製造一張凳子還是一個鍋，是摘水果還是建一堵牆。然而，複雜的生產要求進行正式的經濟計算。路德維希・馮・米塞斯認為，如果不進行正式的經濟計算，人腦「將在管理和分配問題面前不知所措」。

鮑里斯・克斯托依列夫的作品《布爾什維克》反映了俄國革命的理想政策。在經過四年苦苦掙扎後，這些「理想政策」最終還是被新經濟政策取代。

## 市場價格

除了運用貨幣價格作為統一的單位來評估之外，資本主義體系下的經濟計算還有其他兩個優點。第一，市場價格會自動反映貿易雙方的估價；第二，市場價格可以反映生產技藝的技術可行性和經濟可行性。競爭意味着只有利潤最高的生產技藝才會繼續流傳。

路德維希・馮・米塞斯認為，真正的市場價格依賴商品生產和消費過程中流通的貨幣。在社會主義體制中，貨幣的使用具有很大的限制：支付工資和購買生活消費品。但是，在國營經濟的生產終端已不

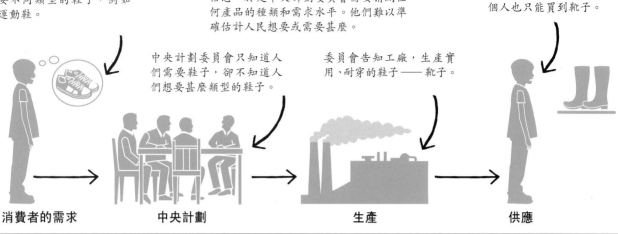

在整個市場中，消費者需要不同類型的鞋子，例如運動鞋。

中央計劃經濟缺乏有關需求的基本市場信息，於是中央計劃委員會需要猜測任何產品的種類和需求水平。他們難以準確估計人民想要或需要甚麼。

即使有人想要運動鞋，每個人也只能買到靴子。

中央計劃委員會只知道人們需要鞋子，卻不知道人們想要甚麼類型的鞋子。

委員會告知工廠，生產實用、耐穿的鞋子——靴子。

**消費者的需求**      **中央計劃**      **生產**      **供應**

再需要貨幣，就像一家工廠的內部運轉不再需要貨幣一樣。路德維希·馮·米塞斯考慮為貨幣尋找替代品，例如，馬克思就認為可以通過生產一件商品耗費的勞動時間來衡量其價值。但是，這種方法沒有考慮到不同生產資料、不同勞動力或者不同生產過程耗費的時間（相對勞動）的相對稀缺性。只有市場價格才反映了這一籃子影響因素。

### 變化的價格

路德維希·馮·米塞斯和他的奧地利學派支持者都不相信社會可以達到均衡狀態——經濟可以「自動」靠近某種水平或平衡狀態。他認為，經濟總是處於一種不平衡的狀態中，不斷在發生變化，每個市場主體都面臨着各種不確定性。此外，中央計劃者不可能簡單地採用前一個市場下的價格體系。如果中央計劃依賴一個來自不同體系的價格，那麼社會主義怎麼可能取代市場經濟呢？路德維希·馮·米塞斯

的挑戰收到了一些回應。有經濟學家認為，中央計劃者可以通過試錯法來平衡商品的供應和需求，這與里昂·瓦爾拉斯提出的在市場經濟中實現均衡的過程類似。然而，這種數學方法與巴羅內的論點沒有任何區別，奧地利學派認為，任何關於數學平衡的討論都不具有實際參考價值。

對此，路德維希·馮·米塞斯的支持者萊昂內爾·羅賓斯和弗里德里希·海耶克補充道，這樣的計算也沒有實踐意義。此外，社會主義體系也不能模擬市場體系中廠商面臨不確定因素時所承擔的風險。1936 年，經濟學家奧斯卡·蘭格和阿巴·勒納（Abba Lerner）提出一種「市場社會主義」體系，在這個體系中，許多獨立的國營廠商在國家設定的價格下尋求最高利潤。奧地利學派新的領軍者弗里德里希·海耶克對社會主義市場體系作出回應，認為只有自由市場可以提供必需的激勵機制和信息。

### 實踐中的社會主義

蘇聯曾經採用過市場社會主義。一開始，這一體系發揮了良好的作用，但整個經濟體系總是面臨着各種問題。為了解決這些問題，蘇聯進行過一段時間的嘗試，施行改革，將目標由產出轉向銷售，試圖給予國有企業更多自主決定權。但是，國有企業通常向中央計劃者瞞報資源，通過一些不能滿足顧客要求的捷徑來實現計劃者制定的目標，忽視目標以外的其他任務。這造成了大量的浪費，商品產量下降，不符合目標要求。這一體系的解體也證實了奧地利學派對激勵機制和信息的擔憂確實有其道理。

路德維希·馮·米塞斯也批評政府以其他任何形式干預市場。他認為，政府的干預會產生更多不良影響，導致進一步的干預，直到社會演變為完全的社會主義。米塞斯和奧地利學派的其他經濟學家認為，在市場經濟中，廠商通過為消費者服務賺取利潤，如此有意義的

活動不應該受到任何的限制。奧地利學派的經濟學家不接受「市場失靈」這一說法，或者他們認為這不過是為政府措施不得力所找的藉口而已。他們認為，壟斷是由政府、而不是私營企業造成的。消費者會將如污染這樣的外部因素（通常不會在市場價格反映的結果）納入考慮範圍之內，志願機構或者那些受到外部性影響的人，都會想辦法解決這些外部因素問題。

對於奧地利學派來說，政府控制貨幣供應才是最壞的干預方式之一。他們認為，政府增加貨幣供應量（如印刷更多的貨幣）會導致貨幣利率降低，進而導致糟糕的投資。當泡沫產生之後，唯一可以做的就是接受商業失敗和接踵而至的經濟蕭條。他們建議撤銷中央銀行，使貨幣建立在真正的商品（如黃金）基礎之上。奧地利學派堅決擁護放手不干預的政府。

1900 年，經濟學領域中有五個主要流派。除了馬克思主義和德國歷史學派（對市場體系持批判態度）之外，還有支持自由市場主流思想的三個流派：英國學派（以馬歇爾為首）、洛桑學派（通過數學方程式表達一般均衡理論）和以門格爾為首的奧地利學派。英國學派和洛桑學派是經濟學領域內的主流學派，但是奧地利學派卻堅決不肯妥協。最近，在 2008 年金融危機和對社會主義的重新思考之後，奧地利學派又開始流行起來。◼

社會主義經濟是一條龐大的生產線，集經濟所需的一切於一身。在第二次世界大戰期間，這種命令式的生產線發揮了相對良好的作用。

## 路德維希・馮・米塞斯

路德維希・馮・米塞斯是奧地利學派代表人物。父親是鐵路工程師。1881 年，他生於奧匈帝國的蘭堡。他在維也納大學求學期間，曾定期參加經濟學家龐巴維克主辦的學術研討會。1909–1934 年間，米塞斯就職於維也納商會，擔任奧地利政府首席經濟顧問。同時，他還在大學教授經濟理論並引來大批崇拜者，但是他一直未能成為教授。1934 年，考慮到奧地利納粹的影響，他移居日內瓦，在日內瓦大學擔任教授。1940 年秋天，在德國入侵法國後不久，米塞斯移居美國紐約。1948–1967 年，米塞斯在紐約大學教授經濟學理論。1973 年，米塞斯去世。

### 主要作品

1912 年 《貨幣與信貸理論》
1922 年 《社會主義 —— 經濟學與社會學的分析》
1949 年 《人類行為 —— 經濟學的論述》

# 資本主義摧毀舊部門，催生新部門

## 創造性破壞

### 背景介紹

聚焦
**經濟體系**

主要人物
**約瑟夫・熊彼德（1883-1950）**

此前
**1867年** 馬克思認為，資本主義通過一次次的經濟危機向前發展，在過程之中會反覆摧毀整個生產力。

**1913年** 德國經濟學家沃納・桑巴特（Werner Sombart）認為，對舊事物的破壞也為新事物的出現開闢了道路，正如木頭的缺乏促使人們開始使用煤炭一樣。

此後
**1995年** 美國經濟學家克萊頓・克里斯坦森（Clayton Christensen）將創新分為破壞性創新和可持續創新。

**2001年** 美國經濟學家理查德・福斯特（Richard Foster）和莎拉・卡普蘭（Sarah Kaplan）認為，即使是最傑出的廠商也不可能永遠戰勝資本市場。

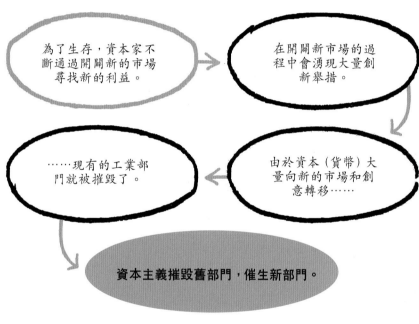

為了生存，資本家不斷通過開闢新的市場尋找新的利益。

在開闢新市場的過程中會湧現大量創新舉措。

由於資本（貨幣）大量向新的市場和創意轉移……

……現有的工業部門就被摧毀了。

**資本主義摧毀舊部門，催生新部門。**

當經濟出現停滯時，企業和工作崗位就會開始消失，為了消除這些不良影響，政府有必要對經濟進行干預。20世紀30年代大蕭條期間，奧地利經濟學家約瑟夫・熊彼德在經濟最不景氣的時候發表文章，否認這一看法。他認為，經濟停滯是資本主義為了繼續進步而鏟除阻礙因素、為新的發展開闢道路的過程，馬克思將這一過程描述為「創造性破壞」。

熊彼德堅信，企業家是資本主義進步的核心因素。亞當・斯密認為，利潤源於投資創造的收益，馬克思認為利潤源於對勞動力的剝削，而熊彼德則認為利潤源於創新——它既不是源於資本也不是源於勞動力。他將企業家視為人類的

**參見：**自由市場經濟學 54~61 頁，繁榮與蕭條 78~79 頁，馬克思主義經濟學 100~105 頁，技術飛躍 313 頁。

一種新階級，一種既不屬於工人階級也不屬於資本家的「暴發戶」，在市場充滿不確定因素的情況下，他們通過創新，開發新的產品和新的生產方式。

企業家通常只會對微小的經濟變化作出「適應性調整」，這就使那些對經濟變化作出創新性回應的企業家脫穎而出。迫於壓力，企業家不得不借債將他們的創新投入市場，他們無可避免會遇到一些阻礙。他們打破舊的經濟體系，為牟利開闢新的機會。在熊彼德看來，創新創造出的新市場遠比斯密提出的「看不見的手」或者自由市場競爭有效。

### 突破性進展

熊彼德認為，儘管創新會促進新市場發展，但其他企業家不久就會相繼模仿，從最初想出這個創意的企業家那裏分一杯羹。這個時候，經濟又會出現停滯，市場發展緩慢。雖然經濟停滯會帶來許多負面影響，但它可以清除市場中許多無效的經濟因素，是促進市場繼續向前發展的重要方法。在最近幾年

蘋果公司出品的 iPhone，是有着遠見卓識的美國企業家史蒂夫·喬布斯引進的。行業遊戲規則改變迫使競爭對手開發新產品，這樣才能在競爭中取勝。

> 新與舊產品和方法之間的較量……並不平等，但新產品和新方法有絕對優勢，必定會替代舊產品和舊方法。
>
> —— 約瑟夫·熊彼德

裏，商業策略家如美國經濟學家克萊頓·克里斯坦森將創新分為兩類。「可持續」的創新有一套不斷發展進步的體系，通常都是技術性的革新。相反，「破壞性」創新會擾亂市場，通過產品創新改變市場，從而推進經濟的發展。例如，儘管蘋果公司並沒有研發出數碼音樂播放器的技術，但它卻創造性地將高科技產品 (iPod) 和音樂下載軟件 (iTunes) 結合起來，產生了一種全新享受音樂的方式。

馬克思相信，創造性破壞賦予資本主義巨大的能量，同時也使資本主義面臨摧枯拉朽的爆炸性危機。熊彼德雖然贊成這一觀點，但是他認為，資本主義會將自己摧毀並非失敗，而是它的成功。他認為壟斷是創新的來源之一，但是壟斷企業必定會繼續發展至規模過大，以致其官僚主義會超越最初為其注入生命力的企業精神。■

### 約瑟夫·熊彼德

約瑟夫·熊彼德 1883 年出生於奧匈帝國的摩拉維亞，他的父親是德國工廠主。熊彼德四歲時，父親去世，他與母親移居維也納。他的母親與一個維也納貴族將軍結婚，繼父幫他開始了一段旋風般的事業，成為經濟學教授、奧地利財政部長以至彼得曼銀行行長。

1924 年彼得曼銀行破產，奧地利和德國也相繼成為納粹國。這之後，熊彼德移居美國，成為哈佛大學講師，並有一批狂熱的崇拜者。熊彼德於 1950 年去世，享年 66 歲。

### 主要作品

1912 年　《經濟發展理論》

1939 年　《經濟週期》

1942 年　《資本主義、社會主義和民主》

1954 年　《經濟分析史》

# WAR AND DEPRESSION
# 1929–1945

# 戰爭與蕭條
# 1929年－1945年

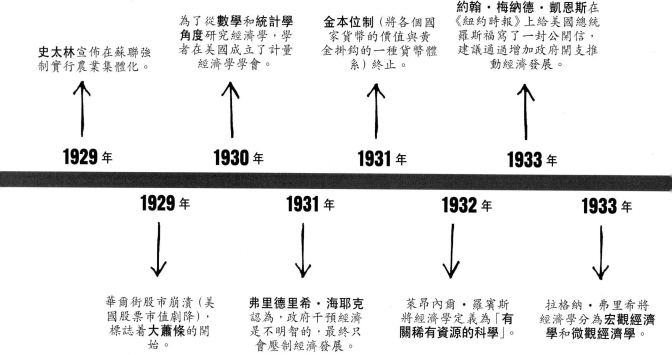

史太林宣佈在蘇聯強制實行農業集體化。

為了從**數學**和**統計學角度**研究經濟學，學者在美國成立了計量經濟學學會。

**金本位制**（將各個國家貨幣的價值與黃金掛鈎的一種貨幣體系）終止。

**約翰・梅納德・凱恩斯**在《紐約時報》上給美國總統羅斯福寫了一封公開信，建議通過增加政府開支推動經濟發展。

**1929** 年　　　**1930** 年　　　**1931** 年　　　**1933** 年

**1929** 年　　　**1931** 年　　　**1932** 年　　　**1933** 年

華爾街股市崩潰（美國股票市值劇降），標誌着**大蕭條**的開始。

**弗里德里希・海耶克**認為，政府干預經濟是不明智的，最終只會壓制經濟發展。

萊昂內爾・羅賓斯將經濟學定義為「**有關稀有資源的科學**」。

拉格納・弗里希將經濟學分為**宏觀經濟學**和**微觀經濟學**。

**第**二次世界大戰結束後，傳統的經濟學思想開始受到歐洲和北美洲發生的一些大事挑戰。俄國由於社會和政治的動盪不安發生了共產主義革命，德國經濟也因為惡性通脹而崩潰。

20 世紀 20 年代，美國經濟繁榮昌盛，1928 年，美國總統胡佛發表講話，「我們國家的經濟繁榮已經超越了歷史上任何國家所達到的程度。」一年後，華爾街崩潰：股市崩盤，成千上萬家公司倒閉。到 1932 年，美國失業人數已經超過 1,300 萬人。美國收回以前借給歐洲的巨額貸款，導致歐洲多家銀行破產。在這個十年裏，許多國家都處於嚴重的經濟蕭條之中。也正是

在這一時期，英國經濟學家萊昂內爾・羅賓斯系統地將經濟學定義為「有關稀有資源的科學」，後來的經濟學家經常引用這一定義。

### 新的研究方法

人們曾相信自由市場可以保持市場穩定，促進經濟發展，但此時這一信仰開始動搖，經濟學家開始尋找新的經濟策略來解決經濟發展中遇到的難題，尤其是失業。有人甚至開始驗證發達的資本主義國家存在的體制問題。例如，美國經濟學家阿道夫・伯爾勒（Adolf Berle）和戈迪納・米恩斯（Gardiner Means）向人們演示了經理怎樣在工作中為自己謀利而不是為公司謀

利。當時最迫切的就是要刺激經濟發展，但這需要一種完全不同的新方法。英國經濟學家凱恩斯找到了答案，他意識到沒有任何政府干預的自由市場已經完全失靈。人們曾經完全信任自由市場，深信自由市場能夠自發糾正錯誤和失靈，而凱恩斯則提倡政府對經濟實施干預，尤其可以運用政府開支來刺激需求，推動經濟復甦。

凱恩斯的觀點遭最初受到質疑，但後來，人們開始慢慢接受並支持凱恩斯的觀點。他把經濟看作一部機器，政府可以通過調整變量（如貨幣供應和公共開支）來控制這部機器的運轉。1933 年，美國總統羅斯福根據凱恩斯的基本觀點，發

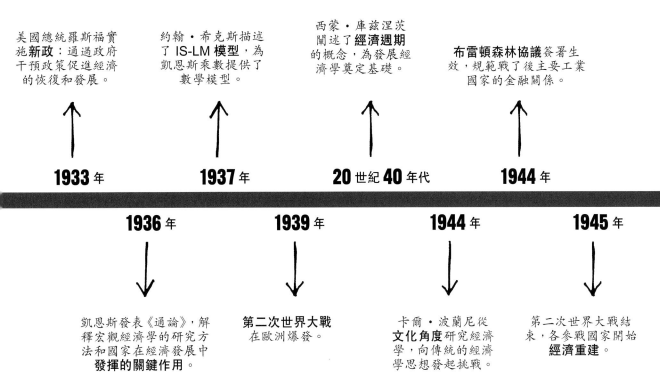

美國總統羅斯福實施**新政**：通過政府干預政策促進經濟的恢復和發展。

約翰‧希克斯描述了 IS-LM **模型**，為凱恩斯乘數提供了數學模型。

西蒙‧庫茲涅茨闡述了**經濟週期**的概念，為發展經濟學奠定基礎。

**布雷頓森林協議**簽署生效，規範戰了後主要工業國家的金融關係。

**1933** 年　　**1937** 年　　**20** 世紀 **40** 年代　　**1944** 年

**1936** 年　　**1939** 年　　**1944** 年　　**1945** 年

凱恩斯發表《通論》，解釋宏觀經濟學的研究方法和國家在經濟發展中**發揮的關鍵作用**。

**第二次世界大戰**在歐洲爆發。

卡爾‧波蘭尼從**文化角度**研究經濟學，向傳統的經濟學思想發起挑戰。

**第二次世界大戰結**束，各參戰國家開始**經濟重建**。

---

起了著名的羅斯福新政，期望推動美國經濟復甦。政府增加開支，大量投資大型基礎建設，所有的銀行都收歸中央管理。新政成為第二次世界大戰後美國和歐洲經濟政策的基礎。

　　挪威經濟學家拉格納‧弗里希（Ragnar Frisch）提出研究經濟的兩種不同方法：部分研究（微觀經濟學）和整體研究（宏觀經濟學）。計量經濟學（經濟數據的數學和統計分析）這一新的研究領域，成為經濟計劃和經濟預測的有效工具。現代宏觀經濟學主要利用凱恩斯廣受推崇的方法。然而，儘管凱恩斯提出解決 20 世紀 30 年經濟大蕭條的方法非常有效，但是，許多經濟學家仍然認為，政府干預對市場經濟來說仍有不妥。有些美國人認為凱恩斯的方法完全背離了「美國方式」，而歐洲經濟學家則將這一方法與社會主義聯繫起來。凱恩斯本人卻認為，這種方法是英國自由主義傳統的一部分，因為經濟中出現的這些問題，都是社會因素作用的結果。

**全球差異**

　　經濟學的發展會打上不同國家或民族的烙印，不同文化背景下的經濟學派思想都帶有該民族的特點。在奧地利，激進派在海耶克思想的基礎上逐漸演變，最後支持絕對自由的市場。海耶克反對共產主義，支持資本主義，他認為，西方世界的自由和民主是隨着自由市場經濟發展而產生的，而共產主義的專政和中央集權的計劃經濟則失掉了這種自由。其他經濟學家深化了這一思想，認為競爭對於經濟發展非常必要，西方資本主義國家的生活水平高於社會主義國家，就清楚地證明了這一點。

　　20 世紀 30 年代，大批德國和奧地利思想家移居英國和美國，他們也將這些思想傳播到這些國家。後來，人們漸漸不再迷信凱恩斯的經濟學思想，新一代的經濟學家又重新研究自由市場，主張應該由市場解決經濟發展中遇到的問題。■

# 失業
# 不是人們
# 自願的

經濟蕭條與失業

## 背景介紹

聚焦
**宏觀經濟**

主要人物
**約翰·梅納德·凱恩斯**
（1883－1946）

此前
**1776年** 蘇格蘭經濟學家亞當·斯密認為，市場這隻「看不見的手」會自動調節經濟，實現經濟繁榮。

**1909年** 英國社會活動家比阿特麗斯·韋布（Beatrice Webb）在她的作品《少數派報告》中指出，貧困的原因在於社會結構，不應該責備窮人。

此後
**1937年** 英國經濟學家約翰·希克斯分析了凱恩斯體系。

**1986年** 美國經濟學家喬治·阿克洛夫（George Akerlof）和珍妮特·耶倫（Janet Yellen）用效率工資模型闡述了非自願失業的概念。

於 1936 年，約翰·梅納德·凱恩斯出版劃時代的作品——《就業、利息與貨幣通論》。凱恩斯也因此成為世界上最著名的經濟學家之一。該書的重要性在於，它從一個完全不同的角度來思考宏觀經濟。

蘇格蘭經濟學家斯密在 1776 年出版著名的《國富論》，勾勒古典主義經濟學的輪廓，從那以後，經濟就被看作是單一市場和決策制定者之間完美平衡的結合。經濟學家有一個共識：經濟會自發地達到一種平衡狀態，所有想要工作的人都可以找到僱主。

然而，凱恩斯顛覆了古典模型中的基本因果推論。他認為，宏觀經濟（整體經濟）與微觀經濟（經濟的一個部分）完全不同。凱恩斯曾接受古典學派思想教育，認為自己非常努力才擺脫了慣性思維方式。然而，正是由於成功地擺脫了慣性思維方式，他採取了激進的經濟分析方法。此外，他對失業原因的看法也顛覆了傳統，並且也找到了一套與傳統方法完全不同的解決辦法。在《就業、利息與貨幣通論》出版前的一個世紀裏，失業不是主要的問題，貧窮才是長期存在的社會問題。直到 19 世紀 80 年代，以英

圖為埃德加·德加 1875 年的繪畫作品，描述了酒吧中一個喝苦艾酒的人。在 1936 年凱恩斯發表他的觀點前，酗酒等劣行都被認為是導致失業的原因。

古典經濟學認為失業是人們自願的——如果人們願意為低一點的工資工作，工作總會有的。

但是工資的變化很緩慢，因此，在經濟停滯期間，隨着物價降低，工資的實際價值上升——公司需要的勞動力也隨之減少。

隨着市場中需求減少，工人失業，公司則陷入生產不足的困境。

失業不是人們自願的。

**參見：**自由市場經濟學 54~61 頁，市場供應過剩 74~75 頁，凱恩斯乘數 164~165 頁，通脹與失業 202~203 頁，理性預期 244~247 頁，激勵與工資 302 頁，黏性工資 303 頁。

右圖是 1929 年 10 月 29 日，紐約股市崩盤那一天，焦慮的人們聚集在華爾街上。一天之內，美國幾乎一半的股票被拋售，經濟大蕭條由此開始。

國和美國為首的一些國家發生了工業革命，經濟快速發展，人們生活水平大幅度提高，但是，貧困仍然存在。

## 懶惰的窮人

長期以來，經濟學家都把貧困當成一個最大的社會政策問題來研究，但是，到了 19 世紀末，人們開始越來越擔心工人失業的問題。起初，人們認為，失業問題是由疾病或者是工人自身的問題如懶惰、生理缺陷或者職業道德缺失等造成。也就是說，失業不是社會問題導致，而是由工人自身的問題導致，他們出於一些原因不能參加工作。很明顯，當時人們認為，失業並不是一個需要公共政策關注的問題。

1909 年，英國社會活動家比阿特麗斯・韋布（Beatrice Webb）出版《少數派報告》。這是第一個提出福利國家概念和政策的文件，文件宣稱「部長應該承擔起組織國家勞動力市場、防止失業或使失業最小化的責任」。「非自願失業」這個概念第一次出現，與此同時，人們也漸漸意識到，造成失業的原因並不是勞動者本身的缺點，而是外在的經濟情況。

## 非自願失業

1913 年，英國經濟學家亞瑟・庇古（Arthur Pigou）進一步闡述了「非自願失業」這一概念，使人們能夠更容易理解。他認為，在一個行業內，如果工人願意在目前的工資水平下更努力地工作，而不提出更高的工資要求，這種情況下的失業就是「非自願失業」。即使在今天，這一定義也能恰當地闡述「非自願失業」，因為這個定義指明了「非自願失業」的根本原因：工人根本沒有選擇工作還是不工作的權利。在這一時期，傳統的失業觀點仍是經濟學的主導思想。傳統觀點認為，失業在很大程度上是人們自願的，因為他們不願意在當前的工資水平下工作，或者寧願去參與一些「非市場活動」，如照顧小孩等。傳統觀點的支持者認為，自由市場自我調節和修正的機制可以解決任何「非自願失業」問題。

傳統思想認為，非自願失業不會長期存在：市場的自我調節機制很快就能使就業恢復到充分就業狀態。有證據顯示，凱恩斯最初也贊成這一觀點。在他 1930 年出版的《貨幣論》中，凱恩斯寫道，當價格下降速度超過成本下降的速度時，公司有三種選擇：忍受虧損、關閉公司或者減少工人工資。凱恩斯認為，從國家的角度來看，只有第三

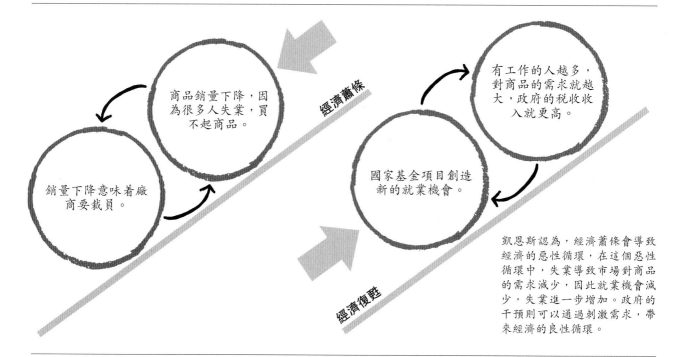

商品銷量下降，因為很多人失業，買不起商品。

銷量下降意味着廠商要裁員。

經濟蕭條

有工作的人越多，對商品的需求就越大，政府的稅收收入就更高。

國家基金項目創造新的就業機會。

經濟復甦

凱恩斯認為，經濟蕭條會導致經濟的惡性循環，在這個惡性循環中，失業導致市場對商品的需求減少，因此就業機會減少，失業進一步增加。政府的干預則可以通過刺激需求，帶來經濟的良性循環。

種選擇才能使經濟回到真正的均衡。

然而，1929 年美國股市崩盤以及緊隨其後的世界經濟大蕭條之後，凱恩斯的思想發生了改變。華爾街金融危機使得世界經濟嚴重衰退——美國經濟的規模縮減了 40%。到 1931 年，美國國民收入從股市崩盤前的 870 億下降到 420 億；到 1933 年，美國失業人數達到 1,400 萬。生活水平急劇下降，骨瘦如柴的身影隨處可見，這些都是那時代貧窮和絕望的見證。正是目睹了這一時期的種種慘狀，凱恩斯才寫下了著名的《就業、利息與貨幣通論》。

### 大蕭條

世界經濟大蕭條成為了凱恩斯新的出發點。市場的正常運轉似乎無法解決經濟中長期存在的高水平

「非自願失業」這一問題。一般情況下，就業人數由真正的工資水平決定——工資水平與市場上商品和服務的價格有關。在經濟停滯時期，由於人們對商品的需求減少，商品的價格也隨之下降，而且價格下降速度大於工資下降的速度。然而，工人卻反對減薪，這樣，人們的實

**新的思想並沒有問題，問題在於怎樣跳出舊的思維方式。**

——約翰・梅納德・凱恩斯

質工資就上升了。在高工資水平的情況下，願意工作的人數增加，但實質工資上升，工廠需要的工人數量減少，導致失業。

### 黏性工資

減少失業率的一種方法是市場調整，即剩餘勞動力（沒工作的人）製造壓力使貨幣工資下降，工人願意在低於當前工資水平的條件下工作。古典主義經濟學家認為，市場具有靈活性，可以隨時作出調整，降低實質工資水平。但凱恩斯認為，工資具有黏性（又稱「工資剛性」，即勞動者不願意接受工資下降）：非自願失業會繼續存在。凱恩斯認為，工人不可能在工資水平下降的情況下回到工作崗位。他指出，從理論上來看，如大蕭條時期一樣，當需求下降時，工廠可能

圖為 1931 年在芝加哥職業介紹所找工作的男子。從 1929 年到 1933 年，超過 1,000 萬美國人失去工作。為了促進經濟復甦，美國實施羅斯福新政，頒佈了一籃子刺激計劃。

願意以實質工資水平僱用更多的工人，但實際上，這是不可能的。這是因為整個經濟對商品的需求減少了，這就限制了產品的產量，工廠不可能生產太多產品。工人想要提供更多勞動力，工廠願意生產更多的商品，因為如果不這樣的話，工廠和機械設備就閒置了。需求不足使工人和工廠陷入了一種失業和過量生產的惡性循環。

下圖為 1919–1939 年期間歐美主要國家的失業率。大部分國家在 20 世紀 20 年代經濟才剛剛恢復，又遭受了 1930 年經濟大蕭條的嚴重打擊，失業率急劇上升。

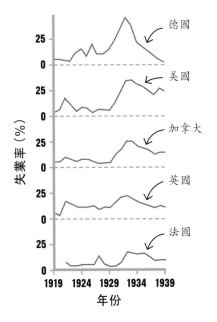

### 政府的角色

凱恩斯認為，必須到工人和廠商之外尋找解決非自願失業的辦法。在他看來，要解決這一問題，政府就要在經濟上增加投入，這樣就可以提高市場對產品的整體需求，又可以鼓勵公司僱用更多工人。隨着產品價格上升，實質工資下降，就業率才能恢復到充分就業的水平。對於凱恩斯來說，政府怎樣進行投入並不重要。他的名言是「國庫把錢幣裝入舊瓶子，再將瓶子埋入土中……讓經受住自由市場考驗的私營企業將這些錢挖出來」。只要政府拉動經濟需求，整個經濟體系就會開始恢復。

### 實質工資

《就業、利息與貨幣通論》並不是淺顯的作品，甚至凱恩斯本人也用「複雜、雜亂和晦澀」來形容它。此外，人們對凱恩斯的某些解說仍然沒有定論，尤其是對於自願失業和非自願失業之間的區別，人們仍然疑惑不清。公司對勞動力的需求量由公司需要支付的實質工資決定，非自願失業率偏高的一種解釋就是以此為基礎的。工人和公司只能就某一工作或行業內的工資進行協商，他們無法控制整個經濟內部的價格水平。實際上，一般來說，低工資水平既可以減少生產成本，也會降低產品的價格，這就意味着實質工資並不會下降到可以消除失業的水平。這樣，失業並非是人們自願的，因為工人對此無能為力。人們普遍認為，工會可以通過集體談判等行動來調節工資水平，使工資無法下降到可以消除失業的水平。因此，那些失去工作的人就無法重新獲得工作。凱恩斯將這種失業歸類於自願失業，他認為，當

工資低於現行水平時，工人們都不願意工作。凱恩斯的推理與此後以數學模型為主要研究方法的經濟學有很大差異。戰後的宏觀經濟學主要是將凱恩斯的觀點重新解釋，用正規的模型或者公式來闡述他的觀點。英國經濟學家約翰・希克斯用IS-LM模型闡述了凱恩斯的觀點。戰後，這一模型成為標準的宏觀經濟模型，現在仍然是修讀經濟學的人首先要了解學習的內容之一。

### 新的解釋

對凱恩斯作品的現代研究表明，工人最關心的是他們相對於其他人的工資。工人通過「報酬列表」上可以看出自己處於甚麼位置，任何人為削減他們工資的行為都會引發他們激烈的反抗。有趣的是，通脹引起的價格上漲同樣會造成工人實質工資水平下降，但是，這種情況下，工人的反抗反而不如前者激烈，因為所有工人的完質工資水平都下降了。

效率工資理論提出了一個問題：為甚麼公司不通過削減員工工資來提高自身的利潤呢？該理論認為，公司不願意這樣做，是因為削減員工的工資後，他們的位置就會排到報酬列表的後邊去，這會打擊員工的積極性。削減工資實際上會造成利潤損失，因為降低工資獲得的利益會被員工低迷的工作狀態和技術工人離職造成的生產力下降所抵銷。這樣，工人就不能通過降低工資要求為自己獲得工作。此外，相關的工資確定模型——「新凱恩斯」模型，還對剛性工資作出了其他解釋。

### 古典主義的復甦

20世紀70年代，隨着歐洲經濟滯脹問題出現，人們不再迷信凱恩斯主義。「新古典主義」學派經濟學家開始重新研究古典主義經濟學關於失業的看法，他們再次否定了非自願失業長期存在的可能性。美國經濟學家羅伯特・盧卡斯（Robert Lucas，1937－）是反對凱恩斯主義的代表人物之一。一名會計因為找不到工作，只好去當的士司機。當

如果通過調整國內需求防止了非自願失業，我們就為國民生產創造了效益。

——西德尼・韋布
比阿特麗斯・韋布

美國總統富蘭克林・羅斯福投入大量資金，大興基礎建設，如科羅拉多河上的胡佛水壩。即便如此，政府也並不是在追隨凱恩斯的政策。

一名駕駛的士的會計到底屬於失業的會計還是有工作的司機？凱恩斯主義者可能會認為他屬於非自願失業人士。新古典經濟學家則會認為他並未失業。

解決非自願失業問題，越快越好。

——羅伯特・盧卡斯

被問到如何看待這位會計時，盧卡斯答道：「我認為他是一名的士司機，因為他現在正在做的工作是駕駛的士」。對於現代古典主義學者來說，市場永遠是清醒的，工人有選擇是否工作的權利。

效率工資理論家也許贊成這一觀點：在經濟停滯期，如果一個人想要獲得工作，他就可以找到工作。但是，有些工人（如上文提到的會計）並沒有充分利用他自身的優勢，對於經濟發展來說，他的價值沒有實現最大化。作為一名的士司機，他仍然是一名非自願失業的會計。當經濟恢復到正常水平時，他又可以充分利用他自己的優勢，重新成為一名會計。凱恩斯主義和古典主義經濟學家之間的爭論，其根本的區別就在於對市場自我調節能力的看法。

### 古典主義的真相

凱恩斯可能會贊同諾貝爾獎得主——美國經濟學家約瑟夫・斯蒂格利茨（Joseph Stiglitz）的觀點。斯蒂格利茨認為，在美國大蕭條期間，芝加哥四分之一的失業人士都可能是自願選擇失業的，因為他們本可以西遷，去加利福尼亞的農場裏採摘水果，而且已經有上百萬人這樣做了。他認為，儘管事實如此，但是這仍然代表着一次巨大的市場失靈；如果古典主義理論認為，除了對這些不幸的失業人士表示同情之外，再沒有甚麼辦法可以幫助他們的話，我們寧願不要再研究這些理論了。■

### 約翰・梅納德・凱恩斯

1883 年，馬克思逝世，也正是在這一年，約翰・梅納德・凱恩斯出生了，他注定不可能成為工人階級的救世主。凱恩斯在英國劍橋長大，父母都是學者，因此，他過着優越的生活。獲得劍橋大學獎學金後，他在劍橋修讀數學，後來為印度的英國政府服務並出版他的首部著作《印度貨幣與金融》。第一次世界大戰後的巴黎和會，以及 1944 年的布雷頓森林會議，凱恩斯都是會議顧問。他總是同時做多件事情——在他撰寫《就業、利息與貨幣通論》期間，他修建了一座劇院。在朋友圈子裏，他是一流的作家和藝術家。凱恩斯通過股市大賺了一筆，並將這筆錢大部分花在支持他的藝術家朋友。1946 年，凱恩斯因心臟病去世，享年 64 歲。

**主要作品**

1919 年　《凡爾賽和約的經濟後果》
1930 年　《貨幣論》
1936 年　《就業、利息與貨幣通論》

# 有些人喜愛冒險，有些人規避風險

## 風險與不確定性

**背景介紹**

聚焦
**決策**

主要人物
**弗蘭克·奈特（1885-1972）**

此前
**1738年** 瑞士籍荷蘭數學家丹尼爾·伯努利（Daniel Bernoulli）系統地闡述風險規避和效用理論。

此後
**1953年** 法國經濟學家莫里斯·阿萊（Maurice Allais）發現與期望效用理論相矛盾的決策悖論。

**1962年** 美國經濟學家丹尼爾·埃爾斯伯格（Daniel Ellsberg）表示，人們在不確定性情況下作出的決策，並不完全建立在概率基礎上。

**1979年** 以色列心理學家丹尼爾·卡尼曼（Daniel Kahneman）和阿莫斯·特沃斯基（Amos Tversky）以現實生活實驗為基礎，在他們的前景理論中質疑經濟決策的合理性。

風險越低，回報越低。

風險越高，回報越高。

儘管收入較低，但為了保證得到某一收入，規避風險的投資者不願意承擔更多風險。

為了獲得更高回報，偏好風險的投資者隨時準備承擔更多風險。

**有些人喜愛冒險，有些人規避風險。**

**市**場經濟中任何投資或者生意都有風險。在決定採取某一行動前，任何投資者都必須考慮可能出現的結果，權衡可能的結果以及潛在的收益，也就是計算「期望效用」。如果有安全的選擇，那麼人們通常會偏好這一安全選擇，除

非更冒險的那個選擇預期回報非常高，否則人們一般不會去冒險。風險越大，吸引投資者的收益也應該越高。

很明顯，這與分析賭博中的賠率相似。18世紀的數學家對風險進行了早期的研究，他們也同時研究

參見：經濟人 52~53 頁，非理性決策 194~195 頁，決策悖論 248~249 頁，金融工程 262~265 頁，行為經濟學 266~269 頁。

**利潤源於事物固有的、絕對的不可預測性。**

—— 弗蘭克・奈特

了賭博遊戲中的概率問題。20 世紀 20 年代，美國經濟學家弗蘭克・奈特成為早期分析自由市場經濟中風險和利益關係的經濟學家之一。此外，他還對風險和不確定性進行了區分解釋。根據他的定義，「風險」就是你不知道某個行動的結果如何，但卻能算出各種可能結果的概率。人們可以運用數學方法評估風險，再據此購買保險。同樣，我們也可以將期望效益和可供選擇的行為進行實際的對比研究。

奈特認為，「不確定性」描述人們不知道各種可能結果的可能性的情況，因此，不能從預期效用角度將各種可能的結果進行對比分析。這就意味着不能用數學方式衡量這一風險。奈特認為，當公司願意接受這種沒有保證的不確定性時，如果冒險成功，他們就能夠從中獲利——即使經濟處於長期的均衡狀態中，他們也能獲利。

當意識到潛在的高回報時，即使充滿了風險和不確定性，投資者和企業家通常都會為之一搏。正如那些因為一夜暴富或者因一夜蝕光而成為新聞頭條的證券交易員和銀行家一樣，有時候，這種「勇者必勝」的精神可能會走向極端。而另一方面，像那些將一生的儲蓄存入有固定利息的銀行的普通人一樣，大部分人都願意放棄高額利潤，選擇穩妥的、低風險的投資。人們對風險的偏好有本質上的不同，就像風險程度也各不相同一樣，有些人喜歡冒險，而有些人則更喜歡規避風險。但即使是不願意冒險的人，也可能因為受到高回報的吸引而冒一定的風險。

## 風險水平

風險廣泛存在於各種各樣的經濟活動中，如投資股市，發放沒有抵押的貸款，在新開闢的市場銷售商品等。我們每個個體的經濟決策也受到風險的影響：我們是為別人工作還是自己創業？我們將個人積蓄用於何種投資？正是由於我們規避風險，保險市場才得以存在。保險公司和精算師、信用評級機構以及市場調查機構都可以幫助我們評估風險的高低及是否值得投資。但是，不同程度的不確定因素仍然存在。■

圖為巴西聖保羅期貨市場，期貨交易員正在就商品價格的未來走向打賭。價格的一點微小變動也會帶來巨大的利潤或者損失。

## 弗蘭克・奈特

弗蘭克・奈特是他那一代最重要的經濟學家之一。1885 年，他在美國伊利諾伊州出生。後來在康奈爾大學修讀哲學，一年後，他開始轉而修讀經濟學。他的博士論文為他著名的《風險、不確定性和利潤》一書奠定了基礎。奈特是愛荷華大學的第一名經濟學教授，1927 年，他轉到芝加哥大學，在那兒度過餘生。

奈特是芝加哥學派經濟學家的早期成員，他桃李滿門，包括獲得諾貝爾獎的米爾頓・佛利民、詹姆斯・布坎南以及認為奈特有着「無窮無盡求知慾」的喬治・斯蒂格勒。

**主要作品**

1921 年　《風險、不確定性和利潤》
1935 年　《競爭的倫理》
1947 年　《自由與改革：經濟學與社會哲學論文集》

# 政府支出可以推動經濟發展

## 凱恩斯乘數

### 背景介紹

聚焦
**宏觀經濟**

主要人物
**約翰·梅納德·凱恩斯**
(1883−1946)

此前
**1931年** 英國經濟學家理查德·卡恩(Richard Kahn)建立了明確的理論來闡述凱恩斯提出的政府支出的乘數效應。

此後
**1971年** 波蘭經濟學家米哈爾·卡萊斯基(Michal Kalecki)進一步發展了乘數概念。

**1974年** 美國經濟學家羅伯特·巴羅(Robert Barro)重新研究「李嘉圖等價定理」(人們為了適應政府預算的調整而改變行為)理論。李嘉圖等價定理意味着政府支出不會產生乘數效應。

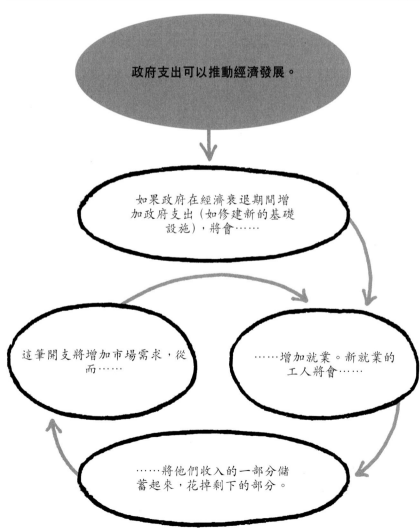

政府支出可以推動經濟發展。

如果政府在經濟衰退期間增加政府支出(如修建新的基礎設施),將會……

這筆開支將增加市場需求,從而……

……增加就業。新就業的工人將會……

……將他們收入的一部分儲蓄起來,花掉剩下的部分。

參見：經濟的循環流通 40~45 頁，市場供應過剩 74~75 頁，借貸與債務 76~77 頁，經濟蕭條與失業 154~161 頁。

**宏**觀經濟學試圖闡述整個經濟運作機制。1758 年，法國經濟學家弗朗索瓦·魁奈證明，處於經濟樹頂端的地主花出去的錢，在經過其他人再消費之後能翻番甚至達數倍之多。

經濟蕭條期間，價格和勞動力無法恢復到均衡或者自然水平的原因是甚麼呢？20 世紀，英國經濟學家凱恩斯特別對這一問題進行了研究。18 世紀到 20 世紀期間，主流的古典經濟學認為，整體經濟必須在自由市場的正常運轉下，才能自然地達到均衡。凱恩斯得出結論，認為促使經濟恢復的最快方法，就是通過增加政府的短期支出來刺激市場消費需求。

這其中起關鍵作用的，是政府支出的乘數效應。乘數由凱恩斯和其他經濟學家，尤其是理查德·卡恩共同研究得出的，後來約翰·希克斯用數學方法進一步研究這一概念。如果政府在經濟蕭條時期投資大型工程（如道路修建），那麼就業率將會上升，由此創造的國家財富將比政府的投入多得多。

這是因為，為政府項目工作的工人會將他們收入的一部分用來消費，購買其他人生產的商品，由此又帶動了就業率進一步上升。這一過程將會持續發揮作用，但是其作用會漸漸減弱，因為在每一次的政府投入中，工人都會將一部分收入儲起來，或者用來購買進口商品。

大型基建項目，如修建中國三峽大壩可以製造成千上萬的就業機會。新就業的工人的收入將會重新被投入經濟中，推動新一輪消費的增長。

據估計，政府每花費 1 英鎊，收入就會增加 1.4 英鎊。

1936 年，英國經濟學家約翰·希克斯根據凱恩斯乘數設計了一個數學模型，這就是著名的 IS-LM 模型（I= 投資，S= 儲蓄，L= 流動資金需求，M= 貨幣供應）。根據 IS-LM 模型，可以預測政府支出或稅收的變化對就業水平的影響。在戰後時期，這一模型成為解釋經濟運轉的標準工具。

有些經濟學家質疑凱恩斯乘數的原理，認為政府可以通過稅收或債務籌集資金支持政府支出。稅收會造成經濟中貨幣的流失，效果適得其反；而債務會引起通脹，降低工資的購買能力。■

## 約翰·希克斯

約翰·希克斯 1904 年出生於英格蘭華威，父親是一名記者。他在私立學校接受教育，在數學獎學金資助下獲得了牛津大學的哲學、政治學以及經濟學的學位。1923 年，他在倫敦經濟學院與弗里德里希·海耶克和著名的英國經濟學家烏爾蘇拉·韋布一同講學。1935 年，韋布與希克斯結婚。後來，希克斯在劍橋大學、曼徹斯特大學以及牛津大學任教。他的作品以人道主義為核心，第二次世界大戰之後，希克斯和妻子周遊世界，為許多新獨立國家的財政結構提供建議。1964 年，希克斯被授予爵位，並於 1972 年獲得諾貝爾獎。1989 年，希克斯去世。

**主要作品**

1937 年 《凱恩斯先生與古典主義》
1939 年 《價值和資本》
1965 年 《資本與增長》

除了公共基礎建設直接創造的就業崗位外，政府支出還會間接地增加就業。
——美國經濟學家·唐·帕廷金
(1922–1995)

# 經濟
# 根植於文化

經濟學與傳統

## 背景介紹

聚焦
**社會與經濟**

主要人物
**卡爾・波蘭尼（1886-1964）**

此前
**1776年** 亞當・斯密在《國富論》中強調，人為了利潤而進行貿易和以物易物是一種本能。

**1915年** 波蘭人類學家布羅尼斯拉夫・馬林諾夫斯基（Bronislaw Malinowski）描述了特洛布里恩群島的庫拉系統。

**1923年** 法國社會學家馬塞爾・莫斯（Marcel Mauss）出版《禮物》，研究了傳統社會的送禮行為。

此後
**1977年** 美國經濟學家道格拉斯・諾斯認為，特洛布里恩群島人的行為可以運用經濟學解釋。

**20世紀90年代** 以色列經濟學家艾夫納・奧弗爾（Avner Offer）表明，非經濟行為在現代經濟中有舉足輕重的作用。

經濟學家認為，人是理性的，因為不管選擇一輛車，還是一位總統，他們只會選擇最大回報的選項。奧地利出生的經濟學家卡爾・波蘭尼卻不贊同這一觀點。他認為，重要的是，人是社會生物，他們都浸泡在文化和傳統的「湯」中，正是這種「湯」孕育了經濟，而不是精明的個體的利益動機催生了經濟。

## 島嶼經濟

波蘭尼在 1944 年的著作《大轉型》中談到，人們的非經濟行為極大地促進了西太平洋新幾內亞東南部特洛布里恩群島的部落經濟的

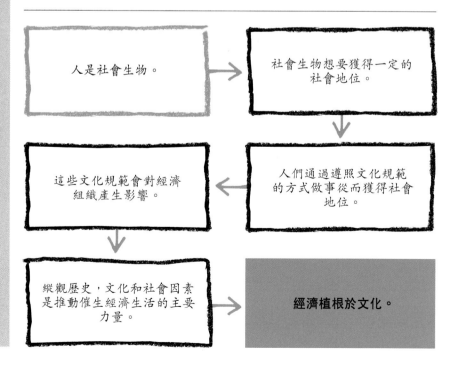

人是社會生物。

→ 社會生物想要獲得一定的社會地位。

→ 人們通過遵照文化規範的方式做事從而獲得社會地位。

← 這些文化規範會對經濟組織產生影響。

↓ 縱觀歷史，文化和社會因素是推動催生經濟生活的主要力量。

→ **經濟植根於文化。**

參見：經濟人 52~53 頁，宗教與經濟 138~139 頁，經濟制度 206~207 頁，社會資本 280 頁。

> 實際上，經濟體系僅是社會組織的一個功能。
>
> ——卡爾·波蘭尼

發展。即使是在今天，貿易仍然是通過贈送禮物進行的，而不是討價還價。島民們冒險渡到隔鄰島嶼的部落去贈送紅貝殼項鏈和白色手環等禮物，是一種風俗儀式，人們稱其為庫拉。人們通常不會保留這些禮物，而是將這些禮物繼續傳遞下去。通過展示自己的慷慨，島民鞏固和加強了自己的社會地位。因此，在這些島嶼上，貿易的動機不是利益，而是社會地位。

當然，部落經濟體與今天的工業化國家不同。波蘭尼認為，隨着歐洲國家發展，風俗文化傳統漸漸被排擠出市場。即使是這樣，文化和社會情結的「湯」依然支撐着發達經濟體的發展。

以色列經濟史學家艾夫納·奧弗爾（1944-）將現代經濟生活中的非市場原則，包括送禮和互相幫助等的作用載入紀錄。就像島民一樣，現代社會羣體在財富的重新分配中也體現了非市場原則，正是這樣，道路才得以修建，軍隊才得以成立。不管是在傳統經濟體還是在現代經濟體中，人們從事以家庭為基礎的經濟活動，如烹飪、清潔以及育嬰工作，為的不是其利益，而是這些活動本身值得去做。奧弗爾估計，在 20 世紀末期的英國，這種非市場的生產大約佔國民收入的百分之三十。

## 個人主義經濟

波蘭尼相信經濟體源於社會的「獨立性」特點，即它們特殊的歷史和個性的文化。對於經濟純粹主義者這都是無關緊要的，他們企圖用含糊其辭的表達，掩蓋推動經濟體發展的真正因素：價格發送給理性經濟個體的信號。這些經濟個體對利益的渴望超越了宗教或文化的影響，即使在最傳統的羣體裏也一樣。如果我們能夠使社會規範調整的範圍從整個社會縮小至每個個體的自利行為，才有可能消除這一對立狀況。波蘭尼對此持反對意見。他相信，現代市場和社會結構是矛盾的，哪裏有市場，哪裏就有不可避免的動亂。∎

特洛布里恩羣島居民一直遵循傳統的交換禮物習俗。人們沿着順時針方向在海上傳遞紅貝殼項鏈，又沿着逆時針方向傳遞白手環。

**卡爾·波蘭尼**

卡爾·波蘭尼 1886 年出生於維也納，父母是猶太人。波蘭尼在匈牙利布達佩斯長大，並在此修讀法律。如馬克思主義哲學家喬治·盧卡契和社會學家卡爾·曼海姆一樣，當波蘭尼還是學生時，已是一名激進分子。在第一次世界大戰期間，他在奧匈帝國軍隊服兵役，之後搬到維也納當記者。他的妻子伊蘿納·杜欽斯卡是一位年輕革命人士，1933 年，為逃避納粹統治，他們雙雙逃到英國。

在倫敦，波蘭尼繼續當記者，並為工人階級講學，這些工人窮苦的生活條件對他產生深刻的影響。從 1940 年到他退休期間，波蘭尼一直在美國講學，但由於妻子被認定與匈牙利共產革命有關（後被禁止進入美國），波蘭尼被迫住在加拿大，每天乘車上下班。1964 年，波蘭尼去世，享年 78 歲。

**主要作品**

1944 年 《大轉型》
1957 年 《早期帝國中的貿易與市場》（與阿恩斯貝格和皮爾森合著）
1966 年 《達荷美和奴隸貿易》（與羅特施泰因合作）

# 經理為自己謀利，而不是為整家公司謀利

公司管治

## 背景介紹

聚焦
**市場與公司**

主要人物
**阿道夫・伯爾勒（1895–1971）**
**戈迪納・米恩斯（1896–1988）**

此前
**1602年** 荷蘭東印度公司成為世界上第一家發行股票的股份公司，同年，該公司開始在阿姆斯特丹股票交易市場上市。

**1929年** 道瓊斯指數在黑色星期四這一天內損失了一半市值，經濟大蕭條開始。

此後
**1983年** 美國經濟學家尤金・法瑪（Eugene Fama）和邁克爾・詹森（Michael Jensen）出版《股權與治權的分離》，將公司看作是一系列合約。

**2002年** 薩班斯・奧克斯利法案（Sarbanes-Oxley Act）成為美國的一項法律，為美國的董事會設置更為嚴格的標準。

大部分人都認為，公司的營運是為了實現股東的最大利益，這是自由市場經濟的基本原則。在美國經濟學家阿道夫・伯爾勒（Adolf Berle）和戈迪納・米恩斯（Gardiner Means）看來，這一觀點卻毫無根據。他們 1932 年出版《現代公司和私有財產》一書對公司管治作出解釋，闡述了權力的天秤是怎樣從股東們向管理層傾斜的。阿道夫・伯爾勒和戈迪納・

公司管治的失效，成為 2008 年的一個大問題，在公司業績下滑、股票價格下跌的情況下，許多公司高層管理人員的薪酬仍然大幅度地、不成比例地上漲。

米恩斯認為，工業革命時期，隨着工廠體系出現，管理的主導地位就開始顯現。越來越多工人聚集在同一屋簷下，為了獲得薪酬而將勞動交付給工廠的管理層。現代公司將無數個體（股東）的財富集中起來，然後將這些財富交付給一個小的管理團體管理，這同樣也需要付出報酬。無論哪一種形式都會產生一個強大的管理層，這些管理層不需要向任何人交代他們的行為。

### 冷漠的股東

伯爾勒和米恩斯認為，現代股東屬於被動業主。這些業主將自己的財富讓渡給公司管理層，不再參與制定如何「照顧」他們投入的資金的決策——他們將制定決策的責任和權利轉給了管理層。小股東們對自己投資的「冷漠」態度使得他們最終只能維持現狀，或者不能行使他們的投票權。不管如何，如果他們想要改變現狀的話，就必須要持有更大份額的股票，或者召集足夠數

參見：上市公司　38頁，自由市場經濟學　54~61頁，競爭性市場　126~129頁，經濟制度　206~207頁。

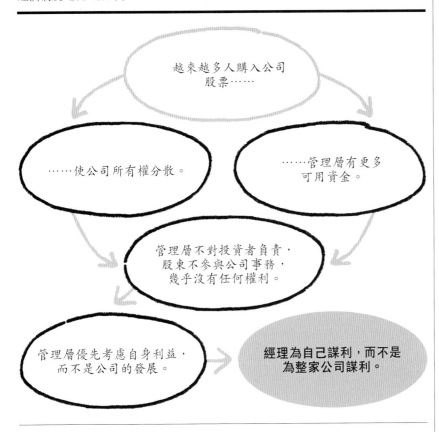

越來越多人購入公司股票……

……使公司所有權分散。

……管理層有更多可用資金。

管理層不對投資者負責，股東不參與公司事務，幾乎沒有任何權利。

管理層優先考慮自身利益，而不是公司的發展。

經理為自己謀利，而不是為整家公司謀利。

量的股東來迫使這一變化發生。因此，公司的股東對公司運營產生的作用越來越小。當管理層的利益與股東的利益一致時，這不會是一個問題。但是，如果我們假設管理層從自己利益的角度出發，一切決策都只為他們的個人利益的話，他們的關注點將和股東大不相同。

伯爾勒和米恩斯認為，應該對公司法進行適當調整，將公司營運的一部分權利歸還給股東。他們認為，股東應該有權僱用和解僱管理層，有權主持常規的股東大會。當他們的著作發表的時候，美國公司法尚不包括這些內容，伯爾勒和米恩斯成為了現代公司法體系的奠基者。

### 企業倒閉

今天，公司管治的失效是人們對資本主義越來越不滿意的主要原因。由於一些大公司的大部分股東是納稅人，因此他們的焦點落到了公司的領導上，希望揭發一些薪酬不斷上漲、獎金非常豐厚的行政總裁的自利行為。許多人仍然認為，股東在公司管治方面依舊沒有任何權利可言。■

### 高管薪酬

伯爾勒和米恩斯在1932年對高層管理人員自利行為的危險性發出警告。有人認為，在過去的20年，這一問題在歐洲和美國已變得日益嚴峻。股東投票選舉董事會，但是高層管理人員的薪酬則是由薪酬管理委員會制定的，而該委員會由其他高收入人員構成。他們通過高報酬來提高「市場利率」，期望通過「市場力量」提高自己的工資水平。股東有權解散董事會，但是這不符合市場規律，因為解僱董事會將導致股價下跌。

對沖基金（投機性投資公司）掌握大量股票，但它們着眼於短期回報，在公司沒有長期的利益，這使高層管理人員的問題更加惡化。基金經理同樣希望增加收入，和行政總裁（CEO）保持一致，因此，他們不可能投票反對高薪酬待遇。

今天，一連串的薪酬管理委員會制定公司的薪酬標準。法律有可能允許股東對這些委員會發表意見。

# 經濟具有可預測性

## 測試經濟理論

**20**世紀 30 年代，挪威經濟學家拉格納・弗里希（Ragnar Frisch）提出了一套新理論，意在解釋和預測經濟發展，他把它稱為「計量經濟學」。計量經濟學是將數學測試方法應用於經濟理論中，為論證理論提供數據基礎的一門經濟學科。舉例說，「教育水平越高，薪水越高」可能是正確的，但是只有通過對比受教育水平和工資水平的相關數據才能證明這一點。計量經濟學還使經濟學家通過經濟數據發現規律，以分析過去的市場趨勢和預測市場將來的發展。

### 統計陷阱

儘管計量經濟學是實證研究的重要工具，但其中仍然有若干陷阱。例如，過去的市場趨勢並不能真正保證未來的市場發展。此外，不可能同時將所有的經濟變量都考慮在內。在教育水平的例子中，教育的水平並不是影響工資的唯一因素，還有其他不可測量的技能同時會影響工資。這些問題降低了經濟預測的準確度。同樣重要的是，不要混淆經濟的意義和數據的意義。■

我們在數學、統計學和經濟學之間發現了一門新學科⋯⋯也許可以稱之為計量經濟學。

—— 拉格納・弗里希

---

**參見：**財富的衡量 36~37 頁，通脹與失業 202~203 頁，金融工程 262~265 頁，複雜與混亂 278~279 頁。

# 經濟學是關於稀缺資源的科學

經濟學的定義

## 背景介紹

聚焦
**經濟方法**

主要人物
**萊昂內爾・羅賓斯**（1898–1984）

此前
**1890年**　英國經濟學家阿爾弗雷德・馬歇爾（Alfred Marshall）出版《經濟學原理》，將經濟學定義為「為了生活安寧而獲得物資和生活必需品的個體和社會行為」。

此後
**1962年**　美國經濟學家米爾頓・佛利民表示贊同羅賓斯的定義，但是，他延伸了羅賓斯定義的經濟學邊界。

**1971年**　美國經濟學家加里・貝克（Gary Becker）出版《經濟理論》，將經濟學定義為「對將稀缺資源配置給競爭各方的研究」。

**在**1932年，英國經濟學家萊昂內爾・羅賓斯（Lionel Robbins）出版《論經濟科學的性質與意義》，對經濟學作出了新的解釋，引起了巨大爭議。羅賓斯將經濟學定義為「對面臨有多用途的稀缺資源的人類行為進行研究的科學」。他的定義基於一個事實，即人類的需求無止境，而世界上只有有限的資源。

當一個人的需求得到了滿足，其他人的需求也要求得到滿足。但是，世界上的資源（土地、勞動力、企業家才能以及資金）都是有限的。資源稀缺意味着並不是每個人的需求都能夠得到滿足。

### 需求 VS 資源

無限需求和有限資源之間的緊張關係構成了經濟學基礎。每種資源都只能選擇一種用途，如果一塊土地被用來養殖家畜，這塊土地就不能同時用來生產糧食。這就意味着需要選擇能最有效利用這塊土地的方式。羅賓斯認為，每個社會都面臨同樣的關鍵問題——為了最有效滿足消費者的需要應該生產甚麼產品，以及生產多少。正是商品的稀缺性賦予了商品價值。

今天，羅賓斯的定義仍然被廣泛接受，但是也有經濟學家認為，應該從更廣義的角度來看待經濟學——研究社會如何隨着時間創造更多資源。■

羅賓斯的定義突出了一個事實：資源稀缺迫使人們作出經濟選擇，如一塊土地應該用來養牛還是種小麥。

**參見**：人口與經濟 68~69 頁，機會成本 133 頁，市場與社會結果 210~213 頁，計劃經濟的短缺 232~233 頁。

# 我們希望
# 維持
# 自由的社會
經濟自由主義

## 背景介紹

聚焦
**社會和經濟**

主要人物
**弗里德里希·海耶克**(1899–1992)

此前
**1908年** 意大利經濟學家埃里克·巴羅內指出，如果中央政府能夠預測價格，它將取代自由市場。

**1920年** 路德維希·馮·米塞斯駁斥了巴羅內的觀點。

**1936–1937年** 奧斯卡·蘭格（Oskar Lange）反對米塞斯的觀點。

此後
**20世紀70年代** 弗里德里希·海耶克的自由市場理論取得了進展。

**1991年** 美國歷史學家弗朗西斯·福山認為，自由市場資本主義已經無可替代。

**21世紀末期** 社會上對政府救助銀行的批評，促使人們再次關注海耶克的思想。

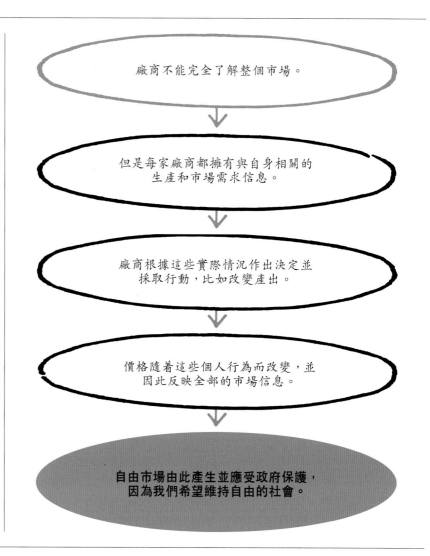

廠商不能完全了解整個市場。

但是每家廠商都擁有與自身相關的生產和市場需求信息。

廠商根據這些實際情況作出決定並採取行動，比如改變產出。

價格隨着這些個人行為而改變，並因此反映全部的市場信息。

**自由市場由此產生並應受政府保護，因為我們希望維持自由的社會。**

主流經濟學總是飽受批評，它充斥着數學公式，有時候它的假設過於籠統，惹來許多經濟學家從方法上和實證證據方面的質疑。許多這樣的批評來自政治左派，他們認為主流思想是冠冕堂皇地在支持一個不公正的自由市場。

奧地利學派的觀點則大為不同。他們大張旗鼓地捍衛自由市場，同時卻批判主流思想，他們已經在這一學科領域內開闢了一片獨特的天地。這些激進分子中最突出的是英籍奧地利經濟學家弗里德里希·海耶克。海耶克與凱恩斯不相伯仲，都是 20 世紀非常有影響力的經濟學家。海耶克對政治和經濟思想作出了一系列貢獻，包括經濟學、法學、政治學和神經科學。海耶克的著作秉承了一套論證嚴密、連貫一致的原理——他稱之為古典自由主義的信條：支持自由市場、支持私人財產以及為打造健全社會對政府的極度不信任。

**走向獨裁**

1944 年，海耶克在其著作《通往奴役之路》中提出了他最廣為人知的觀點。當時，社會上對政府干預和中央計劃的熱情逐步高漲。海耶克認為，所有試圖將集權命令強加於社會的努力注定失敗，它們最終會把社會引向集權的法西斯主義或史太林共產主義。由於任何的

參見：財產權 20~21頁，經濟人 52~53頁，經濟均衡 118~123頁，中央計劃 142~147頁，凱恩斯乘數 164~165頁，計劃經濟的短缺 232~233頁。

計劃都必定會違反市場的「自發秩序」，因此它只有在某種程度的強迫或政治高壓下才會起作用。政府制訂和執行的計劃越多，需要的強制就越多。而政府並不了解市場運作的細節，導致無法實現既定的目標，為彌補這些失敗，政府將變得越來越專制。從這一點來說，無論計劃制訂者最初的目標多麼適度，社會將逐漸走向集權，所有的自由將不復存在。

左派經濟學家認為，由中央計劃的經濟不僅是可能的，而且比自由市場更有效率。1920 年，第一個對此提出鮮明反對的人出現了，他就是奧地利學派的另外一位成員——路德維希・馮・米塞斯（Ludwig von Mises）。米塞斯認為，社會主義——這裏定義為中央計劃——在經濟上是行不通的。社會主義的定價方法不合理，因為它僅依靠一個中央計劃者或委員會的指令（毋庸置疑的命令）來配置資源，而在自由市場裏，這種配置由成千上萬個獨立的個體共同決定。評估市場稀缺性和盈餘並正確定價需要大量信息，這種嘗試注定失敗。路德維希・馮・米塞斯認為，社會主義是「對理性經濟的廢除」。複雜經濟需要分散定價決策，只有財產私

北韓經常發生物資短缺和饑荒。奧地利學派的經濟學家認為，這是中央計劃忽略市場所導致的不可避免結果。

有的自由市場才能為其提供決策依據。

### 為社會主義辯護

然而，波蘭經濟學家奧斯卡・蘭格不同意路德維希・馮・米塞斯的觀點。1936 年，他在《社會主義經濟理論》這本書中，運用一般均衡理論回應了米塞斯的觀點。這個理論直到第二次世界大戰結束以後才得以完善，它用數學方法展示了市場經濟本質上赤裸裸的剝削。市場的所有缺陷都被剔除了，市場上每個參與者都擁有完全的信息並且只關心自身利益。蘭格認為，在此基礎上，中央計劃委員會可以設定經濟中的初始價格，然後允許所有的市場主體自由貿易，並圍繞既定的價格調整他們的需求和供應。然後計劃委員會根據調整後的供求來

> 國家計劃越多，計劃對個人來說就越難。
>
> ——弗里德里希・海耶克

調整價格。他認為這個結果將是有效的。計劃還可以減少收入分配不公，並限制市場的短視傾向。

蘭格反向運用了微觀經濟學通常的假設（供求決定價格），認為價格可以決定供應和需求。他後來的研究為福利經濟學奠定了基礎，福

利經濟學主要關注的是自由市場如何實現社會理想的目標。

## 奧地利學派

然而，海耶克及奧地利學派的同僚卻提出了自由市場截然不同的優點。他們並沒有假設市場完美無缺或個人擁有完全的信息。恰好相反，他們認為，正因為個人和廠商都缺乏信息而社會又不完美，所以市場機制才是資源配置的最佳方式。這一觀點成了奧地利學派一個非常重要的原則。

海耶克認為，在信息持續缺失的情況下，市場是獲得信息，非提供信息的最有效方式。每個人和每家廠商都了解自己的情況：他們有人們需要的商品和服務，他們可以規劃未來，並且他們關注與自身相關的價格。信息是獨特的，分散在社會各個主體身上。價格隨着個人和廠商的行為而變動，並因此反映整個社會能得到的全部信息。

海耶克認為，由於永遠不可能完全認識和了解社會，這種「自發秩序」是組織複雜現代經濟的最佳方式。任何企圖將集權強加於這種秩序的嘗試，都代表一種向原始的、本能社會秩序的倒退，因此必須防止自由市場發生這種倒退。

## 集體的暴政

自發秩序的觀點後來佔據了海耶克思想的主導地位，以至他的作品越來越多地轉向了研究政治問題。在《自由秩序原理》(1960) 這本書裏，海耶克就這些問題進行了充分的論述。他認為政府的職能應僅限於盡量保護市場自發的運作秩序。私有財產和契約神聖不可侵犯，一個自由社會所遵守的規則必須能限制所有社會成員——包括國家本身。除此之外，國家在必要時可以採取行動，抵禦那些威脅要毀壞法律規則的集權力量。海耶克廣義上支持民主，但對民主有時的「集體暴政」傾向持批判態度。

## 新自由主義的誕生

第二次世界大戰以後，重建國家的需要導致了凱恩斯主義共識，倡導政府更多地干預經濟。同時，海耶克和奧地利學派的其他成員組成了培勒林山學會（又名朝聖山學

根據海耶克的理論，信息在個體賣家和供應商之間的自由流動（左）促進了合理的商品定價的形成。與之相反，強制實施某一個體或者委員會（右）的觀點的中央計劃經濟則限制了個體的自由交流和企業的貿易能力。

拍賣市場是自由的市場，在這個市場上買家和賣家之間直接且快速地交換信息，價格隨之發生變化。

**弗里德里希・海耶克**

會）。20 世紀 70 年代凱恩斯共識瓦解時，湧現了許多自由市場的支持者，而培勒林山學會對他們起着領導性作用。當時美國南部出現了一種類似研究經濟政策的新方法，英國的戴卓爾夫人和美國的列根總統先後採用了這種方法，使得它聲名大噪。這就是新自由主義，它與曾飽受爭議的奧地利學派的觀點十分相似。

國有行業逐漸私有化，政府也減少了對市場的干預。蘇聯解體，進一步推動了海耶克思想在政治上的明顯勝利。在全世界範圍內，即使那些曾經堅決反對自由市場的政黨都開始相信，確實沒有可行的替代方案，其中包括海耶克在《通往奴役之路》曾經直接針對的目標──英國工黨。受到自由市場思想強烈影響的主流經濟學家開始發揮作用，比如米爾頓・佛利民。到 2000 年，一個「新的共識」在宏觀經濟學領域內盛行，強調國家應該只發揮有限的作用。

### 新的相關性

奧地利學派獲得了明顯的勝利，海耶克也榮獲 1974 年的諾貝爾獎。儘管如此，奧地利學派與眾不同的方法和理論使其仍然徘徊在經濟學的邊緣。然而，2007–2008 年全球金融體系的崩潰以及隨後政府救助銀行的行為，又引發人們對其信條的興趣。奧地利學派的經濟學家一直猛烈批評國家救助銀行，認為這是一種毫無根據的市場干預。自由銀行學派呼籲廢除政府壟斷貨幣供應，其理論來源就是海耶克 1976 年的一篇文章〈貨幣的非國有化〉。凱恩斯主義增加政府支出的計劃一直受到類似的批評。由於主流經濟學一直處於不穩定的狀態，奧地利學派注定還會產生新的影響。■

弗里德里希・海耶克出生在奧地利維也納的一個知識分子家庭。23 歲時，他已經獲得了法律和政治學兩個博士學位，這期間他還在第一次世界大戰時去意大利部隊服了一年兵役。由於最初對社會主義感興趣，他在維也納參加了路德維希・馮・米塞斯舉行的研討會，並在米塞斯的支持下建立了奧地利經濟週期研究所。1923 年，海耶克前往紐約，在當地居住了一年。與奧地利相比，美國報紙對戰爭的解釋客觀正確，令他對政府極度不信任。

1931 年，海耶克往倫敦經濟學院任教，在那裏，他捲入了一場與凱恩斯的爭論當中，這場爭論歷時兩年，引起了人們的廣泛關注。1938 年，海耶克加入英國國籍，1950 年離開倫敦去了芝加哥大學。1992 年他在德國弗萊堡去世，享年 93 歲。

**主要作品**

1944 年　《通往奴役之路》
1948 年　《個人主義與經濟秩序》
1988 年　《致命的自負》

# 工業化創造持續增長

## 現代經濟萌芽

**背景介紹**

聚焦
**增長與發展**

主要人物
**西蒙・庫茲涅茨（1901-1985）**

此前
**18世紀50年代** 法國經濟學家弗朗索瓦・魁奈（François Quesnay）認為，財富來源於農業而不是工業。

**1940年** 澳洲籍英國經濟學家科林・克拉克（Colin Clark）認為，經濟增長應包括從農業向製造業和服務業的轉移。

此後
**1967年** 美國經濟學家愛德華・丹尼森（Edward Denison）強調技術變化和生產率提高對經濟增長的重要貢獻。

**1975年** 美國經濟學家霍利斯・錢納里（Hollis Chenery）和摩西・賽爾奎因（Moshe Syrquin）發現，隨著農業衰退，經濟得到發展，工業和服務業也獲得增長。

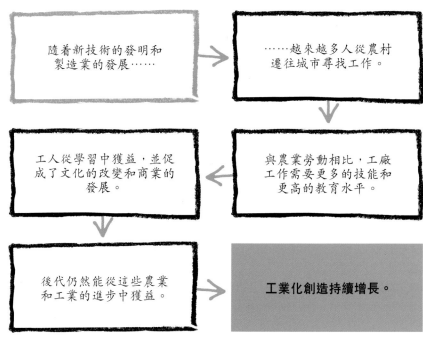

隨着新技術的發明和製造業的發展……

……越來越多人從農村遷往城市尋找工作。

工人從學習中獲益，並促成了文化的改變和商業的發展。

與農業勞動相比，工廠工作需要更多的技能和更高的教育水平。

後代仍然能從這些農業和工業的進步中獲益。

**工業化創造持續增長。**

**俄**國經濟學家西蒙・庫茲涅茨（Simon Kuznets）將現代經濟的出現描述為一場受控制的革命，當中工廠代替了農場。人們的生活水平隨之提高，要求經濟和社會發生變化，而這一變化遠不是最初提出的數字增長那麼簡單。庫茲涅茨將這一過程稱作「現代經濟增長」，並展示了「現代經濟」的成功增長如何擴大國家之間的貧富差距。

庫茲涅茨增長理論的主要特點在於，即使面臨日益膨脹的人口，人均收入仍然在快速增長：雖然人口更多，但每個人都比以前更富有。越來越多的機器和工廠推動了這種經濟擴張。隨着維持工業增長

**參見：**經濟中的農業 39 頁，人口與經濟 68~69 頁，規模經濟 132 頁，市場整合 226~231 頁，技術飛躍 313 頁。

需要的資金越來越多，工人被迫從小規模的家庭作坊進入非個人的公司和工廠。然而如果人們沒文化、迷信或者被束縛在農村，新技術和規模生產的方式仍得不到有效利用。在庫茲涅茨來看來，這個增長推動了一場意義深遠的社會變革，城市化進程加快，宗教信仰減弱。

## 工業革命

英國是第一個實現現代經濟增長的國家。18 世紀的工業革命使英國踏上了通往發達工業化國家的道路。蒸汽機和其他發明重塑了整個生產過程。工人離開土地進入工廠，城市發展壯大。英國廠商開始借助新的交通和通信技術滲透全球經濟。英國本身的經濟並沒有在一夜之間發生翻天覆地的變化，但是技術的、社會的和制度上的變革仍在繼續。它們史無前例地提高了日益增長的人口的生活水平。

真正的現代經濟增長的傳播有限。在包括美國、澳洲和日本在內的富裕國家裏，這一進程仍在繼續。第一波工業化浪潮之後，這些

圖為蒸汽錘，發明於 1837 年，是加快工業化進程的機械工具之一，它使得用機器生產機器成為可能。

國家的重工業比重下降並開始轉向服務業領域，這必定會帶來更深層次的社會變革。■

---

## 西蒙・庫茲涅茨

西蒙・庫茲涅茨 1901 年生於平斯克（現屬白俄羅斯），很早就與經濟學結緣。當他還是學生時，已是烏克蘭統計辦公室主管。俄國十月革命後，他的家人遷往土耳其，隨後又搬到美國；1922 年他追隨家人去了美國。

庫茲涅茨就讀於紐約哥倫比亞大學，1926 年獲博士學位。後於美國國家經濟研究院工作，創建現代國民收入核算體系，現時仍被許多國家採用。1947 年他協助建立國際收入與財富研究協會，為許多政府出謀獻策。他曾在許多學校任教，1971 年憑着對現代經濟增長的研究獲得諾貝爾獎。他於 1985 年逝世。

### 主要作品

**1941 年** 《1919-1938 年的國民收入及其構成》

**1942 年** 《和平與戰爭中國民收入的運用》

**1967 年** 《人口和經濟增長》

# 以不同的價格賣給不同的人

## 價格歧視

**背景介紹**

聚焦
**市場與公司**

主要人物
**瓊・羅賓遜（1903−1983）**

此前

**1849年** 朱爾斯・杜普伊（Jules Dupuit）考慮如何才能就同樣的商品收取不同的價格。

**1891年** 美國經濟學家弗蘭克・陶西格（Frank Taussig）認為，不同的火車票價反映了不同層次的需求。

**1920年** 阿瑟・庇古界定了價格歧視的三種基本類型。

此後

**1933年** 美國經濟學家愛德華・錢柏林（Edward Chamberlin）指出，相似的競爭者應設法通過產品差異化來贏得市場勢力。

**1996年** 美國經濟學家托馬斯・福爾摩斯（Thomas Holmes）提出，即使在只有幾家廠商的市場上，仍然可能存在價格歧視。

**19**世紀 40 年代，法國工程師和經濟學家朱爾斯・杜普伊認為，應該對通過他修建的橋樑和道路的人徵收通行費。他提議根據每個人願意支付的量來徵收。杜普伊是第一個認為應該就同樣的服務對不同人設定不同價格的經濟學家。這就是後來所稱的價格歧視。通常，只有當存在壟斷力量時價格歧視才會產生，因為壟斷力量使廠商可以索取不同的價格。

1920 年，英國經濟學家阿瑟・

廠商追求利潤最大化。

↓

他們通常會用較低的價格吸引更多購買者……

↓

……但這樣就會失去額外的利潤，即人們願意多支付的那部分。

↓

關鍵是找到一種方法，將同樣的產品以不同價格賣給不同的人。

**參見：**市場與道德 22~23 頁，有限競爭的影響 90~91 頁，壟斷 92~97 頁，
競爭性市場 126~129 頁，高效的市場 272 頁。

庇古界定了三種不同「程度」的價格歧視。

一級價格歧視就是與杜普伊的提議一樣：廠商對每個人索取他願意支付的最高價格。事實上，這種價格歧視很少見，因為它要求賣方知道每個人對商品的估價。

二級價格歧視指降低消費者購買的每一額外單位的產品價格，根據不同購買量確定不同的價格。大型超市經常採用這種方法，如「第二瓶可樂半價」等。

三級價格歧視可能是最常見的一種形式，指將消費者按不同的特徵分為不同的類別。例如，電影院會為孩子、學生和領退休金的人提供較低價格的電影票。

### 歧視性的影響

1933 年，在《不完全競爭經濟學》一書中，英國經濟學家瓊·羅賓遜 (Joan Robinson) 研究了價格歧視對社會的影響。大多數顧客或許會

學生是低收入羣體，因此高價格會使他們很多東西望而卻步。學生優惠價使他們能在可接受的價格範圍內購買商品或服務。

> 價格歧視是向不同買家定出不同價格以銷售同一件商品的行為。
>
> ——瓊·羅賓遜

本能地認為所有這三種形式的價格歧視都是不公正的。如果每瓶可樂的成本一樣，為甚麼超市不以較低的價格出售第一瓶可樂呢？為甚麼一些電影票會更便宜？我們可以這麼理解，即壟斷者通過攫取大多數顧客的利益來為自己謀取更多利潤。

羅賓遜發現，如果壟斷者生產同樣的產品但卻對一些人索取更高的價格，那麼消費者確實遭受了損失。然而，有時候價格歧視卻能使人們做到在其他情況下無法做到的事情。例如，如果鐵路公司實行價格歧視，即繁忙時間的火車票價高於非繁忙時間，這也是有理可循的，因為它們需要鼓勵人們平時乘坐火車。因此，即使一些顧客支付得更多，但其他人卻能以較低的價格出行。這樣，當廠商針對不同人羣設定不同價格時，總體來說對消費者還是有好處。■

### 瓊·羅賓遜

1903 年，瓊·維爾利特·羅賓遜出生於英國一個富裕家庭，她被公認為 20 世紀最偉大的女性經濟學家。羅賓遜就讀於倫敦聖保羅女子學校，然後在劍橋大學修讀經濟學。她結婚較早，婚後去印度生活了兩年，然後回到劍橋大學任教。在劍橋大學，她成了凱恩斯團隊的一員，並結識了陪伴她終身的知識伴侶——經濟學家理查德·卡恩 (Richard Kahn)。羅賓遜熱衷旅行，70 多歲了還在世界各地演講，北美、南美、澳洲、非洲和大多數歐洲國家的學生都非常熟悉她。羅賓遜是一個無畏爭議的原創思想家，並被認為是沒得過諾貝爾獎的最優秀經濟學家。羅賓遜去世時享年 80 歲。

**主要作品**

1933 年　《不完全競爭經濟學》
1937 年　《失業理論文集》
1956 年　《資本積累論》

# POST-WAR ECONOMICS 1945–1970

# 戰後經濟學
# 1945<sup>年</sup>—1970<sup>年</sup>

總部位於美國華盛頓的**國際貨幣基金組織**開始運作。

康拉德·阿登納開始在大型私人部門和公共部門建立德國的**社會市場經濟**。

數學家約翰·納殊運用**博弈論**來分析經濟決策行為，進行了一些開創性的研究。

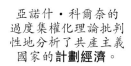

亞諾什·科爾奈的過度集權化理論批判性地分析了共產主義國家的**計劃經濟**。

**通用汽車公司**成了第一家年利潤超過十億美元的美國公司。

**1945**年　　**1949**年　　**1951**年　　**1953**年　　**1955**年

**1949**年　　**20**世紀**50**年代　　**1951**年　　**1953**年

在中國共產黨的領導下，**中華人民共和國**成立。

米爾頓·佛利民提倡實施由政府限制貨幣供應的**貨幣政策**。

肯尼斯·阿羅的**不可能定理**表明，不存在完美無缺的投票系統。

莫里斯·阿萊提出**決策悖論**，表明在實際結果相同的情況下，與獲得收益相比，人們更討厭損失。

**第**二次世界大戰結束後的幾年裏，無疑需要大規模地重建經濟。早在戰爭結束前夕，政治家和經濟學家就已經在為戰後的和平時期做規劃。他們希望避免第一次世界大戰後出現的問題，建立一個國際經濟彼此合作的和平世界。

國際聯盟，一個為維護世界和平而建立的國際組織，在第二次世界大戰初期就解散了，1945年聯合國取代國際聯盟並繼續其使命。聯合國成立之初，最緊迫的任務之一就是投票表決由代表們提出召開聯合國貨幣和金融會議的提議。這次會議現在因其地理位置而聞名——布雷頓森林，位於美國新罕布什爾州。會議上，來自蘇聯、英國和美國的代表就建立主要的國際機構達成一致意見，包括國際貨幣基金組織（IMF）、國際復興開發銀行（IBRD，簡稱世界銀行）和關稅與貿易總協定（GATT）等。

**戰後的凱恩斯主義**

凱恩斯作為英國代表參加了布雷頓森林會議，早在1919年，他在著作《和平的經濟後果》中曾警告，第一次世界大戰後的經濟政策可能會帶來嚴重的後果。20世紀30年代，受凱恩斯思想的影響，美國總統羅斯福實施新政，增加國家支出，帶領美國走出了經濟大蕭條。

因此不難想像第二次世界大戰後凱恩斯主義也同樣具有很強的影響力。在美國，凱恩斯主義政策受到美籍加拿大經濟學家加爾布雷斯等人的積極擁護，並很快被自由民主黨採納。在英國，工黨政府根據凱恩斯主義建立了一個福利國家。日本和德國的經濟重建則成為了兩國的歷史轉捩點。尤其是德國在總理康拉德·阿登納的帶領下創造了一個「經濟奇蹟」。這些國家社會市場經濟建設的成功，即政府干預下的自由市場經濟，在20世紀後半葉成為了許多西歐國家的典範。而許多國家的經濟重建則與此完全不同。亞洲大多數國家都走上共產主義路

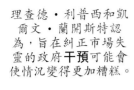

理查德·利普西和凱爾文·蘭開斯特認為，旨在糾正市場失靈的政府**干預**可能會使情況變得更加糟糕。

威廉·菲利普斯提出**菲利普斯曲線**，顯示了通脹和失業之間一定程度上的替代關係。

石油輸出國組織（OPEC）在伊拉克首都巴格達成立。

安德烈·岡德·弗蘭克根據**依附理論**，認為全球經濟導致了國家之間的貧富差距。

 **1956** 年

 **1958** 年

 **1960** 年

 **1970** 年

**1955** 年

**1957** 年

**1958** 年

**1962** 年

**1970** 年

蘇聯和東歐七個共產主義國家簽訂了《華沙條約》。

根據《羅馬條約》相關協議，**歐洲經濟共同體**成立。

毛澤東在全國推行**大躍進運動**，希望能快速實現中國的工業化，結果卻導致嚴重饑荒。

羅伯特·蒙代爾和馬庫斯·弗萊明描述了**匯率**和產量之間的關係。

尤金·法瑪提出**有效市場假說**，認為投資者不可能一直獲得高於市場平均數的收益。

---

線，「鐵幕」也將歐洲分為東歐和西歐兩個部分。這是蘇聯集團和西方國家冷戰的時代。共產主義制度的傳播遭到了許多西方經濟學家的反對，尤其是那些自稱曾體驗過其暴政的經濟學家。

### 自由市場的復甦

受奧地利學派路德維希·馮·米塞斯和弗里德里希·海耶克等經濟學家的影響，美國芝加哥學派的經濟學家對盛行的凱恩斯主義持相對保守的反對態度。他們提倡回歸一個政府干預較少的自由市場制度。這一思想源於20世紀後期的新古典主義經濟學，後者主要關注分析供應和需求。芝加哥學派的經濟學家紛紛轉而研究科學以獲得靈感。肯尼斯·阿羅試圖運用數學方法證明市場的穩定性和有效性，菲利普斯運用物理學的一些想法描述通脹和失業之間的交替關係。一些西方的經濟學家如莫里斯·阿萊，在20世紀五、六十年代將心理學理念引入經濟學。由此產生的新決策模式，挑戰了亞當·斯密提出的「理性經濟人」假設。

戰後十年，通信技術的巨大進步使世界變得越來越小，經濟學家也比以前更加明白經濟學的國際性質。雖然美國和歐洲仍然主導着共產主義政權之外的經濟思想，但是人們開始越來越關注發展中國家，不只是因為它們是原材料產地，還因為它們自身擁有發展經濟的權利。

全球化仍在繼續，經濟學家開始思考，到底是甚麼造成了國家間的貧富差距？如何才能縮小這個差距？從資本投資到債務減免，越來越清楚的是，問題比想像的還要複雜，它涉及政治、文化、經濟等各個領域。與此同時，越來越多經濟學家認為，或許經濟繁榮並不是衡量國家幸福程度的唯一方法，也不是最好的方法。■

# 在戰爭與蕭條的浪潮中，國家之間必須合作

## 國際貿易與布雷頓森林體系

## 背景介紹

聚焦
**全球經濟**

主要事件

**1944年7月** 布雷頓森林協議在美國新罕布什爾州簽訂。

此前

**20世紀30年代** 世界經濟體系在大蕭條中瓦解，國家之間的合作因此中斷。

**1944年** 約翰·梅納德·凱恩斯提議建立「國際貨幣聯盟」以調節世界貿易。

此後

**1971年** 美國總統尼克遜取消了美元和黃金的掛鈎，布雷頓森林體系從此畫上句號。

**2009年** 中國銀行認為，由於美國的國內外政策相互衝突，美元不能充當可信的儲備貨幣。

**金**本位就是以黃金為本位幣的貨幣制度，每單位的貨幣價值等同於若干重量的黃金。1821年，英國率先實行金本位制，1871年金本位制已經在資本主義各國普遍採用，它已具有國際性。

金本位制通過固定各種貨幣與黃金的兌換比率，為國際貨幣體系創造了穩定的條件。除此之外，它還充當國家之間的黃金轉移機制，

德累斯頓是第二次世界大戰中無數個被毀的歐洲和亞洲城市之一。國際復興開發銀行建立的宗旨，就是為重建提供資金支持。

可反映貿易和資本流動的新平衡。然而，第一次世界大戰爆發後，各國停止兌換黃金並禁止黃金輸出，實行自由浮動的匯率制度，國際貨幣體系不再穩定，於是金本位制宣告結束。

為了大量地借債以應付日益增加的財政支出，一些國家取消了金本位制，大量印刷鈔票。戰爭結束後並沒有顯示任何回歸金本位的跡象，德國等國家已經耗盡了黃金儲備，無法重新實行金本位制，而另一些國家則以各不相同的兌換比率回到了金本位制。

### 放棄金本位

20世紀30年代經濟大蕭條期間，為推動經濟發展，一些國家通過本國貨幣貶值來增加出口，就此放棄了金本位制。同時，戰前幾乎不受限制的國際貿易，此時也面臨着越來越多的限制，因為各個國家都希望能在逐漸萎縮的世界市場上站穩腳跟。由於每種限制或每次貶值都進一步縮小了世界市場，因此

**參見**：比較優勢 80～85 頁，經濟蕭條與失業 154～161 頁，市場整合 226～231 頁，國際債務減免 314～315 頁。

金本位制固定了國際匯率體系。

第一次世界大戰後各國經濟衰退，金本位制受到巨大壓力。

但是，各國都通過貨幣貶值促進出口，並實施貿易限制。

金本位制瓦解，國家之間的合作就此結束。

這使得世界市場進一步收縮，各國的境況都變得更差。

在戰爭和蕭條的浪潮中，國家之間必須合作。

---

## 國際貨幣基金組織

國際貨幣基金組織（IMF）根據布雷頓森林協議建立，是現今世界上最受爭議的國際機構之一。它最初的目的是為陷入財政困難的國家提供應急基金，這些困難產生於國際收支赤字或債務危機，這些國家通常都是二者兼而有之。180 多個成員國根據自身經濟發展水平捐錢給中央基金，同時它們也可以向這個基金申請低息貸款。1971 年，布雷頓森林固定匯率體系瓦解後，國際貨幣基金組織的角色就發生了變化。從 20 世紀 70 年代起，受提倡私有化和縮減政府開支的新自由主義思想影響，它開始對貸款設定嚴格條件。經濟學家認為，國際貨幣基金組織令經濟危機更形惡化，如 20 世紀 90 年代末東南亞爆發的經濟危機就與國際貨幣基金組織有關。

1997 年，隨着泰銖崩盤引發的金融危機蔓延到亞洲各國，交易者都持觀望態度。在國際貨幣基金組織的壓力下，泰國政府被迫實行浮動匯率制度。

---

這些政策實際上延長了經濟蕭條。第二次世界大戰以後，盟國的重心轉向了戰後經濟重建的問題。1944 年 7 月，他們在美國新罕布什爾州召開了布雷頓森林會議，與會代表一致同意了美國代表提出的各國貨幣與美元掛鈎的提議。而美國政府將穩定黃金與美元的兌換比例。

國際貨幣基金組織（IMF）將負責監督這一體系並提供緊急資金。而國際復興開發銀行（現在是世界銀行的一部分）的建立則是為了為發展項目提供資金。1947 年，關稅與貿易總協定（GATT）成立，其主要職責是重建國際貿易。總之，這些新組織在尋求重建國家之間的經濟合作，戰爭期間各國因缺乏合作而付出了高昂的代價。

這個體系使經濟持續增長了近 30 年，但它本身卻有結構上的問題。美國持續的貿易逆差（即進口超過出口）有助維持這一體系，但是美元大量湧入別國，以至國際上美元儲備超過了美國的黃金儲備，這使得黃金的美元價格大大超過了之前固定的金價。隨着美國政府開支增加，這種價格差距進一步擴大。1971 年，尼克遜總統終止了美元與黃金掛鈎，布雷頓森林體系從此宣告結束。■

# 貧窮國家
# 需要大力
# 推動

## 發展經濟學

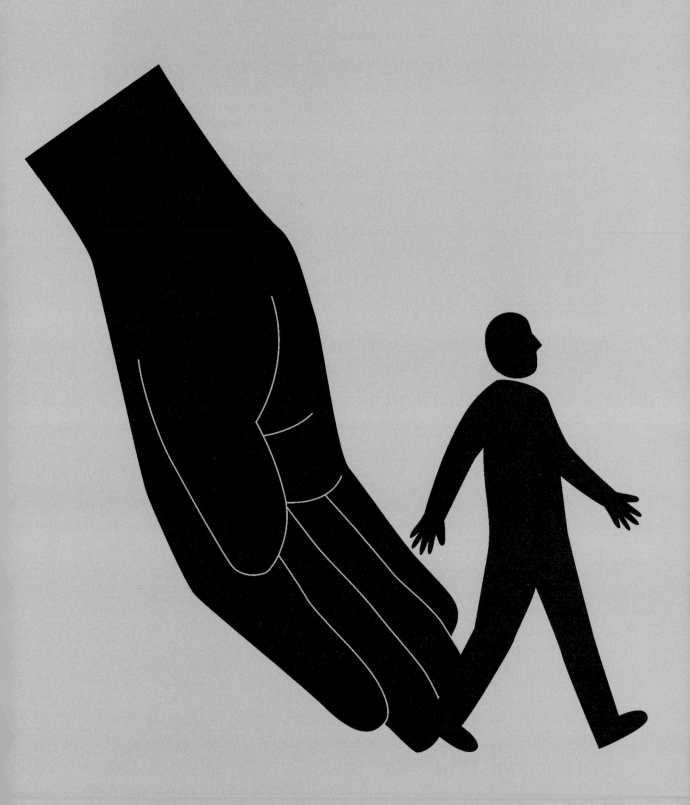

## 背景介紹

聚焦
**增長和發展**

主要人物
**保羅・羅森斯坦-羅丹**
**（1902－1985）**
**沃爾特・羅斯托（1916－2003）**

此前
**1837年** 德國經濟學家弗里德里希・李斯特（Friedrich List）認為，國家應採取進口保護措施，促進國內產業發展。

此後
**1953年** 愛沙尼亞經濟學家拉格納・納克斯（Ragnar Nurkse）提出，發展中國家應該實現平衡增長。

**1957年** 奧匈帝國經濟學家彼得・鮑爾（Peter Bauer）批評大推動和國家計劃的想法。

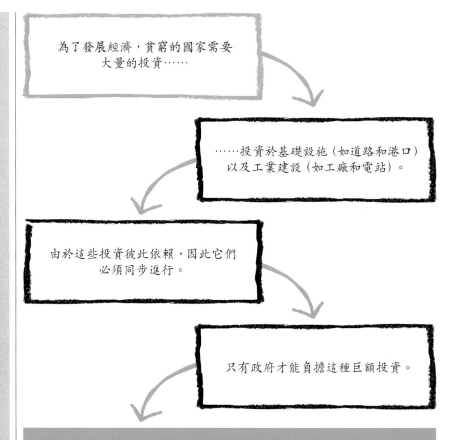

為了發展經濟，貧窮的國家需要大量的投資……

……投資於基礎設施（如道路和港口）以及工業建設（如工廠和電站）。

由於這些投資彼此依賴，因此它們必須同步進行。

只有政府才能負擔這種巨額投資。

**如果政府這樣做，國家的經濟就得以發展。**
**貧窮國家需要大力推動。**

「貧窮國家如何才能致富？」這是困擾經濟學家的主要問題之一。第二次世界大戰以後，這一問題以新的方式再次出現。殖民統治結束催生了一些年輕的、獨立的國家，但人民的生活水平遠不如殖民統治時期，甚至差距越來越大。許多國家的人口快速增長，為提高生活水平，它們的產品和服務都必須相應地增長。

在馬歇爾計劃下，歐洲從美國獲得巨額的基礎設施和產業重建資金，很快從戰爭的創傷中恢復過來。波蘭經濟學家保羅・羅森斯坦-羅丹（Paul Rosenstein-Rodan）認為，這些 20 世紀五六十年代才獨立起來的新興國家要取得經濟發展，必須在投資上「大推動」，正如歐洲從馬歇爾計劃獲得幫助一樣。

另一種發展觀認為，國家需經歷一系列的進程，要從傳統型社會一直發展到大眾消費型社會。提出這個理論的美國經濟學家沃爾特・羅斯托（Walt Rostow）認為，傳統型國家的發展需要大量投資：觸發經濟增長到實現自我維持增長的大推動。這將最終使窮國發展壯大，大多數人將擁有較高的生活水平。然而，如何才能獲得大推動需要的投資，則成了發展經濟學領域裏的主要問題。

### 同步建設

羅森斯坦-羅丹認為，在欠發達國家，市場無法有效地將資源轉化為有益的投資來促進經濟增長。

**參見：**規模經濟 132 頁，現代經濟萌芽 178~179 頁，市場與社會結果 210~213 頁，經濟增長理論 224~225 頁，亞洲老虎經濟體 282~287 頁。

這是因為像道路、港口和工廠這樣的大型工程是相互依存的：其中一個存在將使其他工程在經濟上更可行。這就會導致邏輯困境：第一項投資或許只有在第二項投資完成後才能獲利，但是第二項投資又只有在第一項投資已經完成的情況下才可能獲利。例如，從經濟的角度考慮，工廠附近需要有發電站，但發電站只能在有工廠購買其電力的情況下才能獲利。因此可能的兩種結果是：要麼既沒有工廠也沒有發電站，要麼兩者同時建設。

同樣的問題也出現在更複雜的混合生產中。假設在一個經濟不發達的國家有一家大型的製鞋工廠。它生產的鞋子總值一千萬，並且銷售收入都轉化成工資和利潤。然而，只有當工人將所有收入都用於購買鞋子時，這家工廠才能持續發展，但事實上，人們還會將錢用於購買各種商品。假設人們用收入的百分之六十購買麵包，百分之二十購買衣服，百分之十購買石蠟，剩下的百分之十購買鞋子。如果生產麵包、衣服、石蠟和鞋子的工廠數量恰好符合這一比例（6:2:1:1），那麼來自這些企業的收入將被以同樣的比例用於購買各個行業的產品。只有以合適的比例共同存在，這些產業才可能持續發展。

## 本質聯繫

德國經濟學家阿爾伯特·赫希曼（Albert Hirschman）用「聯繫」一詞來描述產業之間的相互關係。例如，油漆產業增加油漆供應可促進汽車產業的發展。赫希曼稱之為「前向聯繫」。油漆產業的擴張同樣也增加了對化學原料的需求，由此增加化學材料工廠的盈利。這被稱為「後向聯繫」。實際上，任何行業與其他行業之間都有各種前向和後向聯繫，這些聯繫構成了一個複雜的網絡，從而使經濟具備整體多樣化生產的基礎。

大推動意味着讓一無所有的

> 滿足大眾消費需要的大多數行業是相互依存的，因為它們為彼此創造市場並互相支持。

> —— 愛沙尼亞經濟學家，拉格納·納克斯(1907-1959)

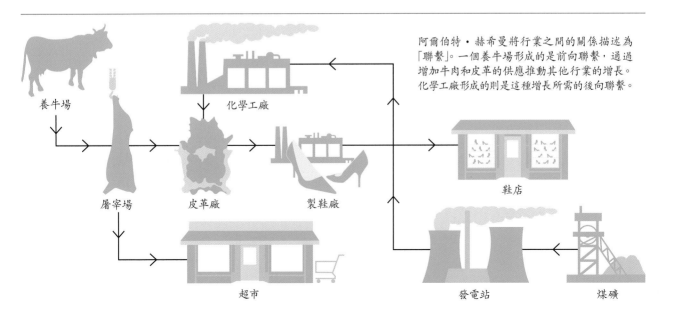

阿爾伯特·赫希曼將行業之間的關係描述為「聯繫」。一個養牛場形成的是前向聯繫，通過增加牛肉和皮革的供應推動其他行業的增長。化學工廠形成的則是這種增長所需的後向聯繫。

養牛場　化學工廠　鞋店　屠宰場　皮革廠　製鞋廠　超市　發電站　煤礦

圖為坦桑尼亞，一家印度投資建設的堅果去皮工廠僱用工人剝去堅果的外殼。其他為這家工廠服務的行業隨之湧現，推動這個國家整體的發展。

國家突然擁有所需的一切。從沒有發電站、沒有工廠到突然同時擁有兩者。從一個沒有任何工業部門的狀態起步，它們需要一下子建立所有設施。但是，由於各項投資都需要依靠其他投資項目的支持，個別企業很難啟動如此巨大的推動工程。出於這個原因，羅森斯坦-羅丹和一些經濟學家認為，大推動必須由國家而非私人市場來領導。

本着這種想法，第二次世界大戰後，發展中國家的政府都參與了大型投資項目建設，將工業和基礎設施項目建設納入國家發展計劃。欠發達國家擁有雙重經濟，包括傳統農業部門（包含大量非生產性的勞動力）和由新興產業構成的現代部門。人們認為大推動可以解放農村地區的過剩勞動力，並將這些勞動力轉移到新的工業企業中去。這種思想為注入大規模的外國援助提供了理論基礎，意在使這些援助成為驅動投資的燃料。政府主導的投資已經為一些地區帶來工業化的好處。東南亞的一些國家實現了工業化和收入的快速增長；它們成功地將積極的政府和大企業相結合，開創了有名的發展型國家模式。然而，1948 年馬歇爾計劃頒佈的條件與 20 世紀 50 年代新興獨立國家所面臨的條件不同，許多國家都在嘗試大推動的過程中遇到麻煩。

## 無效的投資

在經濟發展早期，發展所需的投資是顯而易見的。即便如此，協調一項涉及多個行業的投資也是艱巨的任務。只有知道適當的生產平衡——鞋子、衣服和麵包的正確比率（由消費者需求的組成可知），政府的投資才能發揮推動經濟的作用。只有掌握了行業間前向聯繫和後向聯繫的詳細信息，才能使各行各業有效地相互作用。但是，很多政府都不具備所需的專業技術、信息或者政治影響力。

許多國家以臃腫低效的國有企業告終，沒能使經濟由起飛進入持續增長。許多工業化都在關稅保護下進行——將外國貨物阻擋在外，為的就是為剛剛起步的產業提供一些發展的機會。政府保護廠商免受國際競爭的做法滋生了「尋租」行為——商業利益團體為保留他們的特權而遊說政府，造成不必要的浪費。「尋租」通常會導致政府與有政治背景的實業家之間關係變得密切，從而阻礙競爭和創新。

20 世紀 70 年代，大推動理論受到學界的質疑和攻擊。許多經濟學家認為，發展中國家與發達國家從本質上並沒有不同，經濟理性行為和價格信號的力量無論在窮國還是富國都一樣有效。投資很重要，但更重要是恰當地將投資分配到各行各業。市場則能夠作出最好的投資決定。

這種新思潮認為，阻礙發展中國家發展的，不是市場的內在無效性，而是錯誤的政府政策。過多的政府干預不僅破壞了價格機制的作用（供求決定價格），還擾亂了市場有效配置資源的能力。好的政策應該是「矯正價格」，並允許市場機制自由運作，這樣一來，資源才能得到最好的利用。因此，應減少政府對經濟的干預，杜絕尋租行為，讓價格機制發揮應有的作用。

**不同行業的互補，為大規模的、有計劃的工業化提供了最重要的論據支持。**

——保羅·羅森斯坦-羅丹

20 世紀 80 年代，這種思想上的改變導致自由市場發展政策的出現。世界銀行和國際貨幣基金組織採納了「結構性調整計劃」，在非洲國家貫徹市場原則。蘇聯解體後，它們在東歐實施所謂的「休克療法」，希望快速地建立市場體系。然而，這些建立自由市場的嘗試最終因貧困加劇且沒能建立動態的多元經濟而宣告失敗。

## 市場化政策

今天，結構性調整的失敗使各國達成了新的共識，在融合早期發展思想家的觀點下，用一種更樂觀的態度看待市場。在貧窮國家，市場是激勵資源調配的重要手段。同時，約瑟夫・斯蒂格利茨等經濟學家指出，市場不能有效地調節中小企業，通常會抑制發展中國家的發展。例如，當小廠商不能得到貸款時，即使是有利可圖的投資也沒法進行。國家或許應承擔矯正這些失衡現象的責任，幫助價格機制更好地發揮作用。這一共識有時被稱為市場化途徑，它認為國家和市場處於互補關係。

然而，21 世紀初，一個更直接、更有力的大推動出現了。2000 年，聯合國起草了 2015 年發展目標，包括普及義務教育、根除飢餓、降低兒童死亡率等。這需要捐贈國家遵守諾言，不斷地提供援助資金，並將資金投入一系列大規模的工業和基礎設施建設中。■

1965 年，新加坡成為現代化國家。新加坡政府制定了優惠政策吸引外國投資，其發達的出口工業，如精煉石油行業蓬勃發展，促進了國家的興旺。

## 第二次世界大戰後拉丁美洲國家的發展

第二次世界大戰以後，許多拉丁美洲國家大規模地干預經濟，促進工業化建設。這些國家限制進口，並興建生產同樣商品的工業。此外，它們還徵收關稅，實施外匯管制以遏制來自國外的競爭。

在外國資金和技術的支持下，拉丁美洲國家的政府也直接投資於發展工業所需的基礎設施建設。這一過程被稱作「進口替代工業化」，在擁有廣大內部市場的國家最為成功。像巴西和委內瑞拉等國家的內部市場足夠大，因此可以將重工業與輕工業一起佈局。

評論家認為拉丁美洲國家應該專注於鞏固它們具有相對優勢的領域，鼓勵廠商增強國際競爭力並輸出它們的產品。

2011 年，玻利維亞的石油行業獲得了破紀錄的政府投資。20 世紀 90 年代私有化後，石油行業在 2006 年又重新國有化了。

# 人們的決策
# 受不相關的
# 選擇影響

## 非理性決策

**背景介紹**

聚焦
**決策**

主要人物
**莫里斯‧阿萊（1911–2010）**

此前
**1944年** 約翰‧馮‧諾依曼和奧斯‧卡摩根斯頓出版《論博弈與合作行為》，為預期效用理論奠定了基礎。

**1954年** 美國數學家倫納德‧薩維奇（Leonard J. Savage）描述了人們如何計算不確定事件的概率。

此後
**1979年** 丹尼爾‧卡尼曼（Daniel Kahneman）和阿莫斯‧特沃斯基（Amos Tversky）就心理學實驗和經濟學理論之間不一致的一些情況作出解釋。

**自20世紀80年代起** 行為經濟學誕生，它將心理學與經濟學的數學方法相結合。

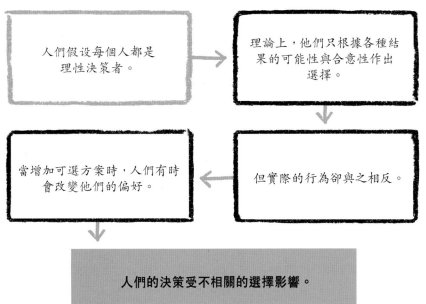

人們假設每個人都是理性決策者。

理論上，他們只根據各種結果的可能性與合意性作出選擇。

當增加可選方案時，人們有時會改變他們的偏好。

但實際的行為卻與之相反。

**人們的決策受不相關的選擇影響。**

在1944年，美國數學家約翰‧馮‧諾依曼（John von Neumann）和美籍德國經濟學家奧斯卡‧摩根斯頓（Oskar Morgenstern）發展了預期效用理論，描述人們在不確定性條件下如何決策。「效用」是衡量滿意度的一種單位，經濟學家運用效用組合來表示從不同結果中獲得的滿意度。這一理論假設，

人們在面臨結果不確定的選擇時是理性的：他們通過各種結果可能發生的概率來衡量其效用，然後選擇能帶來最大效用的方案。這一模型運用數學方法來分析決策，並一直被用於分析不確定情形下的各種經濟行為。然而，1953年，法國經濟學家莫里斯‧阿萊（Maurice Allais）援引美國學派的觀點，向這一理論

參見：經濟人 52~53 頁，風險與不確定性 162~163 頁，決策悖論 248~249 頁，行為經濟學 266~269 頁。

提出了挑戰。

阿萊指出，預期效用理論建立在獨立性公理的基礎上，它認為人們會冷靜地看待每種可能的結果以及他們將從每種結果獲得的效用。特別是，他們會獨立地看待每個選擇，並忽略所有選擇共有的因素。阿萊認為，這一假設在現實中幾乎不成立。他的論點後來成了著名的「阿萊悖論」。

## 非理性選擇

我們不能直接觀察人們作選擇的思維過程，但我們可以觀察他們作出的選擇，並檢查它們是否與理性和獨立性公理相符。假設可以在蘋果和橘子之間作出選擇，你選擇了蘋果。然後，再假設你可以在蘋果、橘子和桃子之間作出選擇。根據獨立性公理，你還會選擇蘋果或者桃子，但絕不會選擇橘子，因為

增加的這個桃子並不能改變你更喜歡蘋果而不是橘子這一偏好。

然而，阿萊發現，在不確定性條件下，違背獨立性公理的情況可能會發生。假設你可以在兩種「彩票」之間作出選擇，每種「彩票」都有幾種可能的結果，而每種結果都有特定的概率。在第一種「彩票」下，你有百分之五十的機會選擇蘋果，百分之五十的機會選擇桃子。在第二種「彩票」下，你有百分之五十的機會選擇橘子，百分之五十的機會選擇桃子。因為你偏好蘋果勝過橘子，所以你應該選擇第一種「彩票」：在獨立性公理下，對每種「彩票」增加一個桃子，從而使桃子在兩種選擇下被選中的概率相同，而應該對選擇蘋果而不是橘子這一偏好沒有影響。但事實上，它確實會影響結果。

在更複雜的類似試驗中，人們

> 無論它們的吸引力多大，美國學派建立的基本假設，沒有一個經得住推敲。

—— 莫里斯・阿萊

頻繁地違反獨立性公理。這與人們總是作出理性行為這一標準的經濟學假設發生衝突。由於某種原因，在一系列選擇中，其他選項的出現會影響人們的選擇。發現這些行為催生了行為經濟學這一新研究領域，它試圖設計更多符合心理現實的決策模型。■

---

## 莫里斯・阿萊

莫里斯・阿萊 1911 年生於法國巴黎。父親在第一次世界大戰中去世，這深深影響阿萊。他成績優異，在著名的巴黎工學院修讀數學，1933 年以全班第一的成績畢業。阿萊從軍隊服役回來後，第一份工作是工程師，後來成為法國國立高等礦業公司部門經理，期間，他還出版了第一部經濟學著作。1948 年，阿萊到巴黎國家高級礦業學院任教，並專注於教學和寫作，後來成了

著名礦業經濟分析教授。作為通才，阿萊還對物理學發展作出貢獻。1978 年，他成了首個獲得法國國家科學研究中心金獎的經濟學家，並於 1988 年獲諾貝爾獎。阿萊於 2010 年去世。

**主要作品**

1943 年 《經濟規律研究》
1947 年 《經濟與利息》
1953 年 《風險條件下理性人的行為》

# 除了控制貨幣供應，政府甚麼都不應該做

貨幣主義政策

## 背景介紹

聚焦
**經濟政策**

主要人物
**米爾頓·佛利民**（1912-2006）

此前

**1911年** 歐文·費雪（Irving Fisher）用方程式來表達貨幣數量論，認為價格與貨幣數量直接相關。

**1936年** 約翰·梅納德·凱恩斯對控制貨幣供應政策的有效性提出質疑。

此後

**20世紀70年代** 羅伯特·盧卡斯（Robert Lucas）開發出了「理性預期」模型。

**20世紀七、八十年代** 許多國家制定了正式的貨幣增長目標，希望通過控制貨幣供應量的增長來控制通脹。

經濟大蕭條期間，數百萬美國人西邊尋找農耕工作。佛利民認為，聯儲局減少貨幣供應導致了經濟不景氣。

**20**世紀30年代，凱恩斯提出，旨在控制貨幣供應的政策通常都是無效的。他認為改變利率或者貨幣供應量，不會使經濟發生預期的變化。相反，政府採用財政政策——改變政府支出和稅收組合可以更有效地解決失業和通脹問題。到1945年，凱恩斯的觀點已經被廣為接受。

然而，從20世紀50年代開始，美國經濟學家米爾頓·佛利民（Milton Friedman）開始不斷挑戰凱恩斯的觀點。佛利民認為「控制貨幣供應確實會產生影響」，即貨幣能在短期內影響產量，而價格只能在長期才能發揮作用。他認為貨幣政策在調節經濟中應發揮重要作用，也就是現在所謂的貨幣主義。

1963年，佛利民與同事安娜·施瓦茨合著《美國貨幣史（1867-1960）》。他們追溯了貨幣在經濟週期中所發揮的作用，發現貨幣增長波動之後，會緊跟着發生產量增長的波動。特別是，他們認為1929-1933年的經濟大蕭條是由聯邦儲備局（美國的中央銀行）的無能所造成的，因為它讓貨幣數量減少了三分之一以上。

### 消費理論

凱恩斯認為，政府在大蕭條期間應該增加支出，這部分是基於他的消費觀。他認為隨着人們收入增長，他們的消費也會隨之增加，但

**參見**：凱恩斯乘數 164~165 頁，通脹與失業 202~203 頁，為消費而儲蓄 204~205 頁，理性預期 244~247 頁。

消費的增加卻不如收入增加得多。在蕭條期間，人們會減少消費並持有貨幣，這進一步延長了蕭條期。在這種情況下，政府支出能增加人們的收入，同時還會對消費產生很大的可預測影響，進而使經濟恢復至充分就業水平。

1957 年，佛利民出版了著作《消費函數理論》，並據此開始挑戰凱恩斯主義的正統地位。佛利民認為，人們將收入分為「持久收入」和「暫時收入」，前者是他們有信心消費的穩定而長期的收入，後者是短

在 1923 年德國惡性通脹時期，一名男子往牆上張貼鈔票。佛利民認為政府為了降低失業率而干預經濟，無可避免會導致高通脹。

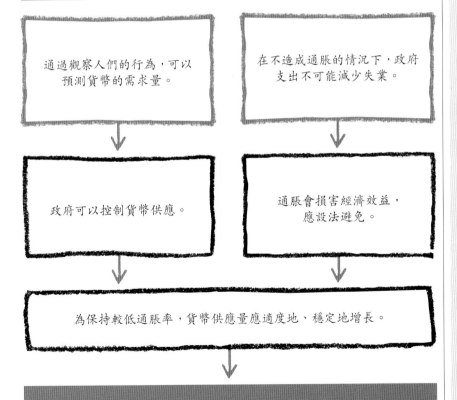

通過觀察人們的行為，可以預測貨幣的需求量。

在不造成通脹的情況下，政府支出不可能減少失業。

政府可以控制貨幣供應。

通脹會損害經濟效益，應設法避免。

為保持較低通脹率，貨幣供應量應適度地、穩定地增長。

除了控制貨幣供應，政府甚麼都不應該做。

## 米爾頓・佛利民

1912 年，米爾頓・佛利民出生於紐約布魯克林的一個匈牙利移民家庭。在新澤西羅格斯大學，佛利民獲美國頂級經濟學家教導，獲得學士學位；此後，他取得芝加哥大學碩士學位和紐約哥倫比亞大學博士學位。他在芝加哥大學邂逅羅斯・戴瑞克（Rose Director），並於 1938 年結婚，他們之後在工作上合作。從 1935 年到 1946 年，佛利民先後在紐約和華盛頓任統計學家和經濟學家。從 1946 年到 1976 年，他在芝加哥大學任教，並成了經濟學領域的主要人物。隨着 1980 年電視節目和出版《自由選擇》一書，他的名聲與日俱增。他曾擔任美國總統尼克遜和列根的顧問。佛利民於 2006 年去世。

### 主要作品

1957 年　《消費函數理論》

1963 年　《美國貨幣史（1867–1960）》（與安娜・施瓦茨合著）

1967 年　《貨幣政策的作用》（總統在美國經濟協會的演講）

> 通脹是沒有通過立法的稅收。

—— 米爾頓・佛利民

暫的收入（暫時收入可能是負數，代表短期內收入減少），不會對消費產生影響。

高收入羣體擁有較高的暫時收入，但他們只消費總收入的一小部分；低收入羣體的暫時收入為負數，且消費支出超過了他們的收入。但是，如果你將高收入人羣和低收入人羣作為一個整體來看，正數的暫時收入和負數的暫時收入基本上相互抵銷。這一事實與佛利民的理論非常吻合。從人口橫截面的角度來看，消費並沒有隨收入增長而增加多少。但是，隨着時間發展以及對人口總體考察（這樣暫時收入的影響就消失了），消費確實會隨着收入增長而增加。因此佛利民認為，凱恩斯的消費模型是錯誤的。人們會把政府支出看作暫時收入，它只會「擠出」私人支出。由消費不足引起的衰退不可能永無止境。

### 貨幣數量論

佛利民表示，貨幣政策是有效的：改變貨幣供應量將對總收入產生可預測的影響。凱恩斯曾指出這種關係是不穩定的，因為人們是出於不同的動機而持有貨幣；其中一些是所謂的「投機性」動機，而這種動機很難確定。為證實貨幣數量論正確，佛利民需要證明貨幣需求的穩定性。他不得不提出一個關於貨幣需求的可驗證理論。

1956 年，佛利民出版《貨幣數量論：一個重新的表述》。他把貨幣看作一件商品、一種「購買力的臨時載體」。市場對一件商品的需求取決於人們的總預算和該商品與競爭商品的相對價格，同時還受到購買者喜好的影響。佛利民認為，有許多因素會影響貨幣的需求。首先，隨着整體價格水平上升，貨幣需求增加，因為人們需要貨幣的實際購買力。此外，貨幣的需求還受到人們「實質」財富或持久收入、資金、債券、股票和耐用消費品的回報率影響。最後，貨幣需求會受到「喜好」影響，這裏的「喜好」主要針對經濟不確定性等導致人們希望持有更多貨幣的因素。

當市場上有足夠的貨幣供應時，消費者就不需要額外的貨幣了：他們已經持有所需的貨幣。因此，當增加貨幣供應時，消費者就會消費掉多餘的現金。價格在短期內不會作出相應調整，因此這將增加經濟產量。但是，從長期來看，價格可以自行調整，多餘的貨幣帶來的唯一結果只是更高的價格。因此佛利民的理論可以被認為是貨幣數量論的現代版。貨幣數量論的公式是 MV＝PT，其中「M」代表貨幣供應量，「V」代表貨幣流通速度，「P」代表價格水平，「T」代表交易數量，通過 P 和 T 相乘，我們可以得到交易的總價值量。這一公式大致是說，如果 V 和 T 是恆定的，那麼更多的貨幣供應量就意味着更高的價格水平。從長期來看，貨幣不會對經濟產生「實質」的影響。

### 自然失業

「貨幣主義」一詞最先出現於 1968 年，這一年佛利民對菲利普斯曲線作出了新的解釋。菲利普斯曲線表明了理論上通脹率和失業率之間穩定的替代關係，這一關係使政府必須在低通脹、高失業和低失業、高通脹之間作出選擇。佛利民認為這種關係只會在短期內存在，長期內是不會存在的。他認為存在

---

1975 年到 1999 年間，美國政府制定了年度貨幣供應增長目標。然而，實際的貨幣供應增長常常超過政府目標上限。

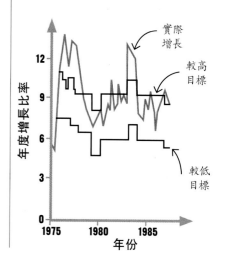

1973 年，智利成為了第一個實行貨幣主義政策的國家。在奧古斯托·皮諾切特的統治下，智利採取了激進的削減和私有化措施。

一個「自然失業率」，自然失業指的是在尋找工作過程中的暫時性的失業。事實上，自然失業率就是充分就業水平下的失業率。如果政府增加支出將失業率降至自然失業率之下，通脹率就會上升，工薪族也會進一步要求增加工資。有兩種可能的結果：其一是在新的、更高的通脹率下，失業率將會回到自然水平。另一種結果是政府以不斷上升的通脹率為代價來維持較低的失業率。

很明顯，政府通過財政政策來穩定就業是無效的。同樣，增加貨幣供應量只能導致價格不斷上升。從長期來看，菲利普斯曲線是自然失業率水平下的一條垂直線，失業率與通脹率之間不存在替代關係。

貨幣量變化和產量變化之間的時滯通常只有短短幾個季度，而價格變動則需要一至兩年或更長的時間才能見效，時滯太嚴重。因此，佛利民建議政府不要通過貨幣政策來操縱市場，因為很可能錯誤地判斷了經濟中正在發生的事情。他們應該遵循一條簡單的規則：無論界定的貨幣量是多少，都要保證它的年增長率穩定在 2%–5% 的水平（這取決於所選擇的貨幣定義）。

以美國經濟學家羅伯特·盧卡斯（Robert Lucas）和托馬斯·薩金特（Thomas Sargent）為代表的新古典宏觀經濟學派，根據對未來經濟政策的理性預期，重新解釋了這一觀點。佛利民認為人們只會根據過去的錯誤調整預期。盧卡斯和薩金特則認為人們的預期是往前看的。人們可以預見政府可能會計劃做甚麼，因此政府任何試圖將失業率降至自然失業率之下的嘗試，都會馬上導致通脹率進一步上升。換句話說，菲利普斯曲線在短期也是垂直的——政府從來就沒有能力降低失業率。

## 實踐中的貨幣主義

沒過多久，佛利民的警告就得到了印證。20 世紀 70 年代，隨着通脹率和失業率同時上升——滯漲現象發生，菲利普斯曲線的交替關係不復存在。政府開始將控制貨幣供應納入他們的計劃。德國、日本、美國、英國和瑞士在 20 世紀 70 年代紛紛採用了貨幣目標機制。然而事實證明，要控制貨幣的增長非常困難。其中一個困難是，應該控制哪種形式的貨幣呢？大多數中央銀行針對的是廣義貨幣，包括銀行定期存款（在固定的一段時期內不能提出來的存款）。但事實上這也很難控制。隨後，各國將注意力集中於狹義的貨幣，即紙鈔、硬幣和中央銀行持有的存款準備金。這控制起來比較容易，但是它與廣義貨幣之間的關係似乎並不穩定。

貨幣主義的嘗試大多數都失敗了，但是其影響卻非常重大。它源於有關貨幣供應的政策，後來成了一項旨在減少政府對經濟各方面干預的方案。今天，幾乎沒有人會否認「貨幣很重要」。貨幣主義政策通常是為了控制通脹，其與財政政策同樣備受關注。但是貨幣主義純粹的公式和它的政策影響所作的假設，一直有很大的爭議：貨幣需求具有可預測性，而政府能夠輕易控制貨幣供應。20 世紀 90 年代，許多國家紛紛放棄了貨幣目標。他們開始用匯率來控制通脹，或者直接將利率政策與通脹趨勢掛鈎。■

美國總統列根和英國首相戴卓爾夫人都是保守主義者。在任早期，他們都採取了嚴謹的貨幣政策。

# 工作的人越多，他們的賬單越多

## 通脹與失業

## 背景介紹

聚焦
**經濟政策**

主要人物
**威廉·菲利普斯（1914-1975）**

此前
**1936年** 約翰·梅納德·凱恩斯試圖解釋失業和經濟衰退現象。

**1937年** 英國經濟學家約翰·希克斯（John Hicks）將凱恩斯的觀點轉化成數學模型。

此後
**1968年** 米爾頓·佛利民認為，菲利普斯曲線應該考慮人們對通脹的預期，並且經濟中存在「自然失業率」。

**1978年** 經濟學家羅伯特·盧卡斯和托馬斯·薩金特指出菲利普斯曲線的不足。

**自20世紀80年代起** 新凱恩斯主義宏觀經濟學重新論述了穩定宏觀經濟（總體經濟）的可能性。

第二次世界大戰後的 30 年裏，發達國家經歷了史上最長的黃金增長期。失業率很低，收入不斷增長，經濟學家相信他們已經完全走出了 20 世紀 30 年代經濟危機所帶來的影響。

這種自信源於一種信念，即政府有能力干預經濟，這在菲利普斯曲線裏得到了很好的印證。1958 年，新西蘭經濟學家威廉·菲利普斯（William Phillips）出版《失業與貨幣工資變化率的關係》一書，展示了 1861-1957 年間英國貨幣工資增長和失業之間的聯繫。貨幣工資增長率高的年份，失業率低；反之亦然。

### 通脹還是就業？

後來的研究顯示，在其他發達國家也存在類似的穩定關係。政府

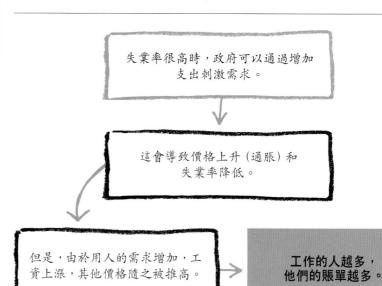

失業率很高時，政府可以通過增加支出刺激需求。

這會導致價格上升（通脹）和失業率降低。

但是，由於用人的需求增加，工資上漲，其他價格隨之被推高。

工作的人越多，他們的賬單越多。

參見：經濟蕭條與失業 154~161 頁，凱恩斯乘數 164~165 頁，貨幣主義政策 196~201 頁，理性預期 244~247 頁，黏性工資 303 頁。

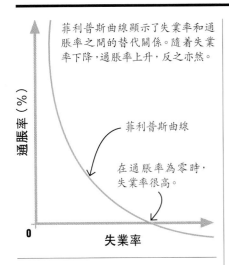

菲利普斯曲線顯示了失業率和通脹率之間的替代關係。隨着失業率下降，通脹率上升，反之亦然。

菲利普斯曲線

在通脹率為零時，失業率很高。

通脹率（%）

0    失業率

意識到，通脹和失業之間有一種交替關係。他們可以在菲利普斯曲線上選擇偏好的點，即在低失業高通脹與低通脹高失業之間作出選擇，並據此對經濟政策作出相應調整。通過增加或減少支出，緊縮或放鬆貨幣政策（貨幣供應量和利率），政府可以調節總需求（總支出），使經濟回歸菲利普斯曲線。應對經濟就像處理一架大型的機器。關於宏觀經濟——國家整體經濟體系——的主要問題，似乎都可以簡化為技術上的修復問題，而不是意識形態上的鬥爭。

菲利普斯曲線與當時盛行的凱恩斯主義宏觀經濟學非常吻合。當失業率高時，政策向勞動市場和產品市場傾斜將會拉低工資和價格，通脹率也會因此降低。但就業率很高時，經濟中額外的需求——或許來自增加的政府支出——並不會使產量和就業率上升，反而會抬高價格和工資，因此通脹率隨之上升。然而，到 20 世紀 70 年代，這種穩定的關係似乎不存在了。在「滯漲」情況下，失業率和通脹率同時上升。美國經濟學家佛利民對此作出了解釋。他認為菲利普斯曲線顯示了實際價格和失業率之間的交替關係，但它還需要考慮人們對通脹的預期。人們意識到，當政府增加支出以刺激經濟（並增加就業）時，通脹必定隨之而來。

因此，在高失業時期，政府任何增加的支出都會被認為是通脹前的信號，工人就會在價格實際上升之前要求加薪。佛利民指出，從長期來看，失業和通脹之間並沒有交替關係。經濟會穩定在「自然失業率」水平。政府穩定經濟的努力最終只會推高未來通脹的預期，實際的通脹率因此也會上升。

佛利民的觀點為挑戰凱恩斯主義宏觀經濟學掃清了障礙，政府開始轉向增加資本和勞動的供應，而不再是調節需求。■

1931 年，美國失業率接近 23%，物價大幅下降。政府啟動了一項公共工程計劃以創造職位。

## 威廉・菲利普斯

奧爾本・威廉・菲利普斯，1914 年生於新西蘭，在 20 歲左右遷往澳洲，從事捕獵鱷魚的工作。1937 年他訪問中國，日本入侵時離開，1938 年到英國修讀工程學。第二次世界大戰爆發後，他加入英國皇家空軍。1942 年被日本俘獲，一直被囚禁至第二次世界大戰結束。1947 年，他去倫敦經濟學院修讀社會學，但在研究生階段轉向修讀經濟學。1958 年他任倫敦經濟學院教授。1967 年，菲利普斯搬往澳洲任教，兩年後因中風退休回到新西蘭。

**主要作品**

1958 年 《失業與貨幣工資變化率的關係》

1962 年 《就業，通脹與增長：一個就職演説》

# 人們在整個生命週期安排消費

## 為消費而儲蓄

每個家庭消費佔現期收入的比例各不相同。

↓

因為人們是理性的，既面向未來又厭惡衝擊。

↓

他們根據一生全部的預期收入而非現期收入來安排消費支出。

↓

他們在年輕時儲蓄以備年老時使用。

↓

**人們在整個生命週期安排消費。**

在1936年，凱恩斯的著作《就業、利息和貨幣通論》把消費這一問題擺在人們面前：如果總需求對經濟順利運行至關重要，那麼創造這些需求的羣體就非常重要。公共支出受政府控制，廠商投資與利率息息相關，但家庭消費卻向人們提出了更大的挑戰。

凱恩斯認為，家庭只消費收入的一部分，並將剩餘部分儲存下來，越富有的家庭儲蓄越多。所有家庭消費的比例決定了「乘數」的大小，也就決定了政府支出事實上增加的數量。它創造就業機會和收入，得到這些就業機會和收入的人將進行消費，這些消費又會進一步創造新的就業機會和收入，這樣，政府的支出就會對整個經濟產生影響。在凱恩斯主義經濟學家看來，這種乘數效應導致了經濟由盛轉衰、由衰轉盛的循環。因此，對消費的準確認識就顯得至關重要。凱恩斯的理論從經驗主義的角度出發，並作出了三個預測。第一，相

**參見**：經濟人 52~53 頁，借貸與債務 76~77 頁，凱恩斯乘數 164~165 頁，理性預期 244~247 頁。

對富裕家庭的儲蓄比較貧困家庭的儲蓄多；第二，隨着經濟的發展，消費增長的速度比收入增長的速度慢。這是因為，隨着人們收入增加，消費佔收入的比例不斷減小；第三，富裕國家將變得越來越「沒有生氣」——當消費佔收入的比例下降時，乘數減小，經濟增長速度變慢。

## 終生儲蓄

然而，理論的預測與現實並不十分吻合。從長遠來看，許多國家家庭消費佔收入的比例趨於穩定，並沒有如理論所說，隨着收入增長而減小。短期內這一比例雖有波動，但是並不會一直朝某個特定的方向變化。第二次世界大戰後，經濟學家預測經濟將會停滯，但是世界各地的經濟反而高速發展。對這一現象，有兩種解釋得到了普遍接

只有擁有足夠多的錢來代替收入，退休才會令人感到愉快。莫迪利安尼認為，正是意識到這一點，人們才會儲蓄，以保證未來能穩定消費。

> 我們的後輩似乎越來越不懂得節約了。
> ——弗蘭科‧莫迪利安尼

受。這兩種解釋都提出，理性的個人不會根據現期收入盲目消費，他們會進行長遠的計劃，估算他們應該儲蓄多少。1954 年，意大利經濟學家弗蘭科‧莫迪利安尼認為，這與生命週期的不同階段有關。年輕時收入較高，他們會儲蓄以備老年時消費，他們試圖保證生命週期各階段消費的穩定性。這就是所謂的生命週期假說。

三年後，美國經濟學家佛利民提出了一個相關的理論，即人們根據他們的「持久收入」——預期的未來收入——來安排他們在各個時期的消費。任何額外的收入都是「暫時性」的，都應該被儲存起來。這就是持久收入假說。

最近消費理論的發展表明，事實上，當消費者在作消費和儲蓄決策時，會傾向遵守某些經驗法則，同時也會出現其他形式的「非理性」行為。∎

## 弗蘭科‧莫迪利安尼

弗蘭科‧莫迪利安尼（Franco Modigliani）1918 年出生於意大利羅馬。最初在羅馬大學修讀法律，後來轉向經濟學。1938 年，墨索里尼推出了一系列反猶太主義的法律，因此，作為狂熱反法西斯主義者的莫迪利安尼離開意大利前往巴黎，後來他與身為反法西斯活動家的妻子塞雷娜‧卡拉比（Serena Calabi）一起遷到紐約。他一邊做研究，一邊出書維持生活開銷。在任麻省理工學院經濟學教授之前，他做過許多份教職。1985 年，莫迪利安尼憑着對儲蓄和金融市場的開創性研究而獲得諾貝爾獎。2003 年在其逝世後，經濟學家保羅‧薩繆爾森稱讚他是「同時期最偉大的宏觀經濟學家」。

### 主要作品

1954 年 《效用分析與消費函數》（與理查德‧布倫伯格合著）
1958 年 《資本成本、公司財務與投資理論》（與墨頓‧米勒合著）
1966 年 《儲蓄的生命週期假說》

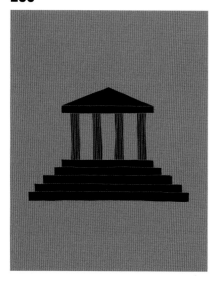

# 制度很重要

## 經濟制度

標準經濟學假設市場存在，政府可以利用必要的政策槓桿，推動市場朝着有利貿易、投資和創新的方向發展。然而，制度經濟學家走得更遠——他們尋找市場的起源、市場與國家的關係，以及有利經濟活動的政治和社會條件。

美國經濟學家道格拉斯・諾斯（Douglass North）將制度定義為「人為設計的、塑造人際互動的約束」。這些約束就是以正式或者非正式形式存在的「遊戲規則」。正式的制度是各國的法律和政治規則，而非正式的制度則是一個社會的禮儀、風

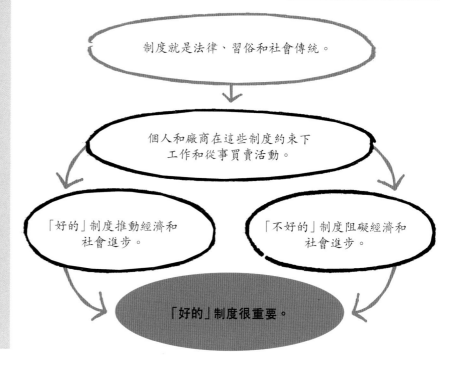

制度就是法律、習俗和社會傳統。

個人和廠商在這些制度約束下工作和從事買賣活動。

「好的」制度推動經濟和社會進步。

「不好的」制度阻礙經濟和社會進步。

「好的」制度很重要。

參見：財產權 20~21 頁，上市公司 38 頁，經濟學與傳統 166~167 頁，
社會資本 280 頁，抵制經濟變化 328~329 頁。

俗和傳統。總之，這些構成了諾斯所謂的制度，這些制度設定了約束人們工作、消費和投資的一般規則。

## 市場與財產

財產權，包括物質產權和知識產權，是經濟發展所必須遵守的制度。道格拉斯·諾斯考察了英國財產權的起源，發現它出現於 1688 年光榮革命之後。在那之前，君主可以任意徵用資源，冷酷無情地踐踏私人產權。諾斯發現，在國王的權力被限制之後，交易成本降低、市場激勵作用增強。他的觀點備受爭議，但至今仍然很有影響力。

德國聯邦議院(議會) 是 1945 年後新建的機構，它在塑造戰後德國的法律和經濟方面，發揮了非常重要的作用。

諾斯的實例揭示了制度經濟學的核心問題。國家維護社會秩序，而秩序賦予國家激活產權的權力，因為產權在混亂的無政府狀態下不可能存在。而正是這種權力，使政府可以為了自身利益而動用資源。

美籍土耳其經濟學家達龍·阿塞莫格魯 (1967−) 表示，這一問題的根源在社會的殖民歷史。在非洲這樣的地區，由於傳染病肆虐，殖民者沒有停留太長時間。為了快速攫取自然資源以實現自身的富強，殖民者在被殖民地區建立了制度，其本意並非促進當地經濟的發展。然而，在更適宜殖民的北美地區，殖民者建立的制度則促進了經濟的長期增長。

制度決定了經濟的成敗——它們構建了基本的框架。經濟學家還需要識別推動經濟進步的制度變化。改革制度非常困難，過去的制度總會在今天留下痕跡。■

制度為經濟提供了激勵機制。

—— 道格拉斯·諾斯

## 道格拉斯·諾斯

道格拉斯·諾斯出生於美國馬薩諸塞州堪布里奇市。在加州大學伯克萊分校讀書期間，他拒絕為第二次世界大戰服役，為了避開戰爭，畢業後他加入美國商船隊。在三年之內，諾斯閱讀了許多經濟學著作，回國後，他發現自己很難在攝影 (終生的愛好) 和經濟學之間作出抉擇。最終他選擇了經濟學，1952 年他在伯克萊分校獲得博士學位。畢業後諾斯在華盛頓大學任教，他在這裏協助開闢了計量歷史學 (通過高等數學分析和處理資料來研究歷史) 這一新學科領域。

1983 年，諾斯從華盛頓大學退休。1966 年他花了一年在日內瓦研究歐洲經濟歷史，此後潛心研究制度的作用。1993 年，諾斯獲得諾貝爾經濟學獎。

**主要作品**

1981 年 《經濟史的結構與變遷》

1990 年 《制度》

# 人們總是
# 盡可能逃避
## 市場信息與激勵

## 背景介紹

**聚焦**
**決策**

**主要人物**
**肯尼斯・阿羅（1921–2017）**

**此前**
**自1600年起**「道德風險」就被用來描述個人不誠信的情況。

**20世紀二、三十年代** 美國經濟學家弗蘭克・奈特（Frank Knight）和英國經濟學家凱恩斯就經濟學中不確定性的問題展開了爭論。

**此後**
**1970年** 美國經濟學家喬治・阿克洛夫（George Akerlof）出版《檸檬市場》，闡述了人們掌握關於商品質量的信息十分有限這一問題。

**2009年** 英國央行行長默文・金（Mervyn King）將政府對銀行的緊急救助描述為「史上最大的道德風險」。

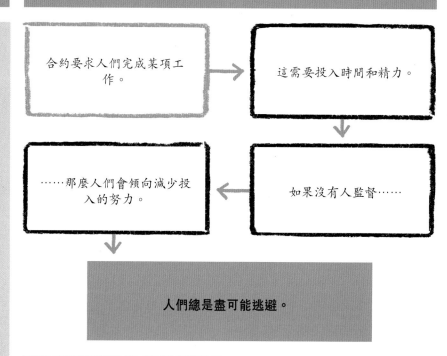

合約要求人們完成某項工作。

這需要投入時間和精力。

⋯⋯那麼人們會傾向減少投入的努力。

如果沒有人監督⋯⋯

**人們總是盡可能逃避。**

亞當・斯密在 18 世紀提出的標準經濟行為模型有個假設，即市場參與者都是理性的，而且擁有完整的信息。然而，事實並非總是如此。

美國經濟學家肯尼斯・阿羅（Kenneth Arrow）是最早分析市場信息不完全問題的經濟學家之一。

他指出，雖然雙方可以達成一致簽訂合約，但是這並不能保證雙方都會去履行合約的規定。當一方不能監督另一方的行為時，後者就可能在前者不知情的情況下違背部分合約條款。由於行為是隱蔽的，因此有信息不對稱的問題。

**參見：**公共物品與服務的供應 46~47 頁，經濟人 52~53 頁，市場與社會結果 210~213 頁，博弈論 234~241 頁，市場不確定性 274~275 頁，激勵與工資 302 頁。

旅遊保險可能讓遊客感覺遠離了風險，並鼓勵他們嘗試更危險的活動。因此，為了減少損失，保險公司會提高保險費。

### 道德風險

上文提到的這種情況被稱為「道德風險」。例如，在保險市場，保險政策可能反而會激勵投保者冒更大的風險，因為他或她知道，保險公司會承擔任何損失。於是，保險公司就會縮小保險範圍，因為它們害怕鼓勵過多的人去冒險，導致最終承擔過多的損失。這意味着存在着市場失靈：投保的人將需要支付更多保險費，而且許多人將被排除在被保險的客戶之外。阿羅認為，在這些情況下，政府有必要通過干預來糾正市場失靈現象。

當一個人（委託人）試圖讓另一個人（代理人）按某種方式行為時，道德風險就會產生。如果委託人委託的事需要代理人付出努力，並且委託人不能監督代理人的行為，那麼代理人就有動機和機會來逃避和推卸責任。保險合約介於公司與顧客之間，但是，即使在一家公司內部，道德風險問題也可能會發生：僱員在沒有僱主監督的情況下很可能會減少努力的程度。有關複雜任務的長期合約中通常會出現這種委託—代理問題。在這種情況下，每一種要求都不能事先規定，而道德風險會以一種無法預知的方式出現。如何才能管理好複雜的任務呢？如何才能更好地擬定合約呢？委託—代理問題因而受到廣泛關注。

### 太大而不能倒閉？

2008 年金融危機之後，道德風險問題成了政治爭論中一個關鍵問題。當銀行被認為「太大而不能倒閉」時，道德風險就已經產生了。各大銀行知道，銀行倒閉會導致經濟衰退，因此它們認為無論如何都會得到政府的支持。經濟學家認為，這會使銀行進行過多的風險投資。道德風險的另外一個例子是 2012 年的歐債危機：希臘等國認為，本國「太大而不能倒閉」，因此，它們在經濟營運中進行了過多的風險投資。■

### 肯尼斯・阿羅

肯尼斯・阿羅出生於 1921 年，是土生土長的紐約人。他在紐約接受教育。從紐約城市學院社會學系畢業後，阿羅在哥倫比亞大學獲得數學碩士學位。後來他轉向研究經濟學，第二次世界大戰爆發後在美國陸軍航空兵司令部服役，研究風能運用。

戰爭結束後，阿羅與賽爾瑪・史懷哲結婚，育有兩子。從 1948 年開始，阿羅在哥倫比亞大學任教，之後在史丹佛大學和哈佛大學擔任經濟學教授。1979 年，阿羅回到史丹佛大學，直到 1991 年退休。他最著名的是對一般均衡和社會選擇的研究，憑着對經濟學開創性的貢獻，阿羅於 1972 年獲諾貝爾獎。

**主要作品**

**1951 年**《社會選擇與個人價值觀》

**1971 年**《風險承擔理論文集》

**1971 年**《一般競爭分析》（與弗蘭克・哈恩合著）

# 市場效率理論依賴許多假設

## 市場與社會結果

**背景介紹**

聚焦
**福利經濟學**

主要人物
**吉拉德・德布魯（1921-2004）**

此前
**1874年** 法國經濟學家里昂・瓦爾拉斯（Léon Walras）表示，競爭的、分散的經濟中可以實現穩定的均衡。

**1942年** 波蘭經濟學家奧斯卡・蘭格（Oskar Lange）提供了證明市場有效性的早期證據。

此後
**1967年** 美國經濟學家赫伯特・斯卡夫（Herbert Scarf）提出一個將現實經濟數據運用於一般均衡模型的方法。

**20世紀90年代** 新的宏觀經濟學模型將一般均衡理論與真實經濟數據結合起來。

到19世紀六、七十年代，主流經濟學已經建立了一套對世界的獨特認知，它提供的數學模型使經濟學家可以評估在特定市場條件下的個人行為。這些模型來源於快速發展的、反映真實世界的數學。這種被稱作「邊際革命」的發展認為，是人們的偏好和資源，而不是更客觀的或更絕對的標準決定價值，並且它用一種新方式將緊迫的理論問題展現出來。亞當・斯密的「看不見的手」真的能引導自私的個人達到最好的結果嗎？市場與其他

**參見**：自由市場經濟學 54~61 頁，經濟均衡 118~123 頁，效率與公平 130~131 頁，次優理論 220~221 頁。

市場價格反映了每種商品的供應與需求。

因此，理論上價格既完全反映了消費者的偏好，又反映了經濟資源的限制。

但是，只有在不具備現實可能性的假設下，這種情況才會發生。

也就是說，市場可以帶來「有效的」經濟結果。

市場效率理論依賴許多假設。

## 吉拉德・德布魯

　　吉拉德・德布魯 (Gérard Debreu) 1921 年出生在法國加萊。德國統治期間，他就讀於巴黎高等師範學院。在法國部隊服役一段時間後，德布魯重返數學研究領域，並對經濟問題產生興趣。1949 年，他憑着獎學金支持，訪問了美國、瑞典和挪威一些頂級高校，使他接觸到當時在法國還不為人知的一些經濟學前沿問題。在美國，他加入了非常有影響力的考爾斯委員會，這個委員會成立於 20 世紀 30 年代，致力於尋找解決經濟問題的數學方法。德布魯先後在美國史丹佛大學和加州大學伯克萊分校教授經濟學和數學。1983 年，德布魯獲得諾貝爾獎。於 2004 年逝世，享年 83 歲。

**主要作品**

**1954 年** 《競爭經濟中均衡的存在》(與肯尼斯・阿羅合著)

**1959 年** 《價值理論：對經濟均衡的公理分析》

社會引導方式到底哪個更有效？完全自由的市場真的存在嗎？

### 穩定的市場

　　法國經濟學家里昂・瓦爾拉斯 (Léon Walras) 是這一理論革命的先鋒之一。他想要證明，如果讓市場自由地分配資源，那麼整個社會可以實現穩定的結果，消費者對產品和服務的需求與廠商的供應可以實現完全均衡。

　　眾所周知，一個單獨的市場可以實現這種平衡或均衡，但是整個

政府通過對汽油等商品徵稅重新分配財富。在特定假設下，即使不通過徵稅，自由市場也能自發地調節經濟，實現資源的有效配置。

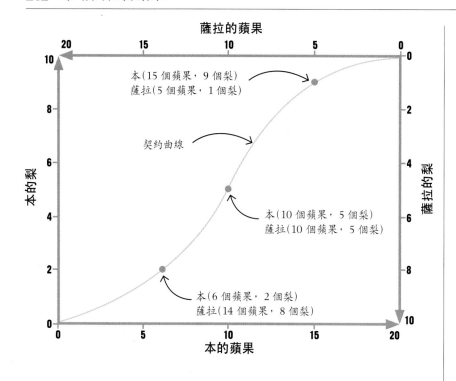

本(15 個蘋果，9 個梨)
薩拉(5 個蘋果，1 個梨)

契約曲線

本(10 個蘋果，5 個梨)
薩拉(10 個蘋果，5 個梨)

本(6 個蘋果，2 個梨)
薩拉(14 個蘋果，8 個梨)

艾奇沃斯盒(Edgeworth box)是表示經濟中商品分配的一種方法。在以上的例子中，經濟中有兩個人(本和薩拉)和兩種商品(20 個蘋果和 10 個梨)。盒子裏的每點都代表了蘋果和梨的一種分配的可能。黃色的曲線是契約曲線，代表了本和薩拉在彼此交易後可能達到的商品分配。沿著這條曲線交易能達到帕累托最優的結果。

市場是否能實現總體均衡則不清楚。

1954 年，法國數學家德布魯和美國經濟學家阿羅經過嚴謹的研究和分析，解決了「一般均衡」問題。他們運用先進的數學方法，表明在特定情況下，許多個市場可以實現總體的均衡。在某種意義上，阿羅和德布魯修訂了亞當·斯密的「自由市場能使社會有序運行」這一觀點。但是，斯密的觀點更強，他認為市場傾向到達一個穩定的點，並且人們需要這種均衡，因為這種均衡保證了自由的社會。

## 帕累托最優的結果

現代經濟學家運用「帕累托最優」一詞來衡量結果的合意性。在一個帕累托最優的狀態下，要在損害其他人利益的情況下改善另一個人的情況是不可能的。在商品交易中，如果至少一方的福利增加，而另一方福利沒有減少，經濟就存在改進的可能。阿羅和德布魯運用帕累托最優觀點來分析市場均衡。通過證明兩個「福利經濟學基本定理」，他們深入研究了斯密提出的「市場結果都是好的」這一基本原則。

第一個福利定理認為，任何純粹自由市場經濟下所達到的均衡都

必定是「帕累托最優」──資源分配的結果使得在不使其他人的福利變差的情況下改善任何一個人的福利都是不可能的。每個人最初都有一定的商品「稟賦」。他們彼此交易並能達到一種有效的均衡。

帕累托最優是一個很弱的道德標準。如果某種商品完全歸一個富人所有，這種情況也是帕累托最優的，因為不可能在不損害富人福利的情況下改善其他人的福利狀況。因此第一個福利定理認為，雖然市場是有效的，但是並沒有談到資源分配這一關鍵問題。

第二個福利定理就涉及資源分配。經濟中存在着很多種帕累托最優的資源配置。一些資源的配置相當均等，而有些則非常不平等。這一定理認為，市場可以實現任何一種帕累托最優的分配，經濟學家用「契約曲線」來描述這種均衡。然而，要實現其中任何一種分配，都

自亞當·斯密以來，
如何實現供求平衡一直是
人們關注的主要問題。

——肯尼斯·阿羅

> 帕累托最優狀態下的資源配置雖然是有效率的，但會給一些人帶來巨額財富，而給另一些人造成極端貧困。

—— 肯尼斯・阿羅

需要對個人稟賦進行再分配，然後才能通過交易實現特定的帕累托最優配置。

這一定理的現實啟示是，政府可以通過徵稅重新配置資源，依靠自由市場來保證最終分配的效率，公平和效率可以兼顧。

### 現實的約束

阿羅和德布魯的結論建基於某些假設：當這些假設不成立時，效率也許就會降低，也就是經濟學家所謂的「市場失靈」。根據這些定理，個人行為必須遵循經濟理性。他們需要完全回應市場信號，這在現實中很明顯是不存在的。而廠商之間必須彼此競爭，但事實上壟斷卻無處不在。

除此之外，當存在規模經濟時，福利定理也不成立。例如，當有大量初始投資存在的大企業（如許多公共設施企業）時，就會產生規模經濟，此時福利定理就不能成立。要實現有效的均衡，更重要的條件是不存在「外部成本」。外部成本是指不包含在市場價格之中的成本和收益。例如，一家摩托車製造工場產生的噪音會影響隔壁會計公司的工作，但是工廠主並沒有將這種廣義的成本納入自己的成本之中，因為這並沒有影響他的私人產量。外部成本降低了經濟活動效率。同時，如果個人不能完全了解所購買商品的價格和特性，市場也可能失靈。

### 定理對我們的啟示

人們不禁會問，如果這個模型的假設如此不現實，以至於不適用於任何情形，那麼這個模型的意義何在呢？但是，理論模型本就不打算完全忠於現實：如果完全描繪現實，那麼阿羅和德布魯的模型將毫無用處。但事實上，他們的定理回答了一個關鍵的問題：市場在甚麼條件下會是有效率的？這些條件的嚴謹程度告訴我們現實經濟在多大程度上以及用甚麼方式偏離了完全效率。阿羅和德布魯的條件指出為提高效率我們必須做的事情。例如，可以收取排污費來解決外部成本，打破壟斷使市場更具競爭性，或者建立機構機制，幫助消費者獲取商品信息。

阿羅和德布魯的研究奠定了戰後經濟學基礎。後來的經濟學家嘗試修訂他們的結論，在不同的假設條件下研究市場的效率。他們在阿羅和德布魯的一般均衡模型的基礎上，建立了大量理論和實證的宏觀經濟學模型。有人批評一般均衡模型沒有考慮到無秩序的情況，這也是現實經濟無法預測的真實本性。由於這些模型沒能預測到 2008 年的金融危機，因此近年來受到的批評越來越多。■

2008 年，雷曼兄弟解僱所有員工，宣佈破產，由此引發了嚴重的金融危機。由於均衡模型沒能預見到這場危機，人們紛紛對這些模型的基本假設提出批評。

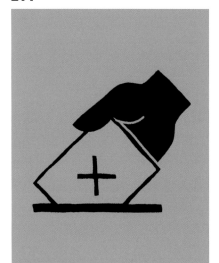

# 沒有完美的投票制度

## 社會選擇理論

乍看之下，投票背後的算術似乎與經濟學沒甚麼關係。然而，在福利經濟學領域，尤其是在社會選擇理論中，它卻發揮着至關重要的作用。20世紀50年代，美國經濟學家肯尼斯・阿羅提出了社會選擇理論。他指出，為了評估社會的經濟福利狀況，每個成員的價值應該被納入考慮。在制定能決定社會福利和社會狀態的集體決策時，必須有一個能讓人們表達自身偏好，並將這些偏好相結合的機制。集體決策過程需要一個公平且有效的投票制度。然而，在《社會

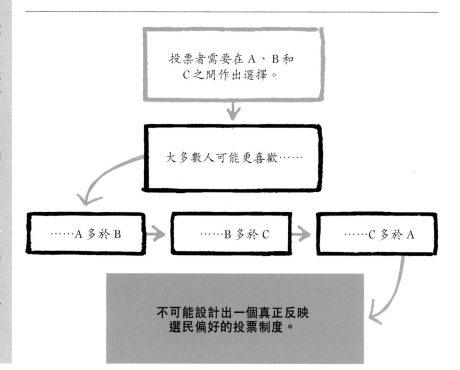

投票者需要在A、B和C之間作出選擇。

大多數人可能更喜歡……

……A多於B → ……B多於C → ……C多於A

不可能設計出一個真正反映選民偏好的投票制度。

參見：效率與公平 130~131頁，市場與社會結果 210~213頁，社會市場經濟 222~223頁。

> 在資本主義民主社會裏，有兩種基本的社會選擇方法：投票和市場機制。
>
> —— 肯尼斯・阿羅

選擇與個人價值》(1951) 一書中，阿羅證明了投票悖論。

## 投票悖論

所謂投票悖論，大約是在 200 年前由法國政治思想家和數學家尼古拉斯・德・孔多賽 (1743–1794) 提出的。他發現一種可能的情況是，大多數人喜歡 A 多於 B，喜歡 B 多於 C，但同時又存在喜歡 C 多於喜歡 A 的偏好。例如，如果三分之一投票者的選擇排序是 A—B—C，另外三分之一的是 B—C—A，剩下的三分之一排序為 C—A—B，那麼很明顯大多數人喜歡 A 多於 B，喜歡 B 多於 C。表面上看，我們以為 C 會出現在選擇列表的底端。但是，同樣有大多數人喜歡 C 多於 A。很明顯，在這種情況下作出的集體決策在公平性上是有問題的。

阿羅表示，一個真正反映所有選民偏好的投票制度不僅有問題，而且也不可能存在。他提出了一系列理想投票制度需要滿足的公平標準。隨後他又論證，任何一個制度都不可能滿足所有標準。事實上，當滿足了大多數合理的假設之後，

19世紀，法國公民通過投票進行選舉。選舉權在西方文明中根深蒂固，並且非常普遍，但是真正完美的投票制度並不存在。

就會產生一個反直覺的結果。公平的標準之一，是不存在「獨裁者」，即任何個人都不能決定集體決策。但矛盾的是，當滿足了所有其他條件以後，恰恰就產生了一位獨裁者。

## 多數人的福祉

阿羅悖論 (也稱為一般可能性定理) 是現代社會選擇理論的基石，其公平標準也為制定考慮個人偏好的公平投票方式奠定了基礎。

社會選擇理論是福利經濟學的一個重要研究領域，它評估經濟政策帶來的影響。這一領域最初是抽象理論的發展，現在被政府和決策者廣泛應用於各種具體的經濟情境，不斷地權衡多數人的福祉。這對解決資源和財富分配的基本經濟問題，產生深遠的影響。■

## 社會福利函數

評估社會福利的方法有很多種。19世紀的功利主義者認為，與收入類似，個人的效用或幸福水平，可以加起來計算總體福利。後來的經濟學家建立了「社會福利函數」，本意也是為了計算社會總體福利，但福利函數並不一定包括效用的衡量。阿羅和其他經濟學家建立了這些函數的公式，將個人偏好轉化為對可能社會狀態 (他們在社會上的經濟地位) 的評級。有關社會福利的想法還包含了道德層面的考慮。功利主義簡單地強調了社會總福利的最大化，而不考慮它的分配問題。美國哲學家約翰・羅爾斯 (John Rawls，1921–2002) 提出了另一種理論，認為應該將社會中最不富裕人羣的福利最大化。

# 我們的目的是使幸福最大化，而非收入最大化

幸福經濟學

**背景介紹**

聚焦
**社會和經濟**

主要人物
**理查德・伊斯特林（1926–）**

此前
**1861年** 約翰・斯圖亞特・穆勒認為，道德的行為應該使總體幸福最大化。

**1932年** 基於傳統經濟變量，西蒙・庫茲涅茨（Simon Kuznets）出版了第一部「美國國民收入賬戶」。

此後
**1997年** 英國經濟學家安德魯・奧斯瓦爾德（Andrew Oswald）認為，失業是不幸福的主要原因。

**2005年** 英國經濟學家理查德・萊亞德（Richard Layard）出版了《幸福：來自一門新科學的啟示》，重新審視有關幸福和收入關係的爭論。

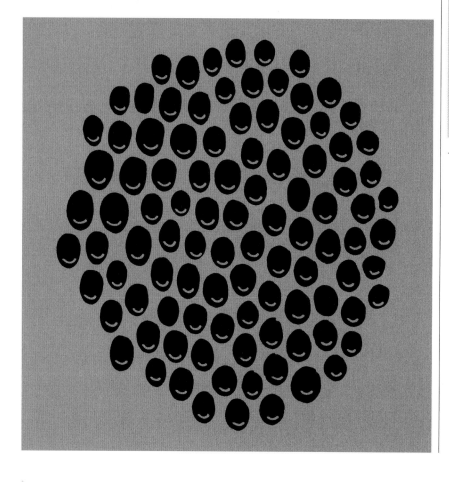

**20**世紀 30 年代，美籍俄羅斯經濟學家西蒙・庫茲涅茨為美國政府建立了第一個現代的國民賬戶。基於這一開創性成果，英國、德國和其他發達國家也先後建立了國民賬戶。這些賬戶包括計算一個國家一年內經濟的總交易量，得出該國的國內生產總值（GDP）。早期的經濟學家，如法國的弗朗索瓦・魁奈（François Quesnay）曾嘗試過開發類似的測量方法，但由於任務過於龐大而終告失敗。只有統計學、調查技術和整體經濟的研究

參見：財富的衡量 36~37 頁，效率與公平 130~131 頁，炫耀性消費 136 頁，市場與社會結果 210~213 頁，
行為經濟學 266~269 頁，性別與經濟學 310~311 頁。

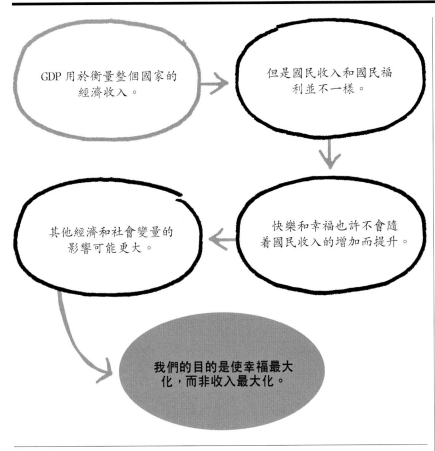

GDP 用於衡量整個國家的經濟收入。

但是國民收入和國民福利並不一樣。

快樂和幸福也許不會隨着國民收入的增加而提升。

其他經濟和社會變量的影響可能更大。

**我們的目的是使幸福最大化，而非收入最大化。**

嫉妒是不幸福的原因之一。與自己擁有多少相比，你的鄰居是否比你擁有的更多，是影響你幸福程度更重要的因素。

### 搗弄數字

GDP 一出現，就對政治家、記者和經濟學家產生了無法抗拒的誘惑。這些數字以簡單的形式展現了經濟中幾乎所有最重要的活動。GDP 增長意味着有更多的工作機會和更高的工資水平，而 GDP 下降則意味着失業和不確定性。第二次世界大戰後，有關經濟政策的爭論很快轉變為一系列如何最有效地促進 GDP 增長的爭論。雖然不同派別追求不同的政策，但目的殊途同歸。

然而，這忽略了一些很重要的問題。GDP 僅是一個數字，或許還不是最重要的數字。正如西蒙·庫茲涅茨向美國國會聽證會指出，GDP 和真實的社會福利之間，沒有必然的聯繫。增加的 GDP 分配很不均勻，因此大量財富聚集在少數人手中，而許多窮人卻只擁有很少的財富。給人們帶來幸福的其他因素，如家庭或朋友關係，在這個數字上並沒有體現出來。儘管如此，GDP 仍然成為了最重要的經濟指標，社會各界也以此衡量一個國家運行是否良好。雖然未得到充分證實，但人們普遍認為，雖然 GDP 不能完全等同於福利，但至少兩者朝着同一方向發生變化。

1974 年，美國經濟學家理查德·伊斯特林（Richard Easterlin）首次向 GDP 和國民收入概念提出直接挑戰。他研究了過去 30 年間 19 個國家報告的幸福感，認為 GDP 和福利之間的關係並不如人們想像的那麼簡單。伊斯特林發現，報告的幸福感隨着收入的增加而提升，這和預期一樣。但是，對那些收入在最低生活水平的人來說，幸福感在不同的國家並沒有很大的差別，儘管這些國家的國民收入差異

得到發展，國民核算才有可能實現。

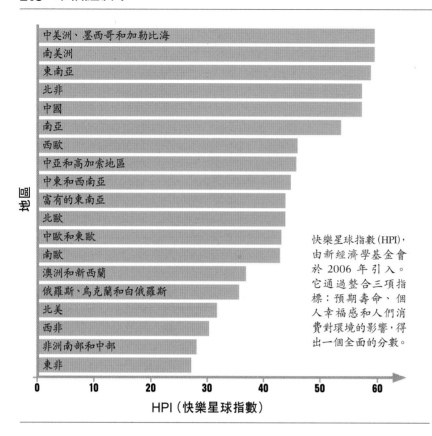

地區（由上至下）：
中美洲、墨西哥和加勒比海
南美洲
東南亞
北非
中國
南亞
西歐
中亞和高加索地區
中東和西南亞
富有的東南亞
北歐
中歐和東歐
南歐
澳洲和新西蘭
俄羅斯、烏克蘭和白俄羅斯
北美
西非
非洲南部和中部
東非

HPI（快樂星球指數）

快樂星球指數(HPI)，由新經濟學基金會於 2006 年引入。它通過整合三項指標：預期壽命、個人幸福感和人們消費對環境的影響，得出一個全面的分數。

一種解釋是 1971 年由美國心理學家菲利普·布里克曼（Phillip Brickman）和唐納德·坎貝爾（Donald Campbell）提出的「快樂水車」概念。他們認為，人們能很快適應現在的幸福水平，並且無論情況好壞都會努力維持這一水平。當收入增加時，他們又會很快適應新的物質消費水平並認為現在的消費是正常的，因此就不會感到比之前更幸福。這一理論的極端情況是，當收入超過了溫飽水平以後，所有的經濟發展本質上都與福利不相干，因為人們的幸福感是由一些完全不同的因素，如性格和友誼等決定的。

另外，研究人員還提出了地位和與他人比較的重要性。例如，如果社會上誰都沒有汽車，那麼沒有車不會有甚麼影響。但是，一旦有一部分人擁有汽車，那些沒有汽車的人就可能會感覺自己的社會地位下降了。「與鄰居保持一致」意味

很大。富裕國家的人並不一定是最幸福的。

隨着時間發展，這一現象顯得更加奇怪。自 1946 年以來，美國的 GDP 一直持續且相對迅速地增長，但是調查顯示，人們的幸福感並沒有相應地增加。事實上，它在 20 世紀 60 年代下降了。金錢，似乎真的買不到幸福。

伊斯特林的調查結論後來被稱為伊斯特林悖論。它們引發了對經濟和幸福關係的新研究，改變了這一研究自 19 世紀末期以來一直止

步不前的狀況。研究人員想知道，個人、廠商和政府的決策如何影響人們對自身和社會的感知。

圖為不丹人民跳舞歡度春節。1972 年，不丹國王宣佈，政府將實施「國民幸福總值」最大化的政策。

> 只有當經濟事物能使人們更快樂時，它們才有意義。
>
> —— 英國經濟學家
> 安德魯·奧斯瓦爾德(1953-)

着，隨着經濟發展，新增加的財富對幸福感的積極影響很有限。每個人最終都在激烈地競爭，瘋狂地想要超過其他人。社會越不公平，這種情況越嚴重。

### 挑戰悖論

隨着 20 世紀人們對伊斯特林悖論的興趣日漸濃厚，這一悖論開始受到挑戰。2008 年，通過分析來自更多國家的數據，美國經濟學家貝奇·斯蒂文森 (Betsey Stevenson) 和賈斯汀·沃爾夫斯 (Justin Wolfers) 提出，在不同的國家，幸福感確實會隨着收入的增加而提升，並且新增收入還會帶來更多的幸福。

研究人員發現，一般來說，雖然更高的收入不會簡單地轉化為更高層次的幸福，但是收入減少卻對幸福有嚴重的負面影響。裁員和失業對幸福的負面影響尤其嚴重，就像得了嚴重疾病或落下了新的殘疾一樣。

換言之，GDP 和國民收入之間有一些聯繫，但卻不是一種簡單的關係。由於能得到更好的數據，政府政策應將快樂和幸福作為目標的理念也獲得了支持。反過來，這導致人們對 GDP 這一重要經濟變量的興趣逐漸下降。原因很簡單：如果被廣泛地報告的經濟變量不能反映經濟和社會生活的重要方面，那麼關注這些變量只會導致政府制定出糟糕的政策。如果政策的制

巴哈馬羣島的人們在生活滿意度指數上得分非常高。這一指數由英國心理學家艾德里安·懷特 (Adrian White) 設計，專門用來衡量人們的幸福感。

定是基於「幸福指標」，而不僅是 GDP，那麼就會出現新的優先考慮事項。這可能包括鼓勵更有效地實現工作和生活平衡的方法。或許，人們認為失業的代價會更高，因而要採取更有效的措施來減少失業。更廣泛的幸福衡量指標已經投入使用，尤其是在討論發展中國家的時侯。例如，人類發展指數結合了收入、預期壽命和教育。有觀點指出，狹隘地關注 GDP 的增長，模糊了 2008 年金融危機前由債務積累所帶來的問題。如果可以使用更能反映人們幸福感，而且更受關注的指標，那麼 GDP 這個單一指標的增長就不值得怎麼慶賀了。■

### 衡量幸福

2007 年，經濟學家約瑟夫·斯蒂格利茨 (Joseph Stiglitz)、阿瑪蒂亞·森 (Amartya Sen) 和讓-保羅·費圖西 (Jean-Paul Fitoussi) 應法國總統薩科齊的要求，調查如何衡量社會和經濟進步，並研究如何在福利衡量中引入更廣泛的指標。在 2009 年的報告中，他們認為，應該將制定經濟政策時的關注點從衡量經濟產量（如 GDP）轉向衡量幸福感和可持續性。報告特別強調，共同經濟指標和報告的幸福感之間的差距似乎越來越大。

另一個衡量體系，應該使用一系列不同的指標，比如健康水平以及生活方式對環境的影響，而不是僅通過一個單一的數據來囊括一切。

# 糾正市場失靈的政策使情況更加糟糕

## 次優理論

**背景介紹**

聚焦
**經濟政策**

主要人物
**凱爾文·蘭開斯特（1924-1999）**
**理查德·利普西（1928-）**

此前

**1776年** 亞當·斯密提出，市場可以通過「看不見的手」自我調節，比政府干預更好。

**1932年** 英國經濟學家阿瑟·庇古（Arthur Pigou）倡導通過稅收來糾正市場失靈。

**1954年** 吉拉德·德布魯和肯尼斯·阿羅在《競爭經濟中均衡的存在》一書中，論證得出完全自由的市場經濟能夠使市場參與者的福利最大化。

此後

**自20世紀70年代起** 在約瑟夫·斯蒂格利茨、阿瑪蒂亞·森和其他經濟學家的研究下，福利經濟學獲得了較大發展。

理論上，自由市場是最有效率的經濟。

↓

但真實經濟中有很多無效且有害的扭曲。

↓

這些扭曲可能相互聯繫，使得政府不能只進行部分糾正。

↓

糾正一些扭曲的措施，可能會使其他扭曲更加嚴重，因此政府需謹慎行事。

↓

**糾正市場失靈的政策使情況更加糟糕。**

**標**準的經濟理論認為，當市場上可以獲得各種商品和服務，並且每個人都擁有完全的信息時，市場經濟就是有效率的。在不使其他人境況變壞的條件下，不可能通過重新配置資源來使任何一個人的境況變好，那麼自由市場裏社會福利就實現了最大化。自由市場主義者認為，政府能採取的最有效措施，就是去除市場的缺陷，使之盡量達到理想狀態。

**處理缺陷**

然而，要制定有效政策，需要遵守嚴格條件。1956年，澳洲經濟學家凱爾文·蘭開斯特（Kelvin Lancaster）和其加拿大同僚理查德·利普西（Richard Lipsey）證明，在某些條件下，旨在提高市場效率的政策反而會使情況更加糟糕。在一篇名為〈次優理論通論〉的論文中，他們研究了幾個市場永不完美的例子，而且這些地方政府沒有辦法糾正或去除這些市場缺陷。根本

**參見**：市場與道德 22~23 頁，自由市場經濟學 54~61 頁，馬克思主義經濟學 100~105 頁，集體談判 134~135 頁，凱恩斯乘數 164~165 頁。

1990 年，在柏林圍牆（右圖）被推倒一年之後，東德和西德重新統一。東德放棄了中央集權的計劃經濟，融入西德的社會市場經濟中。

其主要倡導者包括威廉·勒普克（Wilhelm Röpke）和阿爾弗雷德·米勒·阿爾馬克（Alfred Müller-Armack）。這些經濟學家希望實現米勒·阿爾馬克所說的社會市場經濟：不僅是一個政府只提供最低限度必要公共物品的「混合經濟」，還是一個介於自由市場資本主義和社會主義的中間道路，以便同時發揮資本主義和社會主義的長處。雖然仍然是私人所有制，並且允許自由競爭，但是政府提供了一系列的公共物品和服務，包括由全民醫保、養老金、失業福利等構成的社會保險系統，以及禁止壟斷和卡特爾（企業間相互串通）的措施。其理論依據是，這樣可以實現自由市場的經濟增長，同時還能實現低通脹、低失業和更公平的財富分配。

### 經濟奇蹟

自由市場與社會主義元素配合得相當好。前西德創造了 20 世紀 50 年代的經濟奇蹟，由戰後的廢墟一躍成為主要的發達國家之一。類似的社會市場經濟在其他國家也得到很好的發展，尤其是在斯堪的納維亞半島和奧地利。隨着歐洲經濟一體化的發展，20 世紀 50 年代，社會市場經濟成為了歐洲經濟共同體的典範，廣受推崇。許多歐洲國家在某種程度上的社會市場經濟體系下發展壯大，但是到了 20 世紀 80 年代，一些國家，尤其是英國，將注意力轉向了佛利民創建「更小的」政府這一觀點上。英國首相戴卓爾夫人批評歐洲模式，她認為政府干預和高稅收阻礙了競爭。

伴隨着共產主義在東歐的失敗，各種不同形式的混合經濟取代了計劃經濟。與此同時，一些共產主義國家也開始引入改革。例如，在中國，領導人鄧小平將自由經濟的元素引入計劃經濟，稱之為「有中國特色的社會主義市場經濟」。其目的是促進經濟增長，並提高國際競爭力。今天，雖然中國的經濟與歐洲社會市場模式相距甚遠，但是它已經朝着混合經濟發展，並取得了巨大的進步。■

### 北歐模式

德國的社會市場經濟與右傾的政治相聯繫，斯堪的納維亞半島的經濟沿着相似路線發展，但卻與左傾的政治相聯繫，更強調市場公平。所謂的北歐模式因其慷慨的福利體系和公平分配財富的承諾而獨具特色。這些國家通過高稅收和大量公共支出達到上述目的。它們人口很少但卻有許多強大的企業，如挪威的石油生產，因此人們生活水平很高，經濟增長強勁。

今天，北歐國家為保持國際競爭力，面臨着縮減政府作用的壓力。然而，改變要循序漸進：冰島在 20 世紀 90 年代放鬆了政府管制，雖然促進了經濟增長，但緊接着就發生金融危機，政府對此猶有餘悸。

# 隨着時間的發展，所有國家都會變得富有

## 經濟增長理論

**背景介紹**

聚焦
**增長和發展**

主要人物
**羅伯特・梭羅（1924－）**

此前
**1776年** 亞當・斯密在《國富論》中提出了一個問題：甚麼使經濟變得繁榮呢？

**20世紀三、四十年代** 英國經濟學家羅伊・哈羅德（Roy Harrod）和美籍俄羅斯經濟學家埃弗塞・多馬（Evsey Domar）設計了一個經濟增長模型，該模型建立在凱恩斯主義（政府干預主義）的基礎上。

此後
**20世紀80年代** 美國經濟學家保羅・羅默（Paul Romer）和羅伯特・盧卡斯（Robert Lucas）提出了內生增長理論，指出經濟增長主要受內部因素影響。

**1988年** 美國經濟學家布拉德・德龍（Brad Delong）發現幾乎沒有證據能證明梭羅模型的收斂趨勢。

**20**世紀 50 年代，美國經濟學家羅伯特・梭羅（Robert Solow）提出一個經濟增長模型，他預計全球生活水平將實現趨同。他的假設是資本收益遞減：額外的投資能增加的產出越來越少。由於窮國擁有的資本很少，因此額外的資本將帶來很多的產出，而這些回報又會推動進一步的投資。假設各個國家擁有同樣的技術，利用這些技術，窮國可以通過額外的資本增加產出。這一效應在窮國比在富國更

發達國家的資本收益遞減，額外的投資帶來的產出越來越少

↓

窮國投入的資本非常少，但是投資者仍然可以獲得高額回報。

↓

窮國可以通過新技術利用這些新的資本，推動經濟快速增長。

↓

窮國比富國發展更快，最終將追上富國。

↓

隨着時間的發展，所有國家都將會變得富有。

**參見**：邊際收益遞減 62 頁，人口與經濟 68~69 頁，現代經濟萌芽 178~179 頁，發展經濟學 188~193 頁，技術飛躍 313 頁，不公平與增長 326~327 頁。

北京騎單車的人，盯著一輛法拉利跑車。中國和印度都加入了追趕發達國家的行列。

明顯。其結果是，窮國的經濟增長速度更快，居民的生活水平最終會趕上富國，這就是經濟學家所謂的收斂效應。

自 20 世紀 50 年代以來，一些亞洲國家已經趕上了西方，但是許多非洲國家卻越來越貧窮。梭羅的假設並不永遠成立。技術不是普遍性的：即使能得到技術，現實運用中也有很多障礙。資本也並不總是流向窮國。例如，產權薄弱和政治不穩定會迫使投資者離開。因此，20 世紀 80 年代產生的內生增長理論，因其更現實地分析了技術變化的影響而超越了梭羅模型。在這一理論中，一家公司開發的新技術，可以惠及其他公司。這將會帶來遞增的投資收益。因此，結果可能並非不同國家的趨同，而是差異越來越大。

## 生活水平

收斂效應可以通過收入以外的其他因素測量。健康和讀寫能力與收入有關，但事實卻並不絕對如此：一些窮國人口健康水平和受教育程度反而更高。通過簡單的醫療干預措施，如免疫接種，人口預期壽命就可以大大提高。因此，在生活水平的非收入方面，窮國更可能追上富國。

儘管如此，許多經濟學家仍然努力解釋收入的差異。不過關注點已經由資本和技術，轉向了發展中國家為追趕發達國家所需要的制度化先決條件。■

## 羅伯特·梭羅

羅伯特·梭羅 1924 年出生於紐約。經濟大蕭條的經歷，使得他想弄明白經濟如何增長以及生活怎樣可以得到改善。1940 年，梭羅入讀哈佛大學，但 1942 年離校參軍，加入第二次世界大戰。後來，受經濟學家瓦西里·里昂惕夫（Wassily Leontief）的指導，梭羅的博士論文獲得哈佛大學的威爾斯獎——500 美元和出版機會。他認為自己可以做得更好，因此從未出版他的論文，也未兌現支票。20 世紀 50 年代，梭羅在麻省理工學院任職，期間他構建了新的經濟增長模型。這項研究開闢了經濟增長研究的新領域，他也因此獲得 1987 年的諾貝爾獎。

**主要作品**

1956 年 《對經濟增長理論的貢獻》
1957 年 《技術變化與總生產函數》
1960 年 《投資與技術進步》

# 全球化
# 並非
# 不可避免

市場整合

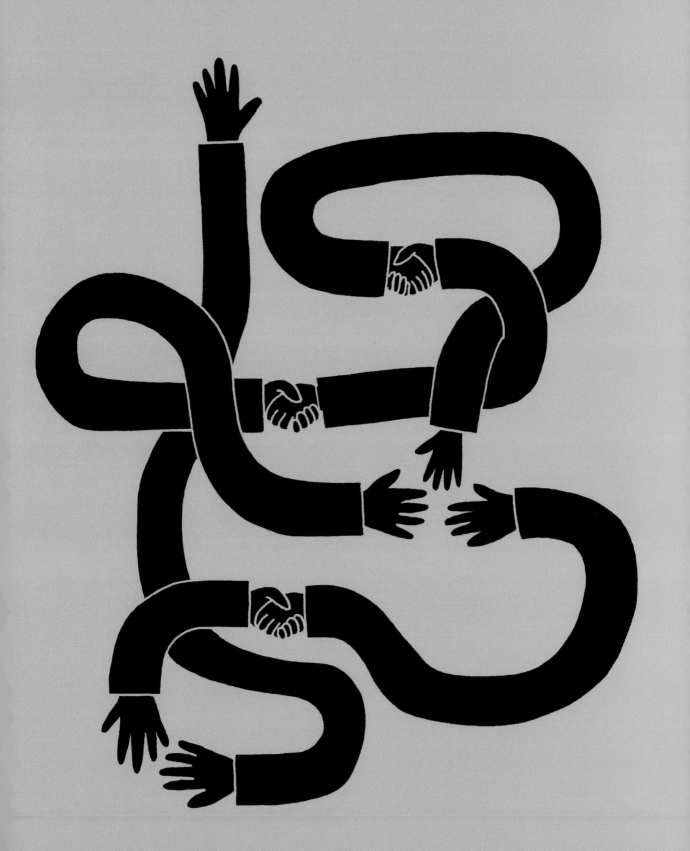

## 背景介紹

聚焦
**全球經濟**

主要人物
**達尼·羅德里克（1957–）**

此前

**1664年** 英格蘭經濟學家托馬斯·孟（Thomas Mun）認為，要實現經濟增長就必須減少進口。

**1817年** 英國經濟學家大衛·李嘉圖（David Ricardo）提出，國際貿易讓國家變得更富有。

**1950年** 勞爾·普雷維什（Raúl Prebisch）和漢斯·辛格（Hans Singer）認為，不平等的貿易條件令發展中國家在全球化中失勢。

此後

**2002年** 約瑟夫·斯蒂格利茨批評由世界銀行和國際貨幣基金組織推動的全球化。

**2005年** 世界銀行的經濟學家大衛·多拉爾（David Dollar）認為，全球化減輕了窮國的貧困。

**對**政治家、商人和社會科學家來說，全球化所蘊含的意思各不相同。對經濟學家來說，全球化意味着市場整合，而很早以前他們就認為這是一件好事。

18世紀，亞當·斯密首先抨擊重商主義的貿易保護思想，這一思想旨在限制國外商品流入本國。斯密認為，國際貿易可以擴大市場規模，而專業化生產也會使一國的生產更有效率。通常來說，人們認為市場整合不可避免，因為它處在新技術浪潮之中，如更先進的手機、更高速的飛機以及不斷擴大的網絡等。但是全球化也受到各國作出的不同選擇影響，有時是刻意的，有時卻是偶然的。雖然技術的變化傾向拉近國與國之間的距離，但是政策選擇卻可能使各國分道揚鑣。

歷史上也曾經出現過類似的全球化過程。但是，由於不同時期各國選擇了不同的政策，全球化也因此時盛時衰。有時候，這些選擇加快了技術進步下市場整合的速度；有時候卻阻礙它的發展。

市場整合就是將很多個市場融合為一。在一個市場中，一件商品只有一個價格，例如，巴黎東部和巴黎西部屬於同一個市場，那麼胡蘿蔔的價格在兩個地區就應該一樣。如果胡蘿蔔在巴黎西部的價格

在開闢通往中國的新貿易路線的過程中，哥倫布偶然發現了美洲新大陸。類似這種推動全球貿易的努力已經存在幾個世紀。

完全全球化需要各國貿易法律和法規相互協調。 → 這種協調需要建立一個全球政府，或者忽視國家民主。 → 任何一種方式都不可行，也不是選民想要的。

全球化隨着技術的發展而擴展，但卻受到關稅等貿易壁壘阻礙。 → 過去，各國政府設置不同程度的貿易壁壘，由此選擇了不同的全球化道路。 → **全球化並非不可避免。**

參見：保護主義與貿易 34~35 頁，比較優勢 80~85 頁，國際貿易與布雷頓森林體系 186~187 頁，依附理論 242~243 頁，
亞洲老虎經濟體 282~287 頁，全球儲蓄失衡 322~325 頁。

比在東部更高，那麼胡蘿蔔的銷售商就會從東部移到西部，最終導致兩個地區胡蘿蔔的價格相等。胡蘿蔔的價格在巴黎和里斯本可能不同，但是高昂的運輸成本和其他各種費用意味着，即使法國胡蘿蔔價格更高，葡萄牙賣家把貨物運到法國在經濟上也不划算。在不同市場上，同一件商品可以在相當長時期內保持不同價格。

全球市場整合意味着，隨着所有市場融合為一，國與國之間的價格差異將會消失。追溯全球化進程的一個方式，是查看各國價格趨同（變得類似）的趨勢。當跨國貿易的成本下降時，那麼廠商更有可能利用價格差異，例如，葡萄牙的胡蘿蔔銷售商將進入法國市場。當發明了新的運輸方式，或者現有運輸方式變得更快捷，更便宜時，貿易成本也會下降。此外，還有一些成本是人為造成：如政府設置貿易壁壘，如關稅和進口配額。當減少這些限制時，國際貿易的成本也會下降。

### 全球貿易的興起

至少從公元前一世紀腓尼基人完成貿易使命時起，長途貿易就已經存在。不斷增長的人口和收入產生了對新產品的需求，因而推動了長途貿易的發展。但是，將市場分隔開來的貿易的潛在障礙（如運輸成本等）變化並不大。直到 19 世紀 20 年代，當價格差異開始消失時，全球化才真正迅速發展起來。這得益於當時的運輸革命，由於蒸汽船、鐵路、冷凍技術等相繼出現，蘇彝士運河的開通也大大縮短了歐亞之間的海上距離。第一次世界大戰前夕，全球經濟高度整合，甚至達到了 20 世紀末期的水平，資本、商品和勞動力的跨國流動空前頻繁。

從 19 世紀開始，技術變化就推動着市場整合。而正是技術變化，使全球化成為一種貌似不可逆轉的趨勢——一旦發明了蒸汽動力等新技術，人們就再也不能無視它的存

> 在民族國家和民主政治仍然發揮重要作用的背景下，「深度的」經濟整合不可能實現。

—— 達尼・羅德里克

在，蒸汽動力只會在越來越多的國家應用。這樣的發展不會受到政府的直接控制。然而，政府可以出其不意地提高關稅或設置其他貿易壁壘，遏制進口，阻礙貿易發展。

20 世紀 30 年代大蕭條期間，全球化受政策影響急劇逆轉，這是

19 世紀中葉，英國的紡織廠已經擁有這種機械化的織布機，新技術使英國可以將商品出口到世界各地，並與當地產品競爭。

運輸的改進是全球化一個主要推動力量。在上海，美國投資建立了一個「超級港口」，可以使航運更加安全。

現代最嚴重的一次大蕭條。隨着一個個國家墮入衰退，政府開始強行徵收關稅，目的是將消費者的需求引向國產商品，以保護本國廠商和國內貿易。1930 年，美國頒佈了斯姆特–霍利關稅法案，進口關稅提升到創紀錄的水平。這些關稅減少了對國外商品的需求，而作為報復，其他國家也提高了本國關稅。結果導致全球貿易崩潰，經濟蕭條的影響越發嚴重，直到數十年後，世界經濟才得以恢復。

## 整合

到 20 世紀末，全球化在多數市場已經回到第一次世界大戰前的水平。今天，由於運輸成本持續下降，以及大多數關稅已經全部取消，市場整合程度達到了空前的水平。

有關全球化的未來，有人認為應該取消各種因制度差異形成的貿易壁壘。市場存在於制度之中，例如，產權、法律體系和監管體制等。與關稅和物理距離一樣，國家之間的制度差異也增加了貿易成本。例如，對待買方違約行為，肯尼亞法律與中國法律的規定很可能有較大差異。這可能會使中國的出口商很難收回有爭議的欠款，導致外國廠商都不願意進入肯尼亞市場。儘管很多關稅被取消了，但世界還遠非一個單一市場。由於各國制度不兼容，國界依然很重要，要想實現完全的市場整合，必須去除法律和監管的差異，創造一個單一的制度空間。一些經濟學家認為，這一無可避免的過程正在進行中，全球市場促使各國制度彼此協調。設想一家跨國公司要挑選在一國家建設工廠，為了吸引這家公司投資，政府可能會削減商業稅率並放寬監管，其他國家則紛紛效仿。由於稅收收入減少，國家財政越來越不能負擔福利和教育項目。這將導致所有的政策都指向最大化全球市場的整合程度，政府將不會提供任何與全球市場整合無關的商品或服務。

## 全球化 VS 民主

土耳其經濟學家達尼·羅德里克 (Dani Rodrik，1957–) 曾批評「深度整合」這一説法，認為不需要也並非無可避免，而且，國家之間的制度實際上有很大差異。羅德里克的出發點是，全球化方向的選擇受政治「三元悖論」的影響。人們希望市場整合，是因為它能帶來繁榮。但人們還想要民主，想要獨立和主

## 貨幣市場自由化

資本（貨幣）市場自由化，一直以來都對全球化進程作出了巨大貢獻。自 20 世紀 70 年代以來，資本跨國界流動越來越自由。現有的經濟理論認為，資本的自由流動將促進經濟發展。發展中國家用於投資的國內儲蓄有限，自由化可以使它們利用全球範圍內的資金。全球資本市場也使投資者能在更大的範圍內管理和分散風險。

然而，有人認為，更自由的資本流動增加了金融不穩定的風險。20 世紀 90 年代末的東南亞金融危機就源於這種自由的資本流動。沒有強大的金融體系和強健的監管環境，資本市場的全球化會導致經濟不穩定，而不是經濟增長。

1997 年 7 月，當泰國政府宣佈泰銖與美元脱鈎，實行浮動匯率制度時，東南亞金融危機就爆發了。

19 世紀是全球化的世紀。

—— 傑弗里 •G• 威廉姆森
K•H• 歐洛克

國家或許想要達到民主、獨立，以及深度經濟整合，但同一時間三者中最多只能容納兩者。圖中三角形的每一邊代表一種可能組合。

民主

經濟深度整合

獨立民族國家

權的民主國家。羅德里克認為，這三者是不相容的，最多能同時存在兩個。對這個三難選擇的不同解決方式，將產生不同類型的全球化效果。

這個三難困境來自於以下事實，即更深入的或更完全的市場整合，要求消除不同國家的制度差異。但是，不同國家的選民想要的制度體系不同。與美國選民相比，歐洲國家的選民更喜歡福利國家體系。因此在國家仍然存在的條件下，一個單一的全球制度框架就意味着要忽視一些國家選民的偏好。這就與民主相衝突，而政府將受制於美國記者托馬斯 • 佛利民（Thomas Friedman，1953-）所謂的「金色緊身衣」。另一方面，一個民主的全球制度框架要求實行「全球聯邦制」—— 單一的全球選民和解散民族國家。今天，我們既未身陷「金色緊身衣」，也不是全球聯邦制。民族國家依然很強大，不同人口的多元化偏好仍然很重要，

國家制度差異仍將長期存在。第二次世界大戰以來，全球深度整合仍未成功，羅德里克的三難困境卻已經得到解決。考慮到國家制度的差異，各個市場已經被盡可能地整合在一起。羅德里克稱之為「布雷頓森林妥協」，意指第二次世界大戰後建立起來的全球制度體系 —— 關稅與貿易總協定（GATT）、世界銀行與國際貨幣基金組織（IMF）等。這些組織旨在通過某種有管理的整合，讓民族國家自由選擇各自的國內政策，並沿着多樣化的制度路徑發展，以防止 20 世紀 30 年代的災難重現。自 20 世紀 80 年代以來，布雷頓森林體系逐漸被破壞，深度整合的目的日益驅動着政策議程。羅德里克認為，在深度整合下，仍然要保留制度的多樣性。歐洲選民偏好福利國家和公共衛生體

系，這不僅可以與經濟有關，同時還涉及他們對公平正義的看法。制度的多樣性可以反映不同的價值觀。更現實的情況是，實現經濟健康發展的制度路徑不只一條。如今發展中國家的發展需要，可能與發達國家大不相同。強制推行一種全球統一的制度，面臨着將國家置於緊身衣的風險，會遏制自身的經濟發展。全球化也有局限，或許，經濟體的完全融合，最終既不可行也不可取。■

# 社會主義導致空蕩蕩的商店

## 計劃經濟的短缺

### 背景介紹

聚焦
**經濟體系**

主要人物
**亞諾什・科爾奈（1928-）**

此前
**1870年** 威廉姆・傑文斯、阿爾弗雷德・馬歇爾和里昂・瓦爾拉斯等經濟學家關注如何在預算約束內實現效用最大化。

此後
**1954年** 吉拉德・德布魯和肯尼斯・阿羅提出了在競爭性經濟背景下所有市場都實現供需均衡的條件。

**1991年** 蘇聯解體，中央計劃結束。

**1999年** 經濟學家菲利普・阿吉翁（Philippe Aghion）、帕特里克・博爾頓（Patrick Bolton）和史蒂芬・弗里斯（Steven Fries）共同出版《銀行救助的最佳方案》，指出銀行面臨預算軟約束的問題。

在競爭市場中，公司收益必須高於成本，否則就會破產。

↓

在計劃經濟中，如果公司入不敷支，政府會介入防止公司破產。

↓

也就是說，成本（原材料和勞動力）不必與產出或需求密切匹配。

↓

**社會主義導致空蕩蕩的商店。**

在第二次世界大戰後短期急劇增長之後，東歐國家中央計劃經濟的問題越來越明顯。它們可以大規模地調動資源，完成定義清楚、結構良好的任務，如製造軍事武器，但似乎很難滿足更複雜的需求。短缺現象大量存在，因為儘管是計劃，也不能按時、保質、保量地提供商品和服務。東西方社會的差距越來越大。

### 預算軟約束

因此，一些國家嘗試引入計劃體制改革。匈牙利比大多數國家更積極，從 20 世紀 60 年代就開始引入市場競爭因素。理論上，應該是引入市場的長處，激發創新，擴大選擇面，同時還要保留計劃提供廣義社會商品，比如充分就業的能力。而實際上，除了剛開始的一點成功之外，新的體制仍然出現短缺和低效的問題。為了弄清楚這個問題，匈牙利經濟學家亞諾什・科

**參見：**自由市場經濟學 54~61頁，馬克思主義經濟學 100~105頁，競爭性市場 126~129頁，中央計劃 142~147頁，經濟自由主義 172~177頁。

爾奈 (János Kornai) 偶然間想到了「預算軟約束」這個概念。在競爭市場中，廠商的決定通常會受到預算「硬」約束的影響：它們必須至少做到收支平衡，否則就會虧本。這就使廠商有效利用投入和銷售產品以實現利潤最大化。科爾奈意識到，在匈牙利這樣的計劃經濟中，廠商不會受到這定律的影響：它們面臨的是預算軟約束，而不是硬約束。政府降低了廠商破產的風險——生產必需品的廠商永遠不會倒閉。即使在實施市場改革之後，政府仍然繼續救助即將倒閉的廠商。此外，廠商還可以通過政治遊說，以低價購入原料，或者逃避交稅。

預算軟約束意味着，企業的收入可以低於成本。就特定產量而言，它們需要的投入往往高於其他沒有政府支持的企業。這導致了對特定投入品的超額需求，而低效率就會引起短缺。短缺最終必然會影響消費者，他們發現商店的貨架總是空空的。科爾奈認為，短缺意味着消費者不得不接受「強制替代品」，即在短缺下不得不購買次優商品。

## 救助

像這樣的低效率使原本就脆弱的計劃經濟雪上加霜。有保證的救助和缺乏預算約束，意味着企業沒有動力提供有效的商品和服務。

科爾奈將預算軟約束描述為無法治癒的計劃經濟「綜合症」，因為只有徹底的體制改革才能解決問題。這一問題並不局限於社會主義國家，科爾奈認為，西方的大銀行也存在預算軟約束問題，因為它們也指望得到政府救助，這導致了銀行體系的低效率和冒險傾向。另一方面，將預算硬約束引入每個國

在中央計劃經濟下，短缺是生活的一大特點。如果有人開始排隊，購物者往往會加入隊列，因為這意味着暫時可以買到一些生活必需品。

家或地方當局的決定又可能並不公平，例如，強迫資不抵債的家庭入獄。事實上，即使是最自由的市場經濟，也同時有預算硬約束和軟約束。■

## 亞諾什・科爾奈

亞諾什・科爾奈是匈牙利經濟學家，以其對計劃經濟的研究而著名。他經歷了恐怖的法西斯主義——父親死在奧斯維辛集中營裏——這促使他研究共產主義。科爾奈在布達佩斯修讀哲學，但在閱讀了馬克思的《資本論》後轉而研究經濟學。1947年，科爾奈開始為共產黨報紙工作，1955年因其評論文章遭解僱。20世紀50年代，科爾奈的一個朋友被體制折磨，促使他脫離共產黨。科爾奈由於不能離開匈牙利，一直在匈牙利科學院工作，直到1985年到哈佛大學就職。2001年，科爾奈回到匈牙利。他批評新古典經濟總是用抽象理論來強調和回答「大問題」。

**主要作品**

1959年 《經濟管理中的過度集中》
1971年 《反均衡論》
1992年 《社會主義制度》

# 對方
# 認為
# 我將會
# 怎麼做？

博弈論

## 背景介紹

聚焦
**決策**

主要人物
**約翰・納殊**（1928−2015）

此前
**1928年** 美國數學家約翰・馮・諾依曼（John von Neumann）表述了「極小極大原則」，認為能最小化自己任何情況下的最大損失是最好的策略。

此後
**1960年** 美國經濟學家托馬斯・謝林（Thomas Schelling）出版《衝突的策略》，研究在冷戰背景下應該採取的策略。

**1965年** 德國經濟學家萊茵哈德・澤爾騰（Reinhard Selten）研究了多輪博弈現象。

**1967年** 美國經濟學家約翰・海薩尼（John Harsanyi）展示如何在不清楚對手的情況下展開博弈。

**當**你考慮對方可能的反應時，你就在做一些策略思考。通過社會和經濟的相互作用來選擇你的方式，有點類似國際象棋裏玩家必須考慮對方可能的反攻行為，再決定如何移動棋子。在 20 世紀 40 年代之前，經濟學領域很大程度上都在逃避這個問題。經濟學家認為，市場上每個買方和賣方與整個市場相比是如此渺小，以至沒有人能夠左右他為商品付出的價格，

我們日常的互動都包含了類似國際象棋比賽的策略選擇，每個人都會在分析對方可能反應的基礎上決定自己的行動。

或他出售勞動力所得的工資。理論上，個人選擇不會影響其他人，因此可以完全忽略。但是，早在 1838 年，法國經濟學家安托萬・古諾（Antoine Cournot）就研究過，當兩家企業各自考慮對方將如何行動

---

**對方認為我將會怎麼做？**

- 與他合作，因為我們可以實現雙贏。 → 如果他認為我會合作，我就可以放心地合作。
- 與他競爭，因為我們獨立地作出決策。 → 如果他認為我會競爭，那我最好還是競爭。

參見：經濟人 52~53 頁，卡特爾與串通 70~73 頁，有限競爭的影響 90~91 頁，經濟均衡 118~123，行為經濟學 266~269 頁，贏家的詛咒 294~295 頁。

時，它們各自的產量決策，但這是一個孤立的策略互動分析案例。

1944 年，美國數學家約翰・馮・諾依曼和奧斯卡・摩根斯頓 (Oskar Morgenstern) 發表了開創性的研究《博弈論與經濟行為》。他們認為，經濟體系的很多地方都受一小羣市場參與者主導，比如大企業、工會或者政府。在這種情況下，解釋經濟行為就需要考慮到策略互動。他們希望通過分析簡單的兩人「零和博弈」現象（一贏一輸），找到人們在各種情境下決定策略行為的一般規則。這就是博弈論。

馮・諾依曼和摩根斯頓研究了合作博弈。在合作博弈中，玩家有多種可能的行動方案，每個方案都對應一種特定的結果，也就是說，對方會據此作出報復行為。玩家可以就實際情況展開討論並達成一致的行動方案。美國數學家梅里爾・弗拉德 (Merrill Flood) 為這種博弈提供了一個現實案例。他讓三個兒子競爭一份最多可得到 4 美元報酬的保姆工作。他們可以通過討論達成協議，若未達成協議，那麼他們當中要價最少的那個就贏了。對弗拉德來說，要解決這個問題有很多種方法，比如抽籤或平分收益。然而，他的三個孩子並沒有找到解決方法，最終得到這份工作的人要價只有 90 美分。

## 納殊均衡

20 世紀 50 年代早期，美國年輕優秀數學家約翰・納殊 (John Nash) 開始研究，在非合作情況下，即不存在交流與合作下，若玩家獨立作出決策將會出現甚麼結果。合作是有可能的，但前提是每個玩家都認為合作能最大化自己的成功機會。每個玩家在選擇自己的策略時，都會假設對方也在選擇自身的最優策略。納殊將這種任何玩家都不想改變自己行為的均衡狀況，定義為「每個玩家的策略都是對其他玩家的最優反應」。這就是納殊均衡。第二次世界大戰以後，得益於蘭德智庫（該名源於英文「研究與發展」）的研究，博弈論得到飛速發展。蘭德智庫由美國政府於 1946 年建立，主要負責將科學應用於國家安全。該公司僱用了一大批數學、經濟學和其他領域的科學家，研究涉及各個科學領域，其中博弈論研

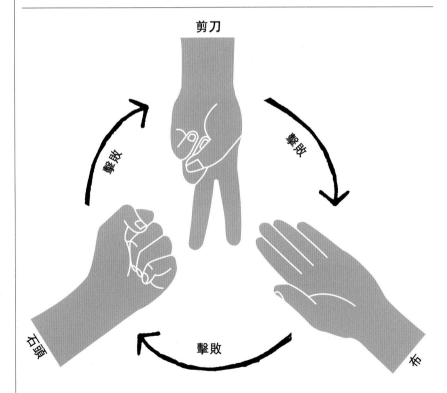

石頭–剪刀–布是一個簡單的零和博弈遊戲，如果一方贏了，那麼另一方必定輸。遊戲的兩個玩家必須同時用手做出石頭、剪刀和布這三種形狀裏的任何一種。每個玩家的形狀要麼匹配、打敗或者輸給對手的形狀：石頭打敗剪刀、剪刀打敗布、布打敗石頭。博弈論研究者通過分析這類遊戲來探究人類行為的一般規則。

囚徒困境是非合作博弈的典型例子，博弈雙方無法彼此交流。囚徒困境的「納殊均衡」則是博弈雙方都彼此背叛。

保持沉默

背叛

| | | |
|---|---|---|
| <br>保持沉默 | <br>6 個月監禁 |  10 年監禁　 無罪釋放 |
| <br>背叛 |  無罪釋放　 10 年監禁 | <br>3 年監禁 |

究與冷戰時期的政治關係尤其密切。

1950 年，蘭德智庫的博弈論研究者設計了兩個非合作博弈的案例。第一個是「長期受騙者」遊戲，這一遊戲設計得非常殘酷。它強制玩家合作，但最終必須欺騙你的搭

> **博弈論是社交場合的理性行為。**
>
> ——美國經濟學家，約翰·海薩尼
> (1920–2000)

檔才能贏得遊戲。據說在玩過這種遊戲之後，夫妻都會分開各自回家。

### 囚徒困境

最著名的非合作博弈例子，就是囚徒困境。1950 年，在納殊的基礎上，梅爾文·德雷希爾（Melvin Dresher）和梅里爾·弗拉德共同設計了這個案例。囚徒困境是指，兩名被捕的疑犯被分開審訊，他們有如下選擇：如果都指證對方，他們將被判中等時間長度（三年）的監禁，雖然痛苦但還可以忍受；如果都不指證對方，他們將被判很短時間（六個月）的監禁，這樣最好；然而，如果其中一人指證另一人，而被指證的人保持沉默，那麼前者將

被無罪釋放，而後者將被判長期監禁（十年），人生也就此毀掉。

每一個疑犯面臨的困境是：該背叛還是忠誠呢？如果背叛搭檔，那麼自己將得到自由或中等程度的監禁。如果相信搭檔並選擇保持沉默，那麼自己要麼被短期監禁，要麼將忍受很長時間的牢獄之災。為了降低「被騙者的回報」，即被長期監禁的可能性，納殊均衡的策略通常是背叛搭檔。有趣的是，彼此背叛這一最優策略，並沒有實現整體福利最大化。如果他們都保持沉默，他們的總監禁時間會最短。

德雷希爾和弗拉德用他們的兩個同事做了「囚徒困境」實驗，以檢測納殊的預測是否正確。在這個

遊戲裏，每個玩家都可以選擇忠於或背叛對方。既可能因被背叛而損失慘重，又有雙贏的合作方案，這一方案反映了馮・諾依曼和摩根斯頓早期的合作博弈研究結論。實驗共進行了 100 次。遊戲的重複版使玩家可以懲罰或獎賞搭檔之前的行為。結果顯示，背叛的納殊均衡只出現了 14 次，而合作的方案被選擇了 68 次。德雷希爾和弗拉德據此得出結論，現實中人們會很快地學習並進行調整以實現自身收益的最大化。而納殊則認為，這個實驗本身存在缺陷，因為它有太多的相互作用，真正的均衡選擇仍然應該是背叛。

## 和平 — 戰爭博弈

因徒困境的另一個典例，是和平—戰爭博弈。美國用它來分析冷

> 每個玩家的策略都是對其他玩家的最優反應。
>
> —— 約翰・納殊

戰時期對抗蘇聯的最佳策略。隨着洲際彈道武器等新技術發明，雙方都必須考慮是否應該投入大量資金來研發武器。如果對方不研發新武器，那麼掌握新技術的一方就能輕易贏得戰爭。如果不投資研發新技術，將會出現兩種可能的結果：若對方也不研發，那麼可以節省一大筆經費；但若對方投入研發，那麼它將面臨徹底的失敗。

在更廣闊的背景下，納殊的研究表明，獨立的自利個體之間存在着均衡，可以實現社會的穩定和秩序。事實上，人們認為，在非合作情境下自利個體之間達到的均衡，比合作情境下個體之間相互協調創造的結果更安全，也更穩定。

1994 年，納殊與另外兩位研究博弈論的經濟學家共同獲得諾貝爾獎。匈牙利經濟學家約翰・海薩尼

*昂貴的技術，如隱形轟炸機等，都是冷戰期間的產品。為了避免「被騙者的回報」，博弈論認為雙方都應該花費資金研發技術。*

## 約翰・納殊

1928 年，約翰・納殊 (John Nash) 生於美國一個中產家庭，因缺乏社交技能而在學校被冠以後進生的名號。然而，父母注意到他突出的學術能力。1948 年，納殊獲得普林斯頓大學獎學金。他的前任老師在介紹信上只寫了一句話：「這個人是天才。」在普林斯頓，納殊不去聽講座，而寧願重頭開始思考一些想法。在這裏，他研究博弈論思想，為其後來獲得諾貝爾獎奠定了基礎。20 世紀 50 年代，納殊在蘭德智庫和麻省理工學院任職，但當時他的精神狀況已經開始惡化。1961 年，他的妻子接受他精神分裂的事實並助其治療。在接下來的 25 年間，納殊一直與疾病搏鬥，並仍然希望為數學研究作出有價值的貢獻。

**主要作品**

1950 年 《多人博弈均衡》
1950 年 《討價還價問題》
1952 年 《真正的代數流形》

(John Harsanyi) 表示，在玩家信息不完全，即不知道對方的動機或回報的情況下，仍然可以進行博弈分析。由於現實生活中大多數策略是在不確定性條件下作出的，因此海薩尼的研究是一個重大突破。一個現實例子是，金融市場無法確定中央銀行對通脹和失業的態度，因此不知道它會提高利率以減少通脹，還是降低利率以增加就業。由於金融公司的利潤取決於中央銀行未來將設定的利率，因此它們需要評估風險，決定發放多少貸款。海薩尼表示，即使市場不能明確地指出中央銀行更關注哪個目標，但公司仍然可以通過博弈論識別納殊均衡，找到解決辦法。

## 蜈蚣博弈

另一位對博弈論的發展作出重大貢獻的，是德國經濟學家萊茵哈德·澤爾騰 (Reinhard Selten)，他將「子博弈完美」觀點引入了多級的博弈。澤爾騰認為，遊戲的每個階段，也就是每個子博弈都應該實現均衡，這非常重要。蜈蚣博弈是一個比較典型的例子，遊戲中玩家依次傳遞一筆錢，每傳遞一次，錢的總量增加 20%。這個遊戲有兩種可能的結束方式：這筆錢在傳遞了 100 次（因此得名蜈蚣〔centipede〕）後均分給每個人，或者某一個玩家保留傳到自己手中的錢不再往下傳遞。每個玩家只有兩個選擇：相互合作，將錢傳遞下去；背叛搭檔，保留這筆錢。如果最後一位玩家背叛其他人，並獨佔這筆錢，那麼他將實現自身收益最大化。這意味着，從第二輪到最後一輪，背叛都是一種更好的選擇，即考慮到後面的人將來可能會背叛其他人。順着這個邏輯逆向思考，你會發現，似乎背叛在每一輪都更有利，子博弈完美的選擇是在第一個人就保留

這筆錢而不往下傳。但是，由於這筆錢剛開始非常少，幾乎不值得背叛，因此這個結論又顯得自相矛盾。

這個觀點曾被應用於分析這樣一種情況：某大型連鎖商店在全國各地有很多分店，一個競爭對手正準備在一個或多個地方進入這一市場。該連鎖店可以威脅說它要在新公司考慮開店的地區降價促銷。

當與買方討價還價時，賣方最初的要價可能是他樂意接受的價格的很多倍，但這麼做也面臨着交易失敗的風險。

## 接觸真相

1960 年，俄羅斯經濟學家里安列·赫維茨 (Leonid Hurwicz) 開始研究市場運作機制。古典理論假設商品交易能有效地進行：以公正價格將商品出售給那些最想要的人。現實中，市場運作並非如此。例如，赫維茨發現，在二手車市場上，無論買方還是賣方都傾向謊報自己的估價。

即使買賣雙方透露了想買或想賣的價格，並在價格上相互妥協，但並不能創造最優結果。賣方一般會開天索價，要價會遠遠高出他接受的最低價格；而買方往往會落地還錢，出價通常也比他接受的最高價格低很多。在這種情況下，即使雙方都想交易，但也不能達成一致。赫維茨推論，如果市場參與者彼此透露事實，那麼雙方收益將實現最大化。

在合作博弈中，玩家有機會結成聯盟。在很多此類遊戲中，例如拔河比賽，與人合作是個體獲勝的唯一方式。

這一威脅似乎既可行又值得，因為降價並不會給連鎖店造成太大的損失，還能阻止新公司進入這一地區。從納殊均衡的角度來看，最優策略應該是連鎖店展開價格戰，而新公司則不再試圖進入這一市場。然而，根據澤爾騰的觀點，如果每次有新公司試圖進入該連鎖店的某個市場，它都被迫減價，那麼累計損失將非常大。因此，通過前向預測和後向推理，價格戰的威脅並不理智。澤爾騰據此認為，子博弈完美均衡應該是沒有價格戰的威脅，新公司可以自由進入。

**有限理性**

上述這些悖論都來自以下假設，即每個人在博弈中都是完全理

> **當我建立關於核子僵局的理論時，我並不需要了解蘇聯內部發生了甚麼。**
>
> —— 托馬斯・謝林

性的。澤爾騰提出了一個更現實的決策理論：儘管有時候人們確實會通過理性的計算來作出決定，但更多的時候是基於過去的經歷和某些經驗法則。人們並不總是理性地計算，相反，他們可能是「有限理性」：可能會選擇直觀上更吸引的方案，而這些方案並不能實現子博弈完美。

有很多人對博弈論提出了批評和質疑，他們認為，博弈論講述了大道理，但卻沒有得到科學理論的驗證：無法預測未來將要發生甚麼。一次博弈也許有很多種均衡情況。對一個行業來說，卡特爾或許跟價格戰一樣是理性結局。並且，人們在決策時也不會無止境地考慮「如果我這樣做，他們也這樣做；我那樣做，他們也那樣做」。

通過研究這個觀點，美國經濟學家托馬斯・謝林強調說，人們行為的誘發機制並不僅是數學概率。在「合作博弈」的玩牌遊戲中，如果雙方想的一樣，他們將得到獎賞，那麼為了跟其他人保持一致，你會選擇甚麼牌呢？你會選擇黑桃 A 嗎？■

# 富國使窮國更窮

## 依附理論

窮國被告知，只有打開國門加入世界貿易才能發展經濟。

↓

富國佔據主導地位，因此它們通過不平等的貿易條款剝削窮國。

↓

這種剝削導致窮國經濟停滯或萎縮……

↓

……而富國則越來越富有。

↓

**富國使窮國更窮。**

**富**裕國家聲稱，它們本不打算讓窮國一直貧窮下去，與窮國的關係可以促進雙方共同發展。然而，20世紀60年代，德國經濟學家安德烈·岡德·弗蘭克（Andre Gunder Frank）表示，在自由貿易和投資下，西方國家的發展政策加劇了全球分化。這些政策保留了富裕國家的主導地位，並且使窮國越來越窮。弗蘭克稱之為「依附理論」。

### 不平衡的貿易

富裕的西方國家從來都不是強大的、經濟發達集團的初級貿易夥伴，而今天的窮國則是這些富裕西方國家的初級貿易夥伴。出於這種原因，一些經濟學家指出，曾推動發達國家發展的政策，對今天的窮國或許不利。

經濟學家大肆稱讚國際貿易自由化是幫助欠發達國家發展的有力保證。然而，弗蘭克的依附理論認為，這種政策通常會導致富裕國家利用和剝削貧窮國家。發達國家從

**參見：**保護主義與貿易 34~35頁，比較優勢 80~85頁，發展經濟學 188~193頁，經濟增長理論 224~225頁，市場整合 226~231頁，亞洲老虎經濟體 282~287頁，國際債務減免 314~315頁。

欠發達國家購進原材料，生產的成品在國內出售或出口給其他發達國家。這導致了貿易體系不平衡，即貧窮國家主要與富裕的發達國家進行貿易，而富裕國家則主要是國內貿易或與其他發達國家進行交易，而發展中國家的貿易只佔其總貿易量的很小部分。因此，貧窮國家就處於很不利的位置，它們與更大、更強的對手進行貿易，而且它們也得不到發展進步所需的有利貿易條件。

有人認為，這些不平衡導致了全球經濟分裂，財富從由邊緣化的貧窮國家形成的「外圍」，流向由發達國家構成的「核心」。此外，貧窮國家在經濟管理方式上往往抑制投資，而投資是任何國家經濟發展的主要動力。當富國在窮國建廠和投資時，它們都聲稱將會幫助窮國發展經濟。而依附理論指出，投資者

許多尼日利亞石油工人在為外國公司工作。這些公司大舉投資於尼日利亞，從當地廉價勞動力和寶貴原材料中獲得暴利。

事實上常常利用當地廉價的資源，低價僱用工人，所得的利潤都被外國的股東佔有而不是再投資於當地經濟。

### 另一種可選擇的途徑

為了避免跌入依附理論提到的這些陷阱，一些貧窮國家走上了截然不同的道路。它們不是向世界貿易、全球化和外國投資開放，而是將自己與世界隔離。從依附理論的角度來看，亞洲的老虎經濟體，包括香港、新加坡、台灣和南韓等國家和地區，以及中國經濟的非凡增長都暴露了不少問題。對許多發展中國家來說，國際貿易是推動經濟增長和工業化的重要手段。最近，

> 經濟欠發達不在於古老的制度和……資金短缺……而是資本主義自身發展所致。
>
> ——安德烈·岡德·弗蘭克

反對全球化的運動對古典的經濟發展方式提出質疑，再次與依附理論互相呼應。■

## 不平等的出口：原材料和製成品

1949年和1950年，德國經濟學家漢斯·辛格、阿根廷經濟學家勞爾·普雷維什分別發表了論文，論證了發展中國家在與發達國家貿易時處於不利地位這一現象。他們發現，以出口原材料為主的國家的貿易條件（在特定出口量的條件下一個國家能夠購買的進口量）惡化了，而主要出口製成品的國家仍然佔據優勢。可以這樣解釋這一現象：人們的收入雖然增加了，但對食品和大宗商品的需求往往變化不大。

另一方面，更高的收入激發了人們對製成品和奢侈品的需求。需求增加導致價格上升，因此貧窮國家通過出口所得的資金，只能購買越來越少的製成品。

# 不能
# 愚弄人民

## 理性預期

### 背景介紹

聚焦
**宏觀經濟**

主要人物
**約翰・穆思**（1930−2005）
**羅伯特・盧卡斯**（1937−）

此前
**1939年** 英國經濟學家約翰・希克斯（John Hicks）分析未來預期如何發生變化。

**1956年** 美國經濟學家菲利普・卡甘（Philip Cagan）用「適應性預期」來表示建基於過去的預期。

此後
**1985年** 美國經濟學家格里高利・曼昆（Gregory Mankiw）為「新凱恩斯主義」經濟學的誕生作出了重大貢獻。新的經濟學模型加入了人們對未來的理性預期。

第二次世界大戰後，各國政府加強經濟干預，政府支出大量增加，這為經濟學家提供了一種重要的思考整體經濟新方法。特別是他們認為政府可以通過貨幣政策和財政政策（稅收和政府支出）來刺激經濟，實現長期高產出和低失業。

對這些凱恩斯主義模型的早期批評，要求人們更謹慎地看待「預期」這一概念。預期很重要，因為人們認為未來發生的事件將直接影響他們現在的行為。起初，人們認

參見：經濟人 52~53 頁，借貸與債務 76~77 頁，凱恩斯乘數 164~165 頁，貨幣主義政策 196~201 頁，行為經濟學 266~269 頁，高效的市場 272 頁，獨立的中央銀行 276~277 頁。

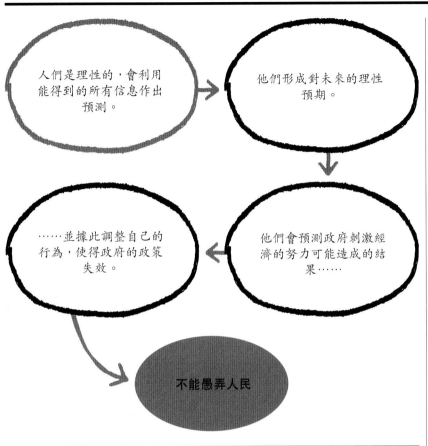

人們是理性的，會利用能得到的所有信息作出預測。

他們形成對未來的理性預期。

……並據此調整自己的行為，使得政府的政策失效。

他們會預測政府刺激經濟的努力可能造成的結果……

不能愚弄人民

一位父親將汽車維修知識傳授給兒子。後者未來將依據這些知識作出經濟決策，比如買甚麼車。

## 理性預期

這種預期模型很簡單，但也有缺陷。如果人們只是根據過去作出對未來的預期，那麼他們的預期很可能一直錯誤。使經濟脫離（即使暫時）以往路徑的意外衝擊，將會變成預期中的永久性錯誤。如果人們總是作出錯誤的預測，那麼他們將永久地偏離市場，這似乎不是人們行為的真實表現。

由於對適應性預期理論不滿，美國經濟學家約翰‧穆思（John Muth）在 1961 年提出了「理性預期」理論。這一理論的核心其實非常簡單。如果市場上的買家是理性的，他們就不會僅基於過去來猜測未來的價格。相反，他們會根據能得到的信息，（關鍵的是）使用恰當的經濟模型來預測未來的價格。他們會作出更準確的預期，而不是盲目追隨過去的行為。他們會這麼做，是因為如果不能理

為預期是「適應性的」。假設人們根據以前發生過的事情來建立對未來的預期——如果事件 A 導致事件 B，那麼下一次 A 發生仍然會導致 B。人們會不斷地根據實際結果調整下一次的預期。

考慮到預期會削弱凱恩斯主義政策的結果，政府增加支出帶來的需求增加量將會減少。凱恩斯主義政策假設，如果人們的工資隨着政府刺激經濟而上升，那麼他們的經濟活動也將增加——他們將提供更多勞動力。而事實上，需求增加

也會導致價格上升，因此，他們的實際工資並沒有增加。人們在短期內會被愚弄，誤以為貨幣工資上升就是實質工資上升，因為一段時間後他們才能意識到商品價格也上升了——他們對未來價格上升的預期調節得很慢。因此，政府通過（實際上）愚弄人民，利用貨幣政策或財政政策可以增加經濟產出。然而，這只有在短期內才有效：一旦人們的預期追上現實，意識到實質工資並沒有上升，那麼經濟將回到最初的低就業水平。

一位澳洲的農民在查看他的作物。農民不會僅根據過去的情況決定將來種植甚麼。他們也會權衡天氣和需求水平等因素。

性地預測，將會受到市場的懲罰，招致損失。

我們經常會使用理性預期。例如，農民根據過去的價格、現狀和未來的可能性決定要種植甚麼。他們不會想當然地認為，種植與五年前同樣數量的同一種作物能達到同樣的市場價格，且農作物交易商也不會這麼想。市場的懲罰迫使人們理性地行動，並且可以假設，隨着時間，他們的預期將會與最好的經濟模型互相吻合。理性預期理論很簡單，但結論卻非常令人吃驚。在適應性預期下，政府干預短期內可能有效，因為它可以出其不意地調整經濟。人們無法預料政府未來的政策，因此出人意料地增加政府開支將為經濟帶來正面的「衝擊」，短期內可以真正發揮作用。但在理性預期理論下，即使是這些暫時的影響也不可能發生，因為人們能快速調整對價格的預期。

## 預期事件

1975 年，兩位美國經濟學家，托馬斯・薩金特 (Thomas Sargent) 和尼爾・華萊士 (Neil Wallace) 聲稱，如果預期是理性的，那麼人們不僅會開始預測政府將要採取的干預措施，還會根據預期調整自己的行為，導致政府政策失效。假設預期是理性的，那麼人們就會知道，政府傾向製造突如其來的「衝擊」，比如努力保持低失業水平。

人們會相應地調整預期。例如，人們知道，當政府通過貨幣政策（比如降低利率）來保持就業水平時，高通脹也會隨之出現。因此他們會相應調整對工資和價格的預期。由於對通脹有預期，更低的利率並沒有使他們感覺更富裕，這就抵銷了政府想要達到的效果。如此一來，貨幣政策將完全無效，因為它總是能被預料到，

> 很奇怪之前一直沒有把預期看作理性動態模型，因為企業家的所有其他行為都被假定是理性的。
>
> ——約翰・穆思

而人們據此改變行為將會使政策失去作用。

之前，政府相信在失業和通脹之間有某種替代關係——政府可以刺激經濟，在長期內以更高的通脹率為代價，實現更高的就業水平。但在理性預期下，這種替代關係不復存在。失業率取決於經濟的生產能力：公司的生產力、技術能力以及市場的效率。政府不可能在上述三個因素所決定的就業水平之外刺激經濟。

## 盧卡斯批判

美國經濟學家羅伯特・盧卡斯 (Robert Lucas) 指出，如果人們確實能隨着政策調整自己的預期，那麼整個經濟結構——不同家庭、公司和政府之間的關係組合——就可以隨着政策改變而變化。因此，政策的實際執行結果通常與設想的不一樣。這就是著名的「盧卡斯批判」，它足以使大多數經濟學家相信，試圖通過結構化關係建立的整體經濟模型，例如凱恩斯模型，是有缺陷的。建立模型時應該關注人們更深層次的偏好，以及直接影響人們行為的資源和技術。盧卡斯提出了一個「新古典」的宏觀經濟學研究方法，部分回歸到了前凱恩斯主義時代。後來的「實際經濟週期」模型認為，就業的變化是由「實際」勞動力的變化所引起的，比如生產力提高或人們對閒暇與工作偏好的改變，都會影響就業率。實際經濟週期和新古典模型的共同特徵是，兩者都

在個人理性行為的基礎上建立宏觀經濟模型。

儘管現實中人們不能完全理性地預期，但理性預期的假設能幫助經濟學家建立有用的模型，並指導經濟運行。然而，理性預期受到行為經濟學家的批評，後者認為，行為經濟學的模型更接近心理現實。■

通脹的好處在於利用擴張性政策欺騙經濟個體，並以一種有利於社會的方式行動，即使他們的行為可能會置自身於不利地位。

——美國經濟學家，
羅伯特·霍爾(1943–)

金融市場交易員的一部分理性預期，是根據同事的行為形成的，如果不能讀懂這些行為信號，將受到市場的懲罰。

## 約翰·穆思

約翰·穆思，美國經濟學家，生於 1930 年。他成長於美國中西部地區，在華盛頓大學修讀工業工程，50 年代在匹茲堡卡內基技術學院修讀數理經濟學，隨後又在此攻讀博士學位。當時，這裏有着非凡的教師羣體，包括後來的諾貝爾獎得主弗蘭科·莫迪里阿尼、約翰·納殊、赫伯特·西蒙，以及後來的羅伯特·盧卡斯。

1961 年，穆思發表了第一篇有關理性預期的論文，但那個時候幾乎沒人關注。穆思性格內向、為人謙虛，由於找不到出版社出版其文章而轉向其他研究領域，並在運營管理和人工智能方面有開創性的貢獻。其他經濟學家，如盧卡斯和西蒙進一步發展了穆思關於理性預期的研究，並因此獲得很多獎項，而穆思在學界仍然寂寂無名。後來，穆思去了印第安納和布盧明頓的非常青藤大學任教，雖然地位不高，但能滿足他廣泛的研究興趣。學界公認穆思為「理性預期革命之父」。穆思於 2005 年去世。

### 主要作品

1960 年 《指數加權預測的最優屬性》
1961 年 《理性預期與價格變動理論》
1966 年 《預期模型》

# 人們在選擇時並不在乎概率

## 決策悖論

**背景介紹**

聚焦
**決策**

主要人物
**丹尼爾・埃爾斯伯格（1931-）**

此前
**1921年** 美國經濟學家弗蘭克・奈特（Frank Knight）表明，「風險」可以被量化，而「不確定性」卻不能。

**1954年** 在《統計學基礎》一書中，美國數學家倫納德・薩維奇（LJ Savage）試圖展示如何確定未知的未來事件的發生概率。

此後
**自20世紀70年代起** 行為經濟學通過實驗研究不確定條件下的行為。

**1989年** 邁克爾・史密森（Michael Smithson）提出一個風險「分類法」。

**2007年** 納西姆・尼古拉斯・塔勒布（Nassim Nicholas Taleb）在《黑天鵝》一書裏討論關於罕見的、不可預見事件的問題。

**到** 20世紀60年代，主流經濟學已經形成了一整套解釋決策行為的準則。人類是理性的、會計算的個體。當面臨不同選擇和不確定的未來時，他們會估計每個可能發生結果的概率並據此作出選擇，選擇具有最高預期效用的方案以增加「期望效用」（期望的滿意度）。

但是這個觀點受到現實的挑戰，即使在實驗條件下，人們的行為也與理論不符。其中最著名的事例，是埃爾斯伯格悖論。埃爾斯伯格悖論於1961年由美國經濟學家丹尼爾・埃爾斯伯格（Daniel Ellsberg）推廣，是沿襲了凱恩斯在20世紀30年代提出的觀點。

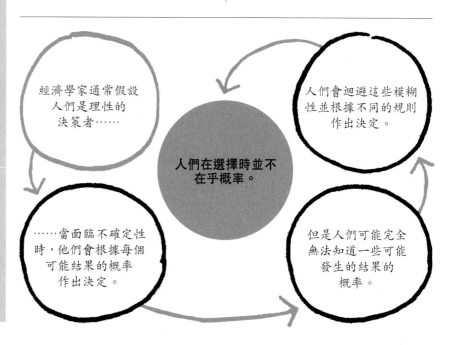

經濟學家通常假設人們是理性的決策者……

人們會迴避這些模糊性並根據不同的規則作出決定。

**人們在選擇時並不在乎概率。**

……當面臨不確定性時，他們會根據每個可能結果的概率作出決定。

但是人們可能完全無法知道一些可能發生的結果的概率。

參見：經濟人 52~53 頁，經濟泡沫 98~99 頁，風險與不確定性 162~163 頁，非理性決策 194~195 頁，行為經濟學 266~269 頁。

一個可以選擇的概率實驗。玩家被告知：缸內有紅球 30 個，黑球和黃球共 60 個，但不清楚黑球和黃球的具體數量。從缸中抽出一個紅球將贏得 100 美元；抽出一個黑球也將贏得 100 美元。結果大多數玩家選擇了抽紅球。

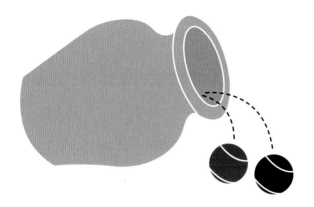

接著，玩家的可選項改變了：如果從缸裏抽出一個紅球或黃球，玩家將得到 100 美元；如果抽出一個黑球或黃球，也將得到 100 美元。這一次，大多數玩家選擇了抽黃球或黑球。兩次實驗中，玩家都表達了對已知事件的偏好。

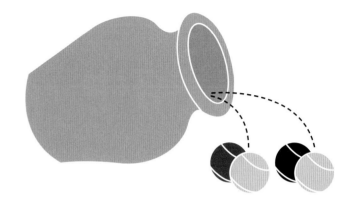

### 厭惡模糊

　　埃爾斯伯格描述了一個思維實驗：如果從一個假象缸（見上圖）裏抽出特定顏色的一個球，實驗者將得到一筆現金作為獎勵。實驗參加者的選擇表明，如果能得到有關概率和風險的信息，人們傾向根據這些信息作出理性選擇。然而，當有一個可能的結果很模糊時，他們的行為就會發生改變，這與期望效用理論相悖。人們更偏好知道更多有關面臨的不確定性的信息。用美國前任國防部長拉姆斯菲爾德（Donald Rumsfeld，1932–）的話來說，人們更喜歡「已知的未知」，而不喜歡「未知的未知」。埃爾斯伯格發表這篇文章以後，這一結果在一些真實的實驗中得到了印證。它被稱為「對模糊的厭惡」，在美國經濟學家弗蘭克·奈特之後有時也被稱為「奈特不確定性」。在尋求更多了解「未知的未知」過程中，人們的行為可能與以往的、更符合邏輯的行為不一致，在決策時可能不會考慮概率問題。

### 探求未知

　　埃爾斯伯格悖論有很多爭議。有經濟學家認為，傳統的經濟理論完全涵蓋了這一悖論，而且實驗條件下人們的行為與面對現實模糊性時並不完全一樣。然而，2008 年金融危機重新激發了人們對模糊性的興趣。人們想要知道更多未知的、無法量化的風險，這正正是期望效用理論無法解釋的地方。■

### 丹尼爾·埃爾斯伯格

　　丹尼爾·埃爾斯伯格生於 1931 年，他先在哈佛大學修讀經濟學，1954 年加入美國海軍陸戰隊。1959 年擔任白宮分析師。1962 年獲得博士學位，當年第一次展示他的悖論。隨後，埃爾斯伯格為最高安全部工作，越南戰爭後感到意興闌珊。1971 年，他洩露了最高機密文件，詳細說明了五角大樓的高層早就認為戰爭不會贏，隨後向當局自首。當發現白宮特工人員非法在他的住宅進行竊聽之後，他的聆訊突然中止。

**主要作品**

| | |
|---|---|
| 1961 年 | 《風險、模糊性與薩維奇公理》 |
| 2001 年 | 《風險、模糊性與決策》 |

# 相似的經濟體，可以從單一貨幣中獲益

匯率與貨幣

## 背景介紹

聚焦
**全球經濟**

主要人物
**羅伯特・蒙代爾（1932–）**

此前
**1953年** 米爾頓・佛利民（Milton Friedman）指出，自由浮動的匯率使市場能解決收支平衡問題（出口和進口的價值差異）。

此後
**1963年** 美國經濟學家羅納爾德・麥金農（Ronald Mckinnon）表示，小的經濟體可以從貨幣聯盟中獲益，因為它們比大的經濟體能更有效地緩和衝擊。

**1996年** 美國經濟學家傑弗里・弗蘭克爾（Jeffrey Frankel）和安德魯・羅斯（Andrew Rose）認為，一個貨幣區域的標準受自身先前經濟發展影響。

到20世紀60年代早期，戰後各經濟體的制度已建立得比較完善。第二次世界大戰結束前夕，幾大工業國協商建立布雷頓森林體系，調節彼此間的金融關係，將西方資本主義建立在固定的匯率體系，以控制資本和貨幣在全球的流動。國際貿易已經從兩次世界大戰的衰退中恢復，經濟增長迅速。

然而，這個體系本身存在問題。首先是國際收支平衡，即一個國家為進口所支付的貨幣與從出口中所得的貨幣之間的差異。由於國家不能輕易調整國際匯率，收支平衡危機就發生了。加上緊俏的勞動力市場和呆板的國內價格，先前能使國家適應外部經濟衝擊的自動、市場導向機制，此時的效果也不是很好。因此，當國家出口所得不足以支付進口所需時，一系列危機就出現了。與此同時，伴隨着一系列旨在實現歐洲經濟一體化的運動，成立歐洲貨幣聯盟的可能性增加。

歐盟最早可以追溯到1951年簽訂的《巴黎條約》，它建立了煤炭和鋼鐵的共同貿易區。1961年，加拿大經濟學家羅伯特・蒙代爾（Robert Mundell）首次分析了所謂的「最優貨幣區」。

### 貨幣區域

在甚麼地理區域內可以使用單一貨幣呢？蒙代爾試圖解答這個乍看之下很奇怪的問題。那個時候，幾乎還沒有人提到這個問題。人們理所當然地認為一個國家應該使用自己的貨幣。任何人都沒想過這或許不是最好的安排。蒙代爾意識到，雖然每個國家都有自己的貨幣，但這並不代表這種貨幣安排是最好的。很明顯，使用多種不同貨幣有高昂成本，因為要進行交易就必須在各種貨幣之間進行兌換。極端情況下，如果每個城市的每個郵區使用的貨幣各不相同，這無疑將是非常低效的。而另一方面，如果

不同地區專門生產不同商品。 → 專業化生產使各個地區之間進行貿易。 → 但是用多種貨幣進行貿易產生了額外成本。

相似的經濟體，可以從單一貨幣中獲益。 ← ……不用根據當地條件調整匯率。 ← 如果這些地區處在相似的增長或衰退階段，這些成本可以被取消，因為……

參見：繁榮與蕭條 78~79 頁，比較優勢 80~85 頁，國際貿易與布雷頓森林體系 186~187 頁，市場整合 226~231 頁，投機與貨幣貶值 288~293 頁。

跨越國界的小區域可能會受益於一種單一貨幣。如果沒有匯率帶來的成本，一個地區可能會從別國的電站進口電力。

整個世界都只用一種貨幣，又會束縛多元化的經濟發展。蒙代爾不禁思考，這兩種極端之間最有效的均衡點在哪裏呢？

首先，需要理解不同國家為甚麼有不同的貨幣。如果一個國家擁有自己的貨幣，它就能自主決定貨幣供應量和利率，進而根據本國經濟狀況制定貨幣政策。另外，當它的匯率不固定時，可以通過調整與貿易夥伴的匯率以抵銷貿易不平衡。假設一個農業國正在與一個工業國進行貿易。如果工業國生產力突然提高，可能會帶來對農產品的過度需求，以及工業製成品的過度供應。工業國進口價值超過了出口

> 一個國家因為其他原因放棄本國貨幣，從政治角度來看是不可行的……
>
> ——羅伯特·蒙代爾

價值，於是陷入國際收支逆差。當出現逆差時，工業國會讓本國貨幣貶值，導致出口貨物更便宜，出口增加，貿易恢復平衡。

但是，如果工業國和農業國使用同一種貨幣，就不可能進行上述調整，使用各自的貨幣或許更有利。再比如，一個單一的經濟區域，如區域內全是工業國，雖然由許多民族國家構成，但它們共同使用一種貨幣或許更有效。

### 經濟週期

後來有關這個問題的思考，有利於辨別區域內實行單一貨幣的條件。要很好地適應一種單一貨幣，該區域的資本和勞動力市場必須足夠靈活，允許資本和勞動力隨着市場需求的變化而自由流動。因此，價格和工資要能隨着需求和供應的變化靈活調整，並指引資本和勞動力流向它們該去的地方。區域內不同國家還應該處於相似的經濟週期階段，這樣發行單一貨幣的中央銀行才能恰當地服務於整個區域。此外，還需要建立處理經濟週期不同步問題的機制。最容易理解的是財政轉移，即從經濟增長的地區徵稅，用於補助經濟衰退的地區。最後這個條件，若不能付諸實施，將對歐洲造成非常嚴重的後果。

### 引入歐元

1979 年，以穩定匯率為目的的歐洲貨幣體系建立，在歐洲實行單一貨幣的想法開始付諸實施。最

*1999 年 1 月 1 日，成千上萬的人聚集在德國法蘭克福的歐元啟動儀式，從此歐元區都使用單一貨幣 —— 歐元。一段時間後，歐元可以與各國貨幣兌換。*

終，1999 年，歐盟（EU）的 11 個成員國建立了歐元區（使用單一貨幣的地區）。儘管歐盟成員國之間的貿易很頻繁，各國也相繼取消了對勞動力、資本和商品流通的限制，但仍然有必要對歐元區國家施加更進一步的限制，保證歐元有效地發揮功能。

1992 年載入《馬斯特里赫條約》的「收斂準則」，意在保證所有希望加入歐元區的國家都有相似的經濟，處於相似的經濟週期階段（增長或衰退）。之前的匯率機制（Exchange Rate Mechanism）也曾嘗試在歐元體制內解決國家之間的貨幣問題。但歐元更進一步地取消了所有國家的貨幣，因此，歐元實際

上永久地解決了匯率問題。此外，歐元區還引入了有關政府債務的新規則。1997 年《穩定與增長公約》規定，任何國家的債務都不得超過國內生產總值（GDP）的 60%，每年的逆差不得超過 GDP 的 3%。一家新的歐洲中央銀行將取代各國央

行，為整個歐元區服務，制定適用於所有成員國的貨幣政策。

## 致命的缺陷

然而，有關歐元的規定並沒有包含風險分擔機制，至關重要的是，沒有規定歐洲國家之間的財政

### 羅伯特・蒙代爾

羅伯特・蒙代爾，1932 年出生於加拿大京士頓，曾就讀於溫哥華英屬哥倫比亞大學，隨後轉去了華盛頓大學。1956 年，蒙代爾獲得麻省理工大學博士學位。1966-1974 年，蒙代爾任芝加哥大學經濟學教授，1974 年去紐約哥倫比亞大學任教。

在學術研究之外，蒙代爾還擔任加拿大政府、美國政府以及包括聯合國和國際貨幣基金組織

等機構的顧問。在研究最優貨幣區的過程中，他開發了一個模型以說明宏觀經濟（整體經濟）政策如何與外貿和匯率相互作用。

1999 年，蒙代爾憑着對宏觀經濟學的貢獻獲得諾貝爾經濟學獎。

**主要作品**

1968 年 《國際經濟學》

1968 年 《人類與經濟學》

1971 年 《貨幣理論》

> 國際貿易關係緊密以及經濟週期相似的國家，更可能加入「歐洲貨幣聯盟」，並從中獲益……
>
> —— 傑弗里・弗蘭克爾
> 安德魯・羅斯

（稅收收入）轉移方式。原因很簡單，這涉及政治因素。儘管早就建立了一些轉移機制，比如歐盟共同農業政策，但任何國家都不想失去決定本國稅收和支出水平的權力。要在整個大陸實現財政轉移，需要建立強大的、中央集權的機構，要能從過剩的地區徵稅並再分配給處於逆差的地區，比如從德國徵稅轉移支付給希臘。但是從政治的角度考慮，沒有哪個國家願意將這個想法付諸實施。相反，歐洲國家的領導人反而希望《穩定和增長公約》能約束政府活動，而不需要建立直接的財政轉移機制。

1999 年，11 個歐盟成員國建立了歐洲貨幣聯盟，歐元區成立。到 2012 年，歐元區共有 17 個成員國，另有 8 個國家計劃加入。

## 歐元區危機

　　歐元啟動近十年來，一直運行順暢。據估計，歐洲貿易增長了 15% 以上，資本和勞動力市場變得更加靈活。經濟增長很明顯，尤其是在相對較窮的愛爾蘭和歐洲南部地區。但是在這個表象下，卻隱藏着深層次的問題。不同國家勞動力成本的差異，加劇了貿易不平衡。作為一個整體，歐元區總體上與世界其他地方保持平衡，進出口大致相等。但是，歐元區內部卻有巨大的差別。北歐國家不斷增長的貿易順差，與南歐日益增加的貿易逆差大致相當。如果沒有順差國家和逆差國家之間的財政轉移機制，南歐的貿易逆差實際上變成了不斷增加的債務。當 2008 年金融危機爆發時，不平衡的體制走向了崩潰邊緣。

　　歐元危機使人們開始懷疑，歐洲是最佳的單一貨幣區域嗎？一些國家似乎與貿易條件不相匹配，而財政轉移機制的缺失又意味着這些不平衡難以得到解決。《穩定和增長公約》不具備足夠約束力強迫截然不同的國家在經濟上趨同。

　　歐元成員國面臨着艱難的選擇。如果能建立財政轉移機制，歐元國也許能克服它們的不均衡。如果歐元區成員國不能就這個機制達成政治共識，那麼歐元的未來將受到威脅。■

# 豐年也會鬧饑荒

## 權利理論

## 背景介紹

聚焦
**增長與發展**

主要人物
**阿瑪蒂亞·森（1933-）**

此前
**1798年** 托馬斯·馬爾薩斯（Thomas Malthus）在《人口原理》中提出，人口日益增加將導致饑荒和死亡。

**20世紀60年代** 人們普遍認為，饑荒是由食品供應減少所致。

此後
**2001年** 英國經濟學家斯蒂芬·德弗羅（Stephen Devereux）認為，權利理論忽略了導致饑荒的政治因素。

**2009年** 挪威學者丹·巴尼克（Dan Banik）出版《飢餓與印度的民主》，顯示即使在民主國家裏，也存在飢餓和營養不良的問題。

人們出售勞動力換取貨幣，用貨幣購買食物維生。

↓

如果工資或食物價格發生變化……

↓

……工資變得太低以至不能購買家庭所需的最低限度的食物。

↓

……那麼即使社會生產了足夠的食物，這個家庭仍會捱餓。

↓

**豐年也會鬧饑荒。**

印度經濟學家阿瑪蒂亞·森（Amartya Sen）經歷了1943年孟加拉大饑荒。那時他只有9歲，在學校親眼見到一個40天沒吃過東西的人。在此之前，森根本不知道他所在的地區正經歷饑荒。他的家人，以及朋友的家人，都沒有受到影響。即使年紀這麼小，森也對等級差異感到極大的震驚。1981年，也就是大約40年後，對孟加拉饑荒的記憶驅使他研究並撰寫了《貧窮與饑荒：論權利與剝奪》。森提出，與通常的看法相反，導致饑荒的原因並不僅是食物短缺。糟糕的收成、旱災或者進口食物減少都是導致饑荒的因素，但更主要的原因是食物的分配方式。

### 權利

食物的絕對短缺很少見，更常見的是最需要食物的人往往得不到食物供應。森將個人可以得到的食物和服務組合定義為他們的「權利」。饑荒就是缺乏權利的例子，

在阿瑪蒂亞・森看來，2008 年發生在剛果的饑荒是經濟失靈導致的。他指出，從來沒有聽說過在運轉良好的民主國家中發生過饑荒。

而權利不僅取決於所生產食物的數量。在現代的交換經濟中，大多數人都不會自己生產食物；他們用一種商品（勞動力）交換另一種商品（貨幣），再用貨幣購買食物。一個家庭是否有足夠維生的食物，取決於它能出售或交換的東西以及食物的價格。如果一個家庭的權利（他們能得到的商品數量，而不是社會提供的數量）減少到維持生存所需的最低數量之下，就會發生饑荒。當食品價格上漲或工資下降時，上述情況都有可能發生。

森分析了 1943 年孟加拉的大饑荒以及最近發生在非洲和亞洲的饑荒，收集了實際信息來支撐他的理論。他發現，儘管孟加拉在饑荒開始那年的食物生產總量比前一年少，但仍然超過之前沒有饑荒的年份。因此他推論，饑荒的主要原因是，加爾各答地區農民的收入跟不上通脹下日益上升的食品價格。當時的印度處於英國統治之下，英國政府在印度投入了大量資金以備戰爭之需，因此印度正經歷經濟繁榮。這導致勞動者的食品購買能力下降，被迫忍飢捱餓。

森認為，民主國家尤其應該防止惡性饑荒。他的開創性研究顛覆了人們對饑荒的看法，提供了解決饑荒的新途徑。■

## 阿瑪蒂亞・森

阿瑪蒂亞・森 1933 年出生於印度西孟加拉的聖蒂尼克坦。父親是化學教授，他卻選了經濟學，1953 年於加爾各答大學畢業。同年，他從英國劍橋大學獲得第二個學位。森 23 歲成了加爾各答賈達普大學最年輕的經濟系主任。森憑着獎學金將研究擴展到哲學領域。森曾任教於加爾各答大學、德里大學、麻省理工學院、史丹佛大學、加州大學伯克萊分校、康奈爾大學、牛津大學和劍橋大學。1998 年，森獲諾貝爾經濟學獎。2004 年，他在美國哈佛大學任經濟學和哲學教授。森結過兩次婚，有四個孩子。

**主要作品**

1970 年　《集體選擇與社會福利》

1981 年　《貧困與饑荒：論權利與剝奪》

1999 年　《以自由看待發展》

# CONTEMPORARY ECONOMICS 1970—PRESENT

# 當代經濟學
# 1970 <sub>年</sub>至今

喬治・阿克洛夫描繪了市場上一個買家比另一買家擁有更多信息的情況,開闢了**信息經濟學**這一新領域。

一些石油生產國建立了石油輸出國組織(OPEC),開始**石油禁運**,全球隨之陷入經濟危機。

阿瑟・拉弗提出**拉弗曲線**,展示了增加稅率反而可能導致財政收入減少這一現象。

愛德華・普雷斯科特和芬恩・基德蘭德支持**獨立的中央銀行**。

 **1970** 年

 **1973** 年

 **1974** 年

 **1977** 年

**1971** 年

**1973** 年

**1974** 年

**1979** 年

在米爾頓・佛利民的建議下,美國總統尼克遜**取消了美元與黃金掛鉤**。

奧古斯托・皮諾切特通過政變奪取政權,智利成為世界上第一個實施**貨幣主義經濟政策**的國家。

 海曼・明斯基提出**金融不穩定性**假設,顯示了穩定如何導致不穩定。

 心理學家阿莫斯・特沃斯基和丹尼爾・卡尼曼出版《期望理論》,奠定了**行為經濟學**的基礎。

**在**第二次世界大戰後的 25 年間,西方各國積極施行凱恩斯主義政策,政府加強對經濟的干預,相繼實現了繁榮。用英國首相麥克米蘭 (Harold Macmillan) 的話來說,人們「從未生活得這樣好」。然而,20 世紀 70 年代早期的石油危機,卻再一次引發了經濟衰退。失業率和通脹率快速上升。凱恩斯主義政策似乎不再有效。

多年來,保守派經濟學家一直堅持應該回歸自由市場,政府不應過多干預經濟,此時人們終於開始認真思考這個問題了。美國經濟學家米爾頓・佛利民 (Milton Friedman),也是芝加哥學派最重要的經濟學家,一直反對凱恩斯主義。佛利民認為,政府更應該關注通脹問題而不是失業問題,其唯一職責應該是控制貨幣供應,讓市場自由發揮作用,這就是著名的貨幣主義。

### 右派崛起

隨着對凱恩斯主義政策逐漸失去信心,右翼政黨的代表,同時又是堅定的佛利民貨幣主義信徒的列根和戴卓爾夫人,分別掌握了美國和英國的政權。他們在 20 世紀 80 年代開始實施的政策,標誌着回歸傳統自由市場能夠實現穩定、效率和增長這一信念上。

所謂的列根主義和戴卓爾主義的社會政策,受到了將個人而不是政府置於經濟思想核心的奧地利經濟學家弗里德里希・海耶克,以及認為減稅可以增加財政收入的經濟學家的影響。

自由化成了新的口號。放寬對金融機構的管制,不僅使公司借貸變得更容易,還使得銀行沉迷於所謂的零風險高回報的金融工程中。整個 20 世紀 80 年代,全世界的經濟形勢都在發生變化。蘇聯的經濟改革注定將會導致蘇維埃集團解體,進一步增強了保守主義經濟學家所堅持的「社會主義政策無效」的信念。然而,歐洲大陸拒絕英美式的從凱恩斯主義到佛利民主義的轉

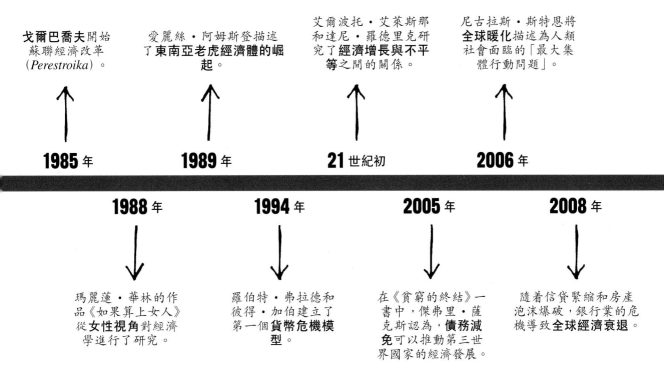

**戈爾巴喬夫**開始蘇聯經濟改革 (*Perestroika*)。

愛麗絲‧阿姆斯登描述了**東南亞老虎經濟體的崛起**。

艾爾波托‧艾萊斯那和達尼‧羅德里克研究了**經濟增長與不平等**之間的關係。

尼古拉斯‧斯特恩將**全球暖化**描述為人類社會面臨的「最大集體行動問題」。

**1985** 年　　**1989** 年　　**21** 世紀初　　**2006** 年

**1988** 年　　**1994** 年　　**2005** 年　　**2008** 年

瑪麗蓮‧華林的作品《如果算上女人》從**女性視角**對經濟學進行了研究。

羅伯特‧弗拉德和彼得‧加伯建立了第一個**貨幣危機模型**。

在《貧窮的終結》一書中，傑弗里‧薩克斯認為，**債務減免**可以推動第三世界國家的經濟發展。

隨着信貸緊縮和房產泡沫爆破，銀行業的危機導致**全球經濟衰退**。

---

變，只是逐漸地實施更加自由的經濟政策。

## 對自由市場的反思

儘管 20 世紀八、九十年代的貨幣主義和市場自由化可能提高市場效率，但一些經濟學家卻對這些政策的可持續性感到不安。早在 1974 年，美國經濟學家海曼‧明斯基 (Hyman Minsky) 就指出，金融機構具有與生俱來的不穩定性。「繁榮與蕭條」週期的縮短似乎證實了他的假設。放寬管制鼓勵了風險借貸，導致公司和銀行破產。其他經濟學家也對市場的效率和理性提出質疑，認為所謂「科學的」經濟模型建立在錯誤的科學基礎上：數學和物理學的新思想，如複雜理論和混沌理論，或許是更好的類比，並且，與經濟學家標準的理性概念相比，行為心理學可以更好地解釋「經濟人」的行為。

與此同時，新興國家正在快速發展，尤其是在亞洲，中國和印度的經濟正在改革中發生巨變。在"金磚四國"（巴西、俄羅斯、印度和中國）的改革中，一個新的與西方抗衡的經濟集團出現了。由於其他國家因沉重的債務和政治不穩定而被束縛在貧困之中，這些新興國家的繁榮再次燃起了人們對發展經濟學的興趣。同時，曾經帶來經濟繁榮的技術，如今卻給經濟帶來威脅，如全球暖化和氣候改變，這些問題必須通過各國聯手才能解決。

在 21 世紀的前十年，一系列金融危機席捲西方世界，自由市場政策似乎也失效了。經濟學開始再次關注自由市場的不平等和社會結果。一些經濟學家甚至懷疑，是否正如馬克思所預言的，自由市場的失敗預示資本主義滅亡？世界又一次處於經濟巨變的邊緣。■

# 零風險投資是有可能的

## 金融工程

**背景介紹**

聚焦
**銀行和金融**

主要人物
**費雪‧布拉克（1938−1995）**
**麥倫‧斯科爾斯（1941−）**

此前
**1900年** 法國數學家路易斯‧巴舍里耶（Louis Bachelier）表示，股票價格遵循一致但隨機的變化過程。

**1952年** 美國經濟學家哈里‧馬科維茨（Harry Markowitz）提出一個基於風險多樣化建立最優投資組合的方法。

**20世紀60年代** 經濟學家建立了資本資產定價模型（CAPM），用來確定金融資產適當的投資回報率。

此後
**20世紀90年代** 人們用風險價值（VaR）來評估投資組合的損失風險。

**21世紀末期** 全球金融市場崩潰。

**20**世紀60年代，戰後世界的制度基礎不斷地被削弱。布雷頓森林體系確定了美元與其他貨幣之間的固定匯率，而美元又與金價掛鈎。而此時這種關係開始扭曲。美國經歷連年貿易逆差（進口超過出口），加上其他地方經常性收支平衡危機，引發了對匯率自由浮動的需求。

1971年，美國總統尼克遜採取了明確行動：他單方面取消了美元與黃金掛鈎，結束了整個布雷頓森林體系。同時，美國的通脹越來越

**參見：**金融服務 26~29 頁，上市公司 38 頁，風險與不確定性 162~163 頁，行為經濟學 266~269 頁，高效的市場 272 頁，金融危機 296~301 頁。

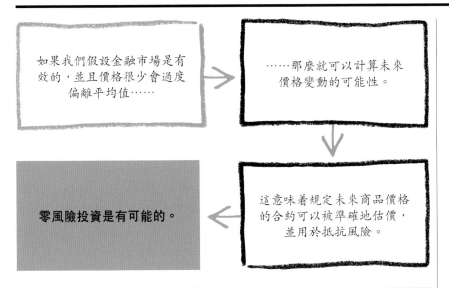

如果我們假設金融市場是有效的，並且價格很少會過度偏離平均值……

……那麼就可以計算未來價格變動的可能性。

這意味着規定未來商品價格的合約可以被準確地估價，並用於抵抗風險。

**零風險投資是有可能的。**

嚴重。主導戰後經濟思想的凱恩斯主義，也不斷受到攻擊。自 20 世紀 30 年代以來一直被嚴格管制的金融市場，開始爭取自己的權利，希望取消各種限制。1972 年，當芝加哥商品交易所被允許制定第一個有關匯率的衍生工具合約時，這些限制終於解除。

### 期貨合約

衍生產品在幾個世紀以前就已經存在。它是一份合約，與商品本身沒有直接關係，而是與商品的一些屬性有關。例如，典型的早期衍生產品合約是「遠期合約」，即事先確定商品（如咖啡）在未來的價格和

交貨日期。這種方式的好處是，不管農產品的實際收成和產量如何，生產商在未來都能以固定的價格將產品賣給顧客。衍生產品的目的是降低風險，為未來買保險。這就是所謂的「對沖」。然而，衍生產品合約也可能會有反作用，有人會將它們用於賭博而不是管理風險。期貨合約確定了在未來某個日期以某個價格交付商品。如果約定日當天的市場價格（「現貨價格」）低於合約價格，生產商就能輕易獲利。當然，如果市場價格高於約定的價格，生產商就會遭受損失。此外，由於衍生產品合約不涉及支付實際資產或商品，而只是規定在未來購買這些產品的權利，因此人們可以進行大批量交易。衍生產品賦予貿易商更多權利，即更多「回報」。

### 釋放資產

衍生產品合約逐漸標準化，可以像其他商品一樣在市場上買賣。1864 年芝加哥期貨交易所的農產品交易，是第一次衍生產品交易。然而，所有衍生產品合約都存在投機可能性，導致它們曾多次被明令

大米的價格可能會隨氣候變化而改變。期貨合約，即一方答應在未來的某個日期以特定的價格購買大米，使得水稻種植者可以管理風險。

期權合約是一種衍生產品，使人們可以在未來某特定的日期以確定的價格購買或出售商品(如咖啡豆)。期權不一定需要行使。

禁止。「現金結算」合約尤其令人擔憂。這種衍生產品合約以現金結算，不包括標的物的實際支付。也就是說，標的物與衍生產品之間不存在任何實際關聯，人們很可能會把它當作純粹的投機工具。

**放寬管制**

認識到這種投機可能性後，政府開始實施嚴格管制。從20世紀30年代開始，美國就將以現金結算的衍生產品交易界定為賭博而不是投資，並對其實施嚴格控制。交易所也被禁止進行這類交易。但是隨着1971年固定匯率體系瓦解，對沖潛在浮動匯率的需要迅速出現。管制放寬後，衍生產品交易市場迅速擴大。

這又滋生了一個非常關鍵的問題。由於衍生產品交易本質上非常複雜，因此沒有可靠的方法來準確地釐定衍生產品的價格。即使是簡單的「期權」，即提供在未來以某個時間交易標的物的權利，其價格都由好幾個因素共同決定，比如標的物的現貨價格，時間期限以及預期價格的變動等。1973年，美國經濟學家麥倫‧斯科爾斯(Myron Scholes)和費雪‧布拉克(Fischer Black)為這一問題提供了一條數學公式，隨後，羅伯特‧C‧莫頓(Robert C Merton)在同年將這一公式進行了擴充。

基於有關金融市場的一些假設和觀點，經濟學家將這個問題進行了簡化。

第一個假設是，「無套戥」規則。這是指在運作良好的金融市場上，價格反映了所有能得到的信息。個別股票的價格不僅反映了公司今天的價值，還反映市場交易商對公司未來價值的預期。通過對沖未來的風險，不再能獲得有保證的利潤，因為價格已經反映了所有人們據以建立對沖預期的信息。

第二個假設是，人們總是能夠將反映資產投資組合的期權合約組合在一起。換句話說，期權能很好地對沖每一種可能的資產投資組合。在這種假設下，所有的風險都消失了。

他們作出的第三個假設是，儘管資產價格隨着時間波動，但都服從「常態分佈」規律。這意味着，價格在短期內不會出現太大的變動。

基於這些假設，布拉克、斯科爾斯和莫頓建立了一個在標的物價格變動的基礎上為標準期權合約定價的數學模型。曾經被認為不可靠的衍生產品合約，如今可以利用電腦技術大規模處理。這為衍生產品交易的迅速發展掃清障礙。

布拉克、斯科爾斯和莫頓開發的期權定價模型，提供一種全新的分析金融市場的視角。甚至可以逆向運用這個價格模型，從現存的期權價格推出「引伸波幅」。這創造了一種新的風險管理方法：人們不再基於價格或預期價格進行交易，而可以根據市場價格所反映的風險直接將資產組合起來。正如數學模型所描繪的一樣，風險本身是可以被交易和管理的。

**不要試圖渡過一條平均四英尺深的河流。**

——納西姆‧尼古拉斯‧塔勒布

在 2008 年金融危機之前，銀行認為投資風險服從「常態分佈」（藍線），獲得低收益的概率很大，但是獲得極端收益或遭受極端損失的概率也很低。而實際上，投資風險服從的是一種不同的分佈（虛線），極端收益和極端損失相當常見。

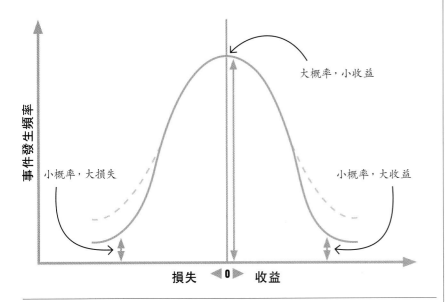

大概率，小收益

小概率，大損失

小概率，大收益

事件發生頻率

損失 ◄ **0** ► 收益

## 低風險，高回報

美籍黎巴嫩經濟學家納西姆·尼古拉斯·塔勒布（Nassim Nicholas Taleb）認為，由於複雜的金融模型低估了極端價格變動的風險，因此投資者面對過度的風險。債務擔保債券（CDOs）就是一個典型例子。這些金融工具通過發行自己的債券募集資金，然後將募集到的資金投資於資產組合，如貸款。CDOs 將違約風險很高的低質量（次級）房產貸款，與高質量的債務如美國國債相結合。很明顯這樣的組合是低風險和高回報的。但是這依賴一個假設，即組合後的違約風險遵循常態分佈，並保持穩定。隨着美國次級抵押貸款違約數量不斷增加，這一假設很明顯站不住腳，廣闊的 CDO 市場崩潰了。

## 2008 年金融危機

在複雜的數學和日益強大的計算能力幫助下，金融創新爆發，推動了幾十年來金融體系的急劇擴張。從 20 世紀 70 年代微不足道的交易金額開始，全球衍生產品市場以每年約 24% 的速度增長，2008 年交易總額達到了 457 萬億歐元，幾乎是全球 GDP 的 20 倍。當公司發現更安全的、有利可圖的新借貸風險管理方式時，金融衍生產品交易成倍增加。

2008 年 9 月，美國投資銀行雷曼兄弟申請破產時，這種擴張的致命缺陷就暴露出來了。其中最嚴重的缺陷在於對常態分佈假設的依賴。常態分佈假設認為，大多數價格聚集在平均數上下，很少會出現極端的價格變化。但是早在 1963 年，經濟學家就曾經就常態分佈假設產生過分歧，當時法國數學家伯努瓦·曼德勃羅（Benoît Mandelbrot）提出，價格的極端變化比預期的更為常見。

危機之後，人們開始重新審視這些模型。行為經濟學家和經濟物理學家運用源自物理學的模型和數據分析技術，以便更好地理解金融市場與風險。■

黑天鵝很少見，但確實存在。納西姆·尼古拉斯·塔勒布將意外的市場極端變動比喻為「黑天鵝事件」。

# 人不是百分百理性的

行為經濟學

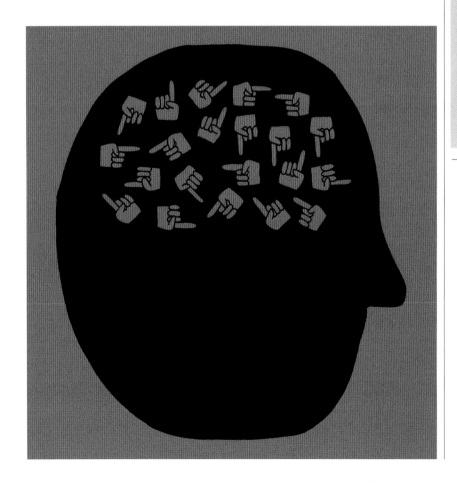

**20**世紀 80 年代以前，「理性經濟人」假設一直主導經濟理論。在此假設下，個人會理性地看待所有決定，權衡利弊得失，並最終作出能帶來最大收益的決定。經濟學家認為，無論在確定性還是非確定性條件下，個人行為都是這樣的。他們還將理性決策觀點納入期望效用理論。然而，人們經常作出非理性的決策，這不僅不會帶來最大的收益，甚至還可能會對他們帶來損失。

早在 1979 年，兩位美籍以色列

參見：經濟人 52~53 頁，自由市場經濟學 54~61 頁，經濟泡沫 98~99 頁，風險與不確定性 162~163 頁，非理性決策 194~195 頁，決策悖論 248~249 頁。

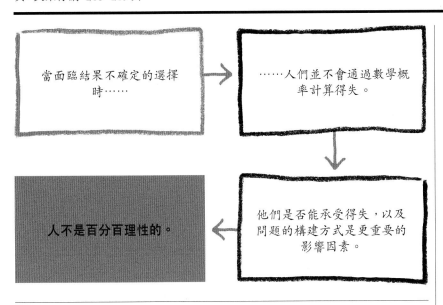

當面臨結果不確定的選擇時……

……人們並不會通過數學概率計算得失。

他們是否能承受得失，以及問題的構建方式是更重要的影響因素。

**人不是百分百理性的。**

經濟學家阿莫斯·特沃斯基 (Amos Tversky) 和丹尼爾·卡尼曼 (Daniel Kahneman) 就對這些奇怪的現象進行了初步研究。他們研究決策中的心理學，並用實證案例來支撐他們的假設。他們在主要作品《期望理論：風險決策分析》中提出的理論標誌着一個新的研究分支，即行為經濟學。行為經濟學旨在使決策理論更符合心理學所知的事實。

### 應對風險

特沃斯基和卡尼曼發現，人們的行為經常會違背經濟學家的標準假設，尤其是當結果不確定時。研究發現，人們根本不會理性地作出能使個人利益最大化的行為，相反，人們的行為受到決策呈現方式的影響，與此同時，他們作出的回應也往往違背標準理論。經濟學家

早就知道，人們傾向「規避風險」。例如，如果面臨兩個選擇：100% 能得到 1,000 英鎊或者 50% 概率得到 2,500 英鎊，那麼大多數人都會選擇前者，儘管事實上後者雖不確定但期望值是比前者高 1,250 英鎊。心理學家又構建了相反的情境，給同一羣人另外兩種選擇：100% 損失 1,000 英鎊，或者 50% 的概率損失 2,500 英鎊，50% 的概率無損失。在這種情境下，之前選擇 100% 獲得 1,000 英鎊的人，此時會選擇在無損失和重大損失之間賭上一把。這就是冒險行為。

不確定性條件下的決策有一個假設，即每個人要麼厭惡風險，要麼喜歡冒險，要麼對風險持無所謂的態度。不論個人是否面臨涉及得失的風險，這些偏好都存在並影響人們的行為。然而，特沃斯基和卡

尼曼發現：當人們面臨收益時，他們是規避風險的；當人們面臨損失時，他們是偏好風險的。人們的偏好本質上似乎發生了變化。他們的研究表明，人們「厭惡損失」，因此願意冒險避免損失，而不願為得到一些東西而冒險。例如，損失 10 英鎊所減少的效用遠大於得到 10 英鎊所增加的效用。

這些奇怪的行為表明，雖然最終結果都一樣，但備選方案呈現的不同方式影響人們的選擇。例如，假設有 600 人會因某種疾病而死。現在有兩種治療疾病的方案：方案 A 可以救活 200 個人，而方案 B 只有三分之一的概率能救活所有的人，三分之二的概率一個人也救不到。結果顯示，大多數人表現出了厭惡風險的一面，他們會選擇有把握地拯救 200 個人。然而，如果換一種方式描述這個問題：方案 C 一定會有 400 個人死亡，方案 D 有三分之一的概率沒有人會死，三分之

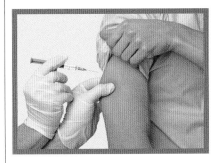

政府如果要説服人們接種疫苗，就應該強調如果他們不接種疫苗，死亡率會逐漸上升。人們對損失的厭惡，超過了他們對收益的喜愛。

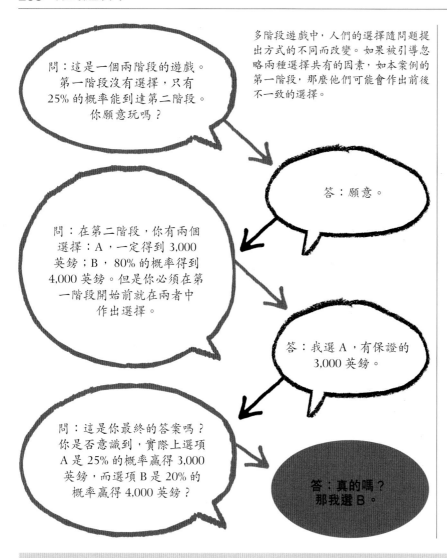

問：這是一個兩階段的遊戲。第一階段沒有選擇，只有 25% 的概率能到達第二階段。你願意玩嗎？

答：願意。

問：在第二階段，你有兩個選擇：A，一定得到 3,000 英鎊；B，80% 的概率得到 4,000 英鎊。但是你必須在第一階段開始前就在兩者中作出選擇。

答：我選 A，有保證的 3,000 英鎊。

問：這是你最終的答案嗎？你是否意識到，實際上選項 A 是 25% 的概率贏得 3,000 英鎊，而選項 B 是 20% 的概率贏得 4,000 英鎊？

答：真的嗎？那我選 B。

多階段遊戲中，人們的選擇隨問題提出方式的不同而改變。如果被引導忽略兩種選擇共有的因素，如本案例的第一階段，那麼他們可能會作出前後不一致的選擇。

二的概率所有 600 個人都會死掉。此時，大多數人選擇了具風險的 D 方案。

兩對選項的最終結果是一樣的：方案 A 和方案 C，很確定結果有 400 人會因病死亡，而方案 B 和 D，按期望值計算也是有 400 個人死亡。然而現在人們更喜歡類似賭博的選項。與拯救生命（收益）相比，人們更願意為了防止失去生命（損失）而冒險。損失的主觀價值遠大於收益的主觀價值，很明顯，得到 10 英鎊所增加的效用遠低於失去 10 英鎊所減少的效用。

這種損失規避的傾向意味着，當人們認為改變會帶來消極結果時，他們更可能將改變看成問題。了解到這一點之後，就可以運用這些信息更有效地影響人們的行為。例如，如果政府想要鼓勵人們接納一些東西，那麼強調人們將得到的好處更可能會成功。相反，如果它希望人們拒絕一些東西，那麼應該關注的是他們將失去甚麼。

## 運作中的行為經濟學

行為經濟學這一新領域為公司提供了新發展方式。

2006 年，一羣經濟學家為南非一家希望發放更多貸款的銀行設計了一個實驗。

傳統的經濟學家會建議銀行降低利率以刺激需求。而這家銀行允許這些經濟學家進行各種實驗以尋找最有利可圖的方法。他們發放了 5 萬封有關不同利率的信件，其中有的利率高，有的利率低。這些信件同時附上了銀行員工的照片，以及一個或簡單或複雜的表格，告訴對方如果回覆信件，將有不同的獲獎機會。

通過追蹤回覆信件的客戶，可以量化利率這一經濟因素對心理因素的影響。實驗發現，利率僅是刺激需求的第三重要的因素，在營銷中附上一張女性照片的作用，等同於將利率降低 5 個百分點。這是一個突破性的結果：識別刺激需求的心理因素，比降低利率更划算。

## 過程與結果

卡尼曼和特沃斯基還表示，即使決策制定過程不能影響最終結果，它也會影響人們的選擇。

例如，假設一個遊戲有兩個階段，如果玩家能到達第二階段，他們將面臨兩個選擇，但他們必須在第一階段開始前就作出決定。第 268 頁的圖表就展示了這個例子。

在這個兩階段遊戲中，大多數人選擇了有保證的 3,000 英鎊這個選項。然而，當人們面臨直接有較低概率獲得 4,000 英鎊或有較高概率獲得 3,000 英鎊兩個選項時，大多數人都選擇了以更低的概率獲得更多的錢。為甚麼會有這種變化呢？

在兩階段過程中，人們忽略了第一階段，因為兩種選擇的結果相同。他們將情況看成是在有保證的贏與僅僅是贏的機會之間作出選擇，雖然事實上兩種選擇的概率已經因第一階段的結果而發生變化。這與標準經濟理性的決策只受最終結果影響這一觀點不符。

## 理性人的終結？

這項研究的關鍵，即我們對損失的厭惡大於對收益的喜愛，並且我們根據情境來理解得與失，闡明了人們的決策與效用理論或「理性經濟人」假設不一致的原因。這個理論是行為經濟學的支柱，還廣泛地影響市場營銷和廣告行業。通過理解我們決策的方式，市場營銷人員就能夠更有效地銷售產品。商場的促銷活動就是一個很好的例子，

票販子以現金方式出售體育門票。買賣雙方對門票的估價不僅取決於感知的效用，還受其他因素(如賣方如何得到門票)影響。

有些商品打着「巨大折扣」的幌子，但原價早就被抬高了。

期望理論可以解釋很多常見的經濟決策。例如，人們會為了從 15 英鎊的 DVD 中節省 5 英鎊去城鎮的其他地方購買，而若購買的是 400 英鎊的電視機，卻不太可能為了節省 5 英鎊而這麼做，儘管每種

**你可能會發現，當用不同的方式陳述同一個決策問題時，備選方案的相對吸引力會發生變化。**

—— 阿莫斯·特沃斯基
丹尼爾·卡尼曼

情況對淨財富的影響一樣。損失規避還解釋了眾所周知的稟賦效應：與得到前相比 (只是「潛在價值」)，當人們實際擁有一件物品時，給它賦予的價值往往更高，並且不想失去它。

行為經濟學對我們理解經濟非常重要，它將心理現實主義引入現代經濟學。期望理論最早提出，人不是簡單的、絕對理性的機器。意識到這一點對研究經濟理論和政府政策的制定非常重要。例如，所有權可能會影響人們對待擁有的物品的方式。■

# 減稅可以增加稅收收入

## 稅收和經濟激勵

**背景介紹**

聚焦
**經濟政策**

主要人物
**羅伯特·蒙代爾**（1932−）
**阿瑟·拉弗**（1940−）

此前
**1776年** 亞當·斯密提出，與高稅率相比，適當的稅率可能會帶來更多的財政收入。

**1803年** 法國經濟學家讓-巴蒂斯特·薩伊（Jean-Baptiste Say）提出，供應創造需求。

此後
**1981年** 美國總統列根降低了最高稅率和資本利得稅。

**2003年** 美國總統喬治·布殊（George W Bush）無視經濟學家批評，執意實施減稅政策。

**2012年1月** 美國政府的財政赤字再創新高，突破15萬億美元。

**常**識告訴我們，如果政府想要籌集更多資金以支持公共服務，必須增加稅收，但這很不受歡迎。同樣，減稅似乎意味着要減少公共服務，這也不得人心。然而，一些經濟學家認為，事情並不總是如此，減稅可以使政府得到更多稅收。

這是 20 世紀 80 年代「供應學派」經濟學家的主要觀點。供應方是經濟中商品的製造商和銷售商，與購買商品的需求方相對應。供應學派經濟學家認為，促進經濟增長

如果不徵稅，政府就沒有收入。

→

如果稅率是 100%，政府也不會有收入，因為沒人會去工作。

↓

在 0% 稅率和 100% 稅率之間，存在一個使稅收收入最大化的稅率。

←

如果稅率過高，人們會縮短工作時間以減少繳稅，這樣政府的稅收收入就減少了。

↓

但如果降低稅率，工人受到激勵增加工作時間，最終政府的稅收收入反而增加。

→

**減稅可以增加稅收收入。**

參見：稅收負擔 64~65 頁，市場供應過剩 74~75 頁，借貸與債務 76~77 頁，凱恩斯乘數 164~165 頁，公司管治 168~169 頁，貨幣主義政策 196~201 頁。

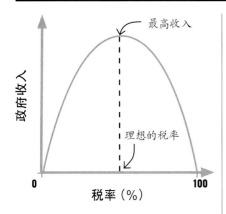

拉弗曲線顯示了稅率和政府稅收收入之間的關係，高稅率並不一定能增加政府的稅收。

的最好方式是改善供應方的條件，解除對公司的管制、削減補貼、降低稅率。

### 從納稅到避稅天堂

美國經濟學家阿瑟・拉弗（Arthur Laffer）提出了減稅收入論。他認為，如果政府不徵稅，它將沒有收入；如果徵 100% 的稅，它同樣不會有收入，因為沒有人會工作；即使低於 100%，非常高的稅率也會打消人們的工作積極性。高稅率導致工作時間減少，最終導致稅收收入減少。當最高稅率非常高時，稅收收入也可能減少，因為高收入人羣會離開這個國家，或者將錢儲存在免稅天堂——低稅率或免稅的國家。拉弗畫了一條鐘形曲線（左圖），表明在零稅率和 100% 稅率這兩個極端之間，有一個使政府收入最大化的稅率。

拉弗認為，從高稅收的點出發，降低稅率，同時實施其他有利於供應方的政策，將提高經濟效益，創造更多稅收。拉弗在 20 世紀 70 年代提出這一理論時，一些國家對部分人羣的徵稅稅率達到了 70%，還有一小部分國家對最高收入人羣的稅率竟然達到了 90%。經濟學家有關拉弗曲線的頂點位置還存在

20 世紀 70 年代，為了吸引投資，像摩納哥這樣的小國或島國，實施低稅率或完全免稅，成了避稅天堂。

分歧。右派經濟學家認為，經濟現在位於拉弗曲線頂點右邊的某個地方，也就是說減稅可以增加政府收入。左派經濟學家則反對此觀點。

### 雙贏局面

拉弗的理論對右派政治家非常有吸引力。根據這一理論，他們既可以通過減稅贏得人心，又能保證公共服務水平。1981 年，美國總統列根降低了最高稅率，成為許多窮人心目中的英雄。然而，幾乎沒有證據能夠證明拉弗的觀點真正發揮作用。美國和其他國家的稅率遠低於 20 世紀 70 年代的水平，但並沒有得到理論上的稅收財富。相反，政府主要是通過不斷增加財政赤字來支撐減稅。■

### 供應學派

20 世紀 70 年代供應學派出現時，其理論曾引來了不少爭議。當時，經濟停滯與高通脹並存，即所謂的「滯脹」，凱恩斯主義的政府干預失敗，供應學派應運而生。美國記者裴德・萬尼斯基（Jude Wanniski）推廣了「滯脹」這一詞彙，而吸引經濟學家注意則是美國經濟學家阿瑟・拉弗提出的稅收曲線。拉弗曲線的發展還曾得益於加拿大經濟學家羅伯特・蒙代爾的指點。蒙代爾認為，如果降低稅率，整個國家的產出就會增加，因此稅收也會增加。在一個短暫的下降後，稅收收入實際上會增加，但他的理論是否得到了證實一直頗受爭議。

# 價格
# 告訴你一切
## 高效的市場

## 背景介紹

聚焦
**市場與廠商**

主要人物
**尤金・法瑪（1939－）**

此前

**1863年** 法國經紀朱爾斯・瑞格納特（Jules Regnault）出版《玩轉機會與股票交易哲學》一書，闡明股票交易市場的波動無法預測。

**1964年** 美國經濟學家保羅・庫特納（Paul Cootner）在《股票市場價格的隨機性》一書中發展了瑞格納特關於市場波動的觀點。

此後

**1980年** 美國經濟學家理查德・泰勒（Richard Thaler）發表對行為經濟學領域最早的研究成果。

**2011年** 美聯儲局前主席保羅・沃爾克（Paul Volcker）批判2008年金融危機的原因在於「對理性預期與市場效率的盲目信任」。

**投**資者普遍持有的一個信念，認為他們可以「打敗」或超越股票市場。美國經濟學家尤金・法瑪（Eugene Fama）對此持否定態度。他在著作《高效率的資本市場》（1970）中得出的結論表明，任何人都不可能一直打敗市場。這就是如今的高效市場假說。

法瑪認為，所有投資者都與競爭對手得到一樣的公共信息，因此股票價格完全反映了大家能夠獲得的所有信息。這就是「高效市場」。由於沒人知道會出現甚麼新信息，因此，如果投資者不利用對手得不到的信息，或利用非法的「內部交易」，就幾乎不可能盈利。

然而，行為主義經濟學家一再強調這個假設有很多問題。他們認為該理論沒有考慮投資者的過度自信和「從眾」本能。20世紀90年代的互聯網泡沫中，這些問題尤其突

> 在一個高效率的市場中，證券在任何時候的實際價格都能很好地反映它的內在價值。
>
> ——尤金・法瑪

出，人為誇大的科技股造成了「非理性繁榮」。2007–2008年的金融危機也暴露了這一問題。

這些危機之後，許多觀察家已經宣佈這個理論不適用，甚至有人認為，這一理論正是導致危機發生的罪魁禍首。法瑪本人也承認，不知情的投資者會將市場引入歧途，導致價格「有點非理性」。■

---

**參見**：經濟泡沫 98~99頁，測試經濟理論 170頁，金融工程 262~265頁，行為經濟學 266-269頁。

# 隨着時間發展，自私者也會與他人合作
## 競爭與合作

**背景介紹**

聚焦
**決策**

主要人物
**羅伯特·阿克塞爾羅德（1943-）**

此前
**1859年** 英國生物學家達爾文出版《物種起源》，認為適應性最強的物種最有可能存活下來。

**1971年** 美國生物學家羅伯特·特里弗斯（Robert Trivers）出版《互惠利他的進化》，認為個體可以從利他與合作中獲益。

此後
**1986年** 美國經濟學家朱爾·弗登博格（Drew Fudenberg）和埃里克·馬斯金（Eric Maskin）探索了重複博弈中的合作戰略。

**1994年** 英國經濟學家肯尼斯·賓默爾（Kenneth Binmore）出版《公平遊戲》，運用博弈論探索道德的發展。

在1984年，美國經濟學家羅伯特·阿克塞爾羅德（Robert Axelrod）出版《合作的進化》一書。這本書建立在一系列博弈結果之上，博弈論專家通過電腦程式互相對抗，看誰的策略最優。這種博弈叫做囚徒困境，即博弈主角是兩個被捕的盜竊犯，每個盜賊應該選擇坦白、沉默還是「出賣」對方呢？這個博弈探究的是為了彼此的利益合作是否比自私行為更明智。

**最優策略**

阿克塞爾羅德發現，在自利的行為中會出現合作。通過一系列博弈，他對許多策略進行了檢測。最成功的是簡單針鋒相對策略，也就是玩家在第一步時採取合作策略，然後模仿他或她的對手，因此絕不會是第一個「出賣」對方的人。那些「好」的方法最成功。合作能產生對雙方都有利的結果。但是玩家也不能太好，因為如果被對方背叛，就必須在下一步進行反擊。為了保持信譽，玩家必須在被「出賣」後立即採取報復行動。現在，這種分析競爭與合作的方法已經發展成為一個非常豐富的領域，研究社會規則甚至道德規則如何產生的。■

2002年，美國總統布殊和俄羅斯總統普京簽署了《莫斯科條約》。儘管互不信任，他們仍選擇合作，大幅度縮減核武裝備。

**參見**：經濟人 52~53 頁，有限競爭的影響 90~91 頁，經濟學與傳統 166~167 頁，博弈論 234~241 頁。

# 大多數交易的汽車都是次品

市場不確定性

## 背景介紹

聚焦
**市場與廠商**

主要人物
**喬治・阿克洛夫（1940－）**

此前
**1558年** 英國金融家托馬斯・格雷沙姆（Thomas Gresham）提出「劣幣驅逐良幣」。

**1944年** 約翰・馮・諾依曼（John von Neumann）和奧斯卡・摩根斯頓（Oskar Morgenstern）發表了在經濟環境下策略行為的初步分析。

此後
**1973年** 美國經濟學家邁克爾・斯彭斯（Michael Spence）解釋了人們如何向潛在僱主展示技能。

**1976年** 美國經濟學家邁克爾・羅斯柴爾德和約瑟夫・斯蒂格利茨出版《競爭性保險市場的均衡》，研究了保險公司爭奪客戶時的「採櫻桃」（即刻意挑選支持論點的資料）問題。

二手車市場上，買方掌握的汽車質量信息比賣方少。

→ 這種信息不對稱為買方帶來了不確定性……

↓

……因此買方不願意為二手市場上的任何車輛付高價。

優質車的車主被迫退出二手市場。

↓

市場開始崩潰，因為……

→ ……**大多數交易的汽車都是次品。**

**20**世紀 60 年代，美國經濟學家喬治・阿克洛夫（George Akerlof）開始研究價格和市場，在那之前，大多數經濟學家都相信，市場上任何人都能夠以特定價格將商品出售給願意接受這個價格的人。阿克洛夫證明，實際情況往往並非如此。他的重要作品《檸檬市場》（1970）解釋了有限信息帶來的不確定性，如何導致市場失靈。阿克洛夫認為，買方和賣方擁有不同數量的信息，而這些差異或不對稱，可能會為市場運作帶來災難性的後果。

參見：自由市場經濟學 54~61 頁，市場信息與激勵 208~209 頁，市場與社會結果 210~213 頁，信號傳遞與篩選 281 頁。

## 信息不對稱

有關二手車的質量情況，買方擁有的信息比賣方少。賣方可以評估他的車是否比市場上類似的車輛更糟糕，用美國俗語來説，他手裏的車是否「檸檬」，即有缺陷的次品。買到次品的買家會感覺受騙。市場上存在無法檢測的次品，為買家帶來了不確定性，因此，買家非常擔憂市場上其他二手車的質量。這種不確定性使買方降低他願意為任何一輛車出價，由此造成了二手市場價格普遍下降。

阿克洛夫的理論與最先由英國金融家格雷沙姆爵士 (1519–1579) 提出的觀點如出一轍。格雷沙姆發現，當含銀量高和含銀量低的貨幣都在市場上流通時，人們往往會持有含銀量高的貨幣，也就是説「劣幣將良幣驅逐出流通領域」。同樣，當買方的汽車質量比市場上的平均質量好時，賣方會退出市場，因為他們不可能從不能辨別汽車質量好壞的買方那裏得到公平的價格。這意味着，「大多數交易的汽車都是次品」。理論上，這可能會導致價格不斷下降，市場逐漸崩潰，任何價位上的貿易都將不復存在，即使買方和賣方都有意進行交易。

## 逆向選擇

另一個存在檸檬效應的市場是保險市場。例如，醫療保險市場上，保險的買方比賣方更了解自己的健康。因此保險公司經常發現，與他們交易的人恰恰是他們想要避開的人，也就是健康欠佳的人。隨着老年羣體的保險費上升，購買保險的顧客羣之中，「檸檬」的比例越來越大，但保險公司仍然無法準確鑒別。這就是所謂的「逆向選擇」，意味着公司面臨的風險將高於保險費覆蓋範圍的風險。有鑒於此，一些地區保險公司取消了對超過一定年齡人羣的保險政策。■

汽車經銷商在賣車時提供擔保可以降低買方的風險。市場通常會根據信息不對稱情況作出調整。

## 喬治・阿克洛夫

喬治・阿克洛夫 1940 年出生於美國康涅狄格州，在一個學術家庭裏成長。學生時代，他對社會科學包括歷史學和經濟學產生興趣。他父親非正式的就業模式引起他對凱恩斯主義經濟學的興趣。阿克洛夫隨後在耶魯大學繼續深造，獲經濟學學位，1966 年獲麻省理工學院博士學位。擔任加州大學伯克萊分校副教授不久，阿克洛夫去了印度一年，在那裏研究失業問題。1978 年，阿克洛夫去倫敦經濟學院任教，後來回到加州大學伯克萊分校任教授。2001 年，阿克洛夫、斯彭斯以及斯蒂格利茨共同獲得諾貝爾經濟學獎。

**主要作品**

**1970 年**《檸檬市場》

**1988 年**《公平與失業》（與珍妮特・耶倫合著）

**2009 年**《動物精神：人類心理如何驅動經濟發展》（與羅伯特・席勒合著）

# 政府的承諾並不可信

## 獨立的中央銀行

### 背景介紹

**聚焦**
**經濟政策**

**主要人物**
**愛德華・普雷斯科特**（1940-）
**芬恩・基德蘭德**（1943-）

**此前**
**1961年** 約翰・穆思（John Muth）出版《理性預期與價格波動理論》。

**1976年** 美國經濟學家羅伯特・盧卡斯（Robert Lucas）認為，根據過去有效的方案制定政府政策不切實際。

**此後**
**1983年** 美國經濟學家羅伯特・巴羅（Robert Barro）和大衛・戈登（David Gordon）表示，酌情的政府政策導致高通脹，提議建立獨立的中央銀行。

**自20世紀80年代起** 世界上許多國家都建立了獨立的中央銀行，並承諾簡化政策規則。

如果政府能夠酌情採取行動，那麼它們也可以違背諾言，因此……

……政府的承諾並不可信。

理性的個人會預測到這種背叛，並據此改變行為。

這就阻止了酌情的政府政策發揮作用。

政府應該承諾遵守簡單的規則，而不是酌情的政策。

第二次世界大戰後，凱恩斯主義思想佔據了經濟學主流地位。凱恩斯主義認為，政府可以通過兩種酌情政策保持高就業率，通過一系列特定的行動實現特定的目標。這兩種用來控制就業率的政策分別是財政政策（政府支出和稅收）和貨幣政策（利率和貨幣供應）。

1977年，挪威的芬恩・基德蘭德（Finn Kydland）和美國的愛德華・普雷斯科特（Edward Prescott）這兩位經濟學家發表了論文《規則而不是酌情》，他們認為酌情政策實際上會弄巧成拙。其理論依據是美國經濟學家約翰・穆思提出的理性預期。穆思認為，由於盲目相信價格的代價很昂貴，因此理性人羣會通過提前計劃，使他們的錯誤最小化。

在這之前，宏觀經濟模型建立的前提假設，人們只會向後看，天真地以為未來會像過去一樣。新模型則認為，如果人們理性地收集信息，他們可以，並且會預料到政府的干預。因此他們根據預期的政府

參見：經濟人 52~53 頁，凱恩斯乘數 164~165 頁，貨幣主義政策 196~201 頁，通脹與失業 202~203 頁，理性預期 244~247 頁。

政府為阻止人們在洪水多發地區修建房屋，可能會不提供洪澇保險補貼。但是，如果政府過去曾在洪澇後救助災民，那麼人們照樣會在那些地區修建房屋。

政策調整自身行動，導致這個政策的效果減弱。酌情政策只有在人們毫無察覺下才會起作用，但是要做到這點又非常困難。舉例說，一個仁慈的老師正努力讓一個懶惰學生做作業。老師告訴學生，不交作業會受到懲罰。但是學生知道，老師很仁慈，並且不喜歡懲罰學生。因此學生預測，如果他不交作業也不會受到懲罰。知道這點後，他就不會做作業了。老師讓學生交作業的目的會因學生的理性行為而無法實現。

基德蘭德和普雷斯科特認為，政府的低通脹許諾也面臨同樣的問題。政府不喜歡高失業率，因此將刺激經濟發展以保持低失業率，但是這又會導致高通脹率。與用不會兌現的懲罰作為威脅的老師一樣，政府的低失業和低通脹目標也相互衝突。理性的人們知道這一點後，就不會相信政府承諾的低通脹了。這使得政府通過刺激需求來增加就業的目的很難實現，因為人們知道工資上漲後，物價也會上漲，他們的狀況實際上並不會改善。由於理性預期，政府對經濟進行刺激，結果只會導致更高的通脹。

## 毫不妥協的規則

以上老師遇到的問題的解決方法，應該是遵守學校有關懲罰遲交作業的規則。類似的，基德蘭德和普雷斯科特提出，政府應該承諾遵守明確的規則，而不是酌情制定政策。解決教師兩難困境的更好辦法是，委託懲罰——讓嚴厲的校長來執行懲罰。在宏觀經濟政策上，獨立的中央銀行可以扮演這種角色，與政府相比，它更注重低通脹而不是高就業率。通過中央銀行控制貨幣政策，政府關於低通脹率的承諾就具有可信性了。人們普遍認為，正是由於獨立中央銀行的出現，才會有 21 世紀初的低通脹。■

## 芬恩・基德蘭德

1943 年，芬恩・基德蘭德出生於挪威斯塔萬格一個農家，在六個孩子中排行老大。高中畢業後，他在一所初級中學任教，其間同事建議他讀會計，引發他對商業的興趣。1965 年，基德蘭德在挪威經濟與工商管理學院修讀經濟學。他本打算當業務經理，但畢業後成了經濟學教授斯特恩・索爾（Sten Thore）的助理。後來，他隨索爾教授去了美國卡內基梅隆大學。1973 年，他回到挪威經濟與工商管理學院，與普雷斯科特共同發表論文。1976 年，他重返美國並一直在那裏任教。2004 年他獲諾貝爾經濟學獎。

**主要作品**

**1977 年** 《規則而不是酌情》（與普雷斯科特合著）

**1982 年** 《置備新資本的時間和總量波動》

**2002 年** 《阿根廷失去的十年》（與卡諾斯・薩拉托加合著）

# 即使個體都是理性個體，經濟也總是混亂的

## 複雜與混亂

### 背景介紹

聚焦
**宏觀經濟**

主要人物
**勒內・托姆（1923-2002）**
**讓－米歇爾・格蘭德蒙特（1939-）**
**阿蘭・科曼（1939-）**

此前

**1887年** 法國數學家亨利・龐加萊（Henri Poincaré）分析相互影響的三個主體之間的作用機制，奠定了混沌理論的基礎。

**20世紀50年代** 法國數學家伯努瓦・曼德勃羅（Benoît Mandelbrot）發現，棉花的價格變化會遵循特定的循環模式。

**1960年** 美國數學家和氣象學家愛德華・洛倫茲（Edward Lorenz）發現氣象學裏的蝴蝶效應。

此後

**20世紀80年代** 北愛爾蘭經濟學家布萊恩・阿瑟（Brian Arthur）提出複雜理論。

目前還沒有甚麼機制能保證股票投資者取得好的回報。或許有人期待經濟學能給予我們這樣一種工具，因為經濟學模型之中，經濟總能回到均衡狀態。大多數經濟學理論都建立在 17 世紀 80 年代提出的運動定律基礎之上：每一個行動都會帶來一種結果，每件事在時間上都有前後聯繫，即所謂的「線性」過程。標準經濟學重要的預測「經濟將會達到均衡」建立的基礎，是理性個體對價格變化反應的組合效應。

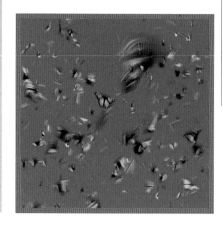

### 尋找複雜

如果現實世界確實如此，那為甚麼我們很難預測到股市崩盤呢？一些經濟學家認為，線性方法已經過時。奧地利經濟學家弗里德里希・海耶克（Friedrich Hayek）認為，經濟學模型遠比物理學模型複雜，建立物理模型的方法在經濟學領域並不適用。複雜理論就是對這種質疑的一種回應。複雜理論建立在俄裔比利時化學家伊利亞・普里高津（Ilya Prigogine，1917-2003）的熱力學研究基礎上。與標準經濟學不同，這種方法承認，個人可預測的、規律的行為並不一定會帶來穩定的、可預見的經濟。

1975 年，法國經濟學家讓－米歇爾・格蘭德蒙特（Jean-Michel Grandmont）和阿蘭・科曼（Alan Kirman）認為，經濟是「複雜的系

*初始條件下微小的改變都會導致結果出現巨大變化，這就是所謂的「蝴蝶效應」。愛德華・洛倫茲認為，巴西的一隻蝴蝶扇動翅膀，可能會導致德克薩斯州發生颶風。*

參見：經濟人 52~53 頁，經濟泡沫 98~99 頁，測試經濟理論 170 頁，
行為經濟學 266~269 頁。

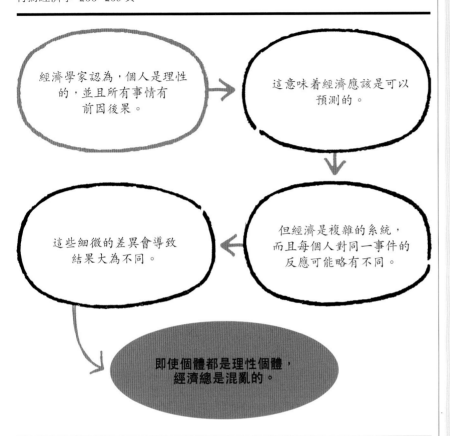

經濟學家認為，個人是理性的，並且所有事情有前因後果。

這意味着經濟應該是可以預測的。

但經濟是複雜的系統，而且每個人對同一事件的反應可能略有不同。

這些細微的差異會導致結果大為不同。

即使個體都是理性個體，經濟總是混亂的。

---

## 瘋狂的隨機性

20 世紀六、七十年代，美籍法國數學家伯努瓦·曼德勃羅認為，經濟學家試圖尋找平均數（並忽略極端狀況），使經濟數據平滑的做法是錯誤的。他認為，恰好是極端數值才反映真實狀況。

曼德勃羅批判的對象是那些為股票和商品價格建立模型的人，他們假設一種價格會直接影響另一個價格，並且在長期內最終會趨於平均值。曼德勃羅認為，這些模型中溫和的隨機元素會產生誤導。模型建立的前提假設應該是「瘋狂的隨機性」，即當發生變化時，個人的反常行為將會產生重大影響。在曼德勃羅看來，市場遠比經濟學家所知的多變，而經濟學家一直在試圖尋找與經典物理學定律類似的經濟定律，是他們一直在犯的錯誤。

速度上的細微變化，會將球彈向完全不同的方向。與彈球玩家一樣，經濟學家並不容易預測到股市的走向。

---

統」。標準經濟學的完全競爭模型認為，個體之間不會直接相互作用，他們只對價格作出反應，通過頻繁改變行為和價格來實現最好的產出。在像經濟這樣複雜的系統中，個體之間不是通過理性的計算，而是通過簡單的經驗法則直接相互作用，這有點類似蜂巢中的蜜蜂。這會導致整體經濟中出現複雜的行為模式。

### 混沌經濟

20 世紀 50 年代，美國數學家和氣象學家愛德華·洛倫茲首次提出混沌理論，該理論體現了格蘭德蒙特和科曼的思想。洛倫茲試圖探究，人們為甚麼不能預測遙遠未來的天氣？他的電腦分析顯示，大氣中微小的變化都可能會導致劇烈的天氣變化。

為了分析混沌運動，理論家提出了一種「非線性」數學。他們認為，與天氣一樣，無論是股市走勢還是經濟增長，最初一個細微的變化都會大大地影響結果，其中的過程顯得很混亂。如果他們是正確的，那麼大多數經濟理論的基石——可預測的均衡就變得很離譜了。∎

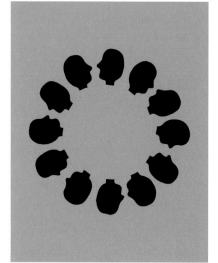

# 社交網絡是一種資本

## 社會資本

**背景介紹**

聚焦
**社會與經濟**

主要人物
**羅伯特・帕特曼（1941−）**

此前

**1916年** 美國教育家萊達・哈尼凡（Lyda J Hanifan）的一篇文章中首次出現「社會資本」一詞。

**1988年** 美國社會學家詹姆斯・科爾曼（James Coleman）詳細描述了社會資本，並用它來分析高中輟學現象。

此後

**1999年** 美國政治學家弗朗西斯・福山（Francis Fukuyama）認為，在美國這樣的發達國家，社會資本並沒有減少。

**2001年** 英國馬克思主義經濟學家本・法因（Ben Fine）批評社會資本概念。

**2003年** 英國社會學家約翰・菲爾德（John Field）認為，社會資本理論是指「人際關係很重要」。

「資本」這一詞彙通常是指生產中使用的機械，即物質資本。更廣泛的定義包括了勞動技能，即人力資本。有效地利用物質資本和人力資本一直被公認是經濟發展的關鍵，但是20世紀90年代，美國政治學家羅伯特・帕特曼（Robert Putnam）提出了一種由社會關係構成的無形資本——社會資本。他認為，社交網絡在經濟中起着非常重要的作用。一把螺絲刀（物質資本）或者大學教育（人力資本）可以提高生產力，同樣，社會關係也可以，因為它會影響個人和羣體的生產能力。人與人之間的相互聯繫，無論是工作上還是在社區裏，或者閒暇時間的人際交往，都可稱為「社會資本」。

社交網絡通過鼓勵合作和信息共享，可以幫助人們提高技能，促進職業發展，提高總體生產力。相反，當這些聯繫減少時，經濟就會遭受損失。帕特曼指出，自20世紀60年代以來，發達國家的人們變得越來越孤立，住在城裏的人很少有社區意識。他認為，這導致了經濟衰退。雖然很多經濟學家不完全認同他的分析，但人們已經普遍接受，社會資本是經濟的重要元素。■

一個社會擁有很多善良的人，但他們都是孤立的個體，那麼這個社會的社會資本並不一定富裕。

——羅伯特・帕特曼

**參見**：保護主義與貿易 34~35頁，比較優勢 80~85頁，規模經濟 132頁，市場整合 226~231頁。

# 教育程度只是能力的一個信號

## 信號傳遞與篩選

**背景介紹**

聚焦
**決策**

主要人物
**邁克爾・斯彭斯（1943-）**
**約瑟夫・斯蒂格利茨（1943-）**

此前
**1963年** 肯尼斯・阿羅（Kenneth Arrow）強調信息經濟學的問題，比如，交易的一方可能比另一方擁有更多信息。

**1970年** 喬治・阿克洛夫（George Akerlof）在《檸檬市場》一書中描繪了市場上信息不對等的情況。

此後
**1976年** 邁克爾・羅斯柴爾德（Michael Rothschild）和約瑟夫・斯蒂格利茨（Joseph Stiglitz）首次研究「篩選」問題。通過篩選，不知情的一方可以誘導另一方傳遞信息。

**2001年** 斯彭斯、阿克洛夫和斯蒂格利茨憑着對信息經濟學的研究而獲得諾貝爾經濟學獎。

**20**世紀 70 年代，美國經濟學家喬治・阿克洛夫（George Akerlof）發表了信息差異與市場失靈的文章，一個新的經濟學領域從此誕生。

美國經濟學家邁克爾・斯彭斯（Michael Spence）認為，現實生活中，如果交易中 A 擁有的信息比 B 多，那麼 A 很可能會發出信號，使 B 掌握更多信息以便作出更明智的決策。

求職面試就是一個很好的例子，求職者比僱主擁有更多有關自身潛能的信息。求職者的簡歷提供了詳細的學業成就，雖然可能與申請的職位無關，但確實傳遞了努力工作和求職的意願。在斯彭斯看來，與職業培訓不同，更高的學歷大多具有傳遞信號的功能，而潛在的「好」員工將通過高學歷傳遞具有更高生產潛能這一信號。與此相對

學生的主修科，以及對專業知識的掌握，在很多求職過程中只是次要的。最重要是他們的學位發出了有關才能和工作能力的信號。

照，僱主通過面試打探消息，則面試過程也被稱為篩選。購買二手車或考慮發放貸款，在決定前就會運用篩選手段誘導出信息。信號傳遞和篩選都被廣泛應用在各種商業交易中。■

**參見**：行為經濟學 266~269 頁，市場不確定性 274~275 頁，黏性工資 303 頁，搜索與匹配 304~305 頁。

# 東南亞國家和地區
# 支配着
# 市場

## 亞洲老虎經濟體

## 背景介紹

聚焦
**增長與發展**

主要事件
**從1965年起** 日本投資逐漸流向南韓。

此前
**1841年** 德國經濟學家弗里德里希·李斯特(Friedrich List)認為，保護產業將有利實現經濟多元化。

**1943年** 波蘭經濟學家保羅·羅森斯坦-羅丹(Paul Rosenstein-Rodan)認為，窮國的發展需要政府投資的「大推動」。

此後
**1992年** 美國經濟學家愛麗絲·阿姆斯登(Alice Amsden)指出，南韓使用的績效標準促進了工業增長。

**1994年** 美國經濟學家保羅·克魯格曼(Paul Krugman)認為，東南亞的起飛得益於物質資本的增加而不是真正的創新。

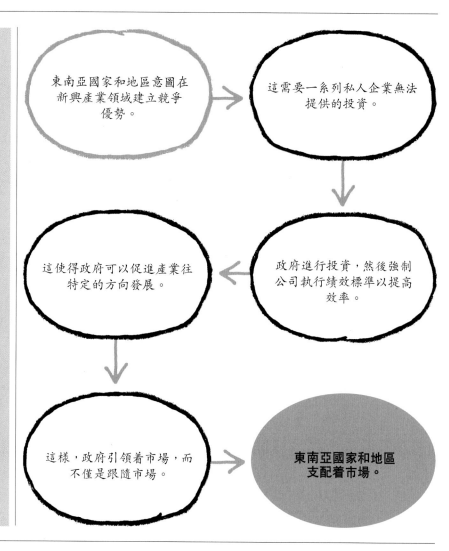

東南亞國家和地區意圖在新興產業領域建立競爭優勢。

這需要一系列私人企業無法提供的投資。

這使得政府可以促進產業往特定的方向發展。

政府進行投資，然後強制公司執行績效標準以提高效率。

這樣，政府引領着市場，而不僅是跟隨市場。

**東南亞國家和地區支配着市場。**

第二次世界大戰後，一些東南亞國家和地區的經濟飛速發展。在奉行積極干預主義的新政府帶領下，在短短幾十年內，這些經濟落後的國家和地區的工業逐漸強大起來。在所謂的亞洲老虎——南韓、香港、新加坡和台灣——之後又出現了馬來西亞、泰國、印尼以及中國。這些國家和地區的人均收入持續增長，速度超過了其他任何地區。GDP（國內生產總值）常常被用來衡量一個國家的財富。1950年，南韓的人均 GDP（GDP 除以人口數）是巴西的一半；1990 年，南韓人均 GDP 是巴西的兩倍；2005年已高達三倍。伴隨快速經濟增長，貧困人口顯著減少。到 20 世紀末，亞洲四頭老虎的生活標準已經與西歐相若，財富發生了史無前例的變化，被冠以「東南亞奇蹟」的稱號。

亞洲老虎經濟體的崛起普遍得益於政府干預，而且政府與經濟之間有密切聯繫，這種模式後來被稱為「發展型國家」模式。第二次世界大戰後，窮國和貧窮地區都迫切希望發展，政府經濟政策都以快速發展經濟為目標。強大的官僚機構參與指導私人部門的經濟活動，干預方式似乎遠遠超過西歐國家的經驗。然而，政府保留了民營企業，

參見：現代經濟萌芽 178~179 頁，發展經濟學 188~193 頁，經濟增長理論 224~225 頁，市場整合 226~231 頁，貿易與地理 312 頁。

1961 年，朴正熙將軍揭開了南韓快速發展的序幕。朴正熙恢復了南韓與日本的關係，並積極引進日本投資。

而且新的發展模式與共產主義集團的國家計劃不完全相同。亞洲老的國家和地區都由政府主導發展，主要是將投資引向戰略性產業以及促進廠商技術升級。這誘導勞動力從農業板塊轉向逐步擴大的工業板塊。對教育的大量投資使工人掌握了新產業所需的技術，工業企業迅速開始出口產品，成為持續的、貿易主導型增長動力。

### 一種新的國家和地區

以前從未出現過這類型的國家。它挑戰了有關政府經濟角色的正統觀點。標準經濟學認為，國家的職責是糾正市場失靈；政府只提

香港國際金融中心，在中國經濟發展中發揮重要的作用。同時，香港在回歸中國後還保留了自己的制度體系。

供公共物品，如國防和街道照明，因為私人市場不會主動提供這些公共物品。政府保證法院等公共部門正常運作，以遵守合約和保護產權，但是除此之外，政府的作用非常微小。古典經濟學的觀點是，一旦具備了市場運作的基本條件，國家就應該退出，讓價格機制發揮作用。它認為，有利市場運作的制度和有限的政府是英國工業化成功的關鍵。

一些經濟學家認為，東南亞經濟體的成功也體現了上述觀點：國家通過支持而不是干預市場來促進經濟發展。國家干預使資源和投資以符合市場的方式進行再分配：某種程度上政府是在「糾正價格」。為了做到這點，政府努力維持宏觀經濟穩定，這對為投資者提供穩定性至關重要。政府通過提供國防和

教育服務來糾正市場失靈。此外，政府還要建立港口和鐵路等基礎設施，因為私人廠商無力負擔所需的巨額投資。東南亞發展型國家和地區因為遵循市場規律，取得了成功。

### 引導市場

新西蘭經濟學家羅伯特·韋德（Robert Wade）認為，東南亞發展型國家和地區既引導了市場，又追隨了市場。它們通過低息貸款和補貼推動部分行業發展。通過引導市場，資源的分配與自由市場情況下大不相同。

美國經濟學家愛麗絲·阿姆斯登認為，這種模式的特點在於故意「讓價格出錯」，以建立新的競爭優勢。至關重要的是，在補貼和貿易保護中生存的「初生產業」最終必須成熟起來。國家和地區可以強制廠

亞洲老虎經濟體的迅速崛起建立在出口的基礎上。大型貨櫃碼頭如左圖中新加坡的大型港口，就是政府為促進經濟增長而建造的。

商執行績效標準，因為必要時可以取消優惠待遇。

羅伯特·韋德認為，這些國家和地區引導市場的方式可以解釋比較優勢的產生。最初，一個新興行業的產品在價格上通常不具備國際競爭力。此外，新產品的生產還需要同時發展其他行業和基礎設施。如果只是讓私人企業來建立這些發展基礎，那麼這一過程中的協調將非常困難。

而且，如果鼓勵提高效率，這些受保護的初生產業就會更具競爭力。為了實現新公司的經濟教育和初始生產的協調，政府就必須違反簡單的市場價格。這種情況曾在南韓的鋼鐵企業中發生。20 世紀 60 年代，世界銀行建議南韓政府不要進入鋼鐵行業，因為南韓在這方面不具備比較優勢，其他國家很容易就會在價格上打敗南韓。到 20 世紀 80 年代，南韓的大型公司浦項製鐵，已經成為世界上最高效的鋼鐵生產商之一。

## 政治干預

亞洲以外的其他國家也嘗試干預政策，但均告失敗，損害了發展型國家的聲譽。在拉丁美洲和非洲，對公司和行業的優惠待遇只產生了很小的激勵效果：公司在競爭中受到保護，但國家沒有執行績效標準。新興產業從來沒有成長為成功的出口商。

尤其是在拉丁美洲，優惠待遇與政治掛鉤，只產生了很少的經濟回報：與政府關係好的公司得到補貼和關稅保護，但是並不會因此更高產。隨著時間發展，這些公司成了政府的包袱，消耗而不是生產資源。「讓價格出錯」的方法沒能幫助新興產業建立比較優勢，反而造成了生產低效率和經濟停滯。

在東南亞，成功的國家和地區似乎更能抵制來自私人利益的壓力。20 世紀 60 年代，在建立了新的鋼鐵公司以後，南韓政府保證，公司將以效率為首要目標。如果出現政治利益阻礙國家約束公司，那麼南韓也很可能會變成狹隘利益的僕人，目標也可能不再是提高整體經濟效益。國家必須保持獨立自主，並抵制來自利益羣體徇私的壓力。同時，國家還要為公司提供貸款和技術支持，為了做到這一點並監控公司績效，國家有必要將監管延伸到最小的經濟單位。

經濟官僚機構必須掌握有關所有潛在投資的詳細信息，並與產業

**為創造有利可圖的投資機會，政府⋯⋯故意設定了相對「錯誤」的價格。**
——愛麗絲·阿姆斯登

經理保持有效聯繫。

美國經濟學家彼得·埃文斯（Peter Evans）將成功發展型國家的這些特徵稱作「嵌入式自治」。只有具備這個條件，國家才有機會在不受既得利益者指派的情況下「讓價格出錯」。嵌入式自治非常困難，或許正是它的缺失才導致發展中國家政府干預下的失敗。

### 中國的崛起

隨着 20 世紀 90 年代東南亞金融危機出現，發展型國家模式再次遭到質疑。許多人認為，第二次世界大戰後曾推動工業快速發展的制度體系，到 20 世紀末期已經失去效力。另一方面，中國驚人的崛起又令有關發展型國家的觀點復甦，至少再出現那些與古典經濟學不符但卻曾帶來快速經濟變革的政策和制度。20 世紀 70 年代後期，中國開始了一系列對共產主義制度的改革。與亞洲老虎經濟體相似，中國創造了自己的發展模式，權威的政府負責促進私人產業和出口行業的發展。農業分散化經營，國有企業擁有更多自治權並面臨更激烈的競爭。雖然沒有引進西方的產權制度，但這些改革仍然推動了私人經濟活動擴張。

中國獨特的制度產生了替代性的激勵效果，例如「家庭責任制」，即由當地的管理人員負責企業的盈利和損失，而不需要私人財產所有權，其結果很顯著。雖然與西歐國家相比，中國仍然沒有達到與西歐國家同等的富裕水平，但是中國在 20 世紀 90 年代的快速發展使 1.7 億人脫離了貧困，佔發展中地區貧困減少人數的四分之三。

中國和亞洲老虎的發展歷程表明，不存在特定的發展道路。這些國家和地區干預經濟的方式與歐洲過去發展經濟曾採取的手段截然不同。然而，似乎所有的發展模式，即使成功，後來都會陷入困境。20 世紀 90 年代，發展型國家的優勢在亞洲老虎經濟體逐漸消失——上一個十年的有效制度，到下一個十年開始失靈。或許某一天，中國的模式也會喪失效力。為保持驚人的發展速度，它必須進行徹底改造。■

隨着工業化的發展，與大多數中國城市一樣，杭州也經歷了快速的發展，城市化程度提高。

### 工業政策與激勵

東南亞發展型國家和地區給予特定行業的公司優惠待遇，同時還創造績效激勵。政府要求企業達到特定的績效標準，方式之一就是通過績效競賽並給優勝者以獎勵。

通常，獲勝的標準是成功出口。獎品是信貸鏈或得到外匯的權利。例如，在南韓和台灣，公司必須出示證據證明它們得到了出口訂單，才能得到獎品。在南韓，私人企業可以競標新興產業的大型項目，比如造船。成功的企業在一段時間內會得到貿易保護，避免國際競爭的衝擊。績效標準意味着公司在一定期限後必須具有國際競爭力。失敗的公司會受到懲罰。

南韓的鋼鐵工業是發展型國家取得成功的典範。2011 年，南韓成了世界第六大鋼鐵生產國。

# 信念可以引發
# 貨幣危機

投機與貨幣貶值

## 背景介紹

聚焦
**全球經濟**

主要人物
**保羅・克魯格曼（1953−）**

此前
**1944年** 希臘經歷了史上最嚴重的貨幣危機。

**1978年** 美國經濟歷史學查爾斯・金德爾伯格（Charles Kindleberger）強調非理性行為在危機中的作用。

此後
**2009年** 美國經濟學家卡門・萊因哈特（Carmen Reinhart）和肯尼斯・羅格夫（Kenneth Rogoff）出版《這次不一樣：八百年金融荒唐史》，歸納了幾個世紀以來金融危機的相似之處。

**2010−2012年** 不同國家享受不同的優先權、嚴重的政策失誤以及巨大的投機壓力，使歐元幾近解體。

當一國貨幣突然發生劇烈貶值時，貨幣危機就發生了。第二次世界大戰後約 30 年裏，世界上的主要貨幣都由布雷頓森林體系控制，實行固定但可調節的匯率。

1971 年，布雷頓森林體系解體，此後貨幣危機越來越頻繁。一般來説，人們大量出售一國的貨幣會引發貨幣危機。這種行為似乎來自人們的預期與某些潛在經濟弱點（被稱為「基本面」或「基本因素」）之間的相互作用，換句話説，是人們對感知的問題的回應。經濟學家曾嘗試建立這種相互作用的數學模型，但是每當他們認為找到了一個適合觀測數據的模型時，新的危機又出現了。

### 貨幣危機的來龍去脈

與颶風一樣，金融危機經常發生，但又很難預測。幾個世紀以前，當貨幣還是建基於貴金屬時，如果統治者下令減少貨幣中的貴金屬含量，貨幣就會逐漸貶值以至失去其價值。而當紙幣盛行以後，高通脹又會導致一國貨幣價值的暴跌。1923 年德國就發生過這樣的情況，商品價格曾一度達到兩天翻一番的驚人程度。然而，貨幣危機發生並不必然伴隨着惡性通脹。例如，1929−1933 年的大蕭條期間，礦產品和食品價格下降，依賴這種出口貿易的拉丁美洲國家的貨幣也隨之貶值。

### 不一致的政策

1979 年，美國經濟學家保羅・克魯格曼（Paul Krugman）指出，只要政府實施與匯率不一致的政策，就會發生貨幣危機。

克魯格曼的觀點為第一代貨幣危機模型奠定了基礎。首先，這些模型假設本國貨幣與外國貨幣之間存在固定的匯率，而且本國政府正經歷預算赤字（即政府支出超過税收收入），只能通過印鈔籌集資金。通過增加貨幣供應，由固定匯率確定的貨幣價值與政策出現不一致。在其他條件相同的情況下，政策將會導致本國貨幣的「實質」價值下降。

接下來，這些模型假設中央銀行會出售外匯儲備以支持本國貨幣。然而，假設還認為，人們會預見中央銀行的外匯儲備被耗盡。這

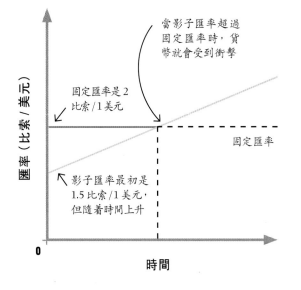

當影子匯率超過固定匯率時，貨幣就會受到衝擊

固定匯率是 2 比索 / 1 美元

固定匯率

影子匯率最初是 1.5 比索 / 1 美元，但隨着時間上升

匯率（比索 / 美元）

時間

在「第一代」危機模型中，當一種貨幣與另一種貨幣掛鈎，它的「實質」價值，或者影子匯率，可能會降到固定價值以下。在這個例子中，當影子匯率上升到 2 比索 / 1 美元之上後就會出現這種情況。此時貨幣很容易受到衝擊，投機者在本幣貶值的預期下會大量購買該國的外匯儲備。

**參見**：經濟泡沫 98~99 頁，理性預期 244~247 頁，匯率與貨幣 250~255 頁，金融危機 296~301 頁，銀行擠提 316~321 頁，全球儲蓄失衡 322~325 頁。

樣匯率必須「浮動」（自由貿易）和下降。模型提出「影子匯率」的存在，即當中央銀行不維護固定匯率時匯率的真實狀況。通過查看政府赤字，人們就可以知道任何時點的影子匯率是多少（或將是多少）。當發現按固定匯率出售本國貨幣比按影子匯率出售更划算時，他們將會進行投機衝擊，並從中央銀行處購進所有外匯儲備。因此本國貨幣被

迫浮動，下降的影子匯率將變成實質的匯率。當持續下降的影子匯率與固定匯率持平時，就會出現投機衝擊。

這個模型似乎與 20 世紀七、八十年代拉丁美洲的貨幣危機有關，如 1982 年墨西哥的貨幣危機。然而，1992–1993 年，歐洲貨幣體系下爆發的貨幣危機卻呈現與這個模型截然不同的特徵。在這一體系

2009 年，一名婦女在檢查新的津巴布韋紙幣。一段時期的惡性通脹之後，政府調整了幣值，去掉了舊紙幣上後面的 12 個零。

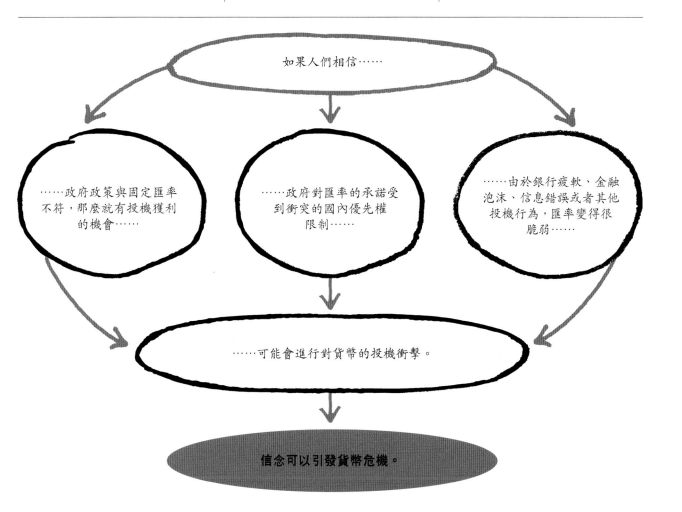

如果人們相信……

……政府政策與固定匯率不符，那麼就有投機獲利的機會……

……政府對匯率的承諾受到衝突的國內優先權限制……

……由於銀行疲軟、金融泡沫、信息錯誤或者其他投機行為，匯率變得很脆弱……

……可能會進行對貨幣的投機衝擊。

**信念可以引發貨幣危機。**

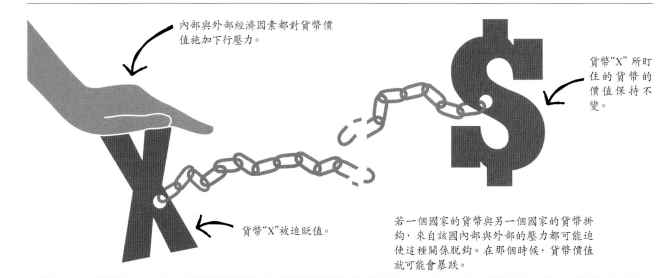

內部與外部經濟因素都對貨幣價值施加下行壓力。

貨幣"X"所盯住的貨幣的價值保持不變。

貨幣"X"被迫貶值。

若一個國家的貨幣與另一個國家的貨幣掛鈎，來自該國內部與外部的壓力都可能迫使這種關係脫鈎。在那個時候，貨幣價值就可能會暴跌。

的匯率機制（ERM）下，歐洲國家將它們的貨幣與德國馬克（DM）有效地固定起來（或叫掛鈎）。一些貨幣面臨着投機壓力，尤其是來自國際投資（機）者喬治‧索羅斯（George Soros）的壓力。很難說英國等國家實施的政策與目標匯率不一致。英國的預算赤字很少，以前常常都是盈餘，然而，令英國財政部長諾曼‧拉蒙特（Norman Lamont）大為尷尬的是，1992 年英國被迫退出歐洲匯率機制。要解釋這些事件，就需要有一個新模型。

### 自我促成的危機

在第一代模型中，政府的政策是「固定的」，即機械地使用外匯儲備來維護本國貨幣。第二代模型允許政府作出選擇。雖然政府可能會堅持固定匯率，但是這一「規則」有例外條款。如果失業率變得非常高，政府可以放棄它對固定匯率的承諾，因為維持貨幣價值（比如，通過高利率）的社會代價太高。從 2012 年的希臘危機中，我們可以看到這些在困境中的艱難選擇。然而，如果沒有投機衝擊，這些額外的社會成本就不會產生。

這些模型意味着存在多種可能的結果，也就是經濟學家所謂的「多重均衡」。當有足夠多的人相信其他人將會衝擊貨幣時，投機衝擊就

一個國家抵制貨幣投機唯一的、絕對正確的方式……是不要擁有獨立的貨幣。

—— 保羅‧克魯格曼

可能會發生。隨着他們對貨幣的衝擊，危機就發生了。但是，如果人們沒有這些信念，那麼危機就可能不會發生。在這些模型中，危機是「自我促成的」。極端情況下，他們認為危機發生與一個國家的經濟基礎沒有關係。這些新的模型建立在美國經濟學家莫里斯‧奧布斯菲爾德（Maurice Obstfeld）等人的研究之上，由於允許政府使用利率等工具來維護貨幣，如提高利率以防止貨幣貶值，因此新模型似乎比以前的模型更實際。此外，它們似乎與歐洲匯率機制危機有着異曲同工之處，政府的政策都受到高失業水平的限制。

### 金融脆弱性

1997 年東南亞金融危機似乎與最初的兩類模型不符。失業不是一個問題，但東南亞國家的貨幣受到了突然的、大規模的投機衝擊。在

第二代模型中，貨幣貶值的例外條款本應降低經濟的社會成本，但貨幣急劇貶值之後的衰退儘管短暫，後果卻很嚴重。由銀行業繁榮和蕭條導致的金融脆弱性，此時發揮着重要的作用。鑒於這一點，經濟學家開始關注經濟薄弱環節與投機者的自我實現期望之間的相互作用。這種第三代模型考慮到新的金融脆弱性，比如當公司和銀行借入外幣並借出本幣時產生的金融脆弱性。當貨幣貶值時，銀行將無法償還債務。這些弱點會引發投機衝擊和危機。

與發展理論一樣，經濟學家也在尋找貨幣危機的徵兆。傑弗里·弗蘭克爾 (Jeffrey Frankel) 和安德魯·羅斯 (Andrew Rose) 在 1996 年的一篇文章中，回顧了 105 個發展中國家從 1971 年到 1992 年間發生過的貨幣危機。他們發現，發生貨幣貶值的情況有如下幾種：外國資本流入枯竭、中央銀行外匯儲備少、國內信貸增長快、主要的外幣（尤其是美元）利率上升、實質匯率（與國外相比的本國貿易產品的價格）很高，這一切意味着一個國家的產品在國際市場上喪失了競爭力。經濟學家認為，通過監測這些警告信號，或許可以提前一到兩年預示危機。

## 避免危機

研究表明，在近代歷史中，人類社會有 5%–25% 的時間都處於危機之中。我們可能仍然無法預料到未來的危機，但可以觀察到實質匯率、出口和活期存款賬戶，以及相對於中央銀行的國際儲備而言的貨幣供應，這些信號提醒我們，貨幣危機正在迫近。過去幾十年的經歷充分暴露了危機的金融根源。經濟學家現在擔心「雙重危機」，即貨幣與銀行危機的惡性循環。一些人認為，金融管制的迅速放寬和國際資本市場的自由化，導致金融和監管機制脆弱的國家發生危機。除了關注未來危機的宏觀經濟信號，政府還需要注意這些制度的漏洞。■

## 東南亞金融危機

1997 年的東南亞金融危機似乎沒有任何徵兆，迅速地襲擊了有着強勁增長紀錄和政府盈餘的國家和地區。在這次危機之前，東南亞大多數國家和地區的匯率都與美元掛鈎。危機最開始的跡象是泰國和南韓企業倒閉。1997 年 7 月 2 日，在幾個月拯救固定匯率的抗爭後，泰銖貶值。隨後菲律賓被迫於 7 月 11 日實行浮動匯率，7 月 14 日馬來西亞林吉特貶值，8 月 14 日印尼盾貶值。在不到一年裏，印尼、泰國、南韓、馬來西亞和菲律賓的貨幣貶值率達到 40%–85%。只有香港繼續與投機者對抗。

這次危機被指責源於嚴重的銀行業危機。借貸通常是短期的，當外國資本撤走後，問題接踵而至，貨幣紛紛暴跌。

在雷克雅未克，冰島人民走上街頭，譴責政府在 2008 年貨幣危機中處理不佳。在此次危機中，冰島克朗的官方價值下降了三分之一以上。

# 中標者買貴了

## 贏家的詛咒

**背景介紹**

聚焦
**決策**

主要人物
**威廉・維克里**（1914-1996）
**保羅・米格羅姆**（1948-）
**羅杰・邁爾森**（1951-）

此前
**1951年** 美國數學家約翰・納殊（John Nash）提出博弈論裏的均衡概念，後來成為拍賣理論的信條。

**1961年** 加拿大經濟學家威廉・維克里（William Vickrey）用博弈論分析拍賣現象。

此後
**1971年** 研究表明，在鑽井租賃競標中，石油公司可能沒有意識到贏家的詛咒」。

**1982年** 美國經濟學家保羅・米格羅姆（Paul Milgrom）和羅伯特・J・韋伯（Robert J Weber）表示，當競標者知道競爭對手的估價後，「英式拍賣」能使賣方得到最高價格。

在拍賣中，當不確定出售物品的價值時，每一位競標者會根據自己的估價作出決定。

⬇

如果他們各自獨立地估價，那麼將會存在許多不同的價格。

⬇

物品真正的價值傾向接近不同競標者估價的中間值。

⬇

最終，物品將出售給出價高出拍賣物品價值最多的競標者。

⬇

**中標者買貴了。**

**拍**賣很早以前就已經存在，但經濟學家最近才開始意識到，拍賣是博弈論的理想試驗場。20 世紀 50 年代，數學家發現簡單的博弈可以闡明人們直接競爭的情形，博弈論異軍突起。但是這個想法很難被應用於現實生活中。然而，嚴格的拍賣規則、有限的拍賣參與者以及投機性購買策略似乎更接近理論。

**拍賣類型**

20 世紀 60 年代，加拿大經濟學家威廉・維克里（William Vickrey）首次將博弈論應用於拍賣。他比較了三種最常見的拍賣方式。「英式拍賣」用於英國藝術劇院，競標價格持續上升，直到只剩下一個競標者為止；「荷蘭式拍賣」用於荷蘭花卉市場等場合，拍賣價格持續下降，直到有人願意接受某個價格為止；在「首價密封拍賣」中，投標人提交密封後的競標價格，價格最高者獲勝。而維克里提出了第四種拍

參見：競爭性市場　126~129 頁，風險與不確定性　162~163 頁，
社會選擇理論　214-215 頁，博弈論　234~241 頁。

拍賣中存在這種風險，即中標者高估了拍賣品的價值，被稱為「贏家的詛咒」。

---

現了「贏家的詛咒」：與其他競標者相比，中標者出價高出實際最多。假設你出價 100 英鎊並成功競得了一幅畫。你之所以獲勝，是因為你的出價比其他所有人都高。再假設第二高的出價是 98 英鎊。那麼你本可以只出更低的價格——98.01 英鎊——就能競標成功。一般來說，中標人支付「過多」，在這個例子中多支付了 1.99 英鎊。

拍賣理論可以被用來設計拍賣方式，使賣方的收益最大化，同時保證最想得到拍賣品的人中標。20 世紀 90 年代，美國政府頻譜拍賣（見右欄）為這一新的經濟學領域打響了知名度。對許多人來說，這證明了博弈論不僅是理論，它確實可以被應用於現實市場。而其他人認為，拍賣是一種特殊的市場，運用博弈論不能完全解釋拍賣問題。無論如何，拍賣已經超越了傳統的政府採購和公共債券銷售領域。■

賣方式，這種方式與「首價密封拍賣」類似，出價最高者獲勝，但只需要支付第二高的價格。

通過數學運算，維克里證明，當投標者獨立對拍賣品估價時，所有四種拍賣方式給賣方帶來的收益一樣，即所謂「受益等價定理」。

### 陰影投標

維克里表示，競標者的出價最好是比他的估價低，否則最終的成交價可能高得離譜，拍賣理論家將這一策略稱為「陰影」。20 世紀 70 年代，石油公司競標海上鑽探權，結果通常支付得過多，於是「陰影」問題顯得非常重要。拍賣理論家發

荷蘭式拍賣，如用於荷蘭阿斯米爾花市的拍賣方式，最初定價很高，隨後慢慢下降，直到有人接受該價格。第一個阻止價格繼續下降的投標者將購得這些鮮花。

### 頻譜拍賣

20 世紀 90 年代，在產業私有化過程中，美國政府的拍賣熱潮使拍賣理論聲名大噪。其中最大的一筆拍賣是移動電話公司耗巨資競標一部分電磁頻譜（大氣電波）以用於數據傳輸。美國政府希望最大化自己的收益，但同時也希望那些最想得到這些頻譜的企業中標。

1993 年，美國聯邦通信委員會（FCC）聘請拍賣理論家設計 2,500 張頻譜許可證的拍賣會。與此同時，電信公司也僱用了拍賣理論家設計出價策略。FCC 設計了經過調整的英式拍賣：投標者的身份保密，以避免報復性投標或串通壓低價格。這次拍賣打破了所有紀錄，而這種拍賣方法也因此被廣泛應用。

# 穩定的經濟
# 孕育着
# 不穩定的種子

金融危機

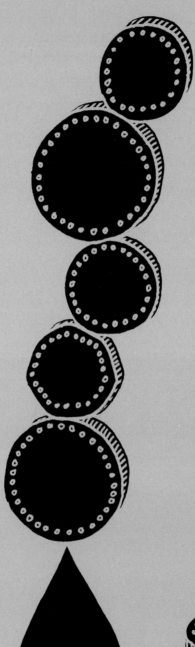

有關經濟體系不穩定性的爭論貫穿了整個經濟思想史。在亞當・斯密之後，古典經濟學家認為，經濟總是趨向實現穩定的均衡。雖然總是存在干擾均衡的因素，使經濟出現繁榮和衰退的更替，這有時被稱為經濟週期，但經濟最終還是會趨於穩定，實現完全就業。

1929年的大蕭條使經濟學家開始更細緻地研究經濟週期。1933年，美國經濟學家歐文・費雪（Irving Fisher）描繪了經濟如何由繁榮走向衰退，他認為過多債務和價格下降導致了經濟不穩定，從而使經濟走向衰退。三年後，凱恩斯對經濟能自我修復這個觀點提出了質疑。凱恩斯在《通論》中提出，經濟一旦陷入泥潭，幾乎沒有逃脫的可能。

這些著作有利於理解現代經濟本質上的不穩定。1992年，海曼・明斯基（Hyman Minsky）在〈金融不

圖為查爾斯・龐茲（Chales Ponzi），攝於1910年在美國被捕後。他因為承諾不現實的投資回報進行詐騙而獲罪。明斯基將資本主義的繁榮比作龐氏騙局，認為它注定會崩潰。

穩定假說〉中再次研究這個問題。這篇文章指出，現代資本主義經濟內部孕育着自我毀滅的種子。

在凱恩斯看來，現代資本主義經濟與18世紀的經濟不同。最主要的區別在於貨幣和金融機構的角色發生了變化。1803年，法國經濟學家讓-巴蒂斯特・薩伊（Jean-Baptiste Say）對經濟作出了一個經典解釋，他認為經濟本質上是精確的物物交換體系，人們生產產品以換取貨幣，然後用換來的貨幣購買自身需要的東西。這種交換實際上是以物易物：貨幣僅是一種潤滑劑。凱恩斯則認為，貨幣的作用不僅如此，它還使得交易可以跨越時間限制。公司可以在今天借錢修建工廠，未來工廠盈利後再歸還貸款和利息。明斯基指出，不僅公司可以從中受

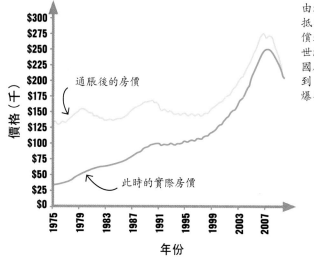

由於銀行越來越多地抵押貸款給那些沒有償還能力的人，從20世紀90年代開始，美國房價急速上升，一直到2007年金融危機爆發。

圖表（價格（千）對年份）：
- 通脹後的房價
- 此時的實際房價

縱軸（價格（千））：$0, $25, $50, $75, $100, $125, $150, $175, $200, $225, $250, $275, $300

橫軸（年份）：1975, 1979, 1983, 1987, 1991, 1995, 1999, 2003, 2007

**參見**：金融服務 26~29 頁，繁榮與蕭條 78~79 頁，經濟泡沫 98~99 頁，經濟均衡 118~123 頁，金融工程 262~265 頁，
銀行擠提 316~321 頁，全球儲蓄失衡 322~325 頁。

益，政府可以發行國債融資，消費者也可以大量舉債按揭汽車和房子。金融市場為跨時期交易提供了資金支持，政府和消費者也是這個複雜市場的組成部分。

## 負債的商人

明斯基認為，現代經濟和前資本主義經濟之間還存在另外一個較大的區別。他指出，銀行系統不只是簡單地將貸款人與借款人聯繫起來，它還在努力地創新借貸的方式。最近的例子有 20 世紀 70 年代開發的被稱為債務擔保債券

（CDOs）的金融工具。CDOs 由不同的金融資產（貸款）組合而成，一些資產風險很高，另一些風險則較低。隨後，這些新的資產被分解成更小的部分出售。每個部分都包含各種債務的混合。1994 年，信貸違約掉期出現，用於防範違約風險，保護資產安全。這兩種創新都鼓勵貸款供應進入到金融系統，這就增加了金融系統流動資產或現金的供應。明斯基認為，這些創新意味着政府不能控制貨幣數量。只要有貸款需求，金融市場總會找到方法來滿足它。

> 貨幣是一層面紗，遮蓋了真實經濟行為。
>
> —— 阿瑟 · 庇古

根據明斯基的觀點，第二次世界大戰以後，資本主義經濟就已經不受大政府或大商業控制。相反，它受到大貨幣市場的影響。金融市場對人們行為的影響，使資本主義制度孕育了自我毀滅的種子。明斯基認為，經濟穩定增長的時期越長，人們越相信繁榮會持續。隨着信心增加，冒險的慾望也越強。相反，穩定發展的時期越長，就越有可能為經濟帶來致命的不穩定。

基於對三種不同投資選擇的分析，明斯基解釋經濟如何由穩定發展到不穩定。通過簡單地分析買房的方式就可以說明這一點。最安全的決定是保證未來的收入能償還貸款的本金和利息。明斯基將它們稱作對沖單位，這樣的貸款無論對貸款人還是借款人都只有很小的風險。如果人們對未來更有信心，他們就可能會買更大的房子，但他們

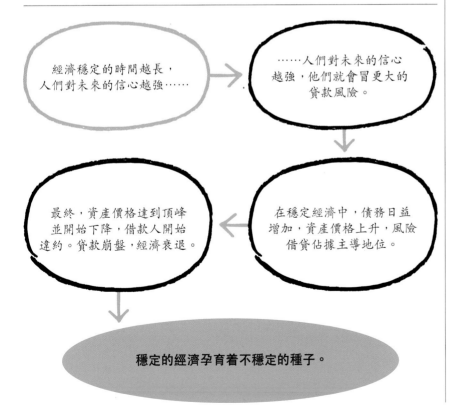

穩定的經濟孕育着不穩定的種子。

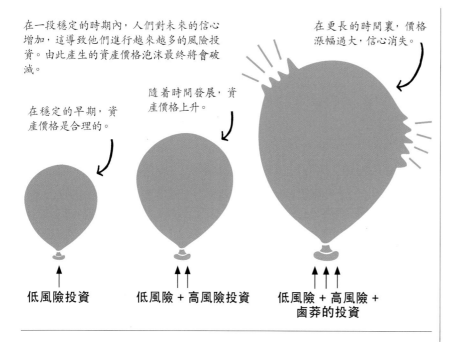

在一段穩定的時期內，人們對未來的信心增加，這導致他們進行越來越多的風險投資。由此產生的資產價格泡沫最終將會破滅。

在穩定的早期，資產價格是合理的。

隨着時間發展，資產價格上升。

在更長的時間裏，價格漲幅過大，信心消失。

低風險投資　　低風險＋高風險投資　　低風險＋高風險＋
鹵莽的投資

---

的收入僅可以償還貸款利息，卻無法償還本金。他們的想法是，經濟積極穩定地增長一段時間後，需求將會增加，因此房子的價值也會上升。明斯基將這些人稱為投機性借款人。

隨着時間的發展，如果經濟保持穩定增長，信心持續增加，那麼冒更大風險的慾望會驅使人們買房，即使他們的收入甚至不能償還利息，因此債務的總體水平上升，至少在短期內如此。他們期望房價上升速度非常快，足夠彌補利息支付的差額。這第三種投資將會帶來最大的不確定性。明斯基將第三種投資者稱為龐氏借款人，這個名稱源自美籍意大利移民查爾斯‧龐茲（Charles Ponzi），他是第一批被抓獲的金融詐騙犯之一，現在金融詐騙

都被稱作「龐氏騙局」。「龐氏騙局」通過承諾非常高的投資回報募集資金。最初，騙子用新進投資者的錢去支付股息。他們通過這種方式可以維持一種繁榮的假象，讓人們認為投資有利可圖，以此吸引更多的客戶投資。然而，由於不能兌現承諾的高回報，騙局很快被揭發。被騙的投資者可能會蒙受巨額損失。

## 房地產泡沫

美國房地產市場近年來的發展最能說明，長期穩定發展的經濟如何在內部滋生不穩定因素。20 世紀七、八十年代，標準的抵押貸款會確保貸款人能償還利息和本金，也就是明斯基所說的對沖單位。然而，到 20 世紀 90 年代末期，持續穩定的經濟增長使房價日益上漲，越來越多人通過僅支付利息的按揭貸款購房，因為他們預計房價會繼續上升。於是，金融系統開始提供一批「龐氏」風格的抵押貸款（又稱「次按貸款」），貸款給那些收入很低，甚至連利息都無法償還的人，這些就是「次級」抵押貸款。每個月未能償還的利息會被計入債務總額。只要房價繼續上漲，房產價值就會比債務更大。只要不斷有人進入房地產市場，房價就會繼續上升。與此同時，發放抵押貸款的金融行業將貸款打包，作為資產轉手賣給其他銀行，這些資產將會在未來 30 年內帶來持續的收入。

2006 年，這一冒險遊戲結束了。由於美國經濟停滯不前，人們收入下降，對新房屋的需求減弱。隨着房價增長速度放緩，越來越多違約現象出現，因為借款人發現自己的債務不減反增。被銀行收回的

*房產經紀在向一對夫婦展示一套房屋。在美國房地產市場的興盛時期，銀行基於房價上漲的預期發放貸款。即使無力償還抵押貸款的人也被鼓勵買房。*

> 資本主義經濟特有的行為屬性，始終圍繞着金融對系統行為的影響。
>
> ——海曼·明斯基

房屋越來越多地進入市場，導致房價下跌。

2007 年，美國經濟達到了所謂的「明斯基時刻」。此時，不可持續的投機變成了危機。房地產市場崩潰為銀行留下了巨額的債務，並且由於沒人知道誰購買了有百害而無一利的抵押貸款，金融機構之間也停止了相互借貸。因此，銀行開始

倒閉，其中，2008 年雷曼兄弟破產最讓人震驚。正如明斯基曾經預言的那樣，近乎災難性的金融系統崩潰正日益臨近，因為一段時期的穩定產生了大量的債務，為劇烈動盪創造了條件。

明斯基預測，可以通過如下三個行動終止災難性的動盪，此外，明斯基還預測到了在修正這些錯誤過程中存在的問題。

第一，中央銀行可以作為最終貸款人，救助銀行系統。明斯基認為，這可能會進一步增加銀行系統未來的不穩定性，因為央行施予援手，會使銀行相信它們受到保護，進而冒更大的風險。

第二，政府可以增加其債務以刺激經濟需求。然而，在危機時期，即使政府也同樣面臨債務融資問題。

第三，應對金融市場實施更嚴格的管制。明斯基堅信，從長遠來看，這是非常必要的。然而，貨幣市場快速創新將使得增加監管非常

2009 年，伯納德·馬多夫 (Bernard Madoff) 因組織了史上最大的龐氏騙局而獲罪。在騙局徹底崩潰前的 40 年裏，馬多夫從投資者身上騙取的資金超過 180 億美元。

困難。

在明斯基看來，金融不穩定性是現代資本主義的關鍵所在。貨幣不再是遮蓋真實經濟運作的面紗，它就是經濟。現在，越來越多人開始關注明斯基的觀點。■

## 海曼·明斯基

海海曼·明斯基生於芝加哥，是政治左派的經濟學家。父母是俄羅斯的猶太移民，並在一次紀念馬克思的集會上相識。明斯基曾在芝加哥大學修讀數學，隨後轉向修讀經濟學。他憧憬更好的世界，同時也對現實的商業世界着迷，曾在美國一家銀行做了 30 年的顧問和董事。第二次

世界大戰期間，明斯基隨美國陸軍在國外生活了一段時間，回國後在華盛頓大學擔任經濟學教授，在此度過了大部分學術生涯。

作為一個原創思想家和天生的溝通能手，明斯基很擅長交朋友。在學術上，他更感興趣的是思想而非數學上的嚴謹性。資金流動這個觀念貫穿他所有研究。一定程度上出於選擇，明斯基一生中一直停留在主流經濟思想邊緣，

但自從他去世後，尤其是他預見到的危機在 2007–2008 年成為現實之後，其思想變得越來越有影響力。明斯基婚後育有兩個孩子，1996 年死於癌症，享年 77 歲。

**主要作品**

1965 年 《勞動與扶貧抗爭》

1975 年 《約翰·梅納德·凱恩斯》

1986 年 《穩定不穩定的經濟》

# 企業支付的工資高於市場工資

## 激勵與工資

**背景介紹**

聚焦
**市場與廠商**

主要人物
**約瑟夫・斯蒂格利茨（1943-）**
**卡爾・夏皮羅（1955-）**

此前
**1914年** 在經濟衰退期間，美國汽車製造商亨利・福特宣佈，福特公司的工資翻倍為每天5美元。

**20世紀20年代** 英國經濟學家阿爾弗雷德・馬歇爾（Alfred Marshall）效率工資的想法。

**1938年** 《公平勞動標準法案》將最低工資引入了美國。

此後
**1984年** 卡爾・夏皮羅（Carl Shapiro）和約瑟夫・斯蒂格利茨（Joseph Stiglitz）提出，效率工資可以減少懶惰現象。

**1986年** 美國經濟學家喬治・阿克洛夫（George Akerlof）和珍妮特・耶倫（Janet Yellen）提出支付效率工資的社會理據，比如鼓舞士氣。

美國經濟學家卡爾・夏皮羅和約瑟夫・斯蒂格利茨認為，企業支付的工資可能比市場工資更高，因為社會上總存在失業羣體。他們運用「效率工資」來解釋這個問題。僱主支付比市場工資更多的報酬，是因為值得這樣做——這樣他們會從僱員那裏得到更多。

市場的「不完美」導致了這種情況出現。僱主監控員工是否努力

1913年，在亨利・福特徹底改裝過的裝配線上，工人正在生產T型汽車。福特的觀點是，公司的工人應該同時是自己最好的客戶。

需要很大的成本（經濟學家稱這一問題為「道德風險」），因此，夏皮羅和斯蒂格利茨提出，效率工資可以減少「懶惰」現象。如果工人知道被解僱後能馬上得到新工作，那麼他們就會在現職上表現懈怠。但如果工人意識到，更高的工資以及被解僱後可能長期失業的認知，增加了失去工作的成本，那麼他們就不太可能懶惰。

同樣，僱主要觀察員工的能力也需要巨大成本，而效率工資可以幫助吸引更優秀的求職者。其他的解釋還包括，僱主希望鼓舞士氣、減少人員流動（工資越高，越容易留住工人，以避免昂貴的培訓支出）等。此外，高工資還有利保持員工健康以更有效地完成工作，這在發展中國家尤其重要。效率工資還能解釋即使需求下降，企業也不會削減工資，因為如果削減工資，優秀的員工很可能會辭職。∎

**參見**：供應和需求 108~113頁，經濟蕭條與失業 154~161頁，市場信息與激勵 208~209頁。

# 經濟衰退期間 實質工資上升

## 黏性工資

**背景介紹**

聚焦
**宏觀經濟**

主要人物
**約翰·泰勒**（1946-）

此前
**1936年** 約翰·梅納德·凱恩斯提出，政府干預可以幫助經濟走出衰退。

**1976年** 托馬斯·薩金特（Thomas Sargent）和尼爾·華萊士（Neil Wallace）提出，理性預期會使凱恩斯主義宏觀經濟政策失效。

此後
**1985年** 格里高利·曼昆（Gregory Mankiw）指出，「菜單成本」（公司改變價格的成本）可能會導致價格黏性。

**1990年** 美國經濟學家約翰·泰勒（John Taylor）提出「泰勒規則」，表示中央銀行應該實施積極的貨幣政策以穩定經濟。

凱恩斯經濟學假設名義工資不會下降：貨幣工資是「黏性的」，並且對變化的市場環境反應遲緩。當經濟衰退時，商品價格下降，因此工資的實質價值增加了。緊接着，企業需要的勞動力減少，失業率上升。

新凱恩斯主義經濟學家，如美國的約翰·泰勒（John Taylor）試圖解釋這種工資黏性。20世紀70年代，理性預期概念出現使凱恩斯經濟學漏洞百出。理性預期意味着名義工資會下降，政府刺激經濟的政策也可能失效，因此不存在持久性失業。新凱恩斯主義則提出，即使在理性預期下，失業也可能長期存在，政府政策也同樣有效。因為工資黏性與個人理性可以共存。

泰勒和美國經濟學家格里高利·曼昆（Gregory Mankiw）認為，商品的價格也可能是黏性的，因為有所謂的「菜單成本」，即作出改變的成本，如印刷新的價目表。勞動合約也可能導致價格黏性，因為合約期內的工資固定不變。早期的凱恩斯模型沒有考慮到個體行為和理性這兩個因素。新凱恩斯主義經濟學家從個體行為的角度，為凱恩斯的結論找到了更牢固的理論基礎。■

如果你只想向一位經濟學家了解經濟所面臨的問題，這個人毫無疑問是約翰·梅納德·凱恩斯。

——格里高利·曼昆

**參見**：經濟蕭條與失業 154~161頁，凱恩斯乘數 164~165頁，理性預期 244~247頁，激勵與工資 302頁。

# 找工作就像找對象或找房子一样

## 搜尋與匹配

### 背景介紹

聚焦
**決策**

主要人物
**喬治・斯蒂格勒（1911-1991）**

此前
**1944年** 英國政治家威廉・貝弗里奇（William Beveridge）認為，如果失業率很高，那麼職位空缺數量就少。

此後
**1971年** 美國經濟學家彼得・戴蒙德（Peter Diamond）表示，昂貴的搜尋成本防止了實際生活中出現「單一工資」現象。

**1971年** 在能找到工作的情況下，技術熟練的工人失業將如何增加呢？美國經濟學家戴爾・莫滕森（Dale Mortensen）對這一現象進行研究。

**1994年** 英國經濟學家克里斯托弗・皮薩里德斯（Christopher Pissarides）為搜尋與匹配理論提供了實證的數據和模型。

通常，我們很容易決定去哪裏買麵包或肥皂，因為可以輕易找到許多超市。但是如果你要購買特殊的二手車或者是一件古老樂器，又該如何選擇呢？根據古典經濟學的市場觀，供應和需求總是相等的，買賣雙方能很快發現對方，不需要成本，並且掌握了所有有關商品和服務價格的信息。然而，任何嘗試過尋找二手車、新房子或對象的人，都知道現實中幾乎不存在這樣的情況，零成本是不可能的。

網絡約會市場上，人們既是買家，也是賣家。個人不可能無限地搜尋下去，因此他們將把搜尋限制在一定範圍內以提高效率。

### 搜尋摩擦

當市場上買賣雙方不能自動找到對方時，市場就有「搜尋摩擦」。經濟學家逐漸開發了「搜尋理論」來研究這些摩擦。該理論的主要關注點之一是找工作與失業問題。

古典的勞動力市場模型有勞動力供應（任何既定的工資下願意工作的工人數量）以及勞動力需求（任何既定的工資下廠商可以提供的職位數量）。當工資到達某個水平時，

供應等於需求，市場達到均衡。那麼為甚麼市場總有大量找工作的工人，也有大量需要工人的僱主呢？

20世紀60年代，美國經濟學家喬治・斯蒂格勒（George Stigler）認為，古典經濟學家採用的「單一工資」市場，只有在勞資雙方搜尋工資信息沒有成本的情況下才會存在。在任何市場上，只要產品（如工作）存在區別，就會有搜尋成

**參見：**自由市場經濟學 54~61 頁，經濟蕭條與失業 154~161 頁，理性預期 244~247 頁，黏性工資 303 頁。

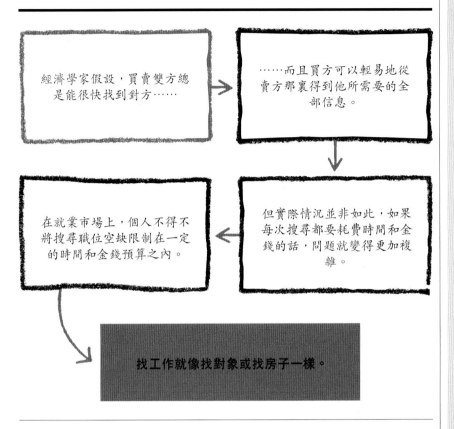

經濟學家假設，買賣雙方總是能很快找到對方……

……而且買方可以輕易地從賣方那裏得到他所需要的全部信息。

在就業市場上，個人不得不將搜尋職位空缺限制在一定的時間和金錢預算之內。

但實際情況並非如此，如果每次搜尋都要耗費時間和金錢的話，問題就變得更加複雜。

**找工作就像找對象或找房子一樣。**

---

本。搜尋成本越高，類似工作的工資浮動範圍就會越大。求職者知道不同僱主給出的工資不一樣，因此必須決定他搜尋的範圍大小和時間長短。斯蒂格勒的研究表明，要進行最有效的搜尋，求職者應該拒絕任何待遇低於其「保留工資」（他們願意接受的最低工資）的工作，並接受任何高於其「保留工資」的工作。這個模型——畫一條可接受水平線——對任何市場上的搜尋都有效，即使是婚介市場也不例外。

憑着對搜尋與匹配理論的貢獻，經濟學家彼得·戴蒙德（Peter Diamond）、戴爾·莫滕森（Dale Mortensen）和克里斯托弗·皮薩里德斯（Christopher Pissarides）獲得 2010 年諾貝爾獎。戴蒙德發現，即使搜尋成本只增加了一點點，也會導致商品價格上升。買家不願意支付第二次或第三次搜尋的成本，因此賣家知道，如果買家搜尋範圍內的商品價格上升一點點，買家是不會注意到的，因為他們沒有其他可比的搜尋結果。

搜尋與匹配理論影響了失業福利的設計。無條件的福利反而可能會鼓勵失業者不積極搜尋和接受工作。但是鼓勵找工作的福利設計卻有利提高勞動市場的效率。■

---

## 全球性失業

儘管現在很多人擁有高收入及滿意的工作，但世界上有些地區的失業率卻一直居高不下。而且，就業市場正在發生變化，即使是發達地區的優差也在逐漸消失。

2012 年 3 月，在 25 歲以下的西班牙人和希臘人中，幾乎有一半人失業，南非的失業率甚至高達 30%。即使是在美國，失業率也攀升至 9.1% 以上。這似乎與那些願意接受低工資的人總能找到工作的說法相衝突。美國經濟學家埃德蒙·菲爾普斯（Edmund Phelps）認為，全球化是這一狀況的主要因素，因為富裕國家創造的政府和醫療保健等行業的職位往往「不可交易」，而可交易的工作（如電話製造等）已經轉移到中國和菲律賓等勞動力廉宜的國家。解決這樣的問題是當今經濟學家的首要任務之一。

2011 年，成千上萬憤怒的西班牙人在布魯塞爾街頭遊行示威，抗議失業率達到了 40%。

# 氣候變化是集體行動的最大挑戰

## 經濟學與環境

### 背景介紹

聚焦
**經濟政策**

主要人物
**威廉・諾德豪斯** (1941−)
**尼古拉斯・斯特恩** (1946−)

此前

**1896年** 瑞典科學家斯凡特・阿倫尼烏斯 (Svante Arrhenius) 預言，大氣中二氧化碳含量增加一倍將導致地球表面氣溫上升5℃~6℃。

**1920年** 英國經濟學家阿瑟・庇古 (Arthur Pigou) 提出應徵收污染稅。

**1992年** 《聯合國氣候變化框架公約》簽訂。

**1997年** 《京都議定書》生效。到2011年，超過190個國家簽署了這份協議。

此後

**2011年** 加拿大退出《京都議定書》。

自工業革命以來，以煤炭、石油和天然氣燃料為主的技術推動了經濟發展與繁榮。然而，越來越明顯的是，這種繁榮有巨大的成本，我們不僅是在快速地消耗這些資源，燃燒化石燃料還對大氣造成污染。越來越多證據顯示，溫室氣體，尤其是二氧化碳的排放，造成了全球暖化，並且，現在全世界的科學家一致認為，只有迅速和大量地減少溫室氣體排放，我們才不致面臨毀滅性的氣候變化。這無論是對經濟還是對環境都有非常重要

**參見：**公共物品與服務的供應 46~47頁，人口與經濟 68~69頁，外部成本 137頁，發展經濟學 188~193頁，幸福經濟學 216~219頁。

約150年前開始的工業革命，使許多國家大量燃燒化石燃料。燃燒這些燃料產生的二氧化碳排放到大氣中，產生了「溫室效應」。

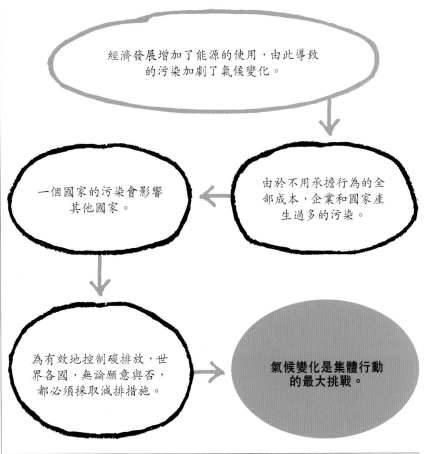

經濟發展增加了能源的使用，由此導致的污染加劇了氣候變化。

一個國家的污染會影響其他國家。

由於不用承擔行為的全部成本，企業和國家產生過多的污染。

為有效地控制碳排放，世界各國，無論願意與否，都必須採取減排措施。

氣候變化是集體行動的最大挑戰。

的影響，至於應該採取甚麼具體的措施，經濟學家和政府內部都存在分歧。直到最近，許多人認為對抗氣候變化所需的成本對經濟的損害比潛在收益更大。一些人還在爭論氣候變化是不是人為造成的，甚至還有人認為全球暖化是有益的。越來越多人承認，必須找到解決這個問題的經濟方案。

## 經濟事實

1982年，美國經濟學家威廉·諾德豪斯（William Nordhaus）出版《我們應該以怎樣的速度瓜分全球資源？》，詳細地分析氣候變化對經濟的影響以及可能的解決辦法。他指出，就尋找解決方案而言，氣候問題的某些特徵使得它具有特殊性：時間長、不確定因素多、問題的全球性質，以及收益與成本在全球分佈不均勻等。

2006年，英國政府委託英國經濟學家尼古拉斯·斯特恩（Nicholas Stern）在氣候變化經濟學上發佈一篇報告。《斯特恩報告》的調查結果很明確，它為快速採取行動減少溫室氣體排放提供了有力的論據。斯特恩估計，氣候變化帶來的最終成本可以高達GDP（國內生產總值）的20%，如果迅速採取行動的話，解決問題只需要花費GDP的1%。2009年，諾德豪斯預言，若不採取干預行動，到2099年，每年由氣候

變化造成的經濟損失將會達到全球產值的2.5%。低收入的熱帶地區，如非洲的熱帶地區和印度等國家遭受的損失最大。

現在的問題不再是我們能否負擔減排，而是能否承受不減排帶來的損失，以及如何最有效地解決這個問題。有足夠的證據表明政府應該採取干預：從經濟的角度來看，大氣可以被視為一種公共物品，市場供應可能會不足；污染可以被視為一種外部性的活動，其社會成

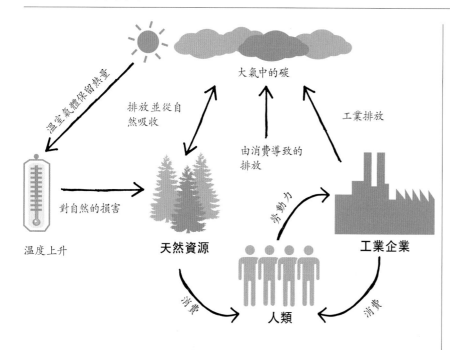

大氣中的碳

溫室氣體保留熱量

排放並從自然吸收

由消費導致的排放

工業排放

對自然的損害

溫度上升

天然資源

勞動力

工業企業

消費

人類

消費

諾德豪斯設計了一個名叫 DICE 的電腦程式，來展示氣候變化因素的相互作用，以及氣候變化的生態和經濟成本。這個經濟建模系統可以使政府把當前的消費、資源和需求納入模型分析，並權衡不同選擇而產生的、對於他們自己和全世界的成本與收益。

本沒有在價格中得到體現，因此，污染製造者沒有完全承擔這部分成本。鑑於此，斯特恩將氣候變化描述為迄今最大的市場失靈。

### 不平等的國家

諾德豪斯和斯特恩等經濟學家首先遇到的障礙，是如何說服政府採取這些短期內會損害經濟發展，但長遠能減少更多破壞性後果的措施；第二個障礙是找到實施減排政策的最有效方法。並非所有的政府都容易被說服。發達國家主要分佈在溫帶地區，受全球暖化的影響較小，而貧窮的國家受氣候變化的影響最大。也就是說，在多數情況下，

最希望減小氣候變化影響的，反而是那些製造污染最少的國家。

最嚴重的污染製造國，如美國、歐洲以及澳洲，一直不願意承認政府應該實施這些耗資巨大的政策。即使它們實施了這些政策，污染也不僅存在於本國的土地上。這個問題是全球性的，需要全世界各國攜手採取行動。

1992 年，聯合國「地球高峰會議」首次承認集體行動的必要性，這次峰會呼籲所有成員國控制溫室氣體排放。許多國家都制定了環境政策以及實施這些政策的具體策略。一種方法是懲罰管制，比如對產生過多污染物的廠商罰款，但是

很難設定對所有相關企業都公平的排放限額。而且，罰款也很難落實執行。

另一種方法是徵收污染稅，這一方法由英國經濟學家阿瑟·庇古在 1920 年首次提出。對排放溫室氣體的廠商、能源供應商和製造商徵稅，可以在一定程度上減少污染。對化石燃料徵稅可以防止它們過度地消費。庇古認為，應該讓每個人承擔其活動的所有社會成本，將外部性「內部化」。

### 碳交易計劃

污染可以被視為一種市場失靈，因為在正常情況下，不存在污染交易市場。經濟學家建議，如果存在污染交易市場，那麼污染排放就可以減少到最佳水平，因為污染製造者需要承擔其行為的所有社會成本。因此，解決氣候問題的另一個方法，是建立一個污染排放交易市場。這要求一個國家（某些情況

> 價格式的方法，如統一的碳稅可以有效地協調各國政策並減緩全球暖化。
> ——威廉·諾德豪斯

2005 年，颶風卡特里娜摧毀了美國新奧爾良的大部分地區。這次災難造成了約 810 億美元的經濟損失，一時間，氣候變化對經濟的影響成了全球關注的焦點。

下需要許多國家合作）決定可接受的二氧化碳等污染物的排放水平，然後將排放許可證拍賣給需要進行碳排放的企業。這種許可證是可以買賣的，因此如果一家企業需要增加其排放量，它可以從其他未用完配額的企業那裏購買許可證。這種計劃的優點是獎勵削減排放的企業，允許它們出售盈餘的排放許可獲利。同時，它還可以阻止企業超額排放，否則只能購買額外的許可。而由中央控制的排放總量仍然相同。

## 《京都議定書》

碳排放交易計劃無疑向正確的方向邁出了一大步，但這個問題還需要全球各國聯手以降低氣候變化風險。然而，像《京都議定書》這樣的國際協議一直沒有得到普遍認可。1997 年就有 141 個國家參與討論，但是到 2012 年只有 37 個國家同意落實溫室氣體排放目標。美國一直否決該協議上的條款，加拿大也在 2011 年宣佈退出。即使是那些承諾控制碳排放的國家也常常不能完成減排目標。發達國家，如美國和澳洲，認為控制碳排放對其經濟造成的損失過大；而發展中國家，如中國、印度和巴西則認為，不應該為西方國家造成的污染埋單（即使它們本身正迅速成為主要的污染製造者）。而另一方面，生態文明程度更高的國家，如德國和丹麥則同意減少 20% 以上的碳排放。

## 經濟建模

經濟學家設計了各種模型來研究氣候變化的影響，如諾德豪斯 1992 年提出的氣候與經濟動態集成模型（Dynamic Integrated model of Climate and the Economy, DICE）。這個模型將二氧化碳排放、碳循環、氣候變化及其危害，以及影響經濟增長的因素結合起來。

現在，大多數經濟學家都認同，氣候變化是很複雜的問題，可能會帶來長期的嚴重損害。雖然目前還沒有明確的解決方案，但在 2007 年，諾德豪斯說，他相信成功的秘訣不在於大型的、雄心勃勃的《京都議定書》等項目，而在於「通用的、可預測的、乏味的」想法，如統一的碳稅。■

## 印度日益增長的需要

印度 2012 年的增長率在 7%–8% 之間。國內的商界領袖知道，如果繼續維持這個增長率，將會出現巨大的能源短缺。令人擔憂的是，如果出現能源短缺，將會用低成本的「劣質」煤炭和柴油燃料替代，因此印度正努力提高能源利用率，同時鼓勵使用可再生能源，如太陽能、風能和地熱能技術等。

經濟學家希望，可再生能源和新能源（被認為是「潔淨」的能源）可以滿足印度所有日益增長的需要。然而，迄今為止，可再生能源，如太陽能的大規模生產還不具備商業可行性，也就是說，企業在短期內需要政府的補貼以擴大規模。印度 2008 年 6 月推出的宏大《有關氣候變化的國家行動計劃》中提供了這種補貼。

印度北部地區，太陽能電池板吸收在喜馬拉雅山區的陽光。印度的光照很強烈，太陽能或許是一種高效的可再生能源。

# GDP 忽略了女性創造的價值

## 性別與經濟學

**背景介紹**

聚焦
**社會與經濟**

主要人物
**瑪麗蓮·華林（1952–）**

此前
**1932年** 美籍俄羅斯經濟學家西蒙·庫茲涅茨（Simon Kuznets）為整個美國經濟建立了第一個賬戶。

**1987年** 美國經濟學家瑪麗安·費伯（Marianne Ferber）出版《女性與工作：計酬與不計酬》，收錄了以往有關女性與經濟學的研究結果。

此後
**1990年** 聯合國發展指數首次公佈，該指數旨在解釋一個比從國民收入數字中得到的更廣泛的發展概念。

**1996年** 美國經濟學家巴尼特·瓦格曼（Barnet Wagman）和南希·佛伯爾（Nancy Folbre）分析家務勞動對美國國民收入的貢獻。

國內生產總值（GDP）是最常被引用的經濟數據。它簡要地衡量了一年內一個國家發生的經濟活動，並且似乎與家庭收入和就業率等重要因素直接相關。然而，GDP 有相當多的問題，它的重要性也一直備受爭議。

GDP 的問題和局限集中於它是如何計算的及其所包含的內容。GDP 的衡量依賴收集與經濟交易有關的數據。其背後的原理是，一年內買賣的任何東西都包括在 GDP 內了。政府統計部門會進行深入的調查，收集這些數據。然而，在一個國家內部進行買賣的所有東西並不等於所有經濟活動。另一方面，最終的數據也不一定代表人們認為有價值的東西。例如，環保主義者會說，GDP 沒有考慮到自然資源的消耗。假設木材都被賣掉了，那麼

GDP 旨在記錄一年內一國進行的所有交易價值。

它本應該代表所有有意義的經濟活動。

但是它不包括非市場活動，比如家務勞動和照顧孩子，儘管這些活動都有價值。

而這些活動大部分都是由女性完成的。

**GDP 忽略了女性創造的價值。**

參見：財富的衡量 36~37頁，經濟學與傳統 166~167頁，幸福經濟學 216~219頁，社會資本 280頁。

許多工作主要由女性承擔，其中包括照顧孩子。雖然這些活動對經濟至關重要，但卻沒有計入 GDP，因為它們不計經濟報酬。

砍伐森林通常可以增加 GDP。但是，潛在不可替代的自然資源被消耗了，從 GDP 中卻看不出來。同樣地，如果經濟活動製造了污染，GDP 只會計算賣掉的產品而卻忽略不良的負面影響，比如喪失生態多樣性，以及公共衛生老化。

## 女性的工作

在計算 GDP 時還有其他的困難。瑪麗蓮・華林（Marilyn Waring）曾任新西蘭國會議員，她在 1988 年的著作《如果算上女性》中寫道，GDP 系統性地低估了女性的工作。在世界各地，女性承擔了大部分家務勞動，以及照顧孩子和老人的工作。很明顯這些工作對經濟的發展非常重要，比如它有利保證勞動力的再生產等。但是大多數情況下，這種勞動都沒有報酬，因此也不包括在 GDP 之內。

## 將女性排除在外

計算經濟產出的方法非常武斷，對待本質上相同的工作也各不一樣。當烹飪的食品用於銷售時，烹飪被看作是一種經濟活動，但如果不是用於交易而是自己或家庭消費，那麼烹飪就不是一種經濟活動。唯一的區別只是有否進行市場交易，但烹飪活動在本質上卻完全相同。前者包括了女性活動，而後者卻將女性的活動排除在外。

因此，在傳統的國民賬戶核算體系中有隱性的性別歧視，女性工作的真實經濟價值被低估了。不僅如此，華林還認為國際上標準的國民收入核算體系，即聯合國國民賬戶體系（UNSNA）是「應用父權制」的典型表現。換句話說，「應用父權制」就是男性主導的經濟社會試圖排除女性，以強化全球性的性別區分。

華林和其他女權主義經濟學家的批評，推動了有關未來國民收入核算體系的討論。目前的討論涉及如何解釋幸福，以及開發更廣泛的衡量經濟發展工具，這表明人們不再局限於把 GDP 作為衡量價值的手段。■

---

## 瑪麗蓮・華林

瑪麗蓮・華林生於 1952 年，曾是新西蘭第一批女性國會議員之一。1978 年，華林受國家黨總理羅伯特・穆爾杜（Robert Muldoon）舉薦，出任公共支出委員會主席。1984 年，華林與政府分道揚鑣，威脅要投票支持反對新西蘭研發核武器與核能的活動。穆爾杜隨後以召集大選作回應，但以國家黨的落選告終。

離開國會之後，華林投身農業和經濟學研究。2006 年，她任奧克蘭理工大學公共政策教授，並在此繼續研究被傳統經濟學排除在外的領域。

**主要作品**

1988 年 《如果算上女性：新女權主義經濟學》

我們每個女人都是可見的、有價值的，現在數十億女性同胞必須團結起來，我們要被關注，我們要爭取價值。

——瑪麗蓮・華林

# 比較優勢是一種偶然

## 貿易與地理

**背景介紹**

聚焦
**全球經濟**

主要人物
**保羅・克魯格曼**（1953-）

此前

**1817年** 大衛・李嘉圖（David Ricardo）認為，由於物理因素的差異，各國有自己的比較優勢。

**20世紀二、三十年代** 伊萊・赫克歇爾（Eli Heckscher）和貝蒂爾・奧林（Bertil Ohlin）認為，資金充足的國家應出口資金密集型產品。

**1953年** 瓦西里・里昂惕夫（Wassily Leontief）發現了一個悖論：美國是資金充裕的國家，但它卻出口相對勞動密集型的產品，這違背了當時的貿易理論。

此後

**1994年** 吉恩・格魯斯曼（Gene Grossman）和埃爾赫南・赫爾普曼（Elhanan Helpman）分析貿易政策中的政治因素，從保護公司的角度來分析遊說的影響。

過去，經濟學家相信，不同國家進行貿易，是因為它們總有差異：熱帶國家將糖果賣給溫帶國家，溫帶國家則將羊毛賣給熱帶國家。一些國家擅長生產特定產品，它們有氣候或土壤上的「比較優勢」。

然而，足夠的證據表明，事情並非總是如此。1895年在美國喬治亞州道爾頓，一個叫凱瑟琳・埃文斯的人在朋友家作客時發現了自製的牀罩。受此啟發，她做了一個類似的牀罩，並開始將這種方法教授別人。很快，紡織企業如雨後春筍般湧現，地毯行業興起並逐漸主導當地市場。這與通常的國際貿易原理相悖，因為喬治亞州並不具備生產地毯的比較優勢。

### 歷史的巧合

1979年，美國經濟學家保羅・克魯格曼（Paul Krugman）提出了一個新理論，這一理論考慮歷史偶然事件的影響，如喬治亞州的一次偶然事件導致紡織行業誕生。他發現，相似的經濟體之間也存在大量貿易。生產具有規模經濟效應：汽車工廠固定的初始投資意味着，生產汽車越多，每輛車成本越低。任何國家都可以生產汽車，但是一旦開始生產，它就具備成本優勢，其他國家很難超越。因此，一個地區最終主導一種商品的交易，可能僅是由於歷史的偶然性。■

由於歷史原因，率先形成生產中心的地區將會吸引更多生產商。

—— 保羅・克魯格曼

參見：保護主義與貿易 34~35頁，比較優勢 80~85頁，規模經濟 132頁，市場整合 226~231頁。

# 與蒸汽機一樣，電腦使經濟發生了革命性變化

## 技術飛躍

創新和發明推動了經濟增長。有些創新是革命性的，有些創新則是對原有技術的改造。許多小小的技術創新，可能會逐漸提高經濟生產效率。而電力這一革命性發明，確實使社會發生了翻天覆地變化，在過去的兩個世紀裏，電力的發明和普及，使許多機器都可能

到20世紀80年代，電腦已經徹底改變許多人的工作方式。然而，這種基礎性的改變要很多年後才能真正提高生產效率。

使用。最近，經濟學家開始思考這些技術飛躍。美國經濟學家蒂莫西・布雷斯納漢（Timothy Bresnahan）和曼紐爾・切滕貝格（Manuel Trajtenberg）將電力稱為一種「通用技術」。工欲善其事，必先利其器。電力使所有公司更加高效。然而，像電力這樣的重大發明，其好處要很長時間才能被人們感知。

### 利用新技術

20世紀80年代末期，美國經濟學家羅伯特・梭羅（Robert Solow）認為他發現了一個悖論：信息和通信技術擴散似乎並沒有對生產力產生明顯影響。在工業革命期間，蒸汽動力傳播出奇的慢：需要一定的時間才能產生成本效益，企業也需要時間來了解並運用它。信息和通信技術發展很迅速，但還需要時間來傳播。事實上，通用技術需要一定時間，才能產生全部好處，這可以解釋梭羅的悖論。■

**參見：** 現代經濟萌芽 178~179頁，經濟制度 206~207頁，經濟增長理論 224~225頁。

# 通過取消債務，可以啟動窮國的經濟發展

## 國際債務減免

**背景介紹**

聚焦
**增長與發展**

主要人物
**傑弗里・薩克斯（1954-）**

此前
**1956年** 一羣債權國建立了巴黎俱樂部，目的是促進國家之間的債務減免。

此後
**1996年** 國際貨幣基金組織和世界銀行建立了有關重度負債窮國的計劃，目的是減免這些窮國的債務，並啟動政策改革。

**2002年** 西瑪・賈雅昌卓安（Seema Jayachandran）和邁克爾・克里默（Michael Kremer）認為，國家不應該承擔由腐敗政權導致的「惡性債務」。

**2005年** 在格倫伊格爾斯峰會（The Gleneagles Summit）上，根據多邊債務減免計劃，G8成員國同意取消400億美元債務。

窮國的債務已經如此多，以至它們根本無力償還，也無能力投資。

→ 許多這些債務都是由富裕國家貸給窮國的腐敗政府。

↓

取消這些債務可以使窮國進行投資，促進經濟增長。 ← 富國本不應該答應這些貸款。

↓

**通過取消債務，可以啟動窮國的經濟發展。**

**在** 20世紀後幾十年裏，世界上最貧窮國家的債務，已經積累到了驚人的數量，從1970年的250億美元上升到了2002年的5,230億美元。

到20世紀90年代，債務危機已經比較明顯。沒有債台高築的非洲國家都曾經繁榮過。事實上，大多數國家都處於可怕的經濟困境中，即使不遭受災難，它們也無法償還債務，更不用說進行投資，使經濟脫離惡性循環。世界各地出現越來越多呼籲取消債務的聲音。

許多活動家站在道德的角度，批評富裕國家和世界銀行、國際貨幣基金組織（IMF）等國際機構的疏忽和利己主義，因為它們對窮國發放過多貸款。這些人士認為，

參見：國際貿易與布雷頓森林體系 186~187 頁，發展經濟學 188~193 頁，依附理論 242~243 頁，
亞洲老虎經濟體 282~287 頁，投機與貨幣貶值 288~293 頁。

> 我們要讓非洲和亞洲的孩子們，因可治癒的疾病而去世嗎？要阻止他們上學和限制他們覓得有意義的工作嗎？所有人都要為其祖先欠下的不公正且不合法的貸款埋單嗎？

—— 南非大主教
德斯蒙德・杜圖（1931−）

由於富國貸款給窮國是為了在冷戰中換取支持，或者是為了保護本國公司，所以它們有義務減輕債務。美國經濟學家邁克爾・克里默（Michael Kremer）從法律角度提出了自己的觀點。他認為，由於很多債務是腐敗政權為鞏固自己的統治而借的，那麼這些債務就可以被視為「惡意債務」。這就意味着國家沒有法律義務來償還這些債務。例如，在國際貨幣基金組織的一位代表指出，蒙博托・塞塞・塞科（Mobutu Sese Seko）挪用貸款之後，世界銀行仍繼續貸款給這位扎伊爾（現在的剛果民主共和國）的前獨裁者。再比如，許多南非國家的債務都是種族隔離政權借的，而這些政權都是非法的政權。

以傑弗里・薩克斯（Jeffrey Sachs）為代表的其他人從經濟角度提出了觀點。薩克斯認為，取消債務並增加援助可以啟動窮國經濟增長。受此觀點影響，2005年，G8 成員國（世界上最強的八個經濟大國）同意減免 400 億美元債務。與此相反，另一位美國人威廉・伊斯特利（William Easterly）則認為，債務減免會鼓勵受援國那些糟糕的政策和腐敗。許多人都在指責為創造減免條件而制定的自由市場改革計劃，認為它可能會損害受援國的經濟前景。

令人關注的是，債務危機現在已經從欠發達地區轉向了一度繁華的歐洲國家。這些國家採取了類似的自由市場緊縮計劃，但問題的關鍵是沒有債務減免措施。■

在南非，種族隔離政權使得國家負債累累。很多人認為，由於種族隔離政權不是合法政權，因此它們的借債應該一筆勾銷。

## 傑弗里・薩克斯

傑弗里・薩克斯 1954 年出生於美國底特律，是世界上最受爭議的經濟學家之一。1985 年，薩克斯因提出了一個幫助玻利維亞處理惡性通脹的計劃而首次進入公眾視野。這個計劃後來被稱作「休克療法」，主要集中如何使該國進行更多對外貿易。也就是說，要打開玻利維亞的市場、結束政府補貼、取消進口限額並將其貨幣與美元掛鈎。通脹後來真的受到控制，薩克斯也被評為全球經濟問題專家。1990 年，在其指導下，波蘭快速私有化並脫離了共產主義，20 世紀 90 年代早期俄羅斯也經歷了類似的私有化過程。在 21 世紀，薩克斯轉向研究全球發展問題，認為只要採取正確的干預措施，包括援助和小額貸款，20 年內就可以根除極端貧困問題。

### 主要作品

2005 年 《貧困的終結》

# 悲觀情緒
# 會摧毀
# 健全的銀行

銀行擠提

## 背景介紹

聚焦
**銀行與金融**

主要人物
**道格拉斯・戴蒙德**（1953-）
**菲利普・迪布維格**（1955-）

此前
**1930-1933 年**　美國三分之一的銀行倒閉，後來美國政府建立了聯邦存款保險公司（FDIC），保證存款人的資金安全。

**1978 年**　美國經濟史學家查爾斯・金德爾伯格（Charles Kindleberger）出版《瘋狂、恐慌與崩潰：金融危機史》，是有關銀行擠提的里程碑著作。

此後
**1987-1989 年**　美國儲蓄總額達到十年來的頂峰，貸款危機導致美國的銀行以每年200家的速度倒閉。

**2007-2009 年**　世界上13個國家經歷了系統性銀行危機。

**20** 世紀 30 年代早期，經濟大蕭條期間，美國約 9,000 家銀行倒閉，佔銀行總數的三分之一。然而，直到 20 世紀 80 年代經濟理論才開始研究一些基本問題，如為甚麼會有銀行，以及甚麼導致銀行擠提，令存款人陷入恐慌，紛紛湧去面臨倒閉風險的銀行提取現金。1983 年，美國經濟學家道格拉斯・戴蒙德（Douglas Diamond）和菲利普・迪布維格（Philip Dybvig）合著了〈銀行擠提、存款保險與流動性〉，這篇文章引發了有關上述基本問題的爭論。他們認為，健全的銀行也可能因銀行擠提而走向破產。

### 流動性投資

戴蒙德和迪布維格建立了一個經濟數學模型，展示銀行擠提的產生機制。該模型包含三個時間點（如週一、週二和週三），並假設人們只能得到一種商品，可用於消費，也可用來投資。

如果有一家銀行破產，它周圍的銀行都可能會出現擠提。若不在剛出現擠提時注入一大筆資金，問題將變得非常嚴重。

—— 英國經濟學家亨利・桑頓
（1760-1815）

一開始，每個人都有一定數量的商品。週一人們可以用這些商品做兩件事：儲存起來（無利息）用於週二的消費，或者進行投資。如果選擇投資（只有週一才有這個選擇），那麼週三他將得到更多商品。

---

銀行進行長期投資，同時也保留部分現金，支付給提款的人。

→

如果人們開始擔憂未來……

→

……他們就想在別人之前把錢從銀行取出，導致銀行擠提。

悲觀情緒會摧毀健全的銀行。

←

……因此也無法滿足後來的提款者的提款需要。

←

為滿足提款需要，銀行不得不撤回投資並承擔損失……

參見：金融服務 26~29 頁，經濟制度 206~207 頁，市場信息與激勵 208~209 頁，投機與貨幣貶值 288~293 頁，
金融危機 296~301 頁。

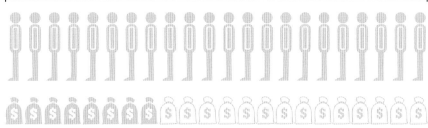

銀行持有的現金只佔存款總額的一小部分。如果所有的存戶同時來提款，那麼只有排在提款隊伍前面的人才能拿回自己的錢。

**所有存戶**

**銀行**

**銀行持有的現金**

**所有存款**

但若提前（週二）將投資變現，那麼他得到的將比週一投資的少。這些定期投資，就是我們所說的「非流動性」投資。也就是說它們不能輕易兌換成現金，而流動性資產則可以。

## 有耐心和無耐心

戴蒙德和迪布維格假設有兩種人：一種是有耐心的人，願意等到週三消費更多；另一種是沒有耐心的人，想要在週二就消費。然而，在週二之前，誰都不知道自己是哪類人。人們在週一需要決定應該儲存多少、投資多少。這個模型唯一的不確定性，是不知道這些人究竟是有耐心還是沒有耐心。銀行或許非常清楚這個概率：一般來說，30% 的人沒有耐心，另外 70% 的人有耐心。因此人們的儲存和投資數量大概也會呈現這一比例。但

無論人們有何選擇，整體結果都絕不是最有效的，因為沒有耐心的人不應該投資，而有耐心的人不應該儲存任何東西。銀行可以解決這個問題。我們可以將銀行看作模型中人們願意寄放商品並分擔風險的地方。銀行給人們一張儲存合約，然後再進行大量的投資與儲存。

儲存合約提供的回報比儲存高，但比投資低，並且人們可以在週二或週三從銀行取回商品而不會受到任何處罰。由於銀行知道有耐心的人和沒有耐心的人的比例，因此在集中所有人的商品之後，銀行可以留下足夠的商品以應付沒有耐心的人前來提取商品的要求，而將其他商品用於投資以實現對有耐心的人的回報承諾。在戴蒙德—迪布維格模型中，這個方案比每個人獨立投資或儲存更有效，因為銀行有大量的商品供儲存與投資，而個人

則沒有。

週二，銀行有非流動性資產——有耐心的人的投資，它可以在週三獲得更高的回報。同時，銀行還必須馬上退還沒有耐心的人的商品。銀行能做到這點，也正是它存在的理由。

> 模型中預期的改變導致銀行擠提，而幾乎任何事情都可能使預期發生變化。
> ——道格拉斯・戴蒙德
> 菲利普・迪布維格

1914 年，德國一家銀行外，警察正在阻止恐慌的人羣湧入銀行。德國對外宣戰，引發存戶的悲觀情緒，導致大量銀行擠提。

樣做。再假設其他很多人跟我想的一樣，那麼也同樣會去銀行提款。這本身就可以導致銀行擠提，即使銀行本來可以盡到其今明兩天的償還義務。這就是經濟學家所謂的「多重均衡」——結果不止一種。這個例子中有兩種結果：「好的」結果是銀行倖存下來，「壞的」結果是銀行因擠提而倒閉。最終結果如何，可能取決於人們的信念和預期，而不是銀行實際上是否健全。

### 防止銀行擠提

戴蒙德和迪布維格表示，政府可以緩解銀行擠提問題。他們的模型在一定程度上支持美國的聯邦存款保險制度，在此制度之下，政府保證所有銀行存款的最低金額。1933 年開始實施之後，這個制度大大減少了銀行倒閉的現象。

戴蒙德和迪布維格表示，這種特性也使銀行容易發生擠提。如果原本有耐心的人對他們在週三可以得到的回報感到悲觀，那麼他們就會在週二湧去銀行取出儲存的商品，於是就發生了銀行擠提。他們的行為意味着銀行必須提前撤回投資，這無疑會遭受一定的損失；它將無力償還所有客戶的商品，因此遲到的人將拿不回任何東西。明乎此，每位客戶都迫切希望自己能排在取款隊伍的前面。

引發悲觀情緒的原因包括對投資的擔憂、其他人取出了商品或者銀行的生存能力等。至關重要的是，這可能導致在銀行本身健全的情況下發生自我實現的銀行擠提。例如，假設週二時我認為別人會去銀行取出自己的商品——那麼出於對銀行倒閉的顧慮，我也會決定這

### 一次現代的銀行擠提

2007 年 9 月，英國發生了自 1866 年以來最嚴重的銀行擠提。英國第八大銀行北岩銀行，是一家快速發展的抵押貸款銀行。為了擴大業務，它開始過度依賴「批發」基金，即其他機構提供的基金，而不是個人存款。2007 年 8 月 9 日，批發金融市場被凍結，此時一個漸進的、看不見的批發擠提開始了，同時人們還在探索解救方法。9 月 13 日（週四）晚上 8:30，英國廣播公司（BBC）報導，作為英國中央銀行的英倫銀行將於次日採取緊急流動資金支持。但是後來，英倫銀行行長默文·金（Mervyn King）否決了勞埃德銀行提出的救援計劃。他認為，中央銀行的支持或許能讓儲戶放心，然而，情況並非如此，當天晚上出現網上個人存款擠提。英國存款保險計劃規定，超過 2,000 英鎊的存款不能全保，因此第二天北岩銀行各分行外都排起了長長的隊伍。次週週一，英國政府宣佈保證所有存款安全，擠提才得以平息。

到 3 月 3 日下午，美國
幾乎沒有一家銀行開門營業。
——富蘭克林·D·羅斯福

1933 年，美國總統羅斯福簽署了擔保銀行存款的法案。銀行擠提減少，但有人認為這種存款擔保反而會增加風險。

1933 年 3 月，美國總統羅斯福宣佈了一個全國性的銀行假期，這一天存戶不能從銀行取款。另外，中央銀行還扮演着銀行的「最終借款人」角色。然而，人們通常並不知道中央銀行將會做甚麼。存款保險是非常好的做法，因為它確保了有耐心的人不會加入銀行擠提。

## 其他觀點

關於銀行為甚麼存在，還有其他的解釋。有人主要關注的是銀行的投資功能。銀行可以收集到有關投資的內部消息，鑒別投資項目的優劣，並通過儲蓄回報將這些內部消息提供應存戶。銀行只有很好地起監控作用，才有可能給存戶提供回報。

1991 年，美國經濟學家查爾斯·卡羅米如斯（Charles Calomiris）和查爾斯·卡恩（Charles Kahn）發表了一篇與戴蒙德–迪布維格觀點大相徑庭的文章。他們認為，擠提對銀行來說是件好事。在沒有存款保險時，存款人必須密切關注銀行的運作情況。擠提的威脅也會激勵銀行進行安全投資。這就是所謂的「道德風險」的一方面；而另一方面是，有存款保險後，銀行會作出更冒險的投資決策。20 世紀 80 年代，在美國儲蓄與貸款危機期間，道德風險問題尤為明顯，當時抵押貸款的債權人被允許發放高風險貸款，存款保險也得到了增強，而與此對應的是美國銀行倒閉數目不斷上升。

## 最近的危機

很難證明哪種銀行擠提的觀點正確，事實上任何一種解釋都不能孤立地存在。銀行有多種道德風險問題。銀行的股東可能會鼓勵冒險，因為他損失的不過是他的投資；受分紅激勵的銀行職員也可能冒險，因為他損失的不過是一份工作。解決道德風險，通常要依靠加強監管。近年來的銀行危機通常由投資失敗引發。銀行被迫出售資產以減少債務。這導致資產價格進一步下降，銀行也因此遭受更大的損失，擠提出現。一家銀行出現擠提，很快就會蔓延到其他銀行，引起存戶恐慌。如果整個銀行體系都受到影響，那麼就是系統性銀行危機。在 2007–2008 年的危機中，即使有存款保險，擠提還是發生了。近年來的危機主要在缺乏嚴格監管的機構，如對沖基金發生，但這些機構本質上跟銀行非常相似，即短期借款，長期貸款。

在 2007–2008 年開始的金融危機期間，很多國家都加強了存款保險計劃。這很容易理解，因為銀行倒閉使存款人與借款人之間的聯繫斷裂，無法進行投資，對實體經濟造成毀滅性的打擊。道德風險爭論類似於防火，可以防止未來發生危機。然而，當深陷危機中時，就不再適宜談論如何預防危機了。■

在現代資本主義歷史
中，危機是常態而非例外。
——魯里埃爾·魯比尼
斯蒂芬·米姆

# 國外儲蓄過剩導致國內投機

## 全球儲蓄失衡

### 背景介紹

聚焦
**全球經濟**

主要人物
**本·伯南克（1953-）**

此前
**2000年** 美國經濟學家莫里斯·奧布斯菲爾德（Maurice Obstfeld）和肯尼斯·羅格夫（Kenneth Rogoff）表達對美國巨額貿易逆差的擔憂。

**2008年** 英國歷史學家尼爾·弗格森（Niall Ferguson）認為由於過度信貸，整個世界都充滿危機。

此後
**2009年** 美國經濟學家約翰·B·泰勒（John B Taylor）認為不存在所謂儲蓄過剩。

**2011年** 意大利經濟學家克勞德·博里奧（Claude Borio）和泰國經濟學家皮蒂·迪沙亞特（Piti Disyatat）認為，金融危機並非由全球儲蓄失衡引起。

**在**2012年2月，共有約1.11億美國人在電視上觀看了美式足球超級碗比賽。中場休息時播放了克萊斯勒汽車廣告，它必定成為一個全國性的話題。「現在也是美國的中場休息時間，」廣告如此說道，「人們失業了，他們在傷害……底特律向我們表明，它可以做到。這個國家不會被一拳擊倒。」

這個廣告表現出志氣十足的愛國寓意——購買克萊斯勒汽車，因為它會拯救美國人民的就業，迎合

**參見：**金融服務 26~29 頁，經濟泡沫 98~99 頁，市場整合 226~231 頁，金融工程 262~265 頁，金融危機 296~301 頁，住房與經濟週期 330~331 頁。

自工廠(如上圖所示的克萊斯勒工廠)倒閉以來，美國一直處於貿易逆差，這意味着美國的進口一直大於出口。

如果一個國家進口大於出口(貿易逆差)，那麼必定有另外一個國家出口大於進口(貿易順差)。

逆差國必須尋求資金支持，而順差國則會儲蓄過剩。

順差國的儲蓄來自於逆差國，這可能會增加金融投機。

**國外儲蓄過剩導致國內的投機。**

當時許多美國人的感覺，他們認為美國讓很多工作職位流向了國外，尤其是中國。正是這種感覺，使美國聯邦儲備局主席本·伯南克(Ben Bernanke)關於 2008 年全球金融危機的解釋如此引人注目。自 2005 年到金融危機真正開始之前，伯南克一直在發展自己的觀點，他主要關注全球儲蓄與支出的失衡問題。

伯南克思想的核心，是美國的國際收支平衡(BOP)問題。一個國家的國際收支賬戶，記錄了本國與世界其他各國的所有貨幣交易。

如果該國進口大於出口，那麼它就處於貿易逆差，但賬面上仍然必須保持平衡。其中的短缺通過一些其他方式彌補，例如通過外國投資資金，或者減少中央銀行的儲備金。伯南克指出，美國的貿易逆差在 20 世紀 90 年代末期急劇上升至 6,400 億美元，佔 2004 年 GDP 的 5.5%。當時國內的投資相當穩定，但 1996 年到 2004 年，國內儲蓄佔 GDP 的比重從 16.5% 下降到 14%。如果國內的儲蓄下降，而投資保持穩定，那麼逆差只能通過國外資金填補。

**儲蓄過剩**

伯南克認為，「全球儲蓄過剩」(指美國以外其他國家的儲蓄總額)

導致美國的逆差。例如，在中美貿易中，中國存在着巨大的順差，但它既沒有將出口所得用於本國投資，也未用於進口，只是簡單地把錢存起來並購買外匯儲備。除中國的節儉傳統之外，伯南克還指出全

球儲蓄失衡的一些其他原因，包括石油價格日益上漲，以及建立防範未來金融衝擊的「戰爭基金」（warchests）。乍看之下，儲蓄似乎是保障未來的謹慎打算。但是，全球資本主義世界的儲蓄卻是喜憂參半。儲蓄的錢就不能再用於直接投資或消費，但它並沒有消失。伯南克的觀點是，海外過剩的儲蓄最終湧向了美國的金融市場。

## 大量的錢

由於大量資金湧入美國，壓低了美國國內的利率，降低了美國人和歐洲人的儲蓄慾望。而貸款市場充斥大量輕易得來的資金，銀行反過來主動提供貸款。為替這些外國資金尋找出路，美國金融家設計了一些新金融產品，例如債務擔保債券（CDOs），它將高風險的抵押貸款與低風險的債務組合，使這些新

> 從長期來看，整體上工業化國家的經常賬戶應該是盈餘狀態，並貸款……給發展中國家，而不是恰好相反。
> ——本‧伯南克

20 世紀 90 年代出現了一種新的金融工具 —— 債務擔保債券（CDO）。高風險的抵押貸款與低風險的債券相結合，製造出債務風險很低的錯覺。這些債券是導致 2007–2008 年信用體系破裂的主要原因。

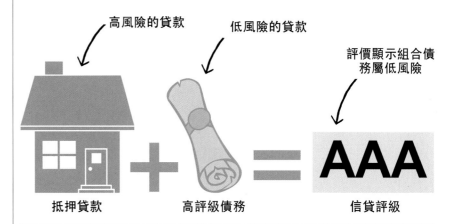

高風險的貸款　　低風險的貸款　　評價顯示組合債務屬低風險

抵押貸款　　＋　　高評級債務　　＝　　**AAA**　　信貸評級

的債券能獲得 AAA 級的信貸評級，讓人們認為其風險很低。與此同時，許多國家的房價飆升，即使低收入人羣都有一定的資產。順應這種繁榮趨勢，銀行開始將一些「次級的」抵押貸款（又稱「次按貸款」）發放給那些無力償還的人。

## 危機

2008 年，一大批次級抵押貸款無力償還，暴露出金融機構的投資已經達到了自身資本價值的數倍之多。同年，雷曼兄弟破產，世界上大多數富裕國家的金融機構也面臨着巨大的倒閉風險，不得不尋求政府救助。

根據伯南克的觀點，金融危機似乎源於中國的高儲蓄和美國的過度消費。尼爾‧弗格森（Niall Ferguson）在《貨幣崛起》（2008）一書中也表達了類似的觀點，該書分析了

信貸緊縮現象，並主要關注具有歷史必然性的「中美國」—— 中國和美國之間共生的（或者有些人稱之為寄生的）關係。在金融危機期間，這個概念吸引許多人的關注，因為它似乎暗示中國人的節儉導致美國的金融危機。

儘管伯南克也承認，只有一小部分中國資金成了高風險資產，但他仍然堅信，中國的資金引發了美國的災難。2011 年，伯南克說：「中國的經常賬戶盈餘幾乎都被用於購置美國資產，其中 80% 以上流向了很安全的國債和機構。」

## 逐漸消失的過剩

許多經濟學家都對伯南克的理論提出質疑。在金融博客「赤裸裸的資本主義」上，依夫‧史密斯（Yves Smith）曾指出，自 20 世紀 80 年代中期以來，全球儲蓄一直非

> 我認為中國所擁有的美國資產並沒有多到讓我們面臨經濟危險的程度。
>
> ——本·伯南克

常穩定，全球儲蓄過剩純粹子虛烏有。美國經濟學家約翰·B·泰勒（John B Taylor）認為，儘管美國以外的儲蓄越來越多，但美國國內儲蓄下降，意味着全球範圍內儲蓄和投資之間並沒有太大差距——因此世界充斥着廉價資金的想法是錯的。

還有經濟學家指出，美國和其他國家的經常賬戶赤字累計不足現金流的 2%，因此只會產生輕微的影響。儲蓄過剩理論更不適用於歐洲。例如，在 2008 年危機前幾年，德國一直保持較高的儲蓄率。根據儲蓄過剩理論，德國存戶應該在愛爾蘭和西班牙從事投機活動，而不是將錢存放在本國的機構，這似乎不太可能。

## 「銀行業過剩」？

普林斯頓大學經濟學教授申鉉松曾提出，投機性資金追逐抵押貸款擔保並非來自儲蓄過剩，而是由於「影子」銀行系統，乃是指正規銀行系統之外的複雜多樣的金融機構，包括對沖基金、貨幣市場、結構性投資工具等。歐洲和美國的影子銀行急於尋求這些債券，在愛爾蘭、西班牙和美國等國都發現了這種債券。

這些影子銀行所在的市場受衍生產品主導。它們是受巧妙的數學公式支撐的「金融工具」，賭的是市場走向。衍生產品交易會鼓勵過度冒險。而金融機構通過押注在按揭證券等的失敗，從中謀取暴利。

在這個虛擬賭場內，額外的過剩儲蓄可能無關緊要。事實上，問題似乎是銀行在沒有足夠現金支持的情況下進行交易。伯南克指出，中國和中東購買美國債券的資金來自貿易順差和石油出口，而歐洲則主要靠借債購買，因此危機發生時它們可以全身而退。

有關導致儲蓄過剩的貿易失衡，經濟學家的看法各不相同。有人認為美國的貿易逆差可持續，而且總是可以輕易地通過外國儲蓄來彌補。有人則擔心若資本流動枯竭，美國經濟可能會硬着陸。美國政治家指出，中國政府為支持貿易順差而刻意將貨幣價值維持在很低的水平，這已經成了中美之間的政治問題。■

## 本·伯南克

本·沙洛姆·伯南克（Ben Shalom Bernanke）出生並成長於美國南卡羅來納州。20 世紀 70 年代早期，伯南克就讀於哈佛大學，隨後繼續在麻省理工學院深造，並在斯坦利·費希爾（Stanley Fischer，後任以色列央行行長）的指導下取得經濟學博士學位。

2002 年，伯南克加入美聯儲局。2004 年，他提出了「大穩健」的想法，認為現代貨幣政策事實上已經消除了經濟週期的波動。2006 年，伯南克擔任美聯儲局主席。他的主席生涯並不順利，很多人指責他沒有預見金融危機，其救助華爾街金融機構的決策也飽受爭議。

**主要作品**

2002 年 《通縮：確定它不會在此發生》

2005 年 《全球儲蓄過剩與美國經常賬戶赤字》

2007 年 《全球失衡》

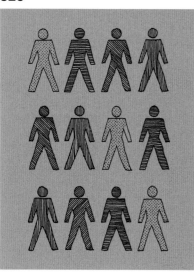

# 分配越公平，增長速度越快

## 不公平與增長

**背景介紹**

聚焦
**增長與發展**

主要人物
**艾爾波托・艾萊斯那**（1957–）
**達尼・羅德里克**（1957–）

此前
**1955年** 美國經濟學家西蒙・庫茲涅茨（Simon Kuznets）出版《經濟增長與收入不公平》，認為不公平是增長的負面影響之一。

**1989年** 美國經濟學家凱文・墨菲（Kevin Murphy）、安德烈・施萊弗（Andrei Shleifer）和羅伯特・維什尼（Robert Vishny）提出，收入分配會影響需求。

此後
**1996年** 意大利經濟學家羅伯特・佩羅蒂（Robert Perrotti）提出，低稅收與高增長之間不存在聯繫。

**2007年** 西班牙經濟學家夏威爾・薩拉伊馬丁（Xavier Sala-i-Martin）提出，發展中國家的公平程度在上升。

社會財富分配不公平。

↓

沒有資本積累的人變得不滿⋯⋯

↓

⋯⋯並呼籲政府推行更多再分配政策。

↓

但再分配需要對資本積累徵收更高的稅⋯⋯

↓

⋯⋯而更高的稅收降低了經濟增長速度。

↓

**分配越公平，增長速度越快。**

**20**世紀的大多數時間裏，經濟學家都在問這個問題：經濟增長如何影響收入？經濟增長增加還是降低了收入不公平程度？1994年，意大利經濟學家艾爾波托・艾萊斯那（Alberto Alesina）和土耳其經濟學家達尼・羅德里克（Dani Rodrik）開始反向研究這個問題，即收入分配如何影響經濟增長。

艾萊斯那和羅德里克檢驗了他們的模型中勞動力和資本（累積的財富）這兩個因素，並認為資本增加推動了經濟發展，但政府卻要對資本徵稅以支持公共服務。這意味着對累積財富徵稅的稅率越高，人們積累資本的激勵性就越小，經濟增長速度也就越慢。

那些收入主要來自資本積累的人更喜歡較低的稅率。而另一方面，沒有資本積累，收入完全來自勞動的人則偏愛較高的稅率。因為政府必須通過徵稅，才能為他們提供公共服務，才能更有效地進行財

參見：稅收負擔 64～65 頁，現代經濟萌芽 178～179 頁，社會選擇理論 214～215 頁，經濟增長理論 224～225 頁，稅收和經濟激勵 270～271 頁。

> 財富和收入分配越不公平，稅率越高，經濟增長就越慢。
>
> ——艾爾波托·艾萊斯那
> 達尼·羅德里克

富再分配。

稅率由政府根據公眾意願設定。即使是獨裁政府也不能夠忽視公眾意願，否則政權很可能會被推翻。因此，稅率要盡可能滿足最大多數人的願望，也就是說，稅率要滿足中間選民（選舉前不確定是贊成還是反對的人）。根據艾萊斯那

和羅德里克的邏輯，如果公平地實施資本和財富再分配，那麼中間選民將相對更富有，因此會要求一個中等稅率。然而，如果財富初次分配不公平，只集中在少數人手中，那麼大多數人都是窮人，因此會要求實施更高的稅率，而這將阻礙經濟增長。艾萊斯那和羅德里克認為，任何社會的分配越公平，經濟增長速度越快。

### 增長與公平

艾萊斯那和羅德里克的解釋並不完全正確。有人認為，這兩位經濟學家顛倒了因果。例如，西班牙經濟學家夏威爾·薩拉伊馬丁（Xavier Sala-i-Martin，1962－）提出，全球經濟增長推動收入不平等程度下降。世界銀行也提出，全球性的扶貧（此舉有利降低不平等程度）主要應歸功經濟增長。另一方面，發展

緩慢的國家，如非洲許多國家，曾數十年經濟低增長甚至零增長。這不僅降低了生活質量，還阻礙了扶貧工作；最貧窮的國家遠遠落後，而不平等依然存在。■

艾萊斯那與羅德里克的結論似乎並不適用於瑞典等北歐國家。這些國家同時具備高稅收與高生活質量的特徵，也是世界上收入差距最小的地方。

## 艾爾波托·艾萊斯那

1957 年，艾爾波托·艾萊斯那出生於意大利北部小鎮布羅尼。艾萊斯那在米蘭普契尼大學修讀經濟學和社會學，在 1981 年以優異成績畢業。隨後在美國哈佛大學繼續修讀經濟學，1986 年獲經濟學博士學位。1993 年，艾萊斯那成了哈佛大學全職教授，2003 年到 2006 年任經濟系主任。

迄今為止，艾萊斯那已出版了 5 本著作。他的研究跨越政治學和經濟學兩大領域，尤其關注

歐美的政治經濟體系。艾萊斯那有關政治對經濟影響的研究得到了廣泛認可。

### 主要作品

**1994 年** 《收入分配差距與經濟增長》（與達尼·羅德里克合著）

**2003 年** 《國家的規模》（與恩里科·斯博勞里合著）

**2004 年** 《在歐美與貧困作戰：充滿差異的世界》（與愛德華·格萊澤合著）

# 即使是有益的經濟改革也可能失敗

## 抵制經濟變化

**背景介紹**

聚焦
**經濟政策**

主要人物
**達尼·羅德里克（1957–）**
**達隆·阿塞莫格魯（1967–）**

此前
**1989年** 英國經濟學家約翰·威廉姆森（John Williamson）首次提出「華盛頓共識」一詞。

**2000年** 南非經濟學家尼古拉斯·范德維爾（Nicolas Van de walle）證明，國際貨幣基金組織推動的非洲「結構性調整」改革失敗。

此後
**2009年** 美國經濟學家道格拉斯·諾斯（Douglass North）、約翰·沃利斯（John Wallis）和巴里·溫格斯特（Barry Weingast）根據社會對暴力問題的反應，提出一種新改革方法。

**2008年** 金融危機之後，歐洲實行了一籃子改革計劃，但在2011年卻走向相反方向。

改革是通過改變制度來推動經濟發展，並使所有人都享受到經濟發展的成果。有人認為，有利經濟發展的改革會大受歡迎，進展會非常順利。但改革往往面臨着很大的阻力，有的阻力甚至來自那些最終可能因改革而受惠的人羣。為了「修復」經濟並讓其回歸正常軌道，有必要去除經濟系統內部的效率低下狀況。如果國家的統治者自私自利、不負責任，那麼改革將相當困難，而這正是大多數發展中國家面臨的實際情況。

**改革及其影響**

土耳其經濟學家達尼·羅德里

---

人們建議實施有利經濟發展的改革。

強勢的精英階層可能會抵制這些變革……

……因為他們想要保護自己對資源的控制權。

他們採取措施阻礙變革，使變革失效或變革結果與預期相反。

即使是有益的經濟改革也可能失敗。

參見：自由市場經濟學 54~61 頁，經濟制度 206-207 頁，次優理論 220~221 頁，經濟增長理論 224~225 頁，獨立的中央銀行 276~277 頁，亞洲老虎經濟體 282~287 頁。

> 有效的政策確實會受到擁護，但是當中醞釀的這段時間，卻可以長得讓改革者無法不利用這種關係。
>
> ——達尼·羅德里克

克（Dani Rodrik）和達隆·阿塞莫格魯（Daron Acemoğlu）曾指出，當強勢羣體預計經濟改革會使他們喪失特權時，就會運用自身的影響力引入新經濟政策，讓收入和權力的再分配向自身傾斜。或者，他們可能會扭曲政策，使改革不能有效進行。阿塞莫格魯認為，當統治者高度不負責任時，其行動只受到有限制衡，通常就會發生這種情況。這些情況下改革通常都失敗，因為它沒有解決深層次的政治約束。而統治者高度負責的國家，或許早就已經嚐到了改革的甜頭。因此，「中間國家」的改革最有效，可能會產生重大的、積極的結果，同時統治者又不足以破壞改革成果。

### 贏家和輸家

然而，在「中間國家」實施改革也會遇到很多問題。當有人提出改革時，通常不清楚誰將是改革的贏家，而誰又會遭受損失。因此即使最終贏家數量多於輸家，人們還是不情願接受這些改革措施。人們可能更偏愛維持現狀，寧願守住已有的東西，減輕失去的風險。如果一個有益的經濟改革因缺乏公眾支持而遭擱置，政治家和經濟學家後

1994 年，薩尼·阿巴查奪取了尼日利亞政權。腐敗的獨裁統治凌駕於法律之上，這使得他的家人侵佔了約 50 億美元的國家資產。

來還會再次倡導這個改革，因為他們相信改革有利經濟和社會發展。

然而，如果沒有新的支持信息，社會將再次拒絕實施改革。但另一方面，如果統治者在沒有民眾支持的條件下執意實施改革，並且因改革而獲益的人比遭受損失的人多，那麼它通常會漸漸得到支持並被繼續推行下去。

大多數改革嘗試都集中於改變「正式的」制度，如法院和投票體系。潛在的「非正式的」制度和周圍的政治環境是否支持改革，是決定它們能否成功的條件。如果沒有這些支持，對法律和憲法的改革不可能取得重大成功。■

### 華盛頓共識

1989 年，英國經濟學家約翰·威廉姆森創造了「華盛頓共識」一詞，指的是 20 世紀 80 年代發達國家提出，為危機中的發展中國家設計的一套自由市場經濟改革計劃。

這些計劃的目的是將拉丁美洲和後社會主義東歐國家的國有經濟，轉變為私有自由市場經濟。他們主要關注國有企業私有化，國內和國際貿易自由化，還引入了競爭性的匯率和均衡的財政（稅收）政策。

20 世紀 90 年代，華盛頓共識開始受到質疑。人們認為改革沒有考慮各國之間明顯的政治差異。尤其是在非洲，動態市場才能讓最窮的人擺脫貧困。

# 房地產市場反映經濟興衰

## 住房與經濟週期

### 背景介紹

聚焦
**宏觀經濟**

主要人物
查爾斯・古德哈特（1936–）

此前
**1965年** 美國經濟學家謝爾曼・梅塞爾（Sherman Maisel）首次研究住房投資對經濟的影響。

**2003年** 美國經濟學家莫里斯・戴維斯（Morris Davis）和喬納森・希思科特（Jonathan Heathcote）提出，房價與整體經濟狀況有關。

此後
**2007年** 美國經濟學家愛德華・利默爾（Edward Leamer）提出，住房建設趨勢是經濟衰退的早期預警。

**2010年** 次貸危機（抵押貸款給那些無力償還的人）期間降低承保標準後，美國貸款抵押公司房利美（Fannie Mae）和房地美（Freddie Mac）宣佈退出紐約證券交易市場。

房地產市場的變動反映了更大範圍內的經濟「繁榮與蕭條」週期。當實際經濟產出達到最高或最低水平時，經濟就進入了繁榮或蕭條時期，繁榮期經過收縮期進入蕭條期，蕭條期經過擴張期進入繁榮期，通常每個時期長約 3–7 年。

在經濟增長期，住房投資很多，這其中有許多原因。由於經濟增長可以創造更多職位，且蓬勃發展的經濟讓更多人想要購買住房。同時，抵押貸款公司開始放寬貸款條件，因此房地產市場上更多房子售出。住房需求增加意味着房價上升。那些賣房的人可以全額付清大筆抵押貸款。房地產建築商繼續投資炒房，以期從更高房價中獲利。

房價相對較穩定，不會受其他因素影響而快速發生變化。這就是人們認為住房投資可靠的一個原因，即使銷量下降，房價也可以保持穩定。

2004 年美國華盛頓州，農場上正在興建一片新的住宅區。21 世紀初，美國正處於經濟繁榮期，寬鬆的借貸標準也助長了房地產市場的發展。

### 衰退的跡象

儘管房價通常較穩定，但也是停滯的；伴隨的對住房投資的下降，通常也是經濟衰退前兆。過去 50 年中，發達國家的房地產市場在每次大衰退之前就開始低迷。只有當消費者相信他們的房子將會升值時，房地產市場才會回暖。這種信心隨着經濟復甦而穩步增加。隨着住房銷量開始回到正常水平，住房

參見：繁榮與蕭條 78~79 頁，經濟泡沫 98~99 頁，供應和需求 108~113 頁，測試經濟理論 170 頁，金融危機 296~301 頁。

> 隨着經濟發展，越來越多人自信買得起房子。

↓

> 住房需求增加導致房價上漲。房地產商進一步投資建房。

↓

> 房價高到讓人無法承受，住房需求停止增長。

↓

> 房地產投資暫停，導致相關產業的工人失業。房價停滯不前，更大範圍內經濟開始衰退。

↓

> **房地產市場反映經濟興衰。**

## 房地產市場不負責任的放貸行為

2008 年的經濟危機，主要原因是抵押貸款市場自由化以及銀行不負責任的放貸。最初，銀行對借款人有嚴格的條件限制，只貸款給那些有能力償還本金和利息的人。然而，隨着經濟日益繁榮，那些只能償還貸款利息的人也可以獲得抵押貸款。這些人需要依靠收入增加或房價上漲才能還清貸款。

在美國，銀行後來甚至開始貸款給那些連利息都負擔不起的人，而這些人只有在房價和收入大幅度增長時才能償還貸款。當經濟衰退時，貸款人無力償還貸款，整個經濟也隨之崩潰。

2008 年金融危機後，銀行紛紛取消抵押品贖回權，到處都能見到被查封的房子。上圖是美國新澤西州一幢被查封的住房。

投資增加，創造更多職位，進一步推動經濟增長。

經濟學家分析房地產市場與整體經濟之間的關係，認為房地產市場的投資水平，可以準確地預測衰退與復甦。2006 年，在《房價與宏觀經濟》一書中，英國經濟學家查爾斯·古德哈特（Charles Goodhart）和鮑里斯·霍夫曼（Boris Hofmann）表示，經濟狀況與房價之間存在相關的關係。他們指出，在未來採取合適的政策，應可大大減輕甚至避免經濟衰退的影響。

不幸的是，事實並非如此，2008 年美國房地產「泡沫」破滅了。快速的金融創新為抵押貸款市場埋下了不穩定的種子，讓那些沒有經濟基礎的消費者信心倍增，創造了不可持續的虛假繁榮。房地產市場導致整個經濟最終的衰退與蕭條。■

# DIRECTORY

人名録

# 人名錄

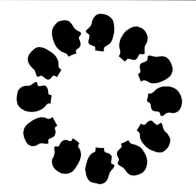

這本書收錄了一些最重要的經濟思想，從最早期的經濟思想開端到後來的政治經濟變革，以及現代的研究主題。因此，它會提到一些重要經濟學家的觀點和成就，如亞當‧斯密、約翰‧梅納德‧凱恩斯和弗里德里希‧海耶克等。然而，還有很多其他科學家對經濟學作出重大貢獻，這些貢獻往往來自不同的領域，因篇幅所限只能一筆帶過。接下來所談到的經濟學家，都在經濟學的建立及發展中作出重大貢獻，他們推動經濟學發展成為現代工業社會的重要學科，了解他們有助加深我們對當今世界經濟活動的理解。

## 讓－巴普蒂斯塔‧柯爾貝爾
### 1619–1683 年

雖然出生在法國蘭斯一個商人家庭，但讓－巴普蒂斯塔‧柯爾貝爾（Jean-Baptiste Colbert）卻選擇了從政而非經商。1665 年，柯爾貝爾任路易十四的財政總管，隨後引進治理政治腐敗的措施。他還改革了稅制，推出政策促進法國工業發展，鼓勵海外貿易，並改善了法國的基礎設施。

**參見**：稅收負擔 64~65頁

## 皮埃爾‧布阿吉爾貝爾
### 1646–1714 年

皮埃爾‧布阿吉爾貝爾（Pierre Le Pesant, sieur de Boisguilbert），法國貴族，一生從事法律工作。曾先後擔任過縣長、法官，1690 年升為路易十四的經理官——代表國王管理魯昂的行政和司法事務，直到

1714 年去世。看到稅收為當地經濟帶來的不良影響，布阿吉爾貝爾反對由柯爾貝爾實施的稅制。他認為生產和貿易創造了財富，因此提議改革稅制鼓勵更自由的貿易。

**參見**：稅收負擔 64~65頁

## 山片蟠桃
### 1748–1821 年

山片蟠桃（Yamagata Bantō），日本大阪最著名的學者之一，他還是一位貨幣兌換商人。山片蟠桃與大阪學校的其他人一起，將西方的理性主義思想引入日本，促進了建立在儒家思想的日本封建社會的終結。山片蟠桃花了近 20 年寫成著作《夢之代》，表達了對古老社會制度的不滿，認為日本還處於神的控制之下。因此他提出了一個通過發展工業和貿易，建立現代日本社會、政治和經濟結構的理性科學方法。

**參見**：比較優勢 80~85頁

## 克勞德‧亨利‧聖西門
### 1760–1825 年

克勞德‧亨利‧聖西門（Claude Henri de Saint-Simon）出生於法國巴黎的貴族家庭，但卻因倡導社會主義改革而未被授予本該有的伯爵稱號。美國改革後創造了一個新的社會，這深深地影響了聖西門的思想。他認為，通過合作和技術創新可以消除貧困，而教育則可以消除人們尋求社會特權和剝削他人的貪婪。聖西門的研究影響了 19 世紀的社會主義思想家，其中最著名的是卡爾‧馬克思。

**參見**：馬克思主義經濟學 100~105頁

## 弗里德里希‧李斯特
### 1789–1846 年

弗里德里希‧李斯特（Friedrich List）的職業生涯，是從在德國羅伊特羅根的家鄉當一名公務員開始的，隨後很快晉升到高層職位。

然而，1822 年，他因有關改革的觀點被判入獄，隨後逃到法國和英國。後來，李斯特移民美國，先後擔任美國在漢堡和萊比錫的領事。1843 年，李斯特創立了一份報紙，表達自己有關「國家制度」的觀點，認為擴大關稅聯盟可以團結所有德國人。他晚年受到健康狀況和經濟問題的困擾，最終於 1846 年自殺。

**參見**：比較優勢 80~85頁

## 約瑟夫・伯特蘭德
### 1822–1900 年

作為一名法國大眾科學作家的兒子，約瑟夫・伯特蘭德 (Joseph Bertrand) 很小就展現出過人的數學天分。1856 年，伯特蘭德成為巴黎綜合理工學院的教授。他在數理論和概率論領域享有盛譽，而且反對安托萬・古諾提出的寡頭壟斷理論，並提出了價格競爭模型。

**參見**：有限競爭的影響 90~91頁

## 卡爾・門格爾
### 1840–1921 年

卡爾・門格爾 (Carl Menger) 出生於加利西亞（今屬波蘭），是奧地利學派創始人之一。門格爾 1871 年出版的《經濟學原理》概述了他的邊際理論（商品從每一增加的單位中獲得價值），這後來成了奧地利學派經濟思想的中心。在維也納大學任經濟學教授時，門格爾寫成《社會科學方法》一書，標誌着奧地利學派與德國歷史學派的最終分

歧。德國歷史學派主要是基於 19 世紀的浪漫主義理想。

**參見**：經濟自由主義 172~177頁

## 盧約・布倫塔諾
### 1844–1931 年

盧約・布倫塔諾 (Lujo Brentano) 出生在德國巴伐利亞，先後獲得法學博士和經濟學博士學位。1868 年，布倫塔諾與統計學家厄恩斯特・恩格爾一同去英國研究工會制度，此次經歷影響了布倫塔諾的思想。儘管他是德國歷史學派成員之一，但他對該學派的很多理論提出了質疑，並倡導社會改革、人權和政府的公共福利責任。他對建立社會市場經濟的影響尤為顯著。

**參見**：社會市場經濟 222~223頁

## 尤金・馮・龐巴維克
### 1851–1914 年

尤金・馮・龐巴維克 (Eugen von Böhm-Bawerk) 出生在奧地利布隆（現屬捷克共和國），是奧地利學派創始人之一。龐巴維克畢業於維也納大學法學專業，在學術上和政治上都很成功，19 世紀 90 年代曾兩次擔任財政部長。在任期間，他成功實施節儉預算平衡計劃。龐巴維克批判馬克思主義經濟學，對資本與利息理論的研究非常有影響力，尤其影響了他的學生約瑟夫・熊彼德和路德維希・馮・米塞斯。

**參見**：中央計劃 142~147頁

## 弗里德里希・馮・維塞爾
### 1851–1926 年

弗里德里希・馮・維塞爾 (Friedrich von Wieser) 出生於維也納。與他的妹夫龐巴維克一樣，維塞爾最初也修讀法律，但在閱讀了卡爾・門格爾的著作之後轉而修讀經濟學。從事公務員工作幾年以後，於 1903 年接替門格爾任維也納大學教授。受里昂・瓦爾拉斯和維爾弗雷多・帕累托影響，維塞爾對經濟學的第一個貢獻在價值理論領域，還創造了「邊際效用」（從每一增加的單位中獲得的滿足感）一詞。此後維塞爾主要關注將經濟理論應用於社會學，提出了重要的社會經濟理論及機會成本觀點。

**參見**：機會成本 133頁

## 索爾斯坦・凡勃倫
### 1857–1929 年

索爾斯坦・凡勃倫 (Thorstein Veblen) 是一位特立獨行的美國經濟學家，出生於明尼蘇達州一個挪威移民的農家。他非傳統性的背景使得他可以站在局外人的角度看待美國社會，並導致他拒絕接受老師的傳統知識。他建立了制度學派，將社會學和經濟學相結合。1899 年，凡勃倫出版了《有閒階級論》，提出「炫耀性消費」的觀點，當中批評資本主義制度的低效率和腐敗及其「寄生」階層。

**參見**：炫耀性消費 136頁

## 阿瑟 · 庇古
### 1877–1959 年

阿瑟 · 庇古（Arthur Pigou）出生在懷特島萊德，後在英國劍橋大學修讀歷史，其間對經濟學產生興趣，並有幸遇到阿爾弗雷德 · 馬歇爾。畢業後庇古留在劍橋大學任教，直到第一次世界大戰爆發。1908 年，他接替馬歇爾任政治經濟學教授。「庇古稅」是其最重要的貢獻，目的是消除外部性（「溢出」到第三方的成本或收益）。

參見：外部成本 137頁

## 尼古拉 · 康德拉捷夫
### 1892–1938 年

尼古拉 · 康德拉捷夫（Nikolai Kondratiev）出生於莫斯科北部科斯特羅馬附近的一個農民家庭，後在聖彼得堡大學修讀經濟學，畢業後在政府部門工作。1917 年，沙皇尼古拉斯二世被趕下台，作為社會革命黨一員，康德拉捷夫被任命為臨時政府的供應部長。一個月後，臨時政府被推翻，康德拉捷夫重返學術生活。他認為資本主義經濟 50~60 年為一個週期，現在被稱為康德拉捷夫波動。1930 年，他的觀點不再受歡迎。他被捕入獄後，於 1938 年被執行死刑。

參見：繁榮與蕭條 78~79頁

## 拉格納 · 弗里希
### 1895–1973 年

拉格納 · 弗里希（Ragnar Frisch）

出生於挪威克里斯蒂安娜鎮，他最早嘗試將數學和統計學應用於經濟學，創造了「計量經濟學」、「微觀經濟學」和「宏觀經濟學」三個名詞。他最初被培訓為金匠，意在進入家族企業，但後來去法國和英國修讀經濟學和數學。1932 年，他建立了奧斯陸經濟學研究所，1969 年與同事簡 · 丁伯根共同獲得第一個諾貝爾經濟學獎。

參見：測試經濟理論 170頁

## 保羅 · 羅森斯坦-羅丹
### 1902–1985 年

保羅 · 羅森斯坦-羅丹（Paul Rosenstein-Rodan）出生於奧地利統治下克拉科夫的猶太混血家庭。最初，他是奧地利學派的經濟學家。1930 年，他逃離家鄉的反猶太主義前往倫敦，在倫敦經濟學院任教。20 世紀 40 年代，他的研究興趣轉到發展經濟學領域，提出後來所知的「大推動」理論。第二次世界大戰後，羅森斯坦-羅丹搬到美國，在世界銀行工作的同時還擔任印度、意大利、智利和委內瑞拉政府的顧問。

參見：發展經濟學 188~193頁

## 簡 · 丁伯根
### 1903–1994 年

簡 · 丁伯根（Jan Tinbergen），1969 年與拉格納 · 弗里希共同獲得第一個諾貝爾經濟學獎。然而，這位荷蘭籍理論家最初修讀是數學和物理學，然後開始將科學原理應用

於經濟理論，為新的計量經濟學領域奠定了基礎。丁伯根在大學任教授，同時還兼任國際聯盟和荷蘭中央統計局的顧問。1936 年，他開發了一個新的國家宏觀經濟模型，隨後被其他國家政府相繼採用。

參見：測試經濟理論 170頁

## 理查德 · 卡恩
### 1905–1989 年

理查德 · 卡恩（Richard Kahn）出生於倫敦，父母是德國人。他在英國劍橋大學獲物理學學位，隨後轉而修讀經濟學，在約翰 · 梅納德 · 凱恩斯的指導下僅用一年就以優異成績獲得學位。25 歲時，他因一篇描述凱恩斯乘數的文章而出名。卡恩作為實用主義經濟學家，第二次世界大戰期間擔任英國政府顧問，後回到劍橋大學任教，直到 1972 年退休。

參見：凱恩斯乘數 164~165頁

## 拉格納 · 納克斯
### 1907–1959 年

拉格納 · 納克斯（Ragnar Nurkse）出生於愛沙尼亞卡魯（當時屬俄羅斯帝國），後來在塔爾圖大學修讀法學和經濟學。畢業後先後到蘇格蘭和維也納繼續深造。1934 年，納克斯擔任國際聯盟的金融分析師，使他對國際和發展經濟學產生了濃厚興趣。第二次世界大戰後，他移居美國，在哥倫比亞大學和普林斯頓大學任教。他與保羅 · 羅森斯坦-羅丹一起，建立了發展經濟

學這個現代研究領域，提倡「大推動」理論。

參見：發展經濟學 188~193頁

# 約翰・肯尼斯・加爾布雷斯
## 1908–2006 年

約翰・肯尼斯・加爾布雷斯（John Kenneth Galbraith）出生在加拿大安大略省，曾先後在加拿大和美國修讀經濟學。後來在英國劍橋大學任教，深受凱恩斯影響。第二次世界大戰期間，任美國政府價格管理辦公室副主任，但他卻因倡導永久的價格管制而於 1943 年被迫辭職。之後，他當過記者、學者和甘迺迪總統的經濟顧問，1958 年其著作《豐裕社會》大受讀者歡迎。

參見：炫耀性消費 136頁

# 喬治・斯蒂格勒
## 1911–1991 年

喬治・斯蒂格勒（George Stigler）在美國芝加哥大學修讀博士期間，受導師弗蘭克・奈特影響，成了芝加哥學派的領軍人物之一，與他的朋友及現代的米爾頓・佛利民一同工作。其最著名是對經濟思想史的研究，他的研究範圍還包括公共選擇理論（政府行為分析）和信息經濟學領域。1982 年，斯蒂格勒獲得諾貝爾獎。

參見：搜尋與匹配 304~305頁

# 詹姆斯・托賓
## 1918–2002 年

詹姆斯・托賓（James Tobin），出生於美國伊利諾伊州。他設計的「托賓稅」在今天廣為人知，「托賓稅」的目的是減少貨幣交易中的投機行為。托賓是凱恩斯經濟學的積極倡導者，主要研究投資和財政（稅收）政策領域。1935 年，托賓去了美國哈佛大學，遇到凱恩斯。1950 年，他在耶魯大學任教，並在此度過了餘生。作為甘迺迪政府的顧問，他協助制定了 20 世紀 60 年代美國的經濟政策，並於 1981 年獲得諾貝爾獎。

參見：經濟蕭條與失業 154~161頁，凱恩斯乘數 164~165頁

# 阿爾弗雷德・錢德勒
## 1918–2007 年

阿爾弗雷德・錢德勒（Alfred Chandler）出生在美國特拉華州，1940 年畢業於哈佛大學。第二次世界大戰中曾在美國海軍服役，之後根據他的曾祖父——金融分析師亨利・V・普爾留給他的文件撰寫博士論文，研究了管理結構問題。自 20 世紀 60 年代開始，錢德勒就關注管理戰略和大型公司的組織。他寫了大量著作，1977 年的《看得見的手》獲得了普利策獎。這本書將大型企業的崛起描述為「第二次工業革命」。

參見：規模經濟 132頁

# 羅伯特・盧卡斯
## 1937 年 –

羅伯特・盧卡斯（Rrobert Lucas）是芝加哥學派最有影響力的經濟學家之一，同時也是新古典宏觀經濟學的創始人之一。他曾就讀於美國芝加哥大學，自 1974 年起一直在此任教授。他推翻了凱恩斯主義思想，對理性預期（這一觀點認為，由於人們能獲得完整的信息並作出理性決定，因此其行為使政府政策達不到預期效果）的研究也影響了 20 世紀 80 年代的貨幣政策。

參見：理性預期 244~247頁

# 尤金・法瑪
## 1939 年 –

尤金・法瑪（Eugene Fama）生於美國，是意大利移民的第三代後裔，也是他的家族裏第一個上過大學的人。他最初修讀法語，後來對經濟學着迷。他獲得芝加哥大學的博士獎學金，畢業後一直在芝加哥大學任教。他最廣為人知的是有效市場假說，即如果市場上有很多信息暢通的交易參加者，那麼價格就必然能反映所有可得的信息。此外，尤金・法瑪還論證了市場效率與均衡之間的相關關係。

參見：高效的市場 272頁

# 肯尼斯・賓默爾
## 1940 年 –

英國學者肯尼斯・賓默爾（Kenneth Binmore）是一位數學家、經濟學家和博弈論家。他的研究開創

了將傳統經濟學與新的數學技術以及實驗相結合的方法。他推動了議價行為理論和進化博弈論的發展。

參見：競爭與合作 273頁

# 彼得·戴蒙德
## 1940 年 –

彼得·戴蒙德（Peter Diamond），美國經濟學家，畢業於耶魯大學數學系，後進入麻省理工學院修讀經濟學，並在此度過了他大部分的職業生涯。戴蒙德最著名是對社會保障的研究，他還是政府的社會保障政策顧問。後期他主要研究搜索與匹配理論，2010 年與戴爾·莫滕森和克里斯托弗·皮薩里德斯共同獲得諾貝爾獎。

參見：搜尋與匹配 304~305頁

# 邁克爾·托達洛
## 1942 年 –

邁克爾·托達洛（Michael Todaro），美國經濟學家，畢業於賓夕法尼亞州哈弗福德學院，隨後與導師菲利普·貝爾教授在非洲進行了一年考察，這次經歷激發了他對發展經濟學的熱情。1967 年，他的博士論文奠定了發展中國家遷移理論的基礎，並提出了所謂的「托達洛悖論」。他曾任職於非洲洛克菲勒基金會和紐約人口理事會，現在紐約大學任終身教授。

參見：發展經濟學 188~193頁

# 羅伯特·阿克塞爾羅德
## 1943 年 –

羅伯特·阿克塞爾羅德（Robert Axelrod），美國經濟學家和政治學家，1974 年開始任職於密西根大學並在此度過了大部分職業生涯。他最著名是對合作與複雜理論的研究。在《合作的進化》（1984）一書中，他探索了「囚徒困境」問題，表示「以牙還牙」的策略無論是在敵對的還是友好的情況下都可能會產生合作行為。阿克塞爾羅德曾擔任過聯合國、世界銀行和美國國防部的顧問，以促進國家之間合作。

參見：競爭與合作 273頁

# 邁克爾·斯彭斯
## 1943 年 –

邁克爾·斯彭斯（Michael Spence）的父親第二次世界大戰期間被派往渥太華，因此斯彭斯出生於新澤西，實際上在加拿大長大。他先在美國普林斯頓大學修讀哲學，後來在哈佛大學攻讀經濟學博士學位。大部分的職業生涯裏，他在哈佛大學和史丹佛大學任教。他主要關注信息經濟學（信息如何影響經濟）和直接「信號傳遞」的問題（比如，求職者通過學術資格傳遞他或她勝任某項工作的能力）。2001 年，斯彭斯與喬治·阿克洛夫、約瑟夫·斯蒂格利茨憑着對市場信息不對稱問題的研究共同獲得諾貝爾獎。

參見：市場不確定性 274~275頁

# 約瑟夫·斯蒂格利茨
## 1943 年 –

約瑟夫·斯蒂格利茨（Joseph Stiglitz）出生在美國印第安納州一個「喜歡討論政治問題」的家庭，他是同時代最具影響力（也最有爭議）的經濟學家之一。他已經獲得美國和英國幾所著名大學的教授職位，也是美國總統克林頓和奧巴馬的顧問，同時兼任世界銀行的首席經濟學家。20 世紀 70 年代，他憑着對信息經濟學（信息如何影響經濟）的研究而出名，也因此成為 2001 年諾貝爾獎的共同得主之一。20 世紀 90 年代，他大肆批評華盛頓共識，尤其是當它被應用於發展中國家時。

參見：激勵與工資 302頁

# 愛麗絲·阿姆斯登
## 1943–2012 年

愛麗絲·阿姆斯登（Alice Amsden）被評為「無畏」的經濟學家，她主要關注新型經濟體的發展和工業化過程。從康奈爾大學畢業後，她去了英國倫敦經濟學院攻讀博士學位，後來在世界銀行和經濟合作與發展組織（OECD）工作，同時還擔任高級學術職位。2009 年，她應聯合國之邀承擔了一份為期三年的工作。她最著名是通過《「其他國家」的崛起》（2011）等書，挑戰了傳統的全球化觀點。

參見：亞洲老虎經濟體 282~287頁

## 羅伯特・巴羅
**1944 年 –**

羅伯特・巴羅（Robert Barro），美國經濟學家，最初修讀的是物理學，但讀博士時轉向研究經濟學。他曾在美國很多所大學任教，還兼任位於北京的中央財經大學經濟與管理學院名譽院長。巴羅是新古典宏觀經濟學的領軍人物，1974 年憑着有關現期借貸與未來稅收影響的理論第一次進入公眾視野。他後期主要研究文化對政治經濟的影響。

**參見**：借貸與債務 76~77頁

## 克里斯托弗・皮薩里德斯
**1948 年 –**

克里斯托弗・皮薩里德斯（Christopher Pissarides）出生於希臘塞浦路斯，後在英國埃塞克斯大學修讀經濟學。1973 年獲倫敦經濟學院博士學位，並在此工作到 1976 年。他最著名的貢獻是對勞動力市場上搜尋與匹配理論以及失業問題的研究。20 世紀 90 年代，他與戴爾・莫滕森一起開發了工作創造與破壞模型。他與莫滕森、彼得・戴蒙德憑着對市場的研究共同獲得 2010 年諾貝爾獎。

**參見**：搜尋與匹配 304~305頁

## 保羅・克魯格曼
**1953 年 –**

保羅・克魯格曼（Paul Krugman），

美國經濟學家，憑着對貿易模式的研究獲得 2008 年諾貝爾獎。他因在國際貿易和金融方面的開創性工作，以及對貨幣危機和財政（稅收）政策的分析而聞名。曾在多所大學任教，20 世紀 80 年代曾擔任列根政府的經濟顧問，一般被認為是政治左派。20 世紀 90 年代，克魯格曼提出新貿易理論，提供一種研究國際貿易的新方法。

**參見**：貿易與地理 312頁

## 達尼・羅德里克
**1957 年 –**

達尼・羅德里克（Dani Rodrik）1957 年出生於土耳其伊斯坦布爾，讀大學時搬到美國。他現在是哈佛大學國際政治經濟學教授，主要研究領域是國際和發展經濟學。他曾擔任過許多國際組織的顧問，包括經濟政策研究中心、全球發展中心以及國際經濟研究所等。

**參見**：市場整合226~231頁，抵制經濟變化328~329頁

## 張夏准
**1963 年 –**

張夏准（Ha-Joon Chang）1963 年生於南韓，強烈批評主流經濟學。他畢業於南韓首爾大學，後移居英國，在劍橋大學攻讀博士學位，並在此繼續他的研究。張夏准曾擔任過幾個聯合國機構、世界銀行、亞洲發展銀行和許多國家政府和非政府組織的顧問。他批判世界銀行支持的傳統發展政策，其《他們

沒告訴你關於資本主義的 23 件事》（2010）一書使另類經濟學（Alternative Economics）變得普及。

**參見**：亞洲老虎經濟體 282~287頁

## 雷諾・戈謝爾
**1976 年 –**

雷諾・戈謝爾（Renaud Gaucher），法國思想家，擁有心理學、歷史學、地理學和經濟學四個學位，他試圖將社會科學元素整合到經濟思想中，並運用更全面的研究方法。他站在積極心理學的角度，研究貨幣心理和行為經濟學，繼續伊斯特林等經濟學家的研究，強調「幸福經濟學」在發展和氣候變化政策中的地位。

**參見**：幸福經濟學 216~219頁

# 詞 彙 表

**絕對優勢 Absolute advantage**
一個國家比另一個國家更有效地生產某種產品的能力。

**總計 Aggregate**
總量；如總需求指的是對所有商品和服務需求的總和。

**信息不對稱 Asymmetric information**
信息的不平衡；如買家和賣家彼此可能比對方擁有更多有關產品的信息。

**奧地利學派 Austrian School**
19 世紀末期由卡爾・門格爾創立的經濟學學派。它將所有經濟活動歸因於個人行為和自由選擇，反對政府以任何形式干預經濟。

**貿易差額 Balance of trade**
在特定時期內一國進口與出口價值的差異。

**破產 Bankruptcy**
個人或公司無力償還債務的法律聲明。

**以物易物體系 Barter system**
貨物或服務不通過貨幣等交換媒介而直接進行交易的體系。

**熊市 Bear market**
股價或其他商品價值的下降期。

**行為經濟學 Behavioural economics**
經濟學的一個分支，研究心理和社會因素對決策的影響。

**債券 Bond**
用於籌集資金的計息貸款。債券的發行者（例如政府和公司）通過發行債券籌集資金，並許諾在未來某個確定日期連本帶息償還債券的購買者。

**布雷頓森林體系 Bretton Woods system**
1945 年世界主要工業國達成的匯率體系。它將美元與黃金掛鈎，而其他國家的貨幣與美元掛鈎。

**預算 Budget**
包含所有預期支出與收入的財務計劃。

**預算約束 Budget constraint**
一個人能負擔得起的商品和服務的限度。

**牛市 Bull market**
股價或其他商品價值的上升期。

**經濟週期 Business cycle**
經濟增長的波動，表現為經濟擴張（繁榮）與收縮（蕭條）。

**資本 Capital**
可以帶來收入的貨幣和實物資產（如機器和基礎設施）。土地、勞動力、企業家才能和資本是經濟活動的四個關鍵要素。

**資本主義制度 Capitalism**
一種經濟制度，該制度下生產資料歸私人所有，公司為銷售商品獲利而相互競爭，工人用勞動力換取工資。

**卡特爾 Cartel**
一羣公司為限制某種產品產量以抬高產品價格而相互合作所構成的壟斷組織。

**中央銀行 Central bank**
管理一國貨幣，調節貨幣供應量並制定利率的機構。它還可以充當銀行的最後貸款人。

**中央計劃 Central planning**
中央集權的政府控制經濟的體系，該體系下通常由政府委員會制定有關商品生產與配置的決策。

**混沌理論 Chaos theory**
數學的一個分支，顯示了初始條件下細微的改變後期會造成的重大影響。

**芝加哥學派 Chicago School**
指與美國芝加哥大學有關推崇自由市場的經濟學家，他們對市場自由化和放寬管制的理想成了 20 世紀 80 年代的主流思想。

**古典經濟學 Classical economics**
亞當・斯密和大衛・李嘉圖早期研究經濟學的方法，主要關注國家的發展與自由市場。

**串通 Collusion**
兩家或更多公司之間達成協議互不競爭以操縱價格。

**指令型經濟 Command economy**
也叫計劃經濟，指經濟活動的各個方面都受一個中央權威機構（如政府）控制。

商品 Commodity
用於交換的產品或服務的總稱。在經濟學中通常指同質的、可批量購買的原材料。

共產主義 Communism
財產和生產資料由集體共有的馬克思主義經濟體系。

比較優勢 Comparative advantage
相對來說，一國生產某種產品比另一國更有效的能力，即使後者總體上可能更有效。

競爭 Competition
當兩個或多個生產商都希望以最好的條件贏得顧客青睞時，競爭就產生了。

消費 Consumption
消費者購買的商品或服務的價值。政府將個人的購買行為整合起來計算國民消費水平。

信貸緊縮 Credit crunch
銀行系統貸款可能性突然降低。信貸緊縮通常在一段信貸寬鬆期以後發生。

債務 Debt
一方（債務人）向另一方（債權人）作出的還款承諾。

違約 Default
債務人未能按雙方協議償還貸款。

赤字 Deficit
一種不平衡。貿易赤字，也叫貿易逆差，是指進口超過出口；政府預算赤字是指支出超過稅收收入。

通縮 Deflation
商品和服務的價格持續下降。經濟停滯時期會出現通縮現象。

需求 Demand
一個人或一羣人願意並且能夠購買的商品和服務數量。

需求曲線 Demand curve
顯示不同價格下人們願意購買的商品或服務數量的圖表。

依附理論 Dependency theory
該理論認為資源和財富從窮國流向富國，導致窮國無法發展。

折舊 Depreciation
由磨損或報廢導致的資產價值隨時間減少。

蕭條 Depression
經濟活動長期的嚴重衰退，表現為產量下降，失業率上升和信貸匱乏。

邊際收益遞減
Diminishing marginal returns
每一額外單位的物品帶來的收益越來越小。

雙頭壟斷 Duopoly
兩家公司控制整個市場的情況。

經濟自由主義 Economic liberalism
一種意識形態，認為當給予人們最大限度的自由作出消費決策時，可實現最大收益。經濟自由主義倡導自由市場經濟。

經濟 Economy
特定國家或地區經濟活動的總體，包括所有的生產、勞動力、貿易和消費活動。

彈性 Elasticity
一個經濟變量（如需求）對另一個經濟變量（如價格）的敏感程度。產品的價格可能是富有彈性的，也

可能是缺乏彈性的。

企業家 Entrepreneur
一個為盈利而承擔商業風險的人。

均衡 Equilibrium
系統內的一種平衡狀態。經濟學裏，當供應與需求相等時市場就達到了均衡。

歐元區 Eurozone
歐聯成員國中加入了貨幣聯盟的國家區域。它們都使用同一種貨幣—— 歐元，由歐洲中央銀行統一制定貨幣政策。

匯率 Exchange rate
一種貨幣兌換其他貨幣的比例，是一種貨幣與其他貨幣的相對價格。

外部性 Externality
個人能感知但並沒有直接包括在經濟活動中的成本或收益，價格不能反映經濟活動的外部性。

生產要素 Factors of production
用於生產產品或服務的投入，包括土地、勞動力、資本和企業家才能。

法定貨幣 Fiat money
沒有實質商品（如黃金）支撐的貨幣形式，其價值源自人們對該貨幣形式的信心。目前世界上流通的主要是法定貨幣。

財政政策 Fiscal policy
政府的稅收和支出計劃。

自由市場經濟
Free-market economy
個人和廠商根據供應和需求作出生產決策，市場決定價格的一種經濟。

**自由貿易 Free trade**
商品和服務的進出口沒有關稅或配額束縛。

**博弈論 Game theory**
研究相互影響的個人或公司策略的理論。

**全球化 Globalization**
資金、貨物或人員跨國界的自由流動；通過商品、勞動力和資本市場的整合，國家之間經濟上的相互依存日益增強。

**金本位 Gold standard**
以黃金儲備為支撐，理論上貨幣可以即期兌換成黃金的貨幣制度。目前沒有國家採用金本位制度。

**商品 Good**
能滿足消費者慾望或需求的物品，通常用來指代產品或原材料。

**大蕭條 Great Depression**
從 1929 年到 20 世紀 30 年代中期的全球性經濟衰退。這次衰退始於美國華爾街股市崩盤。

**國內生產總值（GDP）**
GDP 將一國國內全年度產出匯總起來，通常用來衡量一個國家的經濟活動和財富。

**國民生產總值（GNP）**
一年內本國生產者生產的所有商品和服務的總價值，無論這些生產者是在國內還是在國外進行生產。

**惡性通脹 Hyperinflation**
指通脹率很高。

**通脹 Inflation**
商品和服務價格持續上升的情況。

**利率 Interest rate**
貸款的價格。貸款利率通常指債務人每年必須償還的錢佔借款本金的比例。

**國際貨幣基金組織（IMF）
International Monetary Fund**
1944 年成立監督戰後匯率體系的國際組織，後來其主要功能轉變為貧窮國家提供財政支持。

**負相關關係 Inverse relationship**
一個變量減少時另一個變量增加的情況。

**投資 Investment**
旨在增加未來產量的資本注入，如新的機器或培訓勞動力。

**看不見的手 Invisible hand**
亞當‧斯密認為，如果市場上每個人都追求自身利益，那麼必定會實現社會的集體利益，就像一些「看不見的手」在指揮一樣。

**凱恩斯乘數 Keynesian Multiplier**
政府支出增加會帶來收入以倍數計的增長。

**凱恩斯主義 Keynesianism**
以凱恩斯思想為基礎的經濟學學派，提倡通過政府支出來推動經濟，走出衰退。

**自由放任 Laissez-faire**
法語，意思是「隨它去吧」，指市場不會受到政府干預。

**流動性 Liquidity**
資產可以用於購買商品的容易程度，缺乏流動性會使資產貶值。現金流動性最強，因為它可以立即購買商品或服務，不會影響其價值。

**宏觀經濟學 Macroeconomics**
宏觀經濟學把經濟看作一個整體，研究整體經濟因素，如利率、通脹、增長和失業等。

**邊際成本 Marginal cost**
生產額外一個單位產量帶來的總成本的增加。

**邊際效用 Marginal utility**
消費額外一單位產品或服務所帶來的總效用或總滿意度的變化。

**市場失靈 Market failure**
市場無法實現社會最優的結果。市場失靈可能是由於缺乏競爭（如壟斷）、信息不完全、未被包括的成本和收益（外部性），或者是缺乏潛在私人利潤（如提供公共物品）。

**重商主義 Mercantilism**
16 至 18 世紀主導西歐經濟學的教義。它強調政府應控制對外貿易以保持貿易順差。

**微觀經濟學 Microeconomics**
微觀經濟學研究個人和廠商的經濟行為。

**混合經濟 Mixed economy**
混合經濟下部分生產資料歸政府所有，部分歸私人所有，將計劃經濟與市場經濟相結合。嚴格來說，幾乎所有經濟都是混合經濟，但是各個國家的混合經濟差別很大。

**貨幣主義 Monetarism**
經濟思想流派之一，認為政府首要的職責是控制貨幣供應。它與美國經濟學家米爾頓‧佛利民和 20 世紀七、八十年代的保守政府有關。

**貨幣政策 Monetary policy**
旨在通過改變貨幣供應和利率，刺

激或減緩經濟發展的政府政策。

**壟斷 Monopoly**
一類商品市場上只有一家廠商。壟斷企業通常維持低產量以高價出售產品。

**新古典經濟學**
**Neoclassical economics**
當今經濟學的主流,建立在供應和需求理論以及理性個人假設基礎之上,通常用數學方式表達。

**新古典宏觀經濟學**
**New classical macroeconomics**
宏觀經濟學的思想流派之一,採用完全建立在新古典框架之上的分析方式。

**名義價值 Nominal value**
物品當天的票面價值。名義價格或名義工資在通脹時會改變,因此不能有效地比較不同時期的名義價值(1980 年和 2000 年的 50 英鎊能購買的東西數量不一樣)。

**寡頭壟斷 Oligopoly**
行業內只有少數幾家廠商。寡頭壟斷下,廠商可能會相互串通以操縱價格。

**帕累托效率 Pareto efficiency**
當不可能在不使其他任何人的境況變壞的同時使任何人的情況變得更好時,該配置就是帕累托效率的配置。帕累托效率以維爾弗雷多·帕累托的名字命名。

**完全競爭 Perfect competition**
一個理想的市場狀態。完全競爭下的買家和賣家都擁有完整的信息,許多不同廠商生產同樣的產品,任何一個廠商都無法影響價格。

**菲利普斯曲線 Phillips curve**
顯示推測的通脹與失業之間的負相關關係的曲線圖。

**計劃經濟 Planned economy**
參見指令型經濟(Command economy)。

**價格 Price**
買家為購買商品或服務而支付給賣家的貨幣或商品數量。

**保護主義 Protectionism**
通過徵收關稅或設置進口配額以限制國際貿易的經濟政策。

**公共物品 Public good**
私人廠商不會提供的商品或服務,如路燈。

**量化寬鬆 Quantitative easing**
中央銀行增加貨幣供應。

**實際價值 Real value**
用能購買的商品或服務數量來衡量的物品價值。

**衰退 Recession**
經濟總產量減少的時期。

**股份 Shares**
公司所有權的單位;也稱為股票。

**社會市場 Social market**
第二次世界大戰後西德開發的經濟模型,以混合經濟為特點,鼓勵民營企業,但政府要干預經濟以保證社會公正。

**滯漲 Stagflation**
高通脹、高失業和低增長並存的時期。

**黏性工資 Sticky wages**
工資率不能隨勞動力供求的變動而迅速變動的特性。

**供應 Supply**
可購買的產品數量。

**供應曲線 Supply curve**
顯示廠商在不同價格下將會生產的產品或服務數量的圖表。

**盈餘 Surplus**
一種不平衡狀態。貿易盈餘,也叫貿易順差,是指出口超過進口;政府預算盈餘是指稅收收入超過支出。

**關稅 Tariff**
對進口商品徵收的稅項,通常是為了保護國內生產商免受外國競爭。

**稅收 Tax**
政府通過法律強制對廠商和個人徵收的費用。

**功利主義 Utilitarianism**
主張增加最大多數人幸福的一種思想。

**效用 Utility**
衡量從消費產品或服務獲得的滿意度的單位。

# 索 引

加粗顯示的頁碼內有詳細人物介紹
（以漢語拼音排序）

# D E

# F

# G

## J

## H I

## K

# 致 謝

Dorling Kindersley would like to thank Niyati Gosain, Shipra Jain, Payal Rosalind Malik, Mahua Mandal, Anjana Nair, Pooja Pawwar, Anuj Sharma, Vidit Vashisht, and Shreya Anand Virmani for design assistance; and Lili Bryant for editorial assistance.

## PICTURE CREDITS

The publisher would like to thank the following for their kind permission to reproduce their photographs:

(Key: a-above; b-below/bottom; c-centre; f-far; l-left; r-right; t-top)

20 Getty Images: Barcroft Media (bc). 23 Alamy Images: The Art Gallery Collection (tl). Getty Images: The Bridgeman Art Library (tr). 24 Getty Images: AFP (cr). 25 Getty Images: Nativestock / Marilyn Angel Wynn (br). 27 Corbis: Bettmann (tr). 28 Dorling Kindersley: Judith Miller / The Blue Pump (tr). Getty Images: John Moore (bl). 29 Getty Images: Jason Hawkes (br). 31 Library Of Congress, Washington, D.C.: (tr). 33 Getty Images: Universal Images Group / Leemage (tl). 35 Getty Images: AFP / Fred Dufour (tr). 37 Alamy Images: The Art Archive (bl). Getty Images: Hulton Archive (tr). 38 Corbis: Heritage Images (br). 42 Corbis: The Gallery Collection (tc). 43 Tableau Économique, 1759, François Quesnay (bl). 44 Alamy Images: The Art Gallery Collection (bl). 45 Getty Images: Hulton Archive (tr). 47 Corbis: Bettmann (tr); Hemis / Camille Moirenc (tl). 53 Corbis: Godong / Philippe Lissac (tr); John Henley (bl). 56 The Art Archive: London Museum / Sally Chappell (bl). Corbis: Johnér Images / Jonn (tr). 58 Getty Images: The Bridgeman Art Library (b). 60 Corbis: Robert Harding World Imagery / Neil Emmerson (bl). 61

Corbis: Justin Guariglia (tl). Library Of Congress, Washington, D.C.: (tr). 63 Corbis: Sebastian Rich (br). 65 Corbis: The Art Archive / Alfredo Dagli Orti (tr). Dreamstime.com: Georgios Kollidas (bl). 67 Corbis: Tim Pannell (tl). Getty Images: AFP (br). 68 Getty Images: Paula Bronstein (bc). 69 Corbis: Bettmann (tr). 71 Getty Images: Bloomberg (tr). 73 Getty Images: Bloomberg (bl). Library Of Congress, Washington, D.C.: (br). 75 Corbis: National Geographic Society (bc). Library Of Congress, Washington, D.C.: (tr). 77 Corbis: EPA / Simela Pantzartzi (cr). 79 Getty Images: Archive Photos / Lewis H. Hine (tl). 83 Corbis: Bettmann (br). 84 Corbis: Imaginechina (tl). Getty Images: Hulton Archive (bl). 85 Corbis: Cameron Davidson (bc). 95 Getty Images: Hulton Archive / London Stereoscopic Company (tr); Science & Society Picture Library (bl). 97 Corbis: Bettmann (tl). Getty Images: Per-Anders Pettersson (br). 98 Flora's Mallewagen, c.1640, Hendrik Gerritsz. Pot (bc). 102 akg-images: German Historical Museum, Berlin (tr). 103 Getty Images: Science & Society Picture Library (bl). 104 Corbis: Michael Nicholson (tl). 105 Corbis: Bettmann (tr). Getty Images: CBS Photo Archive (bl). 110 Alamy Images: INTERFOTO (bl). 112 Getty Images: Yawar Nazir (bl). 113 Getty Images: AFP (tl). 115 Popular Science Monthly, volume 11, 1877 (tr). 117 Corbis: EPA / Abdullah Abir (tr); Imaginechina (bl). 120 Alamy Images: INTERFOTO (bl). Dreamstime.com: Ayindurdu (tr). 122 Getty Images: Jeff J. Mitchell (tr). 124 Corbis: Cultura / Frank and Helena (cr). 125 Alamy Images: INTERFOTO (tr). 129 Getty Images: Bloomberg (tr); Taxi / Ron Chapple (bl). 131 Library Of Congress, Washington, D.C.: (tr). 132 Getty Images: Photographer's

Choice / Hans-Peter Merten (bc). 135 Getty Images: Bloomberg (tr); Hulton Archive (bl). 136 Library Of Congress, Washington, D.C.: (bc). 139 Getty Images: Hulton Archive (bl); SuperStock (tl). 141 Corbis: Viviane Moos (br). Getty Images: Hulton Archive (tl). 145 Getty Images: De Agostini Picture Library (tr). 147 Corbis: Bettmann (bl). Courtesy of the Ludwig von Mises Institute, Auburn, Alabama, USA. 149 Corbis: Bettmann (tr); Rolf Bruderer (bl). 156 Getty Images: Hulton Archive (cr). 157 Getty Images: Gamma-Keystone (tr). 159 Corbis: Bettmann (tr). 160 Getty Images: Ethan Miller (bl). 161 Corbis: Bettmann (tr); Ocean (tl). 163 Corbis: Paulo Fridman (cr). 165 Corbis: Xinhua Press / Xiao Yijiu (tc). 167 Corbis: Macduff Everton (bc). Library Of Congress, Washington, D.C.: (tr). 168 Dreamstime.com: Gina Sanders (bc). 169 Corbis: Dennis Degnan (br). 171 Corbis: Darrell Gulin (br). 175 Corbis: Reuters / Korea News Service (br). 177 Corbis: Hulton-Deutsch Collection (tr). Getty Images: Bloomberg (tl). 179 Corbis: Heritage Images (tr). Getty Images: AFP (bl). 181 Getty Images: The Agency Collection (bl); Hulton Archive / Express Newspapers (tr). 186 Corbis: Hulton-Deutsch Collection (bc). 187 Corbis: Reuters (br). 192 Corbis: Gideon Mendel (tl). 193 Corbis: Reuters / Carlos Hugo Vaca (br). Getty Images: Photographer's Choice / Wayne Eastep (bl). 195 Getty Images: AFP / Gabriel Duval (bl). 198 Library Of Congress, Washington, D.C.: U.S. Farm Security Administration / Office of War Information / Dorothea Lange (t). 199 Corbis: Bettmann (tr); Hulton-Deutsch Collection (tc). 201 Corbis: Reuters (tl). Getty Images: Brad Markel (br). 203 Getty Images: Dorothea Lange (cr). 205 Getty Images: The Agency Collection / John Giustina (bl); Archive

Photos / Bachrach (tr). **207 Getty Images:** Andreas Rentz (tc). University of Nebraska-Lincoln: (tr). **209 Corbis:** Bettmann (bl); Stuart Westmorland (tl). **211 Corbis:** Imaginechina (bc). Getty Images: AFP (tr). **213 Getty Images:** Chris Hondros (bc). **215 Getty Images:** The Bridgeman Art Library (tr). **217 Corbis:** Blend Images / Sam Diephuis / John Lund (tr). **218 Corbis:** Christophe Boisvieux (br). **219 Corbis:** Nik Wheeler (tr). **223 Corbis:** SIPA / Robert Wallis (tr). **225 Corbis:** Sygma / Ira Wyman (bl). **Getty Images:** AFP / Frederic J. Brown (tr). **228 Corbis:** The Gallery Collection (cr). **229 Getty Images:** Science & Society Picture Library (br). **230 Corbis:** EPA / Udo Weitz (br); Imaginechina (tl). **233 Corbis:** Peter Turnley (tr). Courtesy Professor János Kornai. **236 Dreamstime.com:** Artemisphoto (tr). **239 Corbis:** Reuters (tr). **Digital Vision:** (bl). **240 Corbis:** Lawrence Manning (bl). **241 Corbis:** Tim Graham (tr). **243 Corbis:** EPA / George Esiri (tl). **245 Corbis:** Cultura / Colin Hawkins (tr). **246 Getty Images:** Photolibrary / Peter Walton Photography (tl). **247 Corbis:** EPA / Justin Lane (bl). **249 Dreamstime.com:** Ivonne Wierink

(t/Urn); Zoommer (t/Balls). **253 Corbis:** George Hammerstein (tr). **254 Corbis:** Sygma / Regis Bossu (tr). **Getty Images:** Bloomberg (bl). **257 Getty Images:** AFP / Tony Karumba (tr); Jeff Christensen (bl). **263 Corbis:** Robert Essel NYC (br). **264 Getty Images:** Glow Images, Inc. (tl). **265 Dreamstime.com:** Zagor (br). **267 Dreamstime.com:** Digitalpress (br). **269 Getty Images:** Paula Bronstein (tr). **271 Corbis:** John Harper (tr). **273 Getty Images:** Konstantin Zavrazhin (br). **275 Corbis:** Big Cheese Photo (tr). **Getty Images:** Dan Krauss (bl). **277 Corbis:** Reuters / Wolfgang Rattay (bl). **Getty Images:** Lisa Maree Williams (tl). **278 Corbis:** Frans Lanting (bc). **279 Corbis:** Louis K. Meisel Gallery, Inc. (br). **281 Corbis:** Ocean (cr). **285 Corbis:** Bettmann (tl). **Dreamstime.com:** Leung Cho Pan (br). **286 Corbis:** Justin Guariglia (tl). **287 Corbis:** Topic Photo Agency (br); Xinhua Press / Xu Yu (bl). **291 Corbis:** Reuters / Philimon Bulawayo (tr). **293 Corbis:** Xinhua Press / Guo Lei (br). **295 Corbis:** Hemis / René Mattes (br). **298 Corbis:** Bettmann (tr). **300 Getty Images:** The Image Bank / Stewart

Cohen (bc). **301 Corbis:** Reuters / Shannon Stapleton (tr). **302 Corbis:** Bettmann (bc). **304 Corbis:** Images.com (cr). **305 Corbis:** EPA / Mondelo (br). **307 Getty Images:** UpperCut Images / Ferguson & Katzman Photography (tl). **309 Corbis:** Eye Ubiquitous / David Cumming (br). **Getty Images:** Helifilms Australia (tl). **311 Getty Images:** Stone / Bruce Ayres (tl). **313 Corbis:** Roger Ressmeyer (bc). **315 Corbis:** EPA / Kim Ludbrook (cr). **Getty Images:** WireImage / Steven A. Henry (bl). **320 Library Of Congress, Washington, D.C.:** George Grantham Bain Collection (tl). **321 Corbis:** Bettmann (tc). **323 Getty Images:** Archive Photos / Arthur Siegel (tc). **325 Getty Images:** Mark Wilson (tr). **327 Corbis:** Robert Harding World Imagery / Duncan Maxwell (cr). **Getty Images:** Bloomberg (bl). **329 Getty Images:** AFP / Issouf Sanogo (tr). **330 Getty Images:** Stone / Ryan McVay (cr). **331 Corbis:** Star Ledger / Mark Dye (br)

All other images © Dorling Kindersley.

For more information see:
**www.dkimages.co.uk**